山东省高等学校"青创人才引育计划"——科技创新与社会治理研究团队项目资助

青少年与
社会工作研究
王玉香自选集

王玉香 著

中国社会科学出版社

图书在版编目(CIP)数据

青少年与社会工作研究:王玉香自选集/王玉香著.—北京:中国社会科学出版社,2022.7
ISBN 978-7-5227-0400-5

Ⅰ.①青… Ⅱ.①王… Ⅲ.①青少年—社会工作—研究—中国 Ⅳ.①D669.5

中国版本图书馆 CIP 数据核字(2022)第 107716 号

出版人	赵剑英
责任编辑	王莎莎
责任校对	张爱华
责任印制	张雪娇
出　版	中国社会科学出版社
社　址	北京鼓楼西大街甲 158 号
邮　编	100720
网　址	http://www.csspw.cn
发行部	010-84083685
门市部	010-84029450
经　销	新华书店及其他书店
印刷装订	北京市十月印刷有限公司
版　次	2022 年 7 月第 1 版
印　次	2022 年 7 月第 1 次印刷
开　本	710×1000　1/16
印　张	30.5
插　页	2
字　数	438 千字
定　价	178.00 元

凡购买中国社会科学出版社图书,如有质量问题请与本社营销中心联系调换
电话:010-84083683
版权所有　侵权必究

目 录

第一篇 青少年的再认识

科学发展视域下的青少年观　　3
未成年人权利主体地位的缺失与构建　　11

第二篇 青少年与父辈代沟的研究

解读"80后"现象
　　——谈青少年的社会评价问题　　25
"90后"网上征婚现象透视与解析　　33
当代青年与长辈"代沟"的新表现　　41
基于"后浪"现象的网络社会代沟问题研究　　47

第三篇 青少年文化现象研究

"叹老族"的青春情结解读　　65
年轻人"没脸回家"现象的多重解读　　74
回望与共鸣："从你的全世界路过"的心理学解析　　84
"斜杠青年"职业选择的本体性研究　　97
如何培育"95后"职场新人领导力　　109
"00后"青年不走寻常路的社会文化归因　　113

当代青年文化谱系中的"自我"特征　　　　　　　　　　　120

第四篇　青少年与网络社会的相关研究

网络青年自组织的特征解析　　　　　　　　　　　　　131
高校网络青年自组织管理现状及思想教育对策　　　　　143
网络社会青年政治信仰培育风险与应对研究　　　　　　154
青少年网络欺凌的特征及归因　　　　　　　　　　　　165

第五篇　青少年社会工作研究

青少年工作的未来走向　　　　　　　　　　　　　　　185
西方青少年社会工作的历史沿革研究　　　　　　　　　192
社会工作价值冲突原因分析　　　　　　　　　　　　　206
青少年自杀现象与社会工作介入策略　　　　　　　　　217
青少年吸毒现象及社会工作介入策略　　　　　　　　　231
社会工作视角下新时期共青团组织协管青少年事务探讨　240
青少年事务社会工作专业人才队伍建设的实证研究
　　——以山东为例　　　　　　　　　　　　　　　　256
青少年社会工作者职业倦怠的原因和对策研究
　　——以济南市为例　　　　　　　　　　　　　　　277
校园欺凌中的旁观者及学校社会工作干预策略研究　　　292

第六篇　留守青少年与社会工作研究

我国留守儿童政策的演进过程与特点研究　　　　　　　309
农村留守青少年权益保护主体性缺失问题研究　　　　　326
农村留守青少年校园欺凌问题的质性研究　　　　　　　338

目 录

抗逆力培育：农村留守青少年社会工作服务的实践选择　　350

第七篇　青少年社会工作与思想政治教育研究

社会工作介入青少年思想政治教育的可行性分析　　365
社会工作视角下青少年思想政治教育的创新研究　　376
论社会工作视角下高校学生思想政治教育评价的创新　　390
主体间性思想政治教育辨析　　400
大中小学青少年劳动状况调研报告
　　——基于全国30省份29229份问卷的实证调查　　410

第八篇　社会工作教学研究

社会工作专业价值观教育存在的问题与应对　　435
社会工作专业实验课程分组教学的研究与评估　　447
分组教学模式的理论构建与实践策略
　　——以社会工作专业为例　　457
社会工作应用型人才培养的逻辑和特征研究　　465

后　记　　482

第一篇

青少年的再认识

科学发展视域下的青少年观

摘要：科学发展观的核心是"以人为本"，以"人的全面发展"为目标。新时期，在科学发展观指导下的青少年工作也要坚持"以青少年为本"的工作理念，树立科学的青少年观，以促进青少年的全面发展、促进社会的和谐与稳定。本文是在分析以青少年为本青少年观之内涵、特征基础上提出相关确立策略。

一 青少年观及其特征

（一）青少年观的界定

青少年观是对青少年的基本看法与基本观点，青少年观决定着青少年工作的理念，规定着青少年工作的方式方法及青少年工作的成效。它包含宏观的青少年观与微观青少年观两个层次。宏观青少年观是指对青少年整个群体的基本看法与基本观点，它包括对青少年群体在整个社会中的地位与作用的认识，对青少年群体的整体特征和需要的理解，及对青少年群体本质的认识。宏观的青少年观决定着我们对青少年群体的社会评价和社会定位。微观的青少年观是宏观青少年观在具体工作中的应用，是对青少年个体本质的理解与认识，是在具体青少年工作中的指导思想，它关系到以什么样的眼光去看待与评价现实中的青少年个体，以什么样的态度和方式去面对和培养现实中的青少年个体。

(二) 青少年观的特征

青少年观具有主观性，是人们对青少年的看法与观点，是以一种主观观念的形式存在着，但是这种主观的观念却具有明显的客观色彩，它总是一定的社会意识形态的体现，总是与人们所处的社会环境有着密不可分的关系。

第一，鲜明的时代烙印。青少年观是成人社会对青少年的认识与理解，总会体现一定的时代印记与特征。追溯历史就可以发现不同时代青少年群体的社会地位，而青少年群体的社会地位就直接映现了不同时代的青少年观。青少年群体的社会地位按历史的脉络表现为：由依附性群体——一定的独立性群体——完全独立群体的转变。在传统社会中，青少年是依附性的群体，在社会结构和社会意识中都处于一种附属的地位。[1] 中国的传统社会是一种宗法制与家长制的社会结构，青少年被视为完全被动的客体，要接受纲常礼教的教育，完全服从家长权威，没有自主的权利；西方的传统社会注重封建神权意识的强化，青少年要接受封建神学的教诲，青少年也是依附性的群体。随着资本主义发展尤其是现代大工业化的发展，青少年群体才逐渐成为受关注的群体，才表现为一定的自主性。以1919年五四青年运动为标志，青少年成为中国革命的急先锋，成为社会变革的有生力量。社会开始主动关注青少年群体的社会地位与作用，开始注重青少年作用的发挥。而在西方，一直到20世纪60年代风起云涌的学生运动，方让西方社会对青少年群体的地位与作用不得不正视。彰显自我，反对主流文化的嬉皮士运动使西方社会不得不重视日益严重的青少年社会问题，青少年群体的独立性才得到了一定的社会认可，但如何去加强青少年社会化，强化意识形态的需要，是这一历史时期的中心所在，也很难从根本上、从本体的角度去认识与理解青少年。在经济全球化与信息网络化的当代社会，青少年的自主性表现更为显在，青年亚文化成为主流文化的重要分支，青少年

---

[1] 陆士桢、王玥：《青少年社会工作》，社会科学文献出版社2005年版。

的主体性得到了相应的承认，青少年的社会地位与作用也得到了相应的尊重与发挥，这时的青少年群体就成为相对独立的群体。从历史的脉络，我们可以看到青少年观由原来的忽视青少年、要求青少年无条件服从、把青少年当成是完全被动的客体，到部分地认识到青少年的主体作用，到现在的重视青少年、注重青少年自主性与主体地位的转变。

第二，明显的代际伦理色彩。历史溯源中我们不难从中找寻到青少年观中具有共性的观点，那就是青少年是人类和社会延续与发展的后备者，是社会的有生力量。这种认识首先是由人类生存的本能所引发。原始社会的氏族部落，为了自身的生存，通过各种严酷的成年礼方式来实现由未成年到成年的飞跃与转变，要求未成年人必须完全成为"遵纪守法"的成人，教育方式上表现为长者的训诫。这种为种族延续的生存本能是以尊老的形式出现的，起到了树立长者权威的作用，但这种伦理色彩表现为一种自然的状态。而到阶级社会，统治阶段开始自觉地意识到青少年的承继作用与地位，有意识地强化青少年的遵从意识，上代人的绝对权威得以树立，代际间的命令与遵从是以伦理的形式得以体现，情感的纽带与代际间理性要求的结合使代际间的融合成为可能。但随着现代青少年自我意识的觉醒，情感上的伦理纽带与代际理性要求的交错，代际的隔阂、冲突不断地增加，代际伦理要求成为成人社会对青少年规范与培养的合理注脚，要求与关心并存、责任与义务共在。成人社会以长者的地位，以关心青少年成长与发展为出发点，通过种种方式如教育、引导甚至批评与责难，让青少年形成符合成人社会要求的价值观，这种代际伦理色彩不会随着时代的发展而消失，只不过代际沟通将会大于命令，尊重将会取代强制而已。

第三，呈现一定的社会意识形态。青少年观总是会体现一定的社会意识形态，呈现主流社会对青少年的看法与作用的界定。意识形态的强化要求是任何社会的执政者都会着力去做的关键性工作，这是社会稳定的前提条件。意识形态的影响可以通过相应的制度规定等进行硬性的要求，还可以通过社会舆论等无形的软性的评价影响来完成，如在当代社会中就表现为对青少年群体的评价,如"80后"现象,对青少年亚文化的关注与研究等方式,这些评价与研究的视角和观点总是一定社会意识形态的投射与反映。

二 "以青少年为本"青少年观的内涵

科学发展观是一种现代的人类中心主义的发展观,是真正的人本主义的发展观,它使人确立了适切的中心地位,与传统的"人定胜天"的人类中心主义有着本质的区别,改变了传统人类中心主义的短视与急功近利,而是从长远的角度,以人的最大发展和利益最大化的角度去对待问题、考虑问题与解决问题,即以人为出发点,以人为落脚点与归宿。那么,科学发展观视域下青少年观的本质就是"以青少年为本"。"以青少年为本"的青少年观就是以青少年为本体,视青少年为主体,一切为了青少年,为了青少年的一切,为了一切青少年的一种发展性的青少年观,是让青少年得到最大限度发展的一种青少年观。它以发展的观点去看待青少年,能够正视青少年成长过程中所出现的种种问题,能够将一切青少年纳入关爱、保护与尊重的对象,对正在健康成长的青少年如此,对问题青少年也是不放弃、不抛弃。它相信青少年具有发展的无限潜能,人们可以最大限度地挖掘青少年的潜能,使其更好地发展。它承认青少年这一特殊群体的特殊性,尊重青少年特殊的需要与权利,尊重青少年个体的差异性。它强调权利与责任、义务的统一,即青少年在享有发展自我的权利、享有接受帮助的权利、享有使用一定社会资源满足基本需要权利的同时,也有帮助与关爱他人的责任与义务,关心与参与社会发展的责任与义务。

三 "以青少年为本"的青少年观与传统青少年观的区别

"以青少年为本"的青少年观是在科学发展观指导下的青少年观,是遵循人成长与发展规律的青少年观,是视青少年为主体的青少年观,是目前最为科学的青少年观。它与以往所有传统的青少年观有着明显的不同,具体表现为:

科学发展视域下的青少年观

（一）看待青少年视角的双重性变化

传统的青少年观看待青少年的视角只是从一种角度，即从社会对青少年要求的角度出发，强调社会控制，强调青少年对社会承继的责任与义务，尽管有时也会考虑到青少年的特点，但仍然强调青少年绝对服从主流社会发展的要求，往往表现为对人性基础的忽视。"以青少年为本"的青少年观，既强调社会对青少年的要求，青少年对社会承继的责任与义务，同时又会从青少年本体的角度考虑问题，关注青少年本体的需要与感受，承认青少年个体之间的差异，这种双重视角使其能更多地从青少年的角度出发考虑与满足青少年本体的内在需求。

（二）对待青少年态度的根本性转变

对待青少年视角的不同，对待青少年的方式方法就会明显不同，对待青少年的态度也会迥然有别。传统的青少年观同样也认识到青少年在社会发展中的重要作用，认识到青少年群体的社会价值，但正是因为其过度强调这种社会作用，使青少年工作的社会功利性色彩浓郁，对待青少年群体的态度往往是居高临下的教育与引导，尽管有时也会较为平等地对待青少年，但是这种平等对待只是形式上的平等而不是真正意义上的平等，只是为了达到一定教育效果的平等方式与手段，这很难说是对青少年的真正尊重；而"以青少年为本"的青少年观不仅认识到青少年群体的社会价值，而且充分认识与理解青少年这一特殊的社会群体，了解其群体特征与需要，同时会更加关注个体青少年的需要与特点，尊重青少年与生俱来的价值、尊严与权利，对青少年问题不会简单地从固化的传统观念出发，不是受先入为主的刻板印象的影响，而能够从青少年本体的角度去考虑青少年个体的感受与处境，建立同理心，这样的共情方式体现着一种真正意义上的尊重。

（三）看待青少年群体地位的根本性变化

青少年主体地位问题一直是学术界与青少年工作领域备受关注的重要

问题。传统的青少年观从根本上否定青少年的主体地位，尽管也承认青少年有主观能动性。然而青少年时期是人社会化的重点时期，是人生观、世界观形成的关键时期，是身心发展的重要时期，无论是从社会学的角度，还是从教育学、心理学的角度，都会界定青少年期处于这样一个特殊的人生阶段。正是这个特殊阶段使青少年成为理所当然的弱势群体，他们往往没有资格拥有话语权，他们的权利与需要往往容易被忽视，他们的一些想法与行为往往得不到认可与理解。主观上的要求独立与客观上的不独立成为贯穿这一时期发展的主要矛盾。传统的青少年观会从社会规范与要求的角度，去竭力强化青少年对规范要求的认同与遵从，如通过社会舆论的评价方式、通过一定的教育方式等去统领、引导甚至指责、纠正青少年特立独行的行为与想法。成人社会拥有控制青少年的信息优势，青少年群体的自主性往往会受到不同程度的压抑，这谈不上主体性地位的确立。而"以青少年为本"的青少年观能够正视青少年所处的特殊时期，能够理解青少年自主的特点与要求，能够尊重并顺应其自主性的要求，认识到这一时期正是青少年独立性人格形成的关键时期，这是青少年的主体地位得以形成的先决条件。同时，"以青少年为本"的青少年观能够了解、顺应青少年所处的社会环境的变化。社会环境的日益开放性，青少年认识人生与世界介质的现代化与网络化，青少年不再处于信息的弱势地位，相应在信息平台上会处于比成人更有优势的地位，青少年对互联网信息的利用与掌控能力明显高于成人，青少年的科技素养明显优于成人，青少年的网络文化等使青少年亚文化对主流文化的影响越来越直接，青少年对社会的影响与作用比以往更为直接与显在，青少年在社会建设的生力军地位逐渐被主力军地位所取代，其主体性的增强成为不以人意志为转移的客观现实。"以青少年为本"的青少年观正是充分认识到青少年的主体优势，尊重青少年的主体地位，发挥青少年的主体作用。

四 "以青少年为本"青少年观的确立

在价值多元化的今天，社会上存在着不同的青少年观，从多年来有关对

科学发展视域下的青少年观

青少年的社会评价中我们就可以看到这样的现实。青少年观就是青少年工作的理念，青少年观对青少年工作的指导作用需要引起我们的关注。在科学发展观指导下，青少年工作者必须确立"以青少年为本"的科学的青少年观。

青少年社会工作者要了解青少年生理发育与心理发展的规律，了解青少年期是人生最重要的时期，是快速成长的时期，但这一个时期并不是充满快乐、无忧无虑的时期，而是伴随着成长的烦恼、人生体验复杂多样化的时期。而且处在不同的发展阶段所面临的发展问题不同，少年期、青春期、青年晚期所面临的发展问题明显不同，青春早期、中期与晚期所面临的发展问题也有区别。要了解自霍尔以来所有对青少年进行研究的专家学者的有关青少年研究的成果，来加深对青少年发展过程的认识与了解。只有了解与认识青少年，才能遵循青少年身心发展的规律；只有充分的了解才能谈得上理解；只有充分的理解才能谈得上尊重，才能真正做到以青少年为本。

关注青少年的处境，就是要求青少年工作者关注青少年所处的环境。它是一种系统地、全面地看待青少年问题的一种现实思维方式，是针对青少年的具体问题进行具体分析、具体解决的一种必要的视角。因为环境对青少年的影响往往会起决定性的作用，"近朱者赤，近墨者黑"就是这一时期的形象写照，青少年的问题往往由外在的环境因素所造成，尤其是青少年所处的具体环境，如家庭、学校和社区环境。关注青少年的处境，不仅能够让青少年工作者真实地了解青少年个体，而且能够较为客观地评价青少年与看待青少年问题，能够为青少年问题的解决提供有效的途径，避免那种"头痛医头、脚痛医脚"的不问病因式的片面医治。

以发展的观点面对青少年，就是要求青少年工作者以发展的眼光，以青少年健康成长为目的，关注青少年的发展问题，当然包括对青少年社会问题和青少年个体自身发展问题的关注与帮助，主动影响青少年的成长。它真正体现以青少年为中心，以青少年为本体的青少年观。

青少年工作者对青少年要坚持关爱与保护原则。青少年处于人生相对脆弱的阶段，青少年工作者要关心他们的成长，爱护他们还没有成熟的心灵，保护他们免受伤害，尽可能减少甚至消除对他们的负面影响，为他们的健康成长创造良好的条件。青少年工作者能够具有包容心。能够容忍青少年在法律许可范围之内的一些不合常规的行为，尊重他们的成人感及其成人感的外在表现方式，如奇异的穿着打扮等，能够认识到这是他们彰显自我的一种表现，让他们在成长的过程中自己学会辨别一些行为是否可取。要正视青少年发展过程中可能出现的问题，认识到青少年的问题是青少年发展过程中的问题，对正常青少年发展中的问题要有这种发展的观点，对问题青少年也要有这样的观点，不能认为某个青少年出现问题，就是问题青少年，即使是问题青少年，也不会永远都是问题人。发展的观点可以使我们对问题青少年做到不放弃、不抛弃，不放弃种种努力去修正问题青少年的不良行为，促进他们向正常方向发展；不抛弃，不人为性地把问题青少年边缘化。这是对问题青少年发展权与生存权的真正尊重。

（该文刊于《当代青年研究》2010年第7期）

未成年人权利主体地位的缺失与构建

摘要： 未成年人权利主体地位出现了明显的在理论上成立而在现实中缺失的反差现象。父权主义的文化传统形成了未成年人的无权状态与现实；未成年人群体的特殊性，是未成年人权利主体地位缺失的主体原因。未成年人权利主体地位构建，应从构建差别对等的法律保障体系、倡导符合公平正义的未成年人观、强化父母的家庭教育观、确立"以学生为本"的学校教育理念入手，注重多种途径构建未成年人的权利主体地位。

未成年人是权利主体吗？无论是从法学还是从社会的公平正义之角度都是毫无疑问的肯定回答。但是，未成年人权利主体的主体性及主体性地位在现实中却存在着不同程度的缺失现象，这也是无可争辩的现实。这种明显的落差，使得我们不得不思考这样的问题：仅仅通过法律的利益最大化与优先等原则就能完全解决这样的矛盾吗？就能使未成年人的权利得以最大程度的保障？而未成年人作为权利主体的主体性地位，是通过其主体能力实现的，还是依赖于成人的保护与赋权？澄清与解决这样的问题，是未成年人的权利主体地位得以确立与构建的认知前提与基础。也正是因为未成年人权利主体的特殊性，使得未成年人权利主体地位需要多途径共同构建才能得以真实地确立。

一 未成年人权利主体地位缺失之分析

未成年人（联合国将18岁以下的人称为儿童）作为权利主体的观念，产生于20世纪中后叶的西方儿童权利运动，但这一观念在国际社会得以广泛认同与普遍接纳，是以1989年11月联合国第44届大会发布的《儿童权利公约》为标志。我国自1991年加入国际《儿童权利公约》以来，未成年人权利不仅逐渐成为人们所熟知的概念，而且很多人都知道未成年人具有生存权、受保护权、发展权与参与权四个基本人权，但未成年人权利主体地位出现了明显的在理论上成立而在现实中缺失的反差现象。这种反差有着深层的社会文化根源与未成年人群体的特殊原因。

1. 父权主义文化传统形成了未成年人的无权状态与现实

父权主义文化的显著特征就是强调男性长者在社会与家庭结构中的决定性地位。在父权主义文化中，未成年人只是社会与家庭的附属品，是不具有主体地位的群体或个体，被认定为没有自我决定的能力，更不应该也不可能有自我决定的权力。

（1）中国的父权主义文化对未成年人权利的影响

我国封建社会形成了以家长制为核心的家国同构的宗法制度，形成了典型的以孝道为核心的父权主义文化。未成年人是社会发展、家族繁衍与兴旺的工具，承载着社会和家族的期望与发展使命。正是这种工具价值，长辈要根据家族要求去规范、教育未成年人，往往奉行的是"棍棒之下出孝子"的教育理念与教养方式，未成年人不仅没有个体的独立性与自我决定的自由和权利，而且这种自我决定的自由因子往往通过粗暴的、严厉的教育教养方式被强制性地压抑与剥夺；在"三纲五常"的社会规范下，在"身体发肤受之父母"等日常孝道观念的灌输下，在长辈对晚辈耳提面命的谆谆教诲与训斥命令下，未成年人是理所当然的没有任何权利的个体，只有服从长辈意志的义务与光宗耀祖的责任。

这种父权主义的文化传统并没有随着封建社会的消亡而消失，而是在日积月累中得以不断沉淀累积形成了人们意识中的一种"家长意识"（父权意识）。当下现实生活中颇有争议的"狼爸虎妈"现象，以及广为认同的"不能让孩子输在起跑线上"的家庭教育理念，都是父权意识的直接再现。这种父权意识基于这样的前提：未成年人不具备自我决定的能力，未成年人是自己曾经梦想得以实现的载体与希望，为了未成年人的未来不得不如此，等等。未成年人在成年人的一厢情愿之下，在还不明白何为竞争、尚处稚嫩时就已经开始背负着父母重重的期望，就要沿着父母为之"精心"设定的成长之路而前行。成人社会为未成年人设定了"好孩子"的标准，好孩子就是顺从、听话，就是能够按照成人的意愿要求而行事。

而在未成年人进入青春期后，当其自主意识出现并开始表现出一种自我决定的行为倾向时，亲子冲突就随之出现，但是成年人往往意识不到未成年人自主意识的发展，而是从成年人的视角对这一现象概括为"逆反心理"。逆反心理是典型的成人话语，认为是青春期的未成年人对成人观点与要求的本能对抗，是不听管束、不听话的表现，而对不听话、不听管束的未成年人就要进一步地对之批评、规范与管教，成年人往往认为这是对未成年人负责的行为，但实际上却是在为未成年人好的动机之下，对未成年人自主意识的压抑与自主能力的摧残。未成年人无权的现实状态与这种父权主义文化传统密不可分，成年人这种自我中心式的未成年人观，往往会在无意识中将未成年人置于一种无权的现实状态。正如大卫·帕金翰所言："成年人一直垄断了定义童年的权利。他们制定了用来比较和判断儿童好坏的评判标准。儿童可以抗拒的空间主要是在家庭或教室'微观政治'范围内的人际关系领域"①。成年人往往不会给未成年人得以发挥主体性的社会平台，未成年人的主体能力也就无从培养与提高。

（2）西方的父权主义文化对未成年人权利的影响

尽管西方很早就有对未成年人自由与权利的思想观点，如卢梭在他的

---

① ［英］大卫·帕金翰：《童年之死》，张建中译，华夏出版社2005年版，第11页。

教育著作《爱弥儿》中明确指出:"把儿童当儿童看待"①,他已经认识到儿童的特征,确定了儿童的中心地位,形成了以儿童为本体的儿童观。20世纪中后叶西方又出现了影响广泛而深刻的儿童权利运动,但实际上在西方现实中同样存在着父权主义的文化传统。中世纪,宗教倡导"性恶论",认为未成年人有一种与生俱来的原罪,要求父母通过严厉的惩罚措施对待未成年人以免其未来遭受地狱之苦。而近代资本主义的发展,并没有将未成年人从这种粗暴的对待中解放出来,越来越多的未成年人成为工业化生产中的劳动力,身心备受摧残,他们有的承担了养家糊口的重任,在工厂做苦工,基本的健康与人身安全得不到保障;有的则在贫困中被遗弃,成为无家可依的流浪儿。正如波兹曼所描述的:"家长经常把孩子不仅当作他们的私有财产,可以随心所欲地处置,而且当作动产,他们的健康、幸福可以以家庭生存的名义被消耗掉。在18世纪,认为国家有权成为儿童的保护者的观念不仅新鲜,而且甚至激进。"②

1802年英国人罗伯特·皮尔勋爵提出的《健康与道德法案》,是近代第一个保护童工的立法,但该法案只是对纺织厂工作的童工的一种保护,规定了童工的工作时间以每天12小时为标准③。由此也可以看到当时童工实际劳动时间要比此标准长得多,以及不同行业童工的际遇。在美国,1852年,马萨诸塞州出台了义务教育法案,规定上学年龄从六七岁开始到16岁结束;多个城市后来出现的为了防止15岁以下的未成年人深夜在街上游荡的宵禁措施,1899年出台的《少年法院法》,等等,这些对未成年人起到保护作用的政策,也是对未成年人进行社会控制的有效手段。"上学同样被认为是美国化的、控制移民儿童和减少他们可能陷入麻烦时间的一种办法"④。

---

① [法]卢梭:《爱弥儿》,李平沤译,人民教育出版社2001年版,第74页。
② [美]尼尔·波兹曼:《童年的消逝》,吴燕莛译,广西师范大学出版社2004年版,第81页。
③ 刘燕生:《社会保障的起源》《发展和道路选择》,法律出版社2001年版,第62页。
④ [美]彼得·威特、琳达·凯德威尔:《娱乐与青少年发展》,刘慧梅、孙喆译,浙江大学出版社2009年版,第67页。

未成年人权利主体地位的缺失与构建

因为 19 世纪末 20 世纪初，帮派争斗、流浪团伙犯罪等未成年人社会问题非常突出，严重影响了社会的稳定，当时，青少年被人们认定为是需要进行有效社会控制的问题群体。青春期研究之父斯坦利·霍尔通过实证性研究认为，处于青春期的青少年是英、法、美等国犯罪率最高的群体，最好的办法是将具有"狂飙激素"的青少年限定在相对封闭的学校里度过青春期而不是在社会上度过，尽管他认识到处在青春期的未成年群体的特殊性，但也认识到这一群体可能给社会带来不利影响，将学校教育看成是对这一群体进行有效社会控制的措施。

20 世纪中后期儿童权利运动的高涨，表现出对儿童权利的关注与重视，但实质上也是对当时充满了父权主义文化现实的强烈反对，是对现实中儿童权利缺失不满的一种强烈的表达。正是因为儿童权利不被尊重与认可，才引发思想理论界对这一问题的关注、研究与讨论，"社会拒绝给予儿童自我决定的权利：他们必须依赖成人替他们表述权益，并且为了他们的利益进行争论。就像绝大多数人所想象的那样，'童年'概念在这方面积极地剥夺了儿童所具有的权利"[①]。的确，儿童权利运动是成年人发起的针对未成年人无权状态的关注与讨论，也是成年人从各自不同的立场与角度发表自己对未成年人权利的认识与理解、观点和看法；是成年人为儿童权利而发起的运动，其发起者、参与者、表达者都是成年人而不是未成年人。大卫·帕金翰精辟地指出："任何儿童的讨论都不可避免地会赋予童年某种意识形态的特征；这个意识形态其实也就是一组意义，它被用来合理化、支持或挑战成人与儿童之间的现存权力关系，甚至是成人自身之间的权力关系"[②]。在儿童权利讨论中，激烈的争论基本上不会是从价值中立的立场出发，往往是参与讨论的成年人强化自己价值观念的结果，他们代表的是自己的立场，或自己所设定的未成年人的立场。儿童权利运动同样也是未成年人对自己权利表达的一种无语或失语状态的再现，是主体地位缺失的一种表

---

① ［英］大卫·帕金翰：《童年之死》，张建中译，华夏出版社 2005 年版，第 11 页。
② ［英］大卫·帕金翰：《童年之死》，张建中译，华夏出版社 2005 年版，第 11 页。

现，也是一种父权主义文化现实的再现。当主体无从表达自己的观点与想法，无从表现自己的意志与自由，其主体性将如何发挥，其主体地位将如何呈现？

2. 未成年人群体的特殊性，是未成年人权利主体地位缺失的主体原因

未成年人是一个特殊的群体，其年龄跨度为18年。这一时期是人生发展相对脆弱的时期，是个体生理、心理、社会性发展的关键时期，是从需要全面保护的依赖性到主体性逐渐增强的过渡时期，是主体能力由无到有再到不断增强的时期。

（1）依赖性是未成年人主体性无法得以充分实现的内在根源

所谓依赖，就是依靠与信赖他人，自己无法实现独立与自主，需要依靠他人来进行决定，甚至是替自己做决定。未成年人对成年人的依赖与生俱来，这是由人的自然特性而定，刚出生的婴儿离开了成年人的保护与关照则不能生存。正是成长的这种天然的被动依赖性，往往会逐渐发展成为主动的依赖性，因为只有依赖于成年人才能满足自己的需要，只有听话才能得到成年人的认可与赞许，只有表现出体现成年人意志的行为才能获得来自成人的正向激励。遵从成年人的命令，体现成年人的意志，这种趋利避害的本能得以表现，从而使个体无法从内心与成年人实行真正的分离，这种从属的地位则会直接影响个体主体性的发展，容易形成一种发展的惰性，自主性的潜能往往被湮没，顺从与听话的习惯得以养成，从而形成缺少自由意志的个体。当然，也正是这种依赖性，使其在与微观环境中成年人的亲密交往中，耳濡目染成年人的价值观与行为规范成为必然，逐渐会通过模仿而习得一定的观点与行为方式，在表现出一定成年人价值观烙印的同时，也形成一定的自主观点、认知能力与初步的价值判断能力。随着岁月的流逝，出现了依赖性与自主性并存的特点，直到青春期的到来，身体发育、认知与思维发展所带来的成人感，成年人在青春期个体心目中的去理想化，使得青春期个体自主性超越了对成年人的依赖性。

(2) 成长发展的特殊性是青春期未成年人主体性不能得以充分发挥的直接原因

个体进入青春期后，随着身体的发育，会带来对自我与同伴的关注，自我意象开始不稳定，自我感受增强，趋同他人明显，情绪激荡，情感丰富，自我的内在冲突明显增强，青春期未成年人开始了自我认同与自主性发展的关键时期。他们对自我的内在审视与反省能力逐渐提高，心理活动明显增强，内在体验变得丰富；会通过了解他人对自己的评价来自我认知，通过观察与了解他人与自己进行比较来认识自我，这种主动的自我认知，是青春期未成年人自主性提高的前提与基础。同时，同伴互动的增强，融入同伴群体需要的强烈，在主动性趋同的同时，个体的自主性也得到了一定的提高。但值得注意的是，青春期未成年人随着身体发育的成熟，成人感的增强，自主意识与自主能力得到了提高，那种要求独立与自主的愿望变得强烈，他们往往通过特立独行的行为来昭示自身的成熟，通过与众不同的表现来引起他人的关注，这种自主性的表现在成年人看来是幼稚的，甚至是不可接受的。同时，他们的自主权利意识也得到了明显的增强，表现在对自我隐私权的重视，以及在自主决定问题上与成年人的冲突与坚持。这一时期的未成年人认知能力与抽象思维能力得到了较大的发展，但是身心发展往往处于不平衡的状态，个体会出现对自我成长的不适应状态与自我认同的困境，经历由不平衡到平衡、由不适应到适应的过程，即自主性发展的必然过程，也是对自主权利认识提升的过程。

(3) 未成年人在权利表达与运用上还存在着一定程度缺失理性的特点

认知能力与抽象思维能力的发展到青春期中期（14—18岁）已经达到一定的程度，未成年人已经能够从思维中建构现实，形成自己认为正确的价值观与价值判断，其特点往往会脱离社会现实，会出现一些不切实际的想法，会虚构有关自己的神话，会表现出较强的自主权利欲望。这种自我中心式地在头脑中建构现实的方式缺乏相应的理性，缺乏全面性与客观性，在行动上容易出现一意孤行的行为，出现眼高手低的现实问题，出现对待自我与对待他人的双重标准现象，即能够以一定的标准去看待或要求他人，但往往不以这样的标准去看待或要求自己。这些表现是青春期未成年人抽象思维能力得以较大发展的标志，是其自主性明显增强的表现，而个体在理想主义的构建中无法认识到自己认识上的局限与不足，相反可能对自我充满了信心，对未来充满了憧憬，对事物充满了热情。这是他们发展所表现出来的一种正常状态。但这一切在成年人看来往往是不可理解的，未成年人的表现容易被成年人解读为：幼稚的行为、天真的想法，是不知天高地厚的狂妄自大，是不能很好自主、自我决定的最好的现实证明。青春期未成年人无疑在现实中会受到来自成年人的指责、非难，被认为是离成熟要求相去甚远的不成熟群体，是缺乏自我决定能力的不靠谱群体。而这往往会使未成年人表现出对自我自主能力的怀疑与信心的丧失；也会出现对自我自主能力的反思与提升，主体的权利意识得以强化，主体权利能力得以提升，不再采用简单的方式去争取自己的权利，而是学会采用策略手段来实现自己的权利。但这里的权利还只是个体自主的权利，而不是群体权利。不同的未成年人个体生活的环境不同，可能也会有不同的权利意识与行为表现。

由此可见，年幼的未成年人依赖性较强，使其主体性发展受到一定的限制，而青春期未成年人尽管其主体性得到了较大的发展，个体主体权利意识也得到了明显的增强，但是由于处于生理、心理、认知、社会性发展的关键时期，处于权利意识增强与权利能力有待提高的现实处境，其在权利表达与运用上还存在着一定程度缺失理性的特点，这也是未成年人权利主体地位在现实中缺失的主体原因。

二 未成年人权利主体地位的构建

在民主与法制不断完善、追求社会公平正义的现代社会中，我们要正视未成年人权利主体地位缺失的现实，充分考虑未成年人群体的特殊性，注重多种途径构建未成年人的权利主体地位。

1. 构建差别对等的法律保障体系以保护未成年人的权利

真正的公平正义，不是对所有人在权利分配上的绝对平等，而是能够考虑到不同群体的能力差异与基础。正视与考量未成年人与成年人权利能力的差别，赋予与之相应的权利、责任与义务，是未成年人权利保障的基础。正如布伦南和诺格尔所认为："任何可以被接纳的关于儿童道德地位的理论必须容纳三种主张：儿童应受到与成人同样的道德考虑，他们需要有别于成人的对待，儿童的父母应当用有限的权威来指导他们的成长。"[1] 未成年人的内在价值需要被尊重，未成年人发展不平衡的事实与权利能力同样需要被尊重，成年人在未成年人发展过程中是义务性主体，具有必须担当的责任与义务。同时，未成年人年龄跨度长达18年，不同年龄阶段的未成年人，其特征、能力与需求各不相同，根据年龄群组的不同建立差别对等的法律保障体系势在必行。

目前，我国的法律从法律责任的界定上不同程度地采用了一定年龄分组的方式。如《中华人民共和国民法通则》中明确规定，10周岁以上的未成年人是限制民事行为能力人，不满10周岁的未成年人是无民事行为能力人。《中华人民共和国刑法》将14周岁界定为开始追究刑事责任的年龄起点；已满14周岁不满16周岁的人犯罪，应当从轻或者减轻处罚；已满16周岁的人犯罪，应当负刑事责任。而有关权利保障方面的《中华人民共和国义务教育法》《中华人民共和国未成年人保护法》等基本上是对群体的划分，个别条款有儿童与少年的区别，缺少较为具体的年龄阶段与群组的区分。我国有关未成年人法律保障体系还有待进一步完善，根据不同的年龄群组具体划分的有关权利保障的法律规定基本上还欠缺。不同年龄群组的特点与能力不同，其发展的需要、权利能力亦有区别，如果将未成年人划分为婴儿、幼儿、学前儿童、学龄儿童、青春期早期未成年人、青春期中期未成年人等不同群组，根据不同群组的特征与能力限度，赋予其不同的权利；同时根据不同群组的特点与能力，确定与之相关成年人应该承担的义务与责任，以此，建构适切的未成年人法律保护体系与机制，才能为所

---

[1] Samantha Brennan, Robert Noggle, The Moral Status of Children: Children's Rights, Parents' Rights and Family Justice, *Social Theory and Practice*, 1997, 23 (1): 2.

有未成年人的权利得到最大限度的保障，权利能力得到最大程度的提高，提供法律上的保障与支持。

2. 倡导符合公平正义的未成年人观以形成良好的尊重未成年人权利地位的社会氛围

法律保障体系的构建能够使未成年人权利主体地位的确立奠定一个基础性的、正式的框架与基础，但并不能保证未成年人权利主体地位就能够真正确立。主要因为：一是有关未成年人的完善法律保障体系的构建不可能一蹴而就，而是在现实中需要不断论证、制定、修正与完善；二是再完善的法律保障体系，其运行与实施的过程都需要一定的人去执行，而在执行的过程中人的主观性因素就会从中起到重要的作用。在有关未成年人法律保障体系运行中，未成年人的主体权利是否能够得到充分的尊重与相应的保护，主体地位是否能够成立，取决于这个体系中执行者的未成年人观，取决于执行者是否能够真正考虑到未成年人的最大利益，是否能够真正优先考虑未成年人的利益。

在父权意识还较为普遍存在的现实中，很难保证具有父权意识的执行者不同理于父权意识较强的成年人，更不能保证生活在未成年人周围的成年人能够真正尊重未成年人的权利地位，认可、培养未成年人权利能力，自觉维护未成年人应该享有的权利。尤其是在"事不关己，高高挂起""家丑不可外扬""多一事不如少一事"等传统观念广为存在的现实中，"不去过问别人家的事情"与"少管闲事少找麻烦"的自保心理，使得往往当未成年人遇到权利被侵害的时候，同样也会出现默然过客与冷漠看客的现象。

社会观念与意识的改变需要一个过程，甚至是长期的过程。未成年人权利地位的认可，需要成年人由对未成年人权利主体与地位的认知到内化，再到以自觉行动尊重未成年人权利主体地位的真实转变的过程。在面对传统父权主义意识盛行与多元价值观念并存的较为复杂的社会意识形态下，在不断建构未成年人权利保障体系的过程中，倡导符合公平正义的未成年人观，是建构未成年人权利主体地位思想意识方面的保证与基础。只有成年人有着正确的未成年人观，能够真实地认识到未成年人的主体权利及特殊性，能够认识到自身的责任，能够自觉履行自身的义务，能够恰当地表现出对未成年人权利的尊重，以及对未成年人应该表现出的关切，就会形成未成年人权利主体地位确立的社会意识基础，形成对不尊重甚至侵害未成年人权利等不良现象的良好监督机制，形成未成年人权利保障的良好社会支持系统与社会氛围。

3. 强化父母的家庭教育观以培养未成年人的主体能力

父权在家庭中表现为家长主义，就是以家长意志取代家庭成员的意志。早在新文化运动时期，鲁迅先生在《我们应该怎样做父亲》中就明确反对父权，提出父亲对子女应该做到"理解""指导""解放"三点，他认识到："子女是即我非我的人，但既已分立，也便是人类中的人。因为即我，所以更应该尽教育的义务，交给他们自立的能力；因为非我，所以也应同时解放，全部为他们自己所有，成一个独立的人。"①"尽力地教育，完全地解放"，这是鲁迅先生对父母责任义务的准确理解，也是对父母应该尊重子女权利的准确表达，传达了一种正确的家庭教育观。但是，什么样的父母是合格的？如何成为合格的父母？现实缺乏这样的标准与要求，同时，这种成为合格父母的教育在我们现实中是严重缺失的，人们基本上遵循的是成为父母是人的自然本能的原则，是不需要学习就具有的本能行为，教育孩子是个人家庭的事情，而他人则不能干涉；对子女的教育方式往往是父辈传统教育方法相传或变异的结果，尽管现代年轻的父母不少人在主动学习教育子女的方式，但基本上还是个人的行为，是个别父母自己的主动意识与行为。这种家庭教育的自然状态，也是现实中父权主义传统根深蒂固的原因所在。

子女的教育，不应该只是家庭的事情与父母的责任；家庭的子女也是社会的成员，家庭同样承担的是培养合格社会成员的责任与义务。父母的未成年人观，父母教育理念与教养方式的培养，应该引起政府部门的高度

---

① http://www.douban.com/group/topic/3200278/.

重视并将之付诸实际行动，使之成为公民教育的有机组成部分。只有父母具有正确的未成年人观，具有正确的家庭教育理念与得当的教养方式，未成年人的权利地位在初次社会化的场所才能得以尊重与实现，未成年人的权利意识才能得到很好的启蒙，未成年人的权利能力才能得到较好的培养，家庭范畴中的正义与公平才能得以实现。

4. 确立"以学生为本"的学校教育理念以培养未成年人的权利观念与能力

父权主义传统在学校教育中表现为，强调教师的权威性与学生的遵从性，学生不是教育过程中的主体而是被动的客体，是被塑造、被教育的对象。"以学生为本"，就是以学生为中心，视学生为主体，在教育过程中赋予学生主体地位。即通过考虑学生的实际能力基础，通过一定的设计，让学生主动参与教育过程，发挥其主体作用，培养其主体能力。当然强调学生的主体地位，并不是简单地否定学校教育中的对象化关系与活动，而是在教师与未成年学生对象化关系的建构中，在教育活动开展的过程中，教师要注重未成年学生主体意识的培养与主体能力的提高。

教师要尊重学生的基本人权，能够认识到并充分挖掘未成年学生的发展潜能，能够以优势视角或发展的眼光看待他们，而不是将未成年学生的发展问题扩大化，更不能给表现不好的未成年学生"贴标签"，而是能够对所有的学生一视同仁：真实地尊重，尊重他们的人格；真心地关爱，爱护他们尚稚嫩的心灵；真正地理解，理解他们幼稚的想法与不得当的行为表现。能够有意识地创造公平公正的氛围，让未成年学生从被重视、被爱护中学会关爱他人。教师应该对未成年学生进行有关权利观念的教育，使未成年学生具有基本的权利理论知识，能够形成基本的权利意识与观念。因此，尊重教育规律，尊重未成年学生的基本权利与实际能力，形成"以学生为本"的教育理念，是学校教育得以最大限度培养未成年学生主体能力的根本保证。

（该文刊于《中国青年研究》2013年第4期）

第二篇

青少年与父辈代沟的研究

解读"80后"现象
——谈青少年的社会评价问题

摘要： "80后"一度成为社会舆论评价的焦点。解读"80后"现象可以使我们正确地看待青少年的社会评价问题，可以让人们能够消除代际间的偏见，增进代际间的沟通与理解，从而建构有利于青少年成长的社会舆论环境。"80后"现象表明：人们对新生代的关注，是深层的社会忧患意识的表现；青少年的社会评价是代际评价的同义语，往往会伴随着偏见；不客观的社会评价往往不会引起新生代的认同；了解、理解新生代，是青少年社会评价客观性的前提。

"80后"是对1980—1989年出生的文坛上年轻作家的称呼，后来被借用成为20世纪80年代出生的所有年轻人的代名词。作为新生代的"80后"备受社会关注，多年来，有关"80后"的评价经常可见诸网络、报刊，这些评价总体来看负面性评价比重大，人们对"80后"更多表现出一种担心和不放心，担心他们能否在将来担当得起社会责任。但是，2008年四川汶川大地震这一国难的发生，让人们对"80后"不得不刮目相看，原来"80后"在国难当头、在社会责任面前一样懂得担当、敢于担当、能够担当！"80后"现象实际上透视了一个非常重要的对青少年的社会评价问题。解读"80后"现象可以使我们正确地看待青少年的社会评价问题，可以让人们能够消除代际间的偏见，增进代际间的沟通与理解，从而建构有利于青少年成长的社会舆论环境。

"80后"现象解读一：人们对新生代的关注，是深层的社会忧患意识的表现

"80后"现象并不是一种个别的社会现象，而是一种常见的社会现象，表明了人们对新生代的关注。在美国，60年代出生的一代被称为"新人类"，也译为"X世代"，这里的"X"正是中文"新"字发音的字母。[①] 我国70年代出生的人曾被称为是"新新人类"。而"新新人类"也曾被认为是"抱大的一代""浅薄的一代""颓废的一代""垮掉的一代"……其负面性评价比重同样大，"80后"的崛起替代了对"新新人类"的指责与评价。无论是"代"还是"后"，都是针对新生代群体的。而人们为什么对新生代会投入这么多的热情与关注？为什么对新生代总是责难大于表扬，总是在"挑刺"呢？这里存在着一个深层的社会责任感问题，那就是新的一代是不是能够很好地承继老一代的传统和价值观，是不是能够担当得起社会发展的重任，这是社会忧患意识的一种再现。的确，任何社会都会关注新生代，因为新生代是社会未来的代表，社会的未来如何发展在很大程度上取决于新生代的素质，因此，人们会对新生代的成长过程充分重视，新生代的心理特征、行为方式与价值取向也备受重视。人们对新生代的评价更多是从新生代所表现的日常行为和消费方式等方面，通过这些表象来揣测他们的内心世界，由少数人的较为"另类"的外在表现来推测到整个一代人的群体特征，新生代的与众不同、新生代的反常规行为常常使成人们不能接受甚至引发深深的忧虑，而充斥网络报刊的多数评论就是这些忧虑的直接表现，以期通过这样的评论、指责和劝导来引起新生代对自己思想与行为的反思，从理论上讲，这也可以说是对新生代社会化的一种手段与方式，这种对新生代行为的关注与评价恰恰表现了人们对新生代是高度重视的而不是冷漠淡然的态度，透露出人们深层的社会忧患意识。尤其是"80后"

[①] 张振海：《新新人类》，中华工商联合出版社1999年版。

解读"80后"现象

与其他几代人明显不同,他们是中国第一代独生子女占据期中的群体,这些独生子女从小在家庭中就被当作"小皇帝""小公主""小太阳",他们充分享受着现代的物质文明,从小就被家庭精心呵护,这么养尊处优的成长环境是以前任何一代人都没有的,自然会对他们关注得更加深切一些,会有更多的忧虑与担心,这些"温室里娇嫩的花朵",是否能够经得起人生道路上的狂风暴雨?

"80后"现象解读二:青少年的社会评价是代际评价的同义语,往往会伴随着偏见

真正意义上的青少年社会评价应该是本着客观性、公正性的原则,应该既了解青少年的心理行为特征,又能结合社会规范与价值的要求;既能结合青少年成长的社会环境,又能够很好地区分青少年群体中特殊性与普遍性的关系。这样得出的评价才是客观中肯的社会评价。但是,所有对新生代的评价包括对"80后"的评价,基本上很少是客观公正的评价。具体表现为:

(一) 以特殊来代替普遍,以部分简单地代表整体

2004年2月,《时代》杂志将一位酷酷的中国女孩搬上封面。春树、韩寒、满舟和李扬这4个中途辍学、性格叛逆的年轻人被《时代》认为是中国"80后"的代表,他们被拿来与美国著名的"垮掉的一代"及嬉皮文化相提并论。2004年4月17日《新京报》刊登了《"80年代"是哪棵葱》一文。一石激起千层浪,顿时对"80后"的批评言论开始见诸媒体。近几年来,各类媒体对于"80后"的批评声不绝于耳。特别是网络的兴起助长了这种风潮。[①] 这是记者黄庆时在他的《被误读的一代》中的描述。不能说春树、韩寒、满舟和李扬身上没有"80后"的特征,但是他们能够是"80后"群体的代表吗?他们能够代表绝大多数的"80后"?很多人会不以为然,甚至我们会反问:"为什么不把徐本禹、洪战辉、姚明、郎朗也放在封面,他们也是

---

① 黄庆时:《被误读的一代》,《华人世界》2006年第7期。

'80'后啊。"如果真正了解美国嬉皮文化的人也会对这种把中国这四个"80后"青少年与嬉皮士联系在一起感到可笑。这四个"80后",只是对现行的应试教育体制的一种不满,其辍学也是选择做自己所喜欢的事情,表现出一种自我追求的自主性。但嬉皮士出现在美国的20世纪60年代,往往是数万人举行荒唐的集会,以怪诞的发型、奇异的装束、震耳欲聋的嘈杂音乐、放荡的性行为和吸毒等方式反对主流文化,是真正的"垮掉的一代"的形象。这种牵强附会的联系对"80后"现象起到了推波助澜的作用,因为带有偏见的媒体报道的影响力往往会很大,容易引起一些人的盲从,容易强化社会偏见。

同时,我们现实中更多是对文坛"80后"的评价,这些"80后"年轻作家的写作风格、内容、表现方式等所表现的共性特征只能代表整体"80后"群体的部分特征,但不是全部特征。2006年在网络上发生的白桦与韩寒的战争,韩寒肆无忌惮地谩骂,让人对"80后"心有余悸,"千万别惹"80后"。没有自嘲精神,千万别和"80后"论战;教养太好,千万别和"80后"论战。"① 韩寒的个人行为又成了"80后"的代表而不是他自己的代表。以"80后"中少数的特例来代替普遍不是十分合适,以文坛这些年轻作家来代表整个"80后"也会有失偏颇。当然70年代出生的"美女作家",也只能代表70年代出生的一部分人而不会是全部。人们往往在评价的时候只会考虑他们是不是"80后",是"80后"就会有"80后"群体的整体特征,这是人们的一种常规性的思维方式,但是这种常规性的思维方式往往会忽略个体的差异性,往往会导致评论的偏差结果,容易犯以偏概全的错误。

(二) 以上代人的标准来衡量与评价青少年

对新生代的评价,包括对"80后"的评价,都是上代人的评价。其评价的标准自然会被打上深深的代际烙印,这就容易形成新生代评价的主观性色彩,在20世纪80年代,60年代出生的人跳迪斯科与交谊舞、穿喇叭

---

① 李美皆:《非80后遭遇80后》,《文学自由谈》2007年第6期。

解读"80后"现象

裤,曾被社会视为另类,认为这是"垮掉的一代",是在追求资产阶级的生活方式,但是后来成人社会也都接受了这样的休闲方式,现在我们经常可以在一些街头公园看到老年人在伴着音乐跳舞。"新新人类"的烫发、染发成为另类的标志,但现在成年人也在染发色。这是一种典型的曾被上代人指责的行为逐渐被社会所接纳与容许的事例。是上代人变得宽容了?还是新生代的确领导了时代的潮流?不能否认这样的事实,新生代的标新立异容易开一代时尚之风,新生代的消费取向也就是市场消费的时尚所在,所以那些有眼光的企业总是追逐年青一代的消费者,研究他们的喜好、兴趣、审美,满足他们求新、求异、求奇的心理需求。当然上代人也在逐渐变得宽容,但还没有真正的宽容,如果是真正宽容的话,在社会舆论中就不会有那么多的指责非难的声音存在。上代人在运用自己的价值观、人生观来审视新生代,以自己成长的经历、经验与新生代的成长过程进行对照,以自己的标准来要求与评价新生代。如,我们经常可以听到上代人对"80后"这样的描述,"你们是幸福的一代,你们成长的过程没有受过什么苦,你们在充分地享受着现代的物质文明",这明显是用上代人的青春经历与下代人青春经历的比较,是上代人一厢情愿的想法,是上代人自己的幸福观。的确,很多"80后"成长的物质条件与环境不错,但是他们同样也承载着成长的压力与烦恼,应试教育的压力,父母期望的压力,就业的压力,人际间疏离的压力,等等,这些压力往往会比70年代、60年代出生的人要重得多,"80后"他们从小就生活在这种竞争的压力之下,而竞争的压力一直伴随于他们成长的整个过程,这些也是上代人青春时所没有承受过的。幸福的同义词就是不愁吃穿吗?显然不是,物质层面的满足只是低层次的幸福,而精神层面的幸福感才是真正意义上的幸福。

上代人与新生代成长的环境不同,上代人的价值观念与新生代的价值观念也会不同,承认这样的差别是对新生代进行客观评价的前提。但现实中往往是这样的情形,上代人尽管也曾经年轻,但是对新生代仍然难以做到感同身受,他们往往会把自己也年轻过作为对下一代人要求的"资本"或前提,甚至会理直气壮地强调自己年轻的时候却没有新生代那样不可理喻的行为与想法，因此，上代人的标准与新生代的特立独行构成了不可调和的矛盾，其价值冲突就成了必然的现象。上代人因为缺乏客观的标准与对青少年特点的不了解和其成长环境的忽视，其对新生代的评价往往会伴随着偏见。

"80后"现象解读三：不客观的社会评价往往不会引起新生代的认同

不客观的社会评价，是一种缺乏公正的评价，会让青少年感受到不公平与不公正。而青少年群体是最需要理解的群体，他们当中可能很多人还没有成年（未满18岁），但是他们的成人感已经确立了。他们愿意接受建议而不是指责，愿意接受规劝而不是无端的批评。对"80后"的指责与评论并不会引起他们的认同，有的"80后"说："我们都见怪不怪了，我们就是在指责中长大的，无所谓。"这种评价丝毫改变不了新生代的观点，他们在评价面前仍然我行我素，甚至变本加厉，大有一种"走自己的路，让别人说去吧"的潇洒，这种置若罔闻的做法会让上代人感到深深的失望与无可奈何，上代人会更加强化自己对新生代的观点。而不客观的社会评价往往会激起"80后"的逆反心理，他们就会提出这样的质问："80后难道不是你们六七十年代的产物吗？你们难道未曾年轻过，未曾回想过当年的青春岁月？""若你们懂得尊重，我们亦懂得。若你们懂得包容，我们亦懂得。若你们懂得善待一切，我们亦会如此。前辈们，你们都是我们眼中的明镜。请不要抹黑我们心中的一道光。将美好扼杀。"[①] 而且他们可以为自己特立独行的行为做最好的诠释和说明，如"我们愤怒，因为我们拒绝麻木。我们说脏话，是因为这世界上有足够多肮脏的行为，与我们肮脏的语言相配。我们叛逆，因为太多的传统并不值得我们尊重。我们极端，因为中庸无法将我们扼杀。我们苛刻，因为我们无法宽容丑恶。以80后的名义，我们拒绝无知，我们拒绝谎言，我们拒绝麻木。"[②] 这也是比较典型的"80后"的话语，其对自我的解释与证明，表现得是这么掷地有声、慷慨激昂，

---

① 一辈子幸福：《80后难道不是你们六七十年代的产物吗》，《现代交际》2007年第12期。
② 刘哲：《以80后的名义》，《现代交际》2007年第4期。

其对不客观的评价的愤懑之情弥漫于字里行间,为自己的"极端""叛逆"与"苛刻"找到了"合理"的注脚。

"80后"现象解读四:了解、理解新生代,是青少年社会评价客观性的前提

著名的文化人类学家玛格里特·米德曾提出了"代沟"的概念,她认为现代世界的特征,就是要接受代际的冲突,每一代人的生活经历都将与他们的上一代有着不同的信念。但代沟不是不可逾越的,她认为紧密的家庭纽带应该松绑,以便给青少年更多的自由去做出自己的选择,如果不要求那么多的服从和依赖并容忍家庭中的个别差异,亲子冲突和紧张就会大大减少。的确,代际观念的差异是客观存在的事实,但是代际可以通过相互之间的沟通与了解来增进相互的理解。上代人应该了解新生代的特点,应该理解新生代喜欢彰显自我的青春期情结。

青春期是人生最为重要的发展时期,是一段重要的成长过渡期。从生物学上讲,是个体生理由不成熟发育发展到成熟的阶段;从心理学的角度上看,是个体心理由不成熟逐渐走向成熟的过程;从社会学的角度来讲,是由不独立的个体逐渐接受社会化变成独立的社会个体的阶段。青春期是一个既充满变化、探索、富有活力和追求的时期,也是一个充满焦虑和问题的时期。青春期的最大特点就是关注自我,自主性增强,成人感增强,希望得到社会和成人认同的愿望强烈,喜欢标新立异。可以说,标新立异就是一种典型的青春期情结,是青少年自我表现的一种手段,他们希望通过特立独行的行为与外在打扮等与众不同的表现来引起人们的关注,通过这样的方式来昭示自己的独立和成熟。如果上一代人能够认识到这一点,对他们特立独行的行为不是大加指责,而是一定程度地宽容,他们就会实行自然而然地平稳过渡。如果上一代人能够认识到他们不过是处于这么一个成长的过渡期,还没有十分成熟,这时所出现的一些幼稚与偏差行为都是正常的现象,那么上代人对新生代就不会有太多的指责。人非圣贤,孰能无过?更何况还处在人生观、价值观、世界观正在形成过程中的青少年?

如果上一代人能够用一种发展性的观点去看待正处于发展时期的一些青少年问题，能够对这些青少年的"发展性问题"做及时的引导与帮助的话，那么就不会激发青少年强烈的逆反心理。如果上一代人在看待青少年问题时，能够坚持"人在情境中"的原则，能够考虑到青少年问题产生的根源，而不是不问青红皂白地质疑与责难的话，那么代际间的冲突就会大大地减少。了解新生代是理解他们的前提，理解他们是尊重他们的前提，在这样的前提之下，对新生代的评价也会相应地客观与公正。

关注新生代，对新生代进行评价，这是一种正常的社会现象，但是这种社会评价对新生代会产生直接的影响，因为他们正处于一个寻求自我认同的关键时期，而评价是否公正对新生代的健康成长很重要，这将决定着他们是否能够实现一种积极的自我认同。现在人们的眼光已经从"80后"转移到"90后"的身上，我们期待着一些更客观的社会评价，让"90后"在无偏见的社会评价中健康地成长。

（该文刊于《山东省青年管理干部学院学报》2009年第1期）

"90后"网上征婚现象透视与解析

摘要："90后"网上征婚现象引起社会的广泛关注。透视"90后"网上征婚现象，可以看到，这是"90后"展现自我、追求时尚、自我中心的青春期诉求，是婚恋现实问题与社会婚恋观在"90后"身上的投射。反思现实中新生代婚恋观教育问题，存在着人生观教育的单向度视角和婚恋观教育缺失的现象。应注重新生代的婚恋观教育，使高尚美好情感的培养成为自觉。

备受争议的"80后"渐行渐远地淡出人们关注的视野，"90后"却渐行渐近地成为备受关注的新生代群体。重庆上万"90后"网上征婚经记者报道后，让人们对这些"90后"的行为感到惊讶的同时，更加表现出对这些孩子婚恋观的担忧。在人们的眼中，"90后"是刚刚20岁或20岁不到的孩子，他们如此公开地通过网络来进行征婚，使中国传统婚恋观念中应该有的羞涩、含蓄与深沉似乎荡然无存。如何客观地看待"90后"网上征婚现象，"90后"及以后的新生代婚恋观的教育问题，是我们不得不面对的现实问题。

一 剖析："90后"网上征婚现象

重庆上万"90后"网上征婚这一报道，以数据表明，这不是个案，而是足以引起人们关注的具有一定规模的小众行为。报道称"一家网站共有

191782 名'90 后'征婚，占该网站征婚总人数的 6.1%，18—20 岁的重庆女孩有 1808 位，重庆男生则有 2843 位。62.6% 的'90 后'是重庆的本科或专科生"①。尽管这仅仅是对重庆一地情况的报道，但对这一群体也可窥见一斑。透过"90 后"网上征婚现象，可以看到深层的青少年本体与社会原因。

1. 展现自我、追求时尚、自我中心的青春期诉求

征婚在传统意义上基本上是那些大龄男女不得不选择的择偶途径，那是一种万般无奈不得已的方式，甚至曾经让很多青年男女不能接受，即使征婚也要隐姓埋名，都是"某男"或"某女"等，大有"犹抱琵琶半遮面"的难为情状。但在信息化的今天，征婚不再是什么难为情的事情，而是一种正常的择偶手段，现代的信息技术能够让征婚者通过直观性的观察来做出是否进一步深入了解的决定。但对"90 后"而言，征婚绝不仅仅是一种择偶手段，也是展现自我的一种方式，甚至演变成为一种时尚。网上征婚的"90 后"非常大方地将自己的玉照在网上公开，他们注重自我的包装与修饰，"从染发到穿耳洞再到化妆，男女生都打扮得既时尚又成熟。据了解，网络征婚也需要付费，尽管如此，'90 后'们征婚的热情依然高涨"②。

按照国际上曾经对青春期的标准界定为人生的第二个十年来看，这些"90 后"网上征婚者仍处于青春期。特立独行、追求时尚、敢为人先、以自我为中心，这种青春期的特点在他们身上表现得尤为明显。随着身心的发展，成人感逐渐增强，他们总是想昭示自己的成熟，想成为有魅力的人，成为受人关注的人，他们已经度过了同伴依恋的青春期早期，他们更想从异性的眼光中寻求自我，看看自己是否是个受异性喜欢与欢迎的人。而网络正好可以满足他们这一心理需求，使他们在更广阔的范围内备受关注成为可能，甚至有的会因此而一举成名。而且他们可以从同龄人的比较中，

---

① 《重庆上万"90 后"征婚》，http://www.chinanews.com.cn/sh/news/2010/03-24/2186915.shtml.

② 《重庆上万"90 后"征婚》，http://www.chinanews.com.cn/sh/news/2010/03-24/2186915.shtml.

看看谁是最勇敢的人，谁是最有魅力的人，这是青春期寻求自我认同的一种方式，也是出现网络征婚这一小众行为的重要因素。

从"90后"网上征婚者的择偶独白中，我们也可以看出"自我中心"的青春期情结。重庆万州的一男生独白："虽然我的年龄相对较小，并不代表我不成熟。我扛得起责任，我也负得起责任。"① 心理学家皮亚杰在他的发展认知观中把青春期界定为人的认知发展的形式运算阶段，这一阶段人的逻辑思维与抽象思维能力显著增加，形成了这一阶段人所特有的形而上学的思维特征，促使他们进入了一个自我中心的阶段，他们认为自我很强大，容易把现实的一切都纳入自己的主观观念中加以理解与整合，但自我想象的强大与现实中的强大是不同的。"扛得起责任""负得起责任"，听来确像是一个男子汉的誓言，但这样的誓言还应该包含很多具体的担当与努力。这种形而上学的年龄时期，往往会带有青春期的想象。因此，"90后"网上征婚者在其择偶标准的表现上出现了多样性色彩，有的充满了浪漫的幻想，有的充满了天真的盲从，如因为喜欢韩国明星，自己就要嫁到韩国；喜欢美国就要嫁给美国人；认为影视中说的某一个星座不好，自己就坚决不选某一个星座的人……

2. 社会婚恋现实问题与婚恋观的投射

分析"90后"网上征婚者的心态与择偶标准，可以看到，这是社会婚恋存在的现实问题及婚恋观在其身上的直接投射。社会婚恋存在的现实问题中最为突出的是"剩女"与房奴，"剩女"有种青春不再、人如黄花、知音难觅的悲凉，处于一种高不成低不就的择偶状态；房奴就是房子的奴隶，就像电视剧《蜗居》中的郭海萍，整天为了房子而挣扎、打拼，生活拮据得捉襟见肘，自然毫无浪漫可言。"90后"网上征婚者几乎一直养尊处优，生活在父母的羽翼之下，刚刚或还没有走向社会，多数人正处于受教育受保护阶段，自然不愿意自己成为"剩女"与房奴。

---

① 《重庆上万"90后"征婚》，http://www.chinanews.com.cn/sh/news/2010/03-24/2186915.shtml.

"90后"对婚恋的解读表现出更为现实的倾向,有他们自我认定的时间表。"90后"女生盛传了这样一套公式:"完美的婚姻=2年初步考察期+2年恋爱成熟期+1年婚姻蜜月期+2年婚姻磨合期";而男生则表示:"先下手为强,剩下的多半都是不好的。"① 按照这些女生的婚姻公式,要留出四年的恋爱时间,而男孩子抢先寻找"好的",大有"过了这一村就没这一店"的感觉。愿为人先、"广种精收"是这些"90后"网上征婚者的普遍心态。这种先下手为强心理的产生,与我们现实婚恋中"剩女"的恐慌有关。"90后"女生认为,"合不来可以离婚再结婚,但不能容忍变成剩女"。"剩女"很多都是当自己想谈婚论嫁的时候发现同龄人已经成家生子,没有太多选择的余地。吸取这些"剩斗士"的教训,不愿意错过最好的时机,不愿意成为"剩女""剩男",要为自己的选择争取充足的时间。而网络为他们先下手为强提供了广阔的平台。网络可以超越时空,打破了传统择偶的人际关系、地缘关系与业缘关系的局限,网络征婚可以让他们在更广阔的范围内进行选择,可以精挑细选。

　　"90后"网上征婚的择偶标准是现实社会婚恋观的直接写照。经济社会的发展,使现实社会的婚恋观注重经济条件,甚至拜金主义有相当的市场,择偶标准的功利化、纯理性倾向明显。部分"80后"的择偶标准就表现出明显的功利性色彩,"职业、住房、个人收入等因素在'80后'青年婚恋选择中日益占有重要地位,甚至成为婚恋选择中的第一重要因素,文凭、学历、相貌、婚否的要求有了明显下降。现实中的婚恋观的功利倾向和现实中部分'80后'忽视经济基础变成房奴的教训,对'90后'产生直接影响,'80后'的大学生变成了房奴,一辈子都要为买房而焦虑"②。前车之鉴,"90后"网上征婚者害怕当房奴,愿意找个有钱的老公使自己衣食无

---

① 《重庆上万"90后"征婚》,http://www.chinanews.com.cn/sh/news/2010/03-24/2186915.shtml.
② 李勃:《"80后"青年婚恋选择特点及影响因素分析》,《山东省青年管理干部学院学报》2008年第6期。

忧。这与我们现实中很多成人认为"女孩子自己好不如嫁得好"这样的观念有着直接的影响,这种观念认为女孩子可以自己不努力,但是找个好老公一样能够得到幸福。而这种社会观念在很多"90后"女生的身上表现为:年轻就是优势,年轻就是资本。正是因为年轻,所以可以用青春赌明天,网上征婚的多数"90后"女生认为,只要能赚钱,学历无所谓,对相貌、身高等这些外在条件并不太看重;她们不希望自己去奋斗,更愿意坐享其成。

二 反思:新生代的婚恋观教育问题

"90后"网上征婚不是让我们不可理解的事情,而是一种常态,只是成人社会没有这样的心理准备,一直认为他们还只是没有长大的孩子而已。成人惯常用自己的思维方式去看待新生代,常常认为他们重复自己年轻的故事与行为是常态,当新生代出现了没有想到的行为时就感到惊讶甚至不可接受。但不管成人是否接受,这就是事实。当成年人在不理解或指责"90后"特立独行的行为,嘲笑或担忧他们功利而又充满幻想般的择偶标准的时候,是不是应该意识到自己的责任,是不是能够从他们的身上看到我们成年人的影子。"90后"网上征婚这一事实,让我们必须正视与面对新生代婚恋观教育问题,必须反观自身,反思自己在对下一代婚恋观的形成中起到的作用与影响。

1. 对新生代人生观教育的单向度视角

婚恋观是人生观的有机组成部分,人生观决定人的婚恋观。反思对新生代的人生观教育,可以发现我们的人生观教育缺乏双向度的视角,我们更多的是从教育、规范的角度出发,以社会主义的价值观与人生观去要求新生代,去实现我们的教育目标,把他们培养成为社会主义的接班人。当然,我们也在一定程度上考虑到新生代的特点与需要,但是这只是为了更好地遵循教育规律,为了更好地实现我们的教育目的而服务的,因此,我们现实中的人生观教育从内容上表现为政治导向明确,道德价值要求明显;从形式上灌输说教多,形式化倾向严重。

诚然，对新生代重教育、重规范是应该的，也是必需的，这可以让新生代很好地融入社会，成为符合社会要求的生力军。但这种单向度的视角，使我们很少从新生代的角度去看待问题，去真实地了解他们的需要，去很好地正视他们的需要，甚至可能会无视他们的内在需求，因此，我们对新生代的教育也很难贴近他们的需要。这种只追求高度的教育，往往会让他们仅仅了解与掌握一些空洞泛化的理论要求，而这种要求与现实的结合并不明显，这种知识性的了解没有实践环节的转化，很难内化为自己的观念。

同时，这种单向度的视角，注重整体的要求甚至于个体的需要，往往会出现只注重普遍性的教育而缺乏个性化引导的现实。普遍性的教育是针对新生代的共性特征而进行的人生观教育，但是个体的需要、个体的情况是存在差异的，有关个体的生涯规划这样人生观教育的内容还只是流于形式，空空而谈，泛泛而论；对人生幸福的界定、对个人理想的追求，等等，基本上提倡的是社会需要与社会规范，与个人的现实与需要联系不密切，甚至相去甚远。这种单向度的教育视角会使人生观教育出现偏离青少年的内在需要的倾向，很难产生共鸣，更难落到实处。

2. 婚恋观教育的缺失

青春期是人身心发展的迅猛时期，是人生观形成的关键时期，也是人情绪情感发展的重要时期，从青春早期短暂的同性依恋需要，到以后的异性吸引与交往的需要会逐渐强烈。因此，婚恋的需要会随着青春期的过渡而逐渐成为青年人的重要需要，这个时期是青年人心理、情感容易出现困扰的时期，也是我们对青年人进行婚恋观教育的最好时机与阶段。但是，现实中这一时期的婚恋观教育出现了明显的缺失现象，使得新生代的婚恋观在青春过渡期只能处于自然长成状态。

婚恋观教育的缺失有着一定的历史与现实原因。中国传统文化非常注重人的成家与立业，但是封建社会的成家是"父母之命，媒妁之言"，人的个人幸福要服从于家长的权威，服从于种族繁衍的需要，服从于光宗耀祖的家族利益。在革命战争年代，共产党人把个人的幸福与革命结合起来，个人婚恋问题服从组织安排，提倡志同道合的革命婚恋观，这是革命的集体主义观念在婚恋观上的体现。中华人民共和国成立后，在极左思想的影响下，不能谈个人的幸福只能谈最高的社会理想，在相当长的时间里谈恋爱就是小资产阶级情调，是革命意志不坚定的表现，谈恋爱几乎成为明令禁止的行为，很多人都遵从的是先结婚后恋爱的婚恋模式。改革开放后，人们的婚恋观开始出现了多元化的特点，婚恋观问题及婚恋观教育才引起人们的关注，但是真正意义上的婚恋观教育并没有完全实施与展开，婚恋观教育的内容、体系、方法还有待于形成。婚恋观教育还没有成为学校思想教育的重要组成部分，有关青春期教育还处于难为情的状态。

而我们今天更多面对的是这样的现实：对中小学中出现的学生"早恋"现象，教育工作者与父母往往感到恐慌与焦虑，很多教育工作者与父母简单地把"早恋"与耽误学习画等号，"早恋生"与"问题学生"等同。对男女生的交往不是进行引导，不是将较密切的交往转化为常态，而是采取简单的甚至是粗暴的方式统统不问青红皂白皆以"早恋"一言蔽之。这种不恰当的教育方式和解决问题的方式，往往不仅不解决问题，相反会使问题更加复杂化与严重化，甚至出现事与愿违的结果，引发出不应该发生的一些问题。在高校，恋爱观教育只是思想品德修养课程中的一节内容，但现实中基本上处于不提倡、不反对的状态。

同时，婚恋观教育在现实中也很难得到人们的认同。很多人认为，恋爱婚姻是个人的事情，谈恋爱是人的本能，"男大当婚，女大当嫁"这是一种自然状态，根本不需要什么教育。但现实生活中因婚恋而引发的问题，已经成为不得不让人重视的社会问题，对社会的和谐与稳定产生直接的影响。在婚恋观教育缺失的情况之下，新生代所受到的婚恋观教育都是从他们所接触的人——如父母、老师等长辈，和他们所能够接触到的媒体——如电视、网络等获得的，新生代们往往都是"自学成才"。

三　结论

苏联著名教育家苏霍姆林斯基曾说过：爱情教育是"培养高尚的美好

情感"的教育。但这种高尚的美好情感教育在现实中并没有引起人们的重视。当我们惊讶于"90后"网上征婚现象的时候,不应该去指责他们的"离谱"行为,而应该充分理解并认识到青春期是一个需要我们关注的特殊时期。了解新生代身心发展的特点,了解新生代情绪情感及行为的特点,把握新生代内在的心理需要,以高度的责任感去重新审视我们的教育缺失,不失时机地、积极地介入新生代的成长,注重新生代婚恋观的教育与引导,使高尚美好情感的培养成为自觉。这当是成人社会的正确选择与理智行为。

(该文刊于《中国青年研究》2010年第11期)

当代青年与长辈"代沟"的新表现

摘要： 代沟是现代社会发展过程中出现的代际思想观念与行为方式的差异，可能造成代际的矛盾冲突。与以往相比，当代青年与长辈之间的代沟出现了新变化，主要表现在信息技术应用、话语、空间距离等方面。对此，青年与长辈均应明确各自在社会发展与个人生活中的责任与角色，客观认识与理解代际的差异。

代沟是西方对代际无法理解的差距状态所概括的形象概念，主要是指年长一代与年青一代之间存在的距离感，表现为因思想观念、行为方式等方面的不同而出现观念碰撞、意见分歧、行为相左等不和谐的社会现象。代沟的发生与变化、代际关系的断裂与弥合有其必然规律，我们没有必要去夸大代沟的不可通约性，也无须回避代际的差别甚至是矛盾、冲突，而是要把握当代青年与长辈代沟的新表现，以建设性的态度和正确的青年观去认识、理解、面对与弥合当代青年与长辈之间的代沟。

信息代沟：信息获取与使用的优势使青年主体性增强，打破了代际间原有的平衡

从"代"的普遍意义上看，当代青年与长辈的代沟呈现出明显的时代性特征，表现出共时状态下代际的差异。多元价值观念并存的社会现实，新媒体时代信息传播与接受的即时、便捷，个人成长与发展的际遇以及在社会结构中所处的地位，都会对人们产生不同程度的影响。但是相对于长辈，这一切对青年一代的影响更为显著，形成了当代青年与长辈在面对相同问题时的不同态度、观点、生活方式等。出现这些差异的最主要原因是新媒体技术使用的差异和获取信息能力的差异，即新媒体使用技术存在着代际的明显差别，从而形成"数字代沟"或"信息代沟"，出现了美国学者马格丽特·米德所认为的代际文化传递主体优势的转变，即人类进入了"后喻文化"时代，形成了长辈需要向青年一代学习的文化模式。

与过去长辈具有经验与信息优势不同，当代青年普遍比长辈更熟练地掌握信息技术，运用互联网与自媒体成为他们现实的自觉行为和特有的生活方式。他们可以在网上学习、交友、购物、经商、开博客、参与讨论，等等。与此同时，也出现手机流行语这种独特的表达方式，以表情符号呈现自己即时的情绪状态；网店、微商等依托互联网开展的新商业模式成为热潮……

相比之下，长辈对信息技术的掌握有所不足。有人形象地将当代青年比喻为互联网上的原住民，而长辈则不过是移民或者过客而已。移民意味着不熟悉互联网，需要有适应与融入的过程，而过客的走马观花自然无法与原住民对互联网的了解与使用同日而语。尽管二者面对的互联网络条件相同、所拥有的媒介设备相当，但当代青年网络应用、网络表达与网络社会参与的程度远胜于长辈。两代人之间在获取信息、应用信息与运用新媒体等方面的差异会使原来所形成的代际互动产生新的变化。

在信息获取方面，青年一代注重采纳网络上"弱关系"提供的信息，更愿意与这些现实中不曾相识的人分享信息，但长辈更加注重与现实交往密切的朋友——"强关系"分享信息。这样，两代人之间的沟通也出现了新特点：长辈忧虑青年对网络的热衷，担心他们缺乏鉴别能力或者沉溺于对新媒体的使用之中；同样，青年会感受到长辈在新媒体使用方面的笨拙，长辈的"去权威化"趋势明显，这容易带来双方观念上的分歧与行为选择的差异，从而改变了原来形成的代际互动模式。美国计算机科学家尼葛洛庞帝认为，网络世界的掌握权会颠覆性地改变两代人之间业已形成的地位，"这种控制数字化未来的比特，比以往任何时候都更多地掌握在年青一代的手中"①。获取信息能力强的青年人在两代关系的建构中主体性明显增强，而传统的代际观念可能会引发代际的冲突。

费孝通曾经对两代人因文化不同所引发的冲突进行了形象描述："社会变迁最紧张和最切骨的一幕，就这样开演在亲子之间。这时，狂风吹断了细线，成了父不父，子不子，不是冤家不碰头了。"② 两代人亲情的细线，经不起社会发展所带来的文化迁移狂风，信息获取与使用的优势无疑使青年主体性增强，代际间原有的平衡必然被打破，甚至出现矛盾冲突。当代青年与长辈之间的代沟不仅是因为两代人成长的环境不同，而且更具有鲜明的新媒体技术印记。

话语代沟：青年与长辈在话语体系的理解上出现错位与差异

代沟的出现往往源于青年一代主体性的觉醒与主体能力的提升、对自己自主性能力的认同与展现，以及通过寻求话语权和参与权来确定自我存在感。当缺失话语表达或参与机会的时候，青年一代往往会通过一定的方式来争取这样的机会，其中就包括代际冲突的方式，如20世纪60年代西方高校出现的风起云涌的学生游行示威活动；也可能通过另类的方式来昭示自己的存在，如嬉皮士运动中的青年以反传统的种种怪诞方式来表达对自由生活的追求。这些都是对长辈话语霸权的挑战方式。

代际冲突是青年自主愿望受到极度压抑时出现的一种激烈抗争，是长辈强烈控制与规范青年一代思想与行为而带来的逆反现象。当然，代际冲突可能会导致代际矛盾的缓和，也可能导致矛盾冲突的升级。当长辈拥有话语决定权时，青年发声的机会与权利取决于长辈是将青年认定为依附性群体还是自主性群体。如果被认定为不成熟的、缺失自主能力的、需要规范与控制的依附性群体，青年自然就没有参与和发声的机会。长辈往往会通过制度的设定以及对传播手段的掌控等方式来规范、控制和引导青年一代的思想与行为，青年的创新性与主体性也会因此而受到压抑；当压抑到

---

① ［美］尼古拉·尼葛洛庞帝：《数字化生存》，胡泳、范海燕译，海南出版社1997年版。
② 费孝通：《乡土中国 生育制度》，北京大学出版社1998年版。

一定程度的时候，就会出现强烈的代际冲突。如果将青年认定为自主性群体，长辈就会根据对青年自主能力的评估和认定给青年群体一定的发声机会，在一定程度上使青年人的主体性与创造性得到发挥。当然，代际仍然会出现思想观念与行为方式的日常性碰撞。因此，在传统媒体环境中，青年一代的话语权是长辈赋予的，或者是青年向长辈争取的，代际关系的建构取决于长辈的决定。但在自媒体时代，青年的话语权除了长辈给予之外，更多是互联网与现代信息技术提供的。在这样的环境下，青年一代的话语建构能力明显增强，话语应用机会增多，甚至部分词汇与话语还得到主流文化的认可与推广。

自媒体时代为青年提供了展现自我、表达自我的平台，提供了建构自己独有的亚文化的载体，形成了只有同代人之间才能理解的话语表达体系，长辈往往无法真正理解他们的语言。如微信的笑脸符号在青年一代看来，是谜一般微笑的意思，他们称之为"迷之微笑"，即对他人的语言与行为不进行直接反驳，而是以一种不置可否的微笑来表达一种无奈、无语的态度，但是长辈可能会认为是欣慰或满意的微笑；网上聊天所用的"呵呵"，青年一代表达的意思是"我只能呵呵了"，也是无语与无奈的表达，但是长辈则会理解成轻轻地笑、愉悦地笑、满足地笑，而且在交流中频繁使用；网络流行语"我为你打call"，青年一代的意思是"我为你加油"，但是长辈则会认为是打电话；青年用"我很方"来表达"我很慌"，长辈则会感到一头雾水……两代人不同的理解与表达方式，往往很难产生共鸣，容易出现理解沟通的障碍。

当然，青年拥有网络表达话语权，不仅能够展现自我，而且能够通过网络进行政治参与。但是网络参与存在随意性的特点，网络的虚拟化，使得青年人以网名的身份进行参与，这种参与的隐蔽性与安全性使得他们中的部分人无所顾忌，表现出非理性的一面。有的青年可能对问题不进行探究就妄加评论，有的只是好奇转发信息而不管是非对错，甚至出现不应该发生的网络群体性事件。尽管这只是部分青年人的做法，但也会引发长辈对青年人的不认同、不理解，乃至深深的担忧。

当代青年与长辈"代沟"的新表现

空间距离代沟：离多聚少使青年与长辈之间的疏离感增加

空间距离代沟是高度发展的现代化社会中出现的一种比较普遍的代际疏离形式，主要是由于代际双方不生活在同一空间场域之中而产生了"熟悉的陌生"。

传统社会中，两代人生活在同一空间场域，代际的面对面交流与沟通成为日常生活中的有机组成部分，不会因为空间场域的不同而产生疏离与隔阂。随着现代社会的发展，尤其是市场化与城镇化的快速发展带来了频繁的人口流动，导致两代人之间的离多聚少。当代青年中有一部分人在成长的过程中有留守经历，而成长过程中疏离感、陌生感的形成，会对未来两代人关系的建构产生直接影响，以至于出现"你是我的亲人，但我们没话可说"的尴尬现实。当代社会，流动最频繁的是青年一代，随着异地求学与工作机会的增多，他们与父母之间的疏离感也在不断增加。

一般而言，青年人倾向于将更多精力用于与同代人之间的关系建构上。因为有共同关注的话题，他们自我实现的价值感更多地体现在同代人之中。压力大、快节奏的生活往往使他们没有太多心思和时间与父母进行经常性的沟通，或者因为各种原因而不想或不愿意与父母进行沟通。但是父母更愿意关心与了解青年人学习、生活与工作的状态，沟通意愿的不同也会引起双方的不理解和不愉快。更为重要的是，双方生活在不同的空间之中，有着各自的生活轨迹，真正站在对方的角度去理解、体会似乎并非易事。当然，空间上的疏离可能会减少在同一空间中容易出现的日常摩擦与矛盾，但更可能成为双方之间不经常沟通或不深入沟通的缘由。同时，这种状况也使青年与长辈的沟通联系不再那么频繁，甚至出现敷衍长辈的现象。尽管现在可以通过视频、打电话等多种方式进行即时沟通，但是青年与长辈由于缺乏日常生活的交互参与和了解，总会有不同程度的疏离感。

弥合代际差异，主要在于长辈和青年一代对自我责任与角色的体认，秉持尊重、共享的理念

青年一代愿意接受新生事物，具有使用信息技术的优势，富有时代感、竞争性与创新性，愿意彰显自己的个性，实现个人的价值。但由于缺乏生活经验的积累，处于生理、心理与社会性发展关键时期的青年人，特别是处于青春期的青少年，很容易受到网络上多元价值观念的影响，对问题有独到见解但可能会偏激，情绪激动时难免行为莽撞，甚至有可能出现行为失当、失范的现象。

长辈具有与青年一代完全不同的成长经历，具有丰富的生活经验和较强的辨别能力，他们既有对青年一代成长成才的期望，也担负着促进青年一代社会化的责任与义务。他们对新生事物的接受程度、信息技术的应用水平远不如青年一代，思想相对保守，更加遵从传统，追求生活与工作的稳定，具有量入为出的消费观念。正是因为两代人在代际互动中身份与地位的不同，成长经历与环境有别，他们在人生目标、思想观念、生活方式、思维方式、消费习惯等方面都产生了差异，这种差异在自媒体发达、人口流动频繁的今天尤为明显。

代际的互动从来不是简单的对称性互动，而是思想观念、行为方式有差异的两代关系不断建构与重构的过程。美国学者马克·波斯特认为：技术的变革，最重要的不是效率的提高，而是身份的建构方式产生了变化，由此带来广泛而深刻的社会文化变革。

的确，互联网与自媒体的发展所形成的技术代沟、话语代沟与空间代沟等一系列变化，使得青年一代的主体性更加彰显，也必然会带来当代青年与长辈之间关系建构方式的变化。是否能够客观地认识代际的差异、看待代沟现象，主要在于长辈与青年一代对自身在社会发展与个人生活中责任与角色的体认，在于是否具有换位思考的同理心与共情能力，在于是否具有尊重、共享的理念，在于是否具有持续学习的意识与能力。我们所处时代的代际文化模式不仅是马格丽特·米德所说的"后喻文化"，而是"前喻文化""并喻文化""后喻文化"三种模式的有机统一。

（该文刊于《人民论坛》2018年第22期）

基于"后浪"现象的网络社会代沟问题研究

摘要："后浪"现象是代际差别在网络社会的一种表现。代沟是不同代在共时空状态下所表现的思想价值观念的距离与差别。代沟的形成不只是历史发展进程与外在文化环境的产物，更是"前浪""后浪"所拥有主体性的交互作用、共同建构的结果；代沟是人类社会发展所必须拥有的张力，是每一代人的主体性在现实中的彰显与交汇。网络社会代沟呈现代际交互性不断增强、代际差异性的观点与立场明显、空间距离加大增强了代际疏离与隔膜等新特点。网络社会代沟的发展趋向主要表现为：代沟呈现出普遍性与复杂性，代沟被较广泛地接纳与理解，"代沟"的时间距离越来越小。

五四青年节前夕，B 站（Bilibili 网站）发布了国家一级演员何冰的演讲视频《后浪》，作为献给新一代青年的宣言片登上了中央电视台《新闻联播》的黄金时段，一度产生了刷屏效应。"截至 5 月 7 日早间，《后浪》在 B 站的播放量已达到 1447 万，有超过 19 万条弹幕和近万条评论"①。"后浪"立即成为网络上的热词。但值得注意的是，狂刷微信朋友圈的主体更多的是中年一代——"前浪"，与此同时，也招来了青年群体的不少非议，以及有关"致敬""羡慕""权利""自由"等的解读，形成了网络上"排山倒海"般冲击"前浪"的回应。笔者认为，"后浪"现象仍然是代际差

---

① 后浪，https://baike.baidu.com/item.

别、隔膜的再现，不过是在新媒体传播中得以体现而已，是代沟呈现的一种新的表达样态，表现出与以往代沟的不同特点。如何看待有关代沟问题尤其是网络社会代沟问题，对建构代际共融、共同成长的良好社会文化环境具有非常重要的现实意义。

一　代沟及其本质

著名学者周晓虹、周怡曾在《文化与承诺》的序言中将代沟界定为"年青的一代和年老的一代在行为方式、生活态度、价值观念方面的差异、对立、冲突"[①]。人类学家玛格丽特·米德从文化人类学的角度将人类社会文化的发展划分为前喻文化、并喻文化、后喻文化三种类型，着重强调了不同世代在不同的文化模式建构中的地位与作用，提出在未来的后喻文化类型中年青一代的文化反哺作用，认为跨越代沟的方式"只能依靠发展一种和那些代表着未来的年青一代进行沟通的新的途径"[②]，即对话的方式是建构沉浮与共的共同体，与年青一代共同学习和发展。米德对代沟的认知与理解具有开创性，也开启了对代沟进行研究的先河，其所建构的人类文化模式至今仍被广泛地应用于有关代沟的研究之中。但什么是代沟？代沟是不是就是代际矛盾与冲突且具有不可通约性？这是所有研究代沟问题都必须面对的首要问题，也是透视一切代沟现象的前提基础。

1. 代沟的界定

代沟是指代与代之间的距离，这个距离是代与代在时间距离的基础之上而形成的思想价值观念上的距离与差别，即不同代在共时空状态之下所表现出的思想价值观念的距离与差别。代沟中的代，也随着时间的迁移在研究领域出现了世代、时代、年代等不同维度的转变，但无论如何转变，

[①] ［美］玛格丽特·米德：《文化与承诺》，周晓虹、周怡译，河北人民出版社1987年版，第1页。

[②] ［美］玛格丽特·米德：《文化与承诺》，周晓虹、周怡译，河北人民出版社1987年版，第98页。

代都表现出一定时序之间的距离与不同，都是新生的一代人与原有的一代人、年青的一代人与年长的一代人、下一代人与上一代人之间的时间距离与成长基础的差别，并在此基础之上而形成的思想观念、思维方式、行为方式与生活方式等的不同。代沟所表达的"不仅仅是一种时代上的间隔与距离，它更表达的是一种历史性差异"[①]。的确，正是因为不同代的人在他们关键成长期（青春期）所处的社会发展的历史进程、成长环境的不同，形成了属于各自不同代的人所特有的思想价值观念、思维方式、行为方式与生活方式，因此也就形成了在共同的社会发展时空之下不同代的人对同一问题的看法与回应的差异视角及不同观念，而这种差异与不同，如果不被双方所理解或认同，就会出现代际观点碰撞、意见相左、行为相悖等一系列矛盾与冲突现象。

2. 代沟的本质

代沟所呈现的代际有关思维方式、行为方式与生活方式的不同，从根本上来讲是由于不同代的人在关键成长期的社会环境或条件的不同而带来的价值观念的差别。因为成长关键期正是被称为"后浪"的年青一代人生观、价值观、世界观形成的重要人生阶段，社会发展的不同时代、不同文化环境会赋予他们不同的思想价值观念，而不同的思想价值观念直接形成人们看待问题的不同视角，形成与之相应的行为方式与生活方式。正所谓思想是行动的先导，因此每一代人有每一代人共有的特征、共享的文化、共同的发展印记，网络时代的"前浪"与"后浪"也具有他们各自的特征。

代沟的形成不只是历史发展进程与外在文化环境的产物，更是不同代所拥有主体性的交互作用、共同建构的结果。与其说代沟是代际价值观念的差距与不同，不如说是因为一代又一代的"后浪"越来越强烈的主体性，不断打破业已形成的代际传承平衡。因为历史发展所形成的文化传统在于代际的有序承继，在于拥有资源与话语权的"前浪"把握方向指引，以及

---

① 林剑：《论代沟的实质、产生原因及其意义》，《人文杂志》2014 年第 7 期。

要求"后浪"毫无偏差地跟随，在于文化自认的需要，以及强调"前浪"的绝对权威与"后浪"的依附地位。

就家庭层面而言，"前浪"对"后浪"的期望越高，相应的要求越高、规训就可能越严，害怕"后浪"走偏才会出现"棍棒"等严厉的管教方式，才会有不能参与家庭重大事情决定、缺失话语权利的传统，这种历史文化传统的积淀已经形成了一种群体无意识，深深地铭刻在人们的潜意识之中，决定着家庭的教养方式及青少年观，即在"前浪"看来，孩子没有自我决定的能力，好孩子的表现就是听话、顺从，容易出现选择与决定的"前浪"替代式现象。从家庭亲子冲突来看，最为强烈的阶段一般是子代所处的青春期早期，这一时期的"后浪"自我意识非常强烈，自主能力处于成长的过程中，强烈的成人感使得他们希望自我决定，但是父代"前浪"已经是习惯性地、无意识地剥夺子女自我决定的权利。与其说子代进入了逆反期，不如说是父代很多人没有根据孩子发展的变化调整自己的教养方式，仍然采用无视"后浪"主体性的替代选择方式。而正处于血气方刚的子代尽管已经具有成人意识，但是自主能力发展还不充分，还较难采用相应策略的方式来应对与"前浪"之间的代沟，同时，他们更热衷于同代人的交往来寻求自我认同，代与代之间往往最容易出现不可调和的矛盾甚至是冲突。显然，这种冲突是"后浪"的主体意识觉醒、主体能力提升与"前浪"使用代际传承方式之间的不协调，是主体间性的差异。

从社会层面而言，当"后浪"群体的自我意识增强、主体性增强，但面对缺失社会参与的机会与发声平台时，他们就会采取相应的行动以引发社会的关注、表达不满的情绪、争取参与的机会与权利。如20世纪60年代，西方以"五月风暴"为代表的风起云涌的学生运动和美国的嬉皮士运动，前者以激进的方式来表达积极参与社会、争取发声机会的热切渴望，后者则以另类的、颠覆传统文化的行为方式来表达他们不愿受传统束缚而对自在生活的向往追求，代沟问题因此引起社会的广泛关注，进而走入了研究者与当权者的视线。也正是因为代沟而引发的矛盾与冲突，使得西方

基于"后浪"现象的网络社会代沟问题研究

社会开始注重青年的主体性与社会参与问题,才不得不将青少年政策与青少年事务工作纳入社会政策与政府部门管理之中。因代沟而出现的社会矛盾与冲突具有引发成人社会反思与调整对待方式的作用显而易见。

代沟所引发的代际矛盾与冲突,一定是因为"后浪"群体处于人生发展的特殊阶段,又是自主性成长的关键期,他们尽管具有一定的主体性,但是也是容易受暗示与被操纵的群体,如果"前浪"所采用的方式不符合他们的特点,则极易引发矛盾与冲突。无疑,网络社会信息的瞬息性、价值观念的多元性、新媒体技术能力的差异性等都会在代沟问题上得以呈现。

代沟是必然的社会现象,是人类社会发展所必须拥有的张力,是不以人的意志为转移的代际距离,是每一代人的主体性在现实中的彰显与交汇。正是这样的距离,才使得代际文化传承与创新得以不断地实现。代沟就如同梁实秋先生所描述的那样,可能是无法飞渡的"深沟天堑",也可能是一步就可以迈过的"小渎阴沟",而代与代之间真正断裂与鸿沟的出现,一定是代际价值观念的决然对立与冲突,这一般是发生在社会急剧转型时期、人生发展的青春阶段,同时还取决于社会发展及开放性的程度。完全封闭或较为封闭、发展缓慢或相对缓慢的社会,代与代之间也会有距离与差别,也会存在一定的思想碰撞与观点分歧,但往往会被社会传统的互动模式所左右,代与代之间的矛盾与冲突所呈现的也会是隐而不现或偶有发生,处于矛盾对立劣势的"后浪"一代会处于被压抑、顺从与麻木的状态,或者处于被孤立、排斥、边缘的社会地位。当这种表面和谐实则暗流涌动的状态积累到一定程度,只要受到外在情境的触动,矛盾就会展现,对立就会明示,冲突就会爆发。而网络社会的高度开放性,可能会将代沟问题变得更加显性化、频繁化,而代与代之间的包容度、独立性也会相应地增强。

需要强调的是,代沟代表着代与代之间的距离与差异,但代沟绝对不是静态的存在,而是代与代之间的距离在不断地断裂与弥合、推远与拉近的动态性建构,如同潮汐般的后浪推动前浪的迭代式发展的过程,是代际传承的对立统一的发展过程。

二 网络社会代沟的新特点

曼海姆认为，代问题的研究对理解社会变迁及特征具有非常重要的意义，价值观念的代际差异是时代变迁、社会变化在不同代的人内心世界的反映与呈现，即代问题的研究是了解时代变化、社会变迁的重要方式，时代变迁与社会发展的价值观念问题首先就以代沟的方式得以呈现。尽管"后浪"现象是新媒体时代即网络社会代沟的一种呈现样态，但是可以反射网络时代的特征及由此而形成的不同代的价值观念差异、行为方式等的区别。与传统社会相比，网络社会代沟呈现出一些新的特征，具体表现为：

1. 自媒体技术发展使得代际交互性不断增强

我们现在所处的时代是信息技术高度发达的网络时代，沟通媒介的高科技化从根本上改变了人们的沟通方式、表达方式与交往方式，往往会因为信息技术使用的差距，产生代与代之间新的距离，即技术代沟及在此基础上而产生的观念代沟。马克·普连斯基曾将年青的一代称为"数字原生代"，年长的一代称为"数字移民"。而"后浪"是伴随着网络媒体技术发展而成长起来的一代，他们被称为网络的原住民，他们拥有驾驭新媒体技术的能力，尤其随着自媒体的发达，使用网络传播信息、接受信息成为他们生活的有机组成部分，他们与传统的年青一代——"前浪"相比更加具有表达自我的主体性，拥有社会参与的网络平台，具有表达自己观点与展示自我的习惯。"后浪"视频中所表达的"前浪"对"后浪"的羡慕与赞美，并不是没有现实的根据，而是对"后浪"成长所处的优越时代的羡慕，对他们拥有比"前浪"更加娴熟的新媒体技术、拥有更加开放性思维与创造性意识的羡慕。这种羡慕并不是矫情，也不是刻意的逢迎，而是发自内心地对自己青春成长期条件匮乏的真实反映。因为这些都是"前浪"在青春成长时期所不具备的条件，他们现在不过是网络社会的移民，他们需要进一步融入即将到来的5G时代，他们多数人不具备驾轻就熟的网络新媒体技术，他们青春时代的眼界视野、自我表达的工具与平台以及个体发展的可能性远远不如"后浪",即"前浪"与"后浪"存在着较为明显的技术代沟、观念代沟。但网络社会为他们提供了可以便捷交流与沟通的同样网络信息平台,享有经济社会发展共时性的技术与环境条件,所以"前浪"与"后浪"的沟通方式,不再是传统意义上仅限于血缘、地缘、业缘关系的有限时空下的代际沟通与交流,而是具有了更为广泛意义上的、打破时空限制的代与代之间的便捷互动,尤其是两代人在网络信息平台上的交流、对话。在这样的交流与沟通中,无疑"后浪"更为活跃,更具有多元表达的优势。

网络新媒体的发展,尤其是自媒体的广泛应用,使得代际交流与互动明显增强,代际互动性与代际交流的主体性相得益彰,这种交互性尤其体现在出现网络事件、社会热点问题等共同关注的热点与焦点问题时,"后浪"会更加活跃,更多的人借由这样的时机发表自己的观点与看法,甚至生产或创作出相应的网络产品。如视频《后浪》尽管是B站策划的一个宣传片,但是因为其所呈现的内容正是以"前浪"单向度的立场表达对"后浪"的激励宣言,而引发了不同代的个体的关注与回应,所出现的热闹景象可窥一斑。网络平台与媒体使得代际交互性增强,意味着平等性的沟通与交流成为可能或现实,意味着代与代之间的价值观念的差异与矛盾不再是隐蔽的而是公开的,为代与代之间的相互理解与包容提供了更多的机会与平台。这也是网络社会代与代之间价值观念交互影响的一种值得关注的方式,网络信息平台成为多元价值观念包括代与代之间不同价值观念交汇、碰撞的场域。因此,网络社会使得"前浪"与"后浪"的交互性增强,使代与代之间的相互了解、理解与包容成为可能,代沟的断裂与弥合出现常态化、动态化。

2. 不同的社会地位形成了代际差异性显著的观点与立场

在人类社会发展的过程中,任何一个时代的"后浪"在社会结构中所处的地位都不具有主导性,而且总是处于接受教育、规训和引导的地位,这与他们所处的特殊人生发展阶段有着密切的关系,也与主流社会意识形态的价值导向密不可分。因为"后浪"都是主流意识形态需要强化的重点群体，这是代际文化传承、主流价值观念延续的必然要求。在传统社会，"前浪"具有信息的独占优势，"后浪"不仅处于信息劣势，更缺失发声的机会与平台，这也决定了他们依附性的从属地位；而新媒体时代，"前浪"不再拥有独占信息的优势，"后浪"凭借着新媒体技术拥有可以发声的机会与平台，在信息的获取与传播、在利用新媒体实现个人梦想、展现自我与生产网络产品等方面都占绝对优势，使得他们获得了前所未有的政治、经济、社会等领域网络参与的机会。网络信息平台成为他们表达意愿、发表观点、展现自我、实现自我的载体，涌现了展现与分享自我生活的 up 主、充满浪漫与想象的"二次元"、抖音高手、受欢迎的网络主播、微信营销奇才等"后浪"群体，形成了他们多种网络生活样态，建构了纷呈的网络圈层文化。有的圈层文化与外界有着明显的边界，形成了小众群体共欢的相对封闭性平台，他们拥有群体共享的话语、沟通方式、交流热点、展示方式与特定的圈粉；有的圈层文化相对开放，他们追逐社会生活的热点问题，表达自我的独特观点，发表自己的创新作品，希望拥有更多的粉丝、更高的社会知名度……尽管他们在自己的圈层文化中有着较强的归属感、融入感与成就感，甚至可以尽情地展现自我、寻求认同，但是在现实生活中他们仍然处于无法与年长的一代势力抗衡的地位，容易产生线上线下的强烈反差，尤其是对正处于青春期早期的"后浪"来说，他们有可能会因为现实的劣势更加热衷于线上的狂欢，而不愿意与现实生活中的"前浪"进行互动交流。因为在线下他们仍然缺失发声的机会和对资源掌控的权利，他们无法完全自我选择与决定，无法做到为所欲为，即在现实的生活与工作中，"后浪"仍然处于参与的边缘化或参与度不足的相对被动性地位。

从社会层面而言，"前浪"具有明显优于"后浪"的经济、政治与社会地位，他们组织并掌控现有社会秩序的资源、技能与话语权，"我们操纵着教育制度、学徒制度和年轻人的人生阶梯，他们只能一步步地向上爬"[①]。

---

① [美]玛格丽特·米德：《文化与承诺》，周晓虹、周怡译，河北人民出版社1987年版，第82页。

这里的"我们"指的就是"前浪",他们可以通过相应的制度与规则来规范"后浪"的思想与行为,以主流社会价值观念去教育、引导、塑造"后浪",使之成为主流意识形态的追随者与拥护者。当然,当这种教育、引导、规范的方式不被"后浪"所接受,往往会引发相应的代际矛盾与冲突。矛盾冲突的结果可能以自我发展受损为代价,也可能会促进代沟的弥合,甚至是代际互动方式的创新与改进。

所以从代际角度,对同一事件、同一社会现象的看法与观点,会因为双方现实的地位、能力、角色等产生明显的差异,因为不同代的视角、观点与立场不同。从代内角度,则会出现圈层之间的明显差别,因为大家的关注度不同,视角、观点自然有别。从这次的"后浪"现象即可看出这种观点、态度与立场的不同,"前浪"往往认为视频非常励志,表达了"前浪"对"后浪"理解、肯定的包容胸怀。但"后浪"的表现更为丰富多元,有的认为没有时间也没有必要进行回应,不过只是一个宣传视频而已,生活照旧,无法改变现实的生活状态;有的认为需要重新界定青年,因为视频中所出现的镜头并不能代表整体青年群体的生活状态,所以对宣言所表达的观点表示坚决不认同;有的则认为自己没有要将"前浪"拍在沙滩上的无情,"前浪"也没有必要表现出讨好的姿态;有的认为我们不是"后浪",只是浪腾奔涌中一朵不起眼的浪花……"后浪"的各种回应也正体现了网络社会多元价值观对他们的影响,尽管他们观点不同,但都是对自己所处的现实情境与状态的投射。从普遍意义上看,一代人有看共同的成长条件,共享着一样发达的自媒体技术,但还是有着不同的人生际遇、生存环境,自然会出现观点与行为的差别;而代与代之间因为社会地位的现实差异,对同一问题出现观点与立场的不同则更是不言而喻。当然,如果拥有相同的人生价值观念,代与代之间出现思想观念的共鸣也是必然的现象。

3. 社会流动性带来的空间距离加大增强了代际疏离与隔膜

社会变迁的加剧和社会发展的提速必然带来人口流动的加快与频繁,从而形成代与代之间聚少离多、生存与发展压力加大的生活现实,尤其是改革开放以来，农村劳动力向城市的转移，形成了大量留守在当地农村的儿童，他们成长的关键期缺失父母的陪伴，缺失父母日常性生活的直接参与，这种无法直接触碰的空间距离可能会减少代与代之间的日常矛盾与冲突，但是同样会带来相互之间的心理距离与隔膜，使血脉亲情中平添了不少的陌生感、疏离感与无奈感。农村的空心化，不只是青壮年对故土的远离，同时还带来了新的一代成长过程中亲情陪伴的缺失，以及隔代抚养与监护所带来的三代人之间的一系列矛盾与冲突。亲代之间的纽带，因为这种空间距离的阻隔不再像传统社会那么牢固与坚实。

贝克认为，现代社会是风险性社会，人们随时可能面临意想不到的风险，生活在不确定之中。现代社会除了风险性增加，社会的流动性也明显增强，使得这些处于流动状态的群体或个体生活和工作的不确定性更加突出。而流动群体的主体更多的是被称为"后浪"的年青一代，无论是异地求学发展，还是打工闯天下，他们往往面临着比"前浪"相同发展阶段更大的竞争压力和相对剥夺感，因为上一代人给他们提供的生存与发展的条件存在着明显的差异。个体的人生际遇、成长经历不同，事业的起点与追求不同，使得他们拥有不同的发展基础与条件，从而带来不同的人生价值观念与行为方式。所以当代的"后浪"是异质化较强的群体，也是圈层文化丰富的群体，他们比以往的"后浪"有更强的自主性，考虑问题也较为现实与理性，与人交往也不仅局限于现实的强关系，更多是网络上的弱关系。对他们同代人而言，空间距离已经不再是构成心理距离与隔膜的主要因素，而价值追求、兴趣爱好等圈层文化和"斜杠"生活更为直接地影响着他们之间的关系，即与志趣相投的同伴建构那种息息相通的关系可以跨越空间的阻隔。但是他们与"前浪"之间的心理距离往往与空间距离有着直接的关系，其联结基础更多的是血缘、业缘、地缘，当然也有网络上的弱关系。仅就血缘关系而言，尽管现在互联网发达，代际网络联系与沟通非常方便，但是代际空间距离加大使得双方无法日常性地、现实地参与到对方的生活之中，会形成双方交流的信息不对称，无法了解对方的全部信息与真实状态，往往在相关问题的认知与处理上难以亲临其境、感同身受，从而可能形成相互之间的疏离与矛盾，也容易使各自的生活方式与习惯固化，从而带来彼此真实相处的不适应。"后浪"的决定不一定是"前浪"所认可的，也不一定会让"前浪"知晓；"前浪"的决定也不一定会让"后浪"认同并遵从，因为足够远的空间距离提供了更广泛的自我决定和想象的空间。尽管少了日常性的矛盾，但是却增加了相互之间的心理疏远与距离，形成了各自不同的生活世界。空间距离的加大可能会使亲情更醇厚与浓烈，更可能使亲情更为淡然与冷漠，但不同代的人都不同程度地表现出独立性更强、依赖性变弱的特点。

三 网络社会代沟的发展趋向

网络社会新科技等生产力要素的发展必然引发生产关系、生活方式等一系列新的变化，代沟亦会表现出新样态与特点。马克思认为，人们所进行的物质资料再生产不仅改变外在客观条件，也在创生着人的精神世界，促使人自身发生根本性的改变，他指出："生产者也改变着，炼出新的品质，通过生产而发展和改造着自身，造成新的品质，造成新的力量和新的观念，造成新的交往方式、新的需要和新的语言。"① 网络社会信息技术与传播媒介的发展，同样在发展与改变着处于这样时代的人们，促使他们得以有新的改变，产生了虚拟空间的人际交往与新的沟通方式，不断创生新的话语与需要，也带来了代际关系建构力量的新变化。网络社会的代沟与以往代沟的最大区别在于，"后浪"的主体性明显增强，他们社会参与的意识与能力不断增强，因为网络信息平台为他们提供了可以随时参与的机会与载体，他们在与"前浪"关系的建构中的主体性地位得以彰显，玛格丽特·米德所言的后喻文化时代已经到来。

1. 代沟呈现出普遍性与复杂性

与以往代沟表现不同，网络社会的代沟具有了线上线下混合的复杂性

---

① 《马克思恩格斯全集》第46卷（上册），人民出版社1979年版，第494页。

表现样态。拥有的信息技术不同、所使用的话语体系不同,网络社会的"前浪"与"后浪"之间的代沟较以往更具有复杂性与普遍性。玛格丽特·米德曾指出,在电子化的交互沟通网络之中,"代际之间的这次决裂是全新的、跨时代的;它是全球性的、普遍性的"①。网络社会使得代与代之间的广泛交流成为现实,代与代之间的沟通不只是限定于一定的现实空间领域,也不只是亲代之间,而是处于一定的现实空间和更为广泛的开放性网络空间,出现普遍性跨越亲代的代际文化的差别、观念的分歧、思想的差异、行为的不同等现象,相互之间的矛盾与冲突变得更加频繁。

代际传承最为核心的任务是价值观念与文化的传承,代沟形成矛盾与冲突的来源在于价值观念强化方式与"后浪"接受基础的不匹配,网络社会使得这种代际传承所面临的外在干扰因素更为多元与复杂,代际主流价值观念传承容易被网络信息所蕴含的多元价值观念所裹挟,甚至面临被替代与消解的可能。从国家与民族的角度,网络社会的意识形态之争会更加全面而经常,有的信息以更为委婉、隐蔽的方式出现,有的信息以更为高调、张扬的方式出场,那些明显的意识形态之争,一般"前浪"与"后浪"都会表现为一致性的立场和不同的表达,但是那种委婉、隐蔽的方式尤其是符合年轻人接受特点的网络产品对"后浪"的影响更为显在。即代际主流意识形态观念传承面临着网络社会信息的开放性与强化主流意识形态方式之间的张力,而亲代之间也面临着相同的问题。同时,网络社会使得人们将网络与现实有机地结合在一起,现实所存在的代际矛盾可能在网上得以呈现,而网络上的代际差异也可能转化为线下的矛盾,这种线上线下交互影响的状态会使得网络社会的代沟更为普遍且复杂。

2. 代沟被较广泛地接纳与理解

在传统语意上,代沟意味着矛盾与冲突,意味着双方之间的极度不协调,甚至是矛盾的不可调和。但是在网络社会代际差异性的存在会被理解

---

① [美]玛格丽特·米德:《文化与承诺》,周晓虹、周怡译,河北人民出版社1987年版。

为常态的存在方式,"前浪"对"后浪"特立独行的行为方式、表达方式会逐渐习以为常,如此,"后浪"也会一定程度上尊重"前浪"提出的要求与表达习惯。尽管之间的差距与不同在所难免,甚至仍然会出现矛盾与冲突的现象,但双方基本能够在一定程度上逐渐了解与接纳代沟问题,这个基础与前提就在于双方相互沟通方式的转变。

哈贝马斯的沟通行动理论认为,沟通行动的主要目的是达致双方的理解,而理解不只是语言学的表达,以及对相关话语达成一致性的理解,更在于让对方能够相互理解各自的意向。但网络社会的沟通有些是无法达成话语的一致性理解,但达成理解各自的意向是可能的,而且在现实中已经出现了端倪。"后浪"在网络信息平台所占据的优势是有目共睹的,如他们创设网络沟通交流的表情符号并赋予它们特定的意义,而"前浪"只能按照自己对符号的理解而应用,往往会出现错位式的交流沟通。现实的情况是,代与代之间的网络沟通往往是"前浪"想当然地应用一些表情符号,自认为已经理解并表达清楚了想法,不少"后浪"能够了解并理解"前浪"的表达含义,但是他们并不解释,也不提出异议,相应非常热衷应用这些"前浪"不知道真正含义的网络表情符号,一是他们认为没有必要更正,只要清楚对方的表达意思就可以了;二是他们内在的优越感得到了满足,他们比"前浪"具有能力与优势,他们能够包容"前浪"的"低能",这会进一步强化他们的存在感。显然,在网络社会,网络话语是形成代沟的重要方面,创设话语并频繁使用的主体是"后浪",而"前浪"只是学习者与使用者,这种代际差异是越来越明显的存在,如果"前浪"不与时俱进,那么代与代之间因为话语体系不同而出现的差异与隔膜更大;如果"前浪"能够与时俱进,就具有与他们网络对话交流的能力,尽管有差异,但还不至于失去交流对话的平衡。

所以网络社会尽管会出现网络话语的不断创制、更迭,可能造成加大的代沟,但是如果能够形成理解对方的意向,能够采用他者的立场去思考、面对与解决问题,而不是一味地强化自己的立场与观点,这种立场与视角的转化，会使得"前浪""后浪"的共情能力、同理之心明显增强，即使有代沟也是能够跨越的，和而不同的观念存在会被视为常态，人们对待代沟与差异更加开明、包容。

3. "代沟"的时间距离越来越小

代沟往往是代与代之间的差异，但是随着自媒体的发达，网络社会的代沟不只是传统意义上的"前浪"与"后浪"的不同，同样体现在同代人之间，尤其是"后浪"之中会因为年龄的差异而出现思想观念、行为方式、话语表达的不同。不少"80后""90后"甚至"95后"感叹与比自己小两三岁的同代人之间存在"代沟"，正所谓"三年一代沟""一年一代沟"的说法。最明显的表现是：如果不事先习得比他们年轻的"后浪"的表达习惯与方式，就看不懂、听不明白他们的行为和想法，也很难与他们进行顺畅的交流，甚至会对他们的有些行为方式、话语表达感到不可理解、不可思议。这种差异所存在的时间距离会变得越来越短，恰恰是与网络社会新媒体技术发展赋予"后浪"不断增强的主体性有关，也与他们处于热衷同伴群体交往、寻求自我认同的关键期有关，他们可以不断地创生与使用网络新话语，热衷于圈层文化的一些趋同行为。所以，日新月异的网络社会代沟中的"代"会出现时间距离不断缩短的特点，"代"的含义会出现新的演化，即同代人之间的差距与不同就如同两代人之间一样，如此差异的"后浪"与"前浪"之间的代沟可想而知，这也是网络社会代沟更加普遍与复杂的一种表现。

4. 结语

"前浪"与"后浪"非常形象地再现了代沟的动态建构特征。网络社会"后浪"所处的多元价值观念环境及其对自媒体应用的自觉增强了他们的主体性，使得他们通过网络随时随地参与社会的机会增多、能力增强，他们具有创设网络新话语与利用网络创新创业的明显优势。他们同代人之间也成为差异加大的异质性群体，从而与"前浪"所具有的现实资源与权利优势形成了新的张力，使得代沟的普遍性与复杂性的特征更为显著。网络社会代与代之间价值观念与文化传承仍会延续并加强，如何形成网络社会代与代之间的对话沟通模式与机制，如何应对多元价值观念并存与复杂意识形态之争的挑战，是网络社会代际关系建构与共同发展必须面对的现实问题。

（该文刊于《中国青年研究》2020 年第 10 期）

第三篇

青少年文化现象研究

"叹老族"的青春情结解读

摘要："叹老"是目前被广泛关注的青少年文化现象，对这种现象现实中有不同的解读。从青少年本体的角度来看，"叹老"是与青春情结密不可分的，表现为："叹老"与青少年成人感发展相契合，与青少年自我认同的成长方式相统一，与青少年追求新奇特的特征相关联，与青少年自我防御机制发展密切相关等。

"叹老"是目前被广泛关注的青少年文化现象，对这种现象现实中有不同的解读。有人认为，"年轻人普遍爱'叹老'，其实是现实中压力太大的无奈折射"[1]；有人认为，"'叹老族'叹的不是老，是焦虑"[2]；有人认为，"'叹老族'的矫情或是一种生活态度"[3]；有人认为，"叹老族是对残酷现象的一种叹息"[4]；当然，也有人认为它是年轻人萎靡不振的一种表现，"叹老，则是他们不敢面对现实、对现实感到力不从心的一种体现"[5]。显然这

---

① 《年轻人何以常见"叹老族"》，http://news.xinhuanet.com/comments/2013-03/19/c_115072405.htm.
② 《"叹老族"叹的，是焦虑》，http://epaper.syd.com.cn/sywb/html/2013-03/29/content_897630.htm.
③ 《"叹老族"的矫情或是一种生活态度》，http://dalian.dlxww.com/content/2013-03/19/content_599009.htm.
④ 《"叹老族"是对残酷现象的一种叹息》，http://blog.china.com.cn/freechina/art/8559288.html.
⑤ 《叹老族》，http://baike.baidu.com/view/10301401.htm.

种种的解读都能够从"叹老族"文化现象看到青年人"叹老"的背后意蕴，也在一定程度上表现出对青年人"叹老"的同情与理解，表现出人们对"叹老"这一青少年文化现象的关注与对青少年包容度的提升。

当然，任何一种文化现象都有其生成的根本性的社会原因，对任何一种文化现象的分析都应该建立在社会学的基础之上。但笔者尝试从青少年本体的角度来解读"叹老"这一青少年文化现象，以期通过对这一文化现象的解读，能为人们提供澄清与认识青少年群体特征的基础。

一 "叹老"与青少年成人感发展相契合

"叹老"就是"一些年轻人在集体怀旧的同时，似乎又开始集体'叹老'——总感慨自己'老了''落伍了''世界属于00后了'，他们被调侃为'叹老族'"①。这是百度百科中对"叹老族"的界定，尽管这一界定并没有一般概念界定得那么准确，甚至称不上是概念的界定，但确是表达了"叹老族"的基本内涵。"80后"，尤其是"90后"，其年龄不过在14—23岁之间，正值豆蔻年华，为什么会"叹老"？是简单的为赋新词强说"老"的矫情？还是进取向上斗志的真正缺失？如果站在已经不再年轻的成人角度，的确，这些正值青春年少的孩子"叹老"是一种不可理解的现象，这种现象是令人担忧的，或许是他们故作姿态的一种表现，他们还没有到"欲语还休"的年龄。但从青少年本体的角度来看，"叹老"与其成人感的发展有着直接的关系，当然不能排除现实中有的青少年故意自我调侃的现象，但更多青少年的"叹老"可能是内心的一种真实的表达。"叹老"与其发展着的成人感密不可分。

当个体进入青春期，就开始了让·皮亚杰认为的认知发展的第四个阶段——形式运算阶段，其显著的表现就是抽象思维能力的发展。随着身体的发育，抽象思维能力的发展，青少年的心理会出现相应的变化与发展，

---

① 叹老族，http://baike.baidu.com/view/10301401.htm.

"叹老族"的青春情结解读

成人感逐渐增强。青春期早期，个体往往通过言语争辩、行为举动等种种外在强烈的表现方式来昭示自己的成人感，捍卫自己的成人权利，形成了以自我为中心的思维与行为特征。这一时期也被称为是"反叛期"，是具有"逆反心理"的时期，也是现实中亲子矛盾与冲突最为强烈的时期。到了青春期中期与后期，即"90后"现在所处的年龄阶段，随着抽象思维能力的发展，使其成人感得到了较大的提高，他们不再像青春期早期那样以简单的言行来直接表达自己的成人感与对他人不尊重的反感与抗议，而是已经认识到这种简单直接的言行表达会不利于现实问题的解决，会产生不良的实际效果，会加深人们对自己的刻板印象，他们在成人感的表达方式上就开始出现了含蓄委婉的特点。

"叹老"就是其表达自己成人感的一种方式，也是对比自己年龄小的人言行不理解的一种表达方式。这种表达是一种较为成熟的委婉的表达，是其抽象思维能力提高的一种现实表现。"叹老"的言外之意就是：我都已经"老"了，已经过了青涩的年轻时光，那么我就是已经有较强自主能力的"老人"了；我们已经足够"老了"，不要再把我们当孩子看，不要经常指责我们、要求与规范我们，我们能够自我决定，我们是有能力的一群"老"人，你们更应该关注的是"00后"，他们尚小。这也是近几年所出现的"80后""90后"现象以及现实中崇尚老者经验的文化现象在"90后"群体中的一种现实投射，是"90后"为了不使自己成为被关注与指责群体的一种自我保护方式，是"90后"以"叹老"的方式将社会的关注视线引离自身的一种委婉表达方式。

实际上"叹老"并不是近期才出现的青少年文化现象，是早已存在于青少年群体中的普遍性现象，只要我们在现实中善于观察，就会发现很多初中学生彼此称呼为"老李""老张""老王"等，相互称"老"的表现绝非偶然，当然我们可以认为这是他们模仿成人的一种表现，是一种少年故作老成的稚嫩姿态，但更是其成人感的一种真实的表达，也是其社会化、成人化的一种正常现象，青少年正是通过一定角度模仿与扮演而社会化与成人化。这种相互称"老"的表达与现象所传达的就是他们内心被尊重与被理解的迫切需求，想要自我决定和能够自我决定的自主愿望，是其昭示自我成熟与长大成人的一种方式。因此，青少年群体的"叹老"并不是简单的"倚老卖老"，更不是对现实无奈的叹息与不积极进取的表征，而是青少年对自我成人资格与能力自我再认定的一种表现方式。

二 "叹老"与青少年自我认同的成长方式相统一

自我认同是青少年期的主要任务。心理社会发展理论的代表者艾瑞克·艾里克森认为，人的同一性发展是一个终生的过程，他将个体一生的心理社会发展过程划分为八个阶段，青少年期处于第五个阶段。他认为青少年期的主要心理社会危机就是自我同一性与同一性混乱的危机，个体如果不能在青少年期将别人眼中的"我"和自我感觉与认知的"我"相统一；如果不能把与自我有关的各个方面有机地统合起来，形成较为稳定的人格，就会陷入自我认同危机，产生同一性混乱，产生角色混淆与扩散。个体进入青春期，就进入了自我意识发展的第二个飞跃期，身体的快速发育与自我认知的发展带来了自我内在体验的增强与情绪情感的变化发展，他们将童年关注外在世界的目光开始收回转向了自身。认识自我与追求自我认同，也就成为青春期个体自我探索的重要内容。但自我探索并不是将自我封闭起来的自我反省与自我觉知，而是在人群中尤其是在同伴群体中借助对他者的观察与比较来实现，于是青少年个体会关注同伴的变化，关注自己与同伴身体发育与行为方式之间的差别，关注他人对自己的看法与评价，这成为青少年个体自我认同的主要方式。

同性依恋与同伴交往的密切是青春期早期个体寻求自我认同的直接表现。与他人共享观点与感受，与他人保持观点的契合与行为的一致，成为自我发展的需要，自我认同的需要。这种明显的趋同性也成为减轻个体对自我认知困惑而产生的内在不确定性压力的一种方式，是青少年个体在现实中通过"镜中我"来观照自身的一种必然形式。青少年文化现象的形成，

"叹老族"的青春情结解读

在很大程度上与青少年的这种趋同性有着直接的关系。因此,"叹老族"的形成是青春期早期与中期青少年对同伴群体认知趋同的一种现实结果,是一种趋同他人观点与行为的真实表现,其有不容我们忽视的青少年群体意识与行为形成的内在机制。周围其他人都在"叹老"而我不"叹老",我就与他人格格不入,我就会面对群体氛围带来的直接压力,在群体中就会缺失发言权与吸引力。青少年的"叹老"绝不是成人通常理解的简单的人云亦云的盲从行为,而是青春期早期与中期青少年个体融入群体的一种现实需求。

当然,青春期晚期青少年的趋同性特征已经不再明显,他们的抽象思维能力基本达到一种较为成熟的状态,他们已经能够将现实纳入自己的主观世界进行构建,那种形而上学的理想主义特征的思维方式基本上得到了现实的修正。他们思考问题更加实际,他们的自我认同不再是简单地与同龄人保持一致,他们基本上已经形成了自我内在较为衡定的价值尺度与追求目标,会坚定自我的追求与坚持自我行为,他们自我认同的视角出现了多元化的特点:既能从他人的观点中来认识与把握自我,又能从现实的角度为自己的发展定位,从自我内在的角度来反思与自我认知。他们能够较为认真而耐心地听取与接受多方面的建议,但一般会忠于自己内心的价值判断。"叹老"在他们身上的表现,则不再是趋同与融入群体那么简单,而表现出更为现实与复杂的特点。他们的"叹老"可能是对青春岁月成长所承载过种种烦忧与压力的一种感叹,是对青春短暂与韶华易逝的一种感慨,是对与自己经历表现明显不同的低龄者不理解或不认同的一种表达,也可能是对快速变化与发展的社会现实的无奈叹息……这种种的"叹老",绝不是有的人所理解的缺失斗志、萎靡不振、不思进取的不良表现,只不过是这些相对成熟的青年人多了些"逝者如斯"的人生感慨而已。

三 "叹老"与青少年追求新奇特的特征相关联

求新、求异、求奇,是青少年群体的重要特征。他们不因循守旧,勇于创新，对新生事物充满了好奇心与探究欲，这与青少年身心发展所出现的自我中心主义倾向密切相关，也是青少年不断增长的认知与思维能力发展的现实表现。敢于尝试、标新立异不仅是青少年竭力彰显自我的外在特征，而且是青少年展示自我与众不同的必然手段。抽象思维能力的发展，想象的丰富与事物联想能力的进一步提高，使青少年主观建构世界的能力不断提升，表现出明显的自我中心主义与理想主义的特征。西方学者认为青春期个体的这种自我中心主义表现为两种形式："假想观众和个人神话。"[①] 假想观众就是青少年认为他人会非常注意自己的外表与行为，就像自己站在舞台中央，有很多观众在注意与观看自己，自己就是人们关注的焦点与中心，这是自我意识发展到极端所导致的必然现象。正是因为自认为他人会关注自己的一言一行、一举一动，青少年个体会非常在意自己的修饰打扮与语言表达技巧，"哗众取宠""标新立异"等独特的表现就是青少年回应假想观众的现实表现。研究青春期的专家埃立金德在1967年提出了"个人神话"的概念。所谓的个人神话是青少年因为假想观众的存在，认为自己是独特的，是独一无二的，是无所不能的，现实中很多不好的事情只会发生在他人的身上而不会发生在自己的身上。那么求新、求异、求奇就是青少年回应假想观众与个人神话的一种现实展现与内在需要。这种假想观众存在的幻想与个人神话的主观建构，足以让青春期青少年充满了理想主义的豪情壮志，充盈着引领时尚潮流的信心与勇气，饱含着一往无前的慷慨与豪迈。

当"叹老"现象成为现实中人们普遍关注的现象时，这些处于假想观众与个人神话阶段的青少年会出现两种完全不同的现实情况：一种是有的青少年会表现出不屑与伍的神情与强烈批评的言辞，认为这种无"老"呻吟的"叹老"是一种缺失追求、消解斗志的现实表现，我们正处于大展宏图的青春时光，何老之有？一种是有的青少年会积极投身于这一现象之中，

[①] ［美］F. 菲利浦·赖斯、金·盖尔·多金：《青春期——发展、关系与文化》，陆洋、林磊、陈菲译，上海人民出版社2009年版，第139页。

"叹老族"的青春情结解读

会以自己急切的表达来"叹老",而这种"叹老"则是对自我能力的充分认可,是自认为已经很世故很成熟的一种强烈表达,而且这时的"叹老"不仅仅是面对的假想观众,不只是任凭自己主观想象中的引人注目与自我陶醉,而是拥有现实真正的观众,是真正回应自己与自己真实互动的现实观众,这种现实的回应会更加强化其对"老"的叹息,且现实中任何有关"叹老"的评论都会引起他们的高度关注与强烈反应。当然假想观众与个人神话只是青春岁月的必经阶段而已,当进入青春期后期的个体已经处于去自我中心化的阶段,他们思维的形而上学倾向以及那种狂妄自大的行为表现已经得到了现实的不断修正,其言行则逐渐与现实接轨,而此时的"叹老"则可能是对自己青春年少无知与狂妄的一种自嘲,也可能是对曾经充满梦想与朝气的一种怀念,更可能是对美好青春年华的一种深沉告别。

青少年群体求新、求异、求奇的特征在现实中还表现为,青少年对时尚潮流的热衷追逐与急切跟风,他们往往越是新兴时尚的越是要尝试,希望自己成为时尚潮流的"弄潮儿"。现实中的热点是"叹老",如果自己不"叹老"则是不时尚、不入流的表现,为了表示自己很时尚很酷很萌,则会积极加入"叹老"一族,且乐在其中。这种不落伍、"不 OUT"的存在感对他们来说至关重要,因为这关乎自我的一种社会认可与关注。发达的新媒体则是青少年追求时尚乃至青少年文化现象形成的助推器与催化剂。新媒体尤其是自媒体手机在青少年群体中的广泛运用,使上网成为当今青少年群体不可缺少的生活方式。互联网为青少年群体提供了自我展现与表达的虚拟平台,为青少年超越时空进行人际交往提供了开放性的载体。新媒体的独特功能为青少年群体的观点与行为成为文化现象起到了推波助澜的作用,产生一种非线性的不可预期的实际结果。网络信息传递与分享的即时性,则会使"叹老"由个别人的感叹、个别成人的评价或部分青少年群体调查及结果公布这样一般性的事件,迅速在互联网上通过转载与复制而蔓延与增长,似乎一夜之间就成为网上与网下皆在谈论的青少年热点问题,成为一种被人们广为关注的青少年文化现象,而这种文化现象的形成则向青少年群体又传达了这样的信息——"叹老"是目前在青少年群体中所流行的一种时尚。这也必将进一步使"叹老"成为更多青少年自觉运用的话语与经常表现的"时尚"行为,因为融入潮流与追逐时尚是青少年特有的青春情结,是青少年求新、求异、求奇特征的一种现实表现。

四 "叹老"与青少年自我防御机制发展密切相关

心理防御机制是精神分析理论中的重要概念,是心理结构理论中"自我"的功能,起到调节"本我"与"超我"的作用。它是指个体在面临矛盾冲突等困境时,在其心理活动中所具有的自觉或不自觉地想要摆脱烦恼与麻烦,减轻自己内心的不安与痛苦,以达到心理平衡与稳定状态的一种适应性倾向。当然自我防御机制对个体的发展有积极的意义,也有消极的影响。其积极意义表现在能够使个体减轻或免除痛苦,达到心理平衡与健康,使痛苦得以升华或转移,激发人的主体作用发挥等。消极影响则表现为个体可能会合理化自己不正确的行为,不承认错误与过失,逃避困难与责任,不敢或不愿面对现实,引发心理疾病等。

青少年期是个体自我防御机制发展的重要时期。精神分析理论认为,随着青春期的到来,个体本能的性驱力在不断增强,打破了原来由自我、本我与超我三者构成的心理平衡结构。在安娜·弗洛伊德看来,"青春期是一个充满内部冲突、心理失衡、行为反复无常的时期"[1]。青少年会经常处于一种从盲目服从到反抗权威,从崇高的利他到低俗的自私,从高度的社会卷入离群的自己独居等两个极端之间的摇摆不定状态。这种状态主要是由于青少年的自我协调机制无法平衡本我与超我。当本我处于优势,个体则表现为反抗、自私与孤独;当超我占上风,个体则表现为服从、利他与积极地参与。青春期就处于这种心理结构经常性失衡的状态,而自我就是

---

[1] [美] F. 菲利浦·赖斯、金·盖尔·多金:《青春期——发展、关系与文化》,陆洋、林磊、陈菲译,上海人民出版社 2009 年版,第 30 页。

"叹老族"的青春情结解读

在这样的协调中通过压抑、反转、否认、升华等方式形成了一定的自我防御机制。

从通俗的一般性理解来看，青少年期是个体面临发展困境的多事之秋，也是个体学习如何面对困境与解决问题的关键时期。但是这种面对困境与解决问题能力的提高是渐进的过程，是其在成长的过程中不断面对困难与挫折而习得的一种能力，形成的一种心理倾向，形成的个体所独有的自我防御机制。在面临发展的挫折与困境时，青少年个体是选择逃避，还是选择面对；是指责他人，还是反思自我；是推卸责任，还是勇于担当；等等，这与其成长的经历有关，与其父母的教养方式有关，与周围环境的影响有关，与其个人的追求与目标有关，更与发展着的自我防御机制有关。"叹老"在具有不同自我防御机制的青少年个体身上的表现是不一样的，对于那些不愿意承担责任、不愿意进取向上的青少年个体来讲，"叹老"就是一种逃避与推卸责任的借口与托词；对于那些自我感觉良好的青少年个体来讲，"叹老"则是对自己资格与能力的一种夸耀与肯定；对于那些自我感觉不良的青少年个体来讲，"叹老"可能是自己力不从心、力所不及的一种无奈与逃避……

总之，"叹老"这一青少年文化现象，并不是简单地代表了青少年心态的老化与龙钟，也不是对社会现实的一种单向度的投射，而是现实社会的发展问题与青少年青春情结有机交融的必然结果。只要我们了解青少年青春情结的特征，将来在我们面对"叹老族"之类的青少年文化现象时，我们就会以一种接纳平和的心态和包容理解的胸怀对待之。

（该文刊于《中国青年研究》2014 年第 1 期）

年轻人"没脸回家"现象的多重解读

摘要： 年轻人"没脸回家"不只是个体与群体心态的一种表现，更是现实社会问题的一种直接投射，是多重原因、多种因素交织一起的必然结果。主要表现为：传统面子情结、社会成功标准、缺乏社会支持与理想主义情结的影响。"没脸回家"的年轻人这一特殊群体，需要被关注、关怀与支持。

2014年岁末，"没脸回家"的年轻人被媒体广为关注。"相对于父老乡亲很高的期待，'没脸回家'成为一些年轻人的感受。这种心态需要关注"[1]。这一报道一经刊出，被各网络媒体快速转载，引起人们的高度关注。"没脸回家"的年轻人又被称为是"恐归族"或处于"社会夹心层"的人。一种普遍性的观点认为："没脸回家"这种心态的产生不是简单的个体与群体问题，而是社会结构的深层问题。的确，"没脸回家"看起来是个体或群体心态的一种表现，实际上却是现实社会问题的一种直接投射。笔者认为，这一现象的出现，不是简单的政策问题，也不是解决了城乡二元结构问题就能迎刃而解的事，而是多重原因、多种因素交织在一起的必然结果。

---

[1] 吕德文：《那些"没脸回家"的年轻人》，《人民日报》2014年12月24日，第5版。

年轻人"没脸回家"现象的多重解读

一 传统面子情结的影响

我国封建社会是以"家国同构"为特征的社会架构,在伦理规范要求上是"忠"与"孝",而孝是忠的基础,忠是孝的延伸与提升,所以传统文化提倡的是一种忽视个体而重视整体的整体主义价值观念和家长权威至上的父权主义传统,强调个体对整体的绝对服从,强调年轻人对父权的高度遵从。当忠与孝不能两全时舍孝而取忠,面对生死抉择时舍生而取义,舍"小我"成就"大我",是传统文化价值观念的核心与本质。

在封建社会,年轻人不具有独立性,没有自我选择与决定的权利,更不被认为是具有自我选择与决定能力的个体,只是家庭、家族的附属品,是家庭、家族得以延续的载体与工具。所谓"不孝有三,无后为大",种族的繁衍是年轻人义不容辞的责任与义务,婚姻不是个体自发情感发展的必然结果,而要遵从"父母之命、媒妁之言",个体的自发情感相对于传宗接代的义务与责任来讲是微不足道的。如果有这样的自发情感存在,必将面对来自愧对父母的良心谴责与无望的内心挣扎,如果不能在彼岸世界"化蝶同飞",终究要像陆游在百般无奈之中做出理性的选择,否则便会背负不孝之骂名而受到世人之唾弃。年轻人从小就要接受纲常礼教的教育,来形成与固化这样的主流意识与观念:对国要尽忠,对家要尽孝。正如《孝经》所言:"夫孝,德之本也。教之所由生也。身体发肤,受之父母,不敢毁伤,教之始也。立身行道,扬名后世,以显父母,孝之终也。"对孝的教育与强化成为贯穿人生成长始终的主线,从开始的爱惜父母给予的身体这种基本的孝意识培养,到为父母而立功扬名这种孝意识的强化,年轻人的自我意识完全消解于宗族家庭的父权主义意识之中,也形成了失去自我的面子情结。

这种面子情结是在与他人比较中一种优势获得的愉悦,是个体价值在人群中得以实现的满足。正是这种面子情结,容易使人形成一种不能言败的虚荣与内在失落的强大压力,有如项羽之"无颜见江东父老",缺失反思自我与东山再起的决心与信心。因此，"衣锦还乡""光宗耀祖"是我国传统文化中对年轻人求取功名利禄的殷切期望，也是有志青年一生都在孜孜以求的梦想与追求。历代状元士子及第登科之后，都要衣锦而还乡，成为家族的荣耀与骄傲；族人更是脸上有光，在邻里乡亲面前有足够的面子，在社会上有足够的尊严与地位，其他人则不敢小视。在乎他人的看法与观点，注重在人群中的面子维系，也就形成了常见的惯习性心态与思维方式。这种根深蒂固的面子情结，使得父母将宗族家庭的所有希望皆寄托在年青一代的身上，会刻意注重对子女的教育，传统社会也就形成了"棍棒之下出孝子"的简单粗暴式教育，出现了各种各样的家训等教育模式。子女也就承载着父母是否在乡里乡亲、大家庭与家族面前能够抬起头、受人尊敬的压力。子女是否成功是关乎父母面子与地位的大问题，是家庭家族是否在社会上有立足之地的根本问题，毕竟，我们是生活在差序格局之下的人情社会之中，颜面问题是活得是否有尊严的表现。父母在"一切为了下一代"着想之下，实际上却无法排除来自内心深处面子情结需要的满足。尽管封建社会已经不再，但这种封建文化、封建意识经过长期历史的积淀已经发展成为我们现实中存在的一种集体无意识，成为干扰人们思想行为的重要因素，也成为"没脸回家"的一种深层因素。

对于处在"社会夹心层"的年轻人来讲，之所以"无脸回家"，与这种传统文化弥漫的面子情结有着直接的联系。在他们成长的过程中，因为成绩好有望考上大学，而成为他人羡慕的对象，也成为父母的骄傲与自豪；考上大学，甚至是重点大学，更是他人羡慕、父母脸上有光的事情，无论是对个体、父母还是乡亲们来说，皆会认为其拥有美好的未来自是不待言说的必然。但是毕业后没有工作，或者工作不理想，或者想回家却囊中羞涩，或者工作多年仍然孑然一身……如果父母知道这样的情况则会深深地失望，更会感到如果父母知道这样的情况则会深深地失望，更会感到脸上暗淡无光，而如果远在他乡，尽管父母有相思之苦，但至少还会有满心的期待。为了不让父母失望，那就以远离的方式来维系着父母原有的期待，或者给父母以自己过得很好、很光鲜、很忙的错觉，以无暇回家来掩饰自己真实的窘境，让父母仍然生活在一如既往的美好期待之中。

这种煞费苦心的做法，可谓是一种孝的表现，但却是以自我内在心理压抑与愧疚为代价的。担心父母对自己的个人问题追问，不忍心看到父母想当爷爷奶奶的迫切与焦虑，更担心看到那些曾经不如自己的年轻人光鲜的生活，自己曾经的荣耀与辉煌不再，那种愧对父母的养育之恩、愧对父母深切的期望之情，无颜见江东父老之情，成为自己无法承受之重，不回家也就成为其规避难堪与痛苦的逃避方式，而"没脸"则是一种发自内心的自责与愧疚，更是无法言说的面子情结的直接表现。

二 社会成功标准的影响

每个时代都会有成功的标准，而成功意味着个体在社会阶层中向上流动的实现，其体现了社会普遍认同的价值观念，也是大多数人追求的目标与努力的方向。读书好就意味着未来的成功，这成为我们的历史传统，也成为长期以来人们所普遍认同的成功标准。

封建社会实行的科举制，对年轻人来讲是向社会上层流动的唯一通道，从小就受到"学而优则仕"观念的影响，为考取功名而努力，因为考取功名就意味着成功，就意味着光宗耀祖，就意味着拥有了世人所希望拥有的一切，就能过上"人上人"的生活，正所谓"书中自有黄金屋，书中自有颜如玉，书中自有千钟粟"。因此，在年轻人进行人生选择的时候，就是"万般皆下品，唯有读书高"，使得人们形成了只要读书好就意味着走入仕途、具有无比美好未来的惯习思维。我国改革开放以后高考制度的恢复，再次出现了"千军万马过独木桥"的热潮，甚至有的年轻人喊出了"大学不倒年年考"的永不言败的口号，因为高考成功就是跳出龙门得到生存发展"铁饭碗"的唯一渠道。考上大学就意味着成功，就意味着生存发展已经有了真实的保障，再次强化了人们读书意味着人生成功的惯习思维与心态。

市场经济的发展，社会的转型与变迁，使得人们对成功的理解大不同于以前。各种岗位对高学历的要求，再度强化了人们读好书就意味着具备了拥有更多财富的观念，而年轻人的成功就意味着有房、有车、有钱、有理想的伴侣，而这一切皆以财富拥有为前提与基础。市场经济使得人们对财富的追求达到了一种白炽化的状态，对国家与地区来讲，追求GDP增长，追求发展的高速度，追求立竿见影的经济效益；对个人来讲，追求财富的增加，特定的职业、职位与地域，特定的发展路线等。由于全球性经济危机的不断加剧，就业问题成为一种全球性的问题。目前，社会经济发展正处于"新常态"，经济结构处于正在调整的关键时期，经济发展的速度相对减慢，社会所能容纳的就业岗位远远低于过去，给高校毕业生的就业带来了更为严峻的挑战。而现实正处于多元价值观念并存的转型期、过渡期，社会正处于多元成功标准交织一起的真实状态。

高学历就意味着有好工作，似乎也不成为一种必然的因果关系，这往往使这些曾经成功的年轻人感到无法接受的失落。但父母的期待依旧，自我的期待与现实存在着巨大的反差。市场经济的发展所带来的人心浮躁与对财富的追求日益凸显，正在改写着人们心中对成功标准的界定。这种普遍存在的成功标准往往成为人们自我社会定位的基础，也是人生自我价值是否得以实现的衡量基准，更是年轻人获得存在成功感的标准。而"没脸回家"的年轻人正是在社会普遍存在的成功标准影响之下而出现的挫败感与无力感。

当代年轻人在成长的过程中一直受着社会普遍存在的所谓成功的标准所牵引，他们体验过成功而带来的荣耀与骄傲，也体验过失败而带来的失落与不堪，其成长之路似乎与我们传统所认为无忧无虑的美好时光并不相匹配。在中小学时，升入重点中学，是成功的标准；而在考大学时，升入211、985高校就是成功；高学历往往代表着成功，考研成为可以向社会上层流动的基石，于是千军万马加入考研大军；而找工作时，能够在北、上、广这些一线城市就业就是成功，因为这样的地方发展机会多，所以就出现了所谓的"蚁族"成群的特殊景象；找到工作，高的职位与薪酬就意味着成功；而寻找婚姻伴侣，找到"高富帅"与"白富美"就意味着成功……当一路走来，这些处于"社会夹心层"的高校毕业生，尤其是一直被成功光环所照耀着的年轻人，面对自己在所谓的意味着成功的一线城市打拼时，面对生存的艰难，可能会产生一种前所未有的挫败感，但也可能有着不向现实低头的坚韧与执着，而这时的"没脸回家"可能是他们卧薪尝胆的一种证明，可能正在凝聚自己内在的能量，有着一定会"出人头地"的信心与决心。

当然，也不排除那种只是这么一直"漂"着，认为这对家人来讲也是一种"荣耀"的年轻人。这种曾经被成功光环笼罩着的年轻人，在进行职业选择的时候，往往有着较高的职业期待，始终处于一种高不成低不就的现实情况，宁肯不就业也不就低凑合，于是一直等待时机；有的可能会出现怨天尤人的心态，真的是感到对家人不好交代而"没脸回家"……这种理想很"丰满"、现实很"骨感"的状态，这种理想与现实的落差，会使得他们重新审视成功感的追求对自己意味着什么，于是会更为现实地面对自己的处遇情况做出理性的现实选择，"没脸回家"则可能只是一种无心的自嘲而已。

三 缺失社会支持的影响

社会支持理论认为，当一个人具有丰富的社会支持资源，就能够很好地应对来自现实之中的各种挑战，其在社会中获取成功的可能性就大；当一个人的社会支持资源缺乏，其应对现实挑战的能力相对就弱，在社会中获取成功的可能性就会大大降低。这种社会支持资源，有的是社会对个体所提供的正式性资源，如对大学生就业创业的支持性政策等，这些资源是所有具有同等条件年轻人所共享的资源；有的是本源性的资源，如个体家庭的社会关系，这是不以年轻人意志为转移的先在性资源；有的是后源性的资源，如个体自我建构的社会人际资源，这取决于年轻人自我整合社会资源的能力，取决于个体的实际能力。

由于我国正处于改革发展的深水期，正式性社会资源分配还存在着城乡、地域等差别不均的现象，存在着明显的贫富与社会地位差别的情况。现在像北京大学、清华大学等较为著名的高等学府鲜见农村考上来的学生，这不是因为农村学生的智商有问题，而是我国的优质教育资源皆集中在城市，而越是贫穷落后的农村就越缺乏教育资源。教育资源的不均衡分布与发展，以及父母对子女教育重视程度的差别，必然使城市与农村年轻人在教育阶段就出现了巨大的差别。所以，现实中出现了这样常见性的情况：同样的年轻人，其所拥有的社会支持资源却因为自己的出身与地域的不同而存在着明显的差别，在升学、就业，甚至是相亲这样的人生大事上，就会有明显不同的结果。

这些"没脸回家"的年轻人，本来在正式社会资源之中就是弱势群体，如一线城市落户问题、相应工作招聘的地域政策等，这使得他们已经处于一种生存竞争的劣势之中。但同时，他们往往还是本源性资源缺乏的年轻人，父母都是缺乏广泛人脉基础的农村居民，或者是文化水平低、缺乏相应社会地位的城镇居民。他们为了能够供孩子读书而拼命劳作，无法为孩子提供相应的心理与观念上的支持，也无法提供充足的资金与物质的保障，更无力为孩子提供相应的人脉资源的支持，相反，他们却将自家生活条件的改善与家庭未来的希望皆寄托在这些年轻人的身上。这些"没脸回家"的年轻人，或是因为自己无力改变家庭的生活条件而自顾不暇，以"没脸回家"为托词以逃避自己的责任；或是因为自己的生存处境窘迫，无钱无力回家处理人情世故；或者因为自己没有达到一种理想的状态，感到无法给父母以交代；或者因为自己的处境而交不到理想的异性朋友，怕被父母与乡亲追问……当然，不能排除那些"没脸回家"的年轻人自己具有整合社会资源的能力，认为如不出人头地，则"没脸回家"。相反，那些具有丰富社会资源的年轻人，在面对同样情况的时候，在没有理想的工作与自己所期盼的职位时，他们可以理所当然地成为"啃老族"，或者可以继续选择深造，或者可以有充足的资金自主创业，或者可以过上有车有房的富裕生活，或者可以成为不用工作就有收入的房主……

这种社会支持的不同，会直接影响到"没脸回家"年轻人的心态。他们可能在与那些社会支持资源丰富的年轻人的比较之中，会产生一种强烈的相对剥夺感与不公平之感，出现仇富愤青的心态；可能会对自我命运无奈认同而沉浸于自怨自艾之中，丧失应有的权能，出现逃避现实的心态；可能会激发向上的斗志而自我激励，出现积极进取的心态……

四 理想主义情结的影响

年轻人正处于富有理想的年龄阶段，由于抽象思维能力发展已经成熟，使其在头脑中建构理想的能力得到空前的提高，往往会表现出一种理想主义的情结，对自我的估计可能会高于实际应有的程度，对自我的发展与未来具有一种理想的期待与美好的想象。

对于处于"社会夹心层"的年轻人来说，知识与学历就构成了实现自己理想的基础，在自己的职业定位中就会考虑应该达到的理想性的目标，年轻人本身所具有的理想主义情怀与自身相对优越的现实条件，会形成他们较高的职业期待，形成较高的职业理想。这种典型的理想主义情结，往往会使年轻人具有蓬勃朝气与锐意进取的信心与勇气，同时也容易使其跌入一种理想与现实强烈反差的不适应之中，因为现实终归是现实，不可能因为某个人的想象就化为现实；即使有实现的可能，也不可能立竿见影就能够达致理想。

而现实是年轻人在个人职业的选择中或者开始自己的职业生涯时，不可能一下子就会达到理想的巅峰状态。不甘屈居于人下，不想工作苦与累而希望有较高的薪酬待遇，不想去看不到太多希望的二三线城市，而愿意在机会多的一线城市生活与工作，这可能是有较高学历年轻人之中较为普遍的想法。这些尽管是可以理解的人之常情，但不可否认，这些年轻人中存在着非理性的理想主义情结。而这样的理想主义情结的存在，往往会使年轻人处于一种好高骛远、眼高手低的现实情境之中，会对基础性的工作、忙累的工作、收入相对低的工作产生本能的抵触情绪，会形成以自我感受、体验与想象为中心的单向度思维，而缺失对他者的接纳、理解与包容，会狭隘性地理解与他人在职场上的竞争与合作。当现实无法达致想象的时候，就会产生现实的挫败感与不公平感。"没脸回家"的年轻人，之所以感到"没脸"，有相当多的人往往是因为没有达到自己与父母所期望的理想状态。

同样，之所以能够在一线城市打拼与坚守，也正是理想主义情结使然，只是这种理想主义情结中带有理性的因素、带有一种对理想的执着。因为这样的年轻人知道：如果不吃苦受累，就难以实现自己的职业理想，更难以过上自己理想的生活；现在自己的"没脸回家"，正是为了有一天能够"有脸"而归。还有一种理想主义情结，是对实现理想的侥幸而存有一种机会主义的心态。因为现实中时常会出现一些"北漂"等族，因为某些机缘而一夜成名，也许自己也会有这样的机会，而"没脸回家"是因为这样的"馅饼"还没有砸到自己的头上，如果有云开日出的一天，就一定能够荣归故里。当然，还有一种情况是，自己的同学很多都在一线城市工作，原来读书时大家就差不多，现在也都是一样在打拼，经常还能够一起聚会分享，能够享受一线城市丰富的文化生活，没有房可以租房，没有车可以坐地铁，与自己一样生存状态的人还有很多，自己比上不足、比下有余，这样的生活就是一种理想生活，这样漂着也是一种幸福。有这样心态的年轻人，"没脸回家"可能就成为相互之间的调侃。

五　结语

"没脸回家"的年轻人，的确是生活在"社会夹心层"的年轻人。在这样充满了竞争的社会中，他们面对着来自家庭、社会、职业、自我等多重压力，他们的人生之路一直与压力相伴而行，他们尚处于独立生存与发展的起步时期。渴望美好的生活，渴望给父母以尊严，希望享受大都市丰富的文化生活，有着一份执着的理想主义情怀……这都没有什么错！俗话说得好:"人往高处走,水往低处流。"渴望向社会上层流动是可以理解的人之常情,更何况是尚有梦想、有知识的年轻人?

人生本来就不能以简单的对与错而谈论,这种简单的对错二维思维模式本身就值得反思。这些年轻人发出"没脸回家"的叹息也好、感慨也罢,不只是内心焦虑的一种表达与释放,可能还隐含着多种言外之意的意蕴表达。如果真正关注这些年轻人,就不是简单地、一厢情愿地对他们的处境进行揣测与想象,就不能简单地空发感慨与议论,而是要真实地了解他们的人生关切、内在的需要与处积于内心的种种压力与负担,真实地为他们提供可以而且能够提供的各种支持,否则,"近乡情更怯"的"怯",就不只是对故乡思念深刻的复杂情感的表现,而是会变成发自内心深处的真正"惧怕"。

"没脸回家"的年轻人,这一特殊的年轻人群体,的确需要我们关注,更需要我们的关怀与支持!

(该文刊于《中国青年研究》2015年第6期)

回望与共鸣:"从你的全世界路过"的心理学解析

摘要:从青春心理的视角去解析"从你的全世界路过"现象,可以让我们更好地理解并关照那些正处于多梦青春的年青一代。这种回望青春所产生的共鸣表现为迷茫与无奈、疗治与出路、路过与体验。这种集体式的青春共鸣产生的原因是多方面的,其中之一则是青春的痛苦与烦恼在现实教育中缺失真正的关照与接纳。路过他人的青春,是为了更好地看待自己的青春;路过他人的世界,是为了更好地追求属于自己的世界。

2015年4月,《从你的全世界路过》一书荣登"2014中国好书榜",引来众多粉丝狂欢。其实,自《从你的全世界路过》一书出版后,"上市6个月热卖200万册,打破10年来单本畅销书的销售纪录;连续3个月蝉联三大畅销书排行榜榜首;14亿次阅读,1500万次转发;全国巡回9城10场63小时签售,10万粉丝'路过张嘉佳';每1分钟,都有人在故事里看到自己;这本书中的33个故事,已经有10个正在变成电影;王家卫导演和张嘉佳合作《摆渡人》的故事,也将在今年开机"[1]……作者张嘉佳也被誉为"最会写故事的人""暖男""直人"等,成为很多年轻人喜爱的偶像。这种"热读"和"追捧"的现状,我们姑且称之为"现象"。笔者认为,这

---

[1] 呼延苏:《每个故事都在精彩路过》,《出版人》2014年第8期,第54页。

回望与共鸣:"从你的全世界路过"的心理学解析

一现象不只是微时代人们微阅读习惯使然,也不仅仅是其写作套用戏剧表现手法创新的简单结果,更不是简单地以作者为中心还是以读者为中心等文学视角的一般性评判。我们更应该以青春心理的视角去探究这一现象的内在根源,去理解并关照那些正处在多梦青春之中茫然不知所措的年青一代。

一 迷茫与无奈的青春共鸣

张嘉佳所描写的青春是用故事来展现青春的多样与复杂、青春成长的痛苦与挣扎、青春旅途的坚持与执着……他不只是简单地叙事、勾画框架与描述情节,而总会从故事展开的某一节点总结出一些升华了的青春语言,表达出年轻人想表达但表达不出来的想法与感受,切合他们敏感而复杂的青春心理。这样的青春共鸣是发生在人们内心深处的心理共鸣,尤其是对那些经历过或正在经历这样青春旅程的年轻人来说,往往会产生难以抵御、无法拒绝的认同,因为他表达了自己的心声,升华了自己的情感。"青春是丛林,是荒原,是阳光炙热的奔跑,是大雨滂沱的伫立"[①]。这一描写给了我们一个青春痛苦所展现的动感世界与可以想象的现实情景,也许你与我在青春岁月中有过大雨滂沱中的伫立,任凭雨水对身体的冲刷与抽打,因为内心的痛苦无法诉说;也许在青春的丛林行进中遍体鳞伤、迷失方向,不知道是否还能找到不会再受伤的路;也许在青春的荒原上艰难地跋涉,但不知道是否能够走出这茫茫荒原……这种似曾相识的画面与场景,内心的纠结与痛楚,是经过青春岁月的人们曾经有过或者正在进行着的心理体验。因为进入青春发育期,不仅是个体体貌特征发生了显著变化,更重要的是迅速发展的抽象思维,使青年人在头脑中建构现实的能力大大增强了。

皮亚杰的认知理论认为:青春期是个体认知发展的形式运算期,由于抽象思维能力的发展而进入了一个形而上学的时期,会处于在头脑中建构现实的必经阶段。这种离开现实的主观建构,往往会带有自己都无法意识

[①] 张嘉佳:《从你的全世界路过》,湖南文艺出版社2014年版,第32页。

到的夸张与超越现实的完美想象，会出现不切实际的思想与不合时宜的行为，会引发来自代际间的责难与非议。这时的雄心壮志往往不会考虑到实现的可能性，会受到不知天高地厚的指责；所有的利他主义的壮举往往会受到现实利己主义思想的嘲讽。研究青春期的专家埃里金德认为，处于青春期的人往往生活在"假想观众"之中，如同自己站在舞台中央而备受关注，他们一般会以夸张的言行来急切而又热烈地回应着这些假想中的观众。这种夸张的想象会不同程度地加深青少年内在情绪情感的体验，会引发他们激烈而又亢奋的心理活动；而当他们将视线从理想转向现实的时候，理想与现实的落差又往往会形成青春所特有的痛苦，表现为深刻而持久的心理状态。这种青春的痛苦是理想天空中梦想跌落而带来的真实苦涩，也许这一切在成人看来是微不足道的小事情，被误读为年轻人故弄玄虚的小伎俩，但是对他们来讲也许不亚于涅槃般的宏大与痛苦。因此，青春之旅并不是一路的和煦阳光，不是一路的鲜花与烂漫，青春的痛苦也不是那种"为赋新词强说愁"的矫情，而只有切实有过痛楚的人才能充分体会出那份痛彻心扉的感受，回想起来可能依然会隐隐作痛……这就是人们在《从你的全世界路过》中青春回望必然会产生的内心共鸣。

1. 迷茫与无力感

张嘉佳在作品中表达了青春中的迷茫与对未来的不确定，那种年轻人内心深处的多样幻想与幻想是否能够实现而带来的无力感与未知感："我们不知道自己会喜欢谁"①"如此多的希望，琐碎零散，每个不同。但它们悄然发生，你没有能力明确标明进程"②。这种悄然而生的希望是年轻人无法掌控的，如此多的希望，让人对未来充满了无限的憧憬。但是，与无法把握未来的无力之感形成了鲜明的对比，那种按捺不住的多样希望与无法把握其进程的无力，形成了内在复杂的青春感觉，憧憬与惆怅、希望与无望有机地交织在一起，形成了萌动迷茫的青春感受，挥之不去。张嘉佳确切

---

① 张嘉佳：《从你的全世界路过》，湖南文艺出版社2014年版，第33页。
② 张嘉佳：《从你的全世界路过》，湖南文艺出版社2014年版，第59页。

回望与共鸣:"从你的全世界路过"的心理学解析

地展现了年轻人自我内心的迷茫,对自己的不了解,不知道自己为什么会有这么多的希望与想法,更不知道自己到底有没有能力去实现这些愿景。这种自我追问的方式实际上真实再现了青年普遍存在的迷茫心理,这种能力不可知的表达,就是年轻人寻求自我认同过程中必然会经历的正常现象,是年轻人将自我变成认知客体的主体探索,表达了在自我探索过程中产生的一种对自我的陌生感与自我潜能的不了解。

艾里克森将个体的心理发展划分了八个阶段,青少年期处于第五阶段,其认为青春发育带来了青少年成长的危机就是自我同一性与自我混乱性的矛盾,寻求自我认同、获得同一感是青年期的重要任务。因为青春发育使得年轻人将原来向外的视线转向了自身,进入了自我探求的关键时期,即人成长过程中自我意识的第二个飞跃期。其会将他人眼中的自己、社会期望的自己与自己所认为的理想自己等在自己的内心中统合起来,来不断澄清对自我的认知与理解。在认知的过程中,自我质疑、自我反思与自我评价都是手段与方法,这种迷茫的心理状态与无力的表达,再现了处于特殊的自我认同时期的真实想法与状态,从这一点来说,对《从你的全世界路过》产生心理上共鸣则是必然的。

2. 掩饰与无奈感

张嘉佳在作品中表达了青春中那种明明知道无果的单恋却不能自已的无奈,那种一个人的孤单与挣扎,而运用了年轻人常有的一种掩饰性的表达,更容易引起年轻人的共鸣。"我知道自己喜欢你。但我不知道自己将来在哪里。因为我知道,无论哪里,你都不会带我去"[①]。看似一种简单、平静的叙事,一种肯定的对话式语言,但是在平静的下面却是暗流涌动,是一种"暮霭沉沉楚天阔"的未来不确定性的表达,是一种不知身归何处的迷茫诉说!自己在哪里,而你又会在哪里,这都是无从知道的未知数,但是注定我们不在一起的结果是如此清楚与肯定。将这份内心的孤单

---

① 张嘉佳:《从你的全世界路过》,湖南文艺出版社 2014 年版,第 37 页。

与痛苦掩饰起来，然后理性地、平静地轻描淡写，这暗合了多少人青春的无奈与掩饰内心秘密表达的方式。他将一个人的回忆比作沙城，是只能在梦里回归之所在，清晰而不能触碰，如果不向前行，则只能被沙子掩埋吞没，"所以我们泪流满面，步步回头，可是只能往前走"①。这种往事不堪回首但忍不住再三回首的形象表达，这种回忆的尘沙将人掩埋的窒息，这种难以言表抽刀断水般的过往，使得青春前行的步履蹒跚，使人的泪水无法抑制而横流，但内心明白再留恋也只能向前走，这又使多少有过这样沉重青春经历的人们看到了过去的自己，从而产生深深的共鸣，一种现实不得不做的选择，一种内心难以割舍的前行。而"伤心欲笑，痛出望外，泪无葬身之地，哀莫过大于心不死"②，都是采用与惯常截然相反的表达，其表达的是对人生无常的一种青春痛苦。一般而言，人会伤心而哭，但哭还无法表达伤心之恸，能够哭出来会使压抑的心情得以释放，但是伤心到不仅无泪，而且还会表现出欲笑的状态，我们不禁要问：是要刻意表现出自己的坚强，还是嘲笑命运对自己的无可奈何？不死之心为什么成为悲哀的极致？

也许只有经历过人生决绝离别的青春，才能够了知个中的滋味，从中找寻自己似曾相识、刻骨铭心的人生体验。从理论的层面进行解读，这种掩饰的表达是人的情绪情感发展进入成熟阶段的结果，是个体控制情绪情感能力与水平提高的必然产物。人的心理发展经历了由单纯的基本性情绪情感而逐渐发展到具有复杂性情绪情感产生的过程，人的内在情感体验也由原来单纯的情感体验发展到复杂性的情感体验过程。在青春期，由开始的情绪两极性摇摆逐渐发展到掩饰内在的心理活动，直到出现复杂化与持续性的心理状态——心境化，这种发展的轨迹是青春走向成熟的一种心理表现。它不再像孩提时代那么单纯地高兴与悲伤，而是五味杂陈的特别的青春感觉，是一种难以名状的多重心理感受的交汇，是情感逐渐主导情绪

---

① 张嘉佳：《从你的全世界路过》，湖南文艺出版社2014年版，第8页。
② 张嘉佳：《从你的全世界路过》，湖南文艺出版社2014年版，第14页。

情感结构的表现。内在体验丰富而深刻，外在表达含而不露，这种符合青春期发展复杂心理与感受的表达，无疑能够让人们在《从你的全世界路过》中回望自己的青春、认知自我的青春而产生内心的共鸣。

二 疗治与出路的青春共鸣

青春是没有返程的旅行，青春的回望是一种疗治与自我升华的方式。青春战场的喧嚣虽已静止，但刀剑的伤痛犹在，只有自己来自我疗治。"青春就是匆匆披挂上阵，末了战死沙场。你为谁冲锋陷阵，谁为你捡拾骸骨，剩下依旧在河流中漂泊的刀痕，沉寂在水面之下，只有自己看得见"[①]。青春的旅行是没有准备的开始，如同战场冲锋陷阵打杀般的悲壮，匆匆而又激烈，战争结束留下的伤痕是青春死亡般的痛苦，当青春不再、一切归于平静之时，这种痛楚只有自己清楚。而创伤的治疗、痛苦的超越都能够在张嘉佳的描写中找到出路与抉择。

1. 了解问题的开放心态

青春的旅途总会有难题产生，而受伤是难免的现实。张嘉佳在他的小说中认为：时间会解决生活的难题。他是要人们能够从时间的维度来看待现实存在的问题，也许现在认为很重要的事情，随着时过境迁则会归于平淡，会认为不是那么重要。当然这并不是一种完全被动性地将难题搁置，而是一种主动性地选择将问题在时间的推移中沉淀。同时认为，生活的这些难题总有办法能够解决，但是不同的人解决问题的方法不同，方法一定是个人独特的方法而不能随意套用，无须告知人们解决问题的方法，但是要让人们能够了解所存在的问题。他认为问题的解决不需要他人的教导，是人在成长过程中无师自通的生存本能，是在生活中随着时间的流逝自然而然形成的近乎本能的能力，"只需要时间，它像永不停歇的浪潮，在你不经意的一天，把你推上豁然开朗的海阔天空"[②]。青春期有别于其他人生时

---

① 张嘉佳：《从你的全世界路过》，湖南文艺出版社2014年版，第250页。
② 张嘉佳：《从你的全世界路过》，湖南文艺出版社2014年版，第276—277页。

期的最大特点,就是随着生理、心理与社会性发展,个体的自主性在不断增强,解决问题的能力也在不断地提高。但是我们惯常于那种对青春自主性增长的成人视角解读,即将青春的自主性发展视为青春的叛逆与反抗,更加强化了年轻人不成熟与缺失自我解决问题能力的社会刻板印象。但青春的自主性成长是一个必经的过程,其看待问题的视角在变化,其解决问题的能力在提高。这种视角的变化与能力的提高是在应对现实发展问题的过程中逐渐形成的。

生活的难题是青春旅程中的常态,而面对与解决难题是无法逃避的现实选择,这些生活的折磨即最好的教导,是年轻人在无形中成长的最好契机,于不经意间能力在增长、水平在提高,生活的历练就是这样在时间的沉淀中进行着能力上量的积累,于自己无所察觉的某一时刻达到了连自己也无法想到的质的飞跃与改变。所以,有人还将时间誉为伟大的作者,认为其总会写出完美的人生结局。将那些无法解决的难题交给时间,时过境迁,不刻意地就解决了问题,表现出对生活难以解决问题的豁达乐观的态度,也表现出一种对青春成长的自信与充分肯定。这种将生活的磨炼统统化为时间的不停息流转,保持了生活应有的现实张力,也是应对青春磨难的有效方式,它使年轻人保持一种开放性的心态,去主动接纳现实的磨难;倡导一种举重若轻的处世态度,去从容面对生活的难题,这对于那些处于青春痛苦中无法自拔的年轻人来说是一种启示,对那些已经走过的年轻人则是一种会心的认同与曾经自我的再审视。

2. 转移注意力的有效途径

青春磨难解决方法中还有一种更为有效的方式,即通过美食与风景来走出已经形成的固化视角与观念,"美食与风景的意义,不是逃避,不是躲藏,不是获取,不是记录,而是在想象之外的环境里,去改变自己的世界观,从此慢慢改变心中真正觉得重要的东西"[①]。这样的表述不同于心理学

---

① 张嘉佳:《从你的全世界路过》,湖南文艺出版社2014年版,第102页。

回望与共鸣:"从你的全世界路过"的心理学解析

中呆板地运用转移注意力的方法来排解内心痛苦的表达,使人产生难以接受、无法转变的内在本能抗拒,其通过一种柔和的方式、一种温柔的提醒、一种纯粹生活化的语言,为那些处于青春痛苦中的年轻人指出了疗伤与寻求困境出路的有效方式——不沉湎于自我封闭的世界之中,不在原来的想象之中将痛苦做无限地放大,而是能够跳出自我世界重新看待自己发生一切的有用方式,是一种自我内在精神世界洗礼的应有手段,是看待问题视角改变而采用的有效路径。而这样的改变不是彻底地颠覆,是渐渐地进行,是在环境转变的过程中,视角逐渐得以改变的必然。如同兄长般的提醒,给人以温暖与可以信赖的感觉,也就有了遵从的尝试与面对痛苦的处理方式的选择。这是一种良好的、不可抗拒的强大暗示,对处于青春期的个体来讲,当碰到了这样的情况,则会自然选取这样的行动实践去主动地寻求转变。当然,对那些有过同样方式来排解青春痛苦的年轻人来说,亦能产生强烈的内心共鸣与自我认同。那种似曾相识的经历与成长,改变了自己原来狭隘的个人中心主义的视角,原来绝对化的认识与理解得以改变,进一步的柳暗花明,退一步的海阔天空,会使这些过来人表现出会心的微笑,对张嘉佳的描述表现出知己般的共情则是理所当然。

3. 关爱自我的能力培养

爱是一种能力,一种本能的能力,也是需要后天培养的一种能力。张嘉佳写道:要过自己想要的生活,人只有照顾好自己、爱自己才具有爱他人、照顾他人、温暖他人的可能与基本的能力,"如果一颗心千疮百孔,住在里面的人就会被雨水打湿"①。这种形象化的语言,温柔地提醒着那些在痛苦中挣扎的年轻人要注意爱惜并呵护自己内心的完整,这种自爱的能力可能会使不可能化为可能,使可能变为现实,但如果自爱的能力缺失,则会使可能变成不可能,因为缺失了温暖他人的能力基础。年轻人需要具有能够自我疗伤的能力,需要能够在绝望中寻找希望的能力,需要具有

---

① 张嘉佳:《从你的全世界路过》,湖南文艺出版社2014年版,第276页。

重新反观自身进行反思的能力，需要自己内心的坚强与宽广。人的成长绝对不是被动性地在快乐中成长，也不是靠简单的外在强化而形成的成长，人的成长必须是自我内心的成长，一种心理走向成熟的成长，而这种成长往往伴随着痛苦，因为有挫折、有痛苦，才学会面对现实、尝试解决问题。

尽管张嘉佳笔下的故事有的悲凄难忍，但他绝不表露出些许的虚无与悲观，其正向的能量亦如同其故事一样碎片式地飘荡，总在可能使读者随着主人公跌落于悲伤低谷之时而升腾，随着故事的展开推进而不断得到人生的感悟与精神的升华。这种描写符合处于青春岁月的年轻人在看待世界时的思维方式与习惯。抽象思维的发展与成熟，使得年轻人总是在阅读的具象与意象反复出现之时而对其中的意义进行追寻与探究，总会产生由此及彼的联想与想象，总会引发其对人生意义与价值的思考与叩问。张嘉佳所采用的升华式的评论与议论，则恰好符合了年轻人阅读与看待问题的思维特点，会随着作者的描写产生一种现实的升华感与充足感。所以，尽管作者所写的悲欢离合往往是人归各处的不完满结局，与人们所惯常希望完美的心理预期相悖，但总能够从中找到人生豁达向上的充足理由，有如为了重新开始，就要学会放弃。人生的无常是年轻人成长过程中需要接纳的现实，而选择自我内在的坚强与关爱自我则是成长所必有的功课。

三　路过与体验的青春共鸣

路过他人的青春，是为了能够找寻自己的青春体验，是为了能够在自己的青春旅行中多一些前车之鉴，是为了能够使自己青春旅程留下的创伤得以疗治，是为了重新追寻青春之梦想与足迹，是为了更好地诠释自己的青春经历，是为了青春自我同一感的获得……而张嘉佳的《从你的全世界路过》为年轻人路过他人的青春世界提供了素材。

1. 路过中的心理成长

美国著名的社会学家查尔斯·库利提出了"镜中我"（Looking-glass-

回望与共鸣:"从你的全世界路过"的心理学解析

self)理论,认为人们对自我的认识是在交往的过程中他人关于自己看法与观点的反映与投射,他人对自己的看法与评价就如同反映自我的一面镜子,个体需要通过这面镜子来更好地认识与把握自我。《从你的全世界路过》就是这样一面青春经历的镜子,从作者描写的青春故事中可以让年轻人或已不再年轻的人寻找到自我青春的定义、体验、梦想与种种的过往,不仅会有似曾相识的感觉,而且会有感同身受的心理共鸣。那些曾经压抑于内心的一些想法并不是自己所独有的不堪,那些感觉走不出的情感纠结并没有作者描写得那么惨淡,那些不愿与人分享的青春故事还会在不经意间带来深深的失落与伤感……这种参照与对比,这种体验与观照都会给人们带来不同程度的同感与认同、启迪与教育。

张嘉佳在故事中就提到:"读者不知道信上的文字写给谁,每个人都有故事,他们用作者的文字,当作工具想念自己。"[①] 库利的"镜中我"理论强调的是在社会交往中将他人当作了解自我的镜子,是在社会生活中对他人的路过;而张嘉佳强调的是读者将作者的文字当作认识自我的工具,是在人的阅读过程中对文中青春故事的心理路过。这样的路过,不是简单地、浮光掠影般地闪过,而是身临其境的路过,是将自我融入其中的路过。这样的路过实际上就是现实在人们内心的一种投射,是在他人故事与自我经历的相互比较与呼应之后而带来的深刻心理体验与感受。的确,对自己最了解的人还是自己,那些曾经的青春经历与切身体验只有自己最清楚与明白。作者的描写需要读者个体去亲身体会与理解,要将那些青春的故事纳入自己的主观世界进行相应的加工与理解,会与自己的想象与曾经的生活经验相比较与印证,才能形成其对作品与作者的认识与评价,才能对自己的观点与过往有一个澄清与选择的机会与过程。读者的这种亲历行为就是对自我体验与自我理解的进一步延伸与解读。处于青春期的年轻人联想与想象能力得到快速发展,使其在阅读的过程中能够保持着很大的想象空间,

---

① 张嘉佳:《从你的全世界路过》,湖南文艺出版社2014年版,第253页。

将自己置身于故事的角色之中，去体验与感受角色命运与心理的变化，去反思自己曾经的青春经历与想法，这种阅读的角色化是其社会化的重要途径，更是路过他人故事自我成长的重要方式。

2. 路过中的行为选择

"我会承诺很多，实现很少，我们会面对面越走越远，肩并肩悄然失散。你会掉眼泪，每一颗都烫伤我的肌肤。你应该留在家里，把试卷做完，而不是和我一起交了空白纸张。对不起，爱过你"①。这是一种自我批判式的表述，带有较为客观的立场与满心的内疚，来表达初恋时节的懵懂。那种承诺多而实现少的信誓旦旦，那种为了趋同的共同行为，都是初恋者容易做出的行动选择，也符合青春早期的心理与行为特征。因为青春早期的个体处于同伴依恋的关键时期，容易表现出对友谊的高度遵从以缓解自我与他人不同而产生的紧张与焦虑感，此时出现的朦胧恋情更具有这样的特征。高度的心理契合与一致性的行为是早恋必须具备的前提与条件，尽管这样的行为选择可能自己也清楚是不符合现实规定要求的选择。但是随着时间的流逝，随着自我成熟度的提高，那种渐行渐远、肩并肩行进却在悄然间失散的无缘，将一切变为记忆与回忆。那些有着与此相似经历的年轻读者会从这样的文字中看到过去的自己，会引发可能深埋于内心的情感与体验，从而产生深深的共鸣。

从作者的故事中捕捉到自己青春的影子，从作者的字里行间寻找到情感的谐振点，从作者凝练的人生感悟中产生了思想的融合之处，从作者所描述的主人公行为选择中对自我曾经的选择与要进行的选择进行反思。因此，路过并不是简单的一带而过，而是在路过时已经将作者描写的主人公经历纳入自我的主观体验与感受之中，在主人公的经历中寻找自我的认同感与同理心，在主人公的人生抉择中反思自我的行为选择。这样的路过就是自我的进一步找寻与确认的过程，也是对自我所经历的青春之路的再一

---

① 张嘉佳：《从你的全世界路过》，湖南文艺出版社2014年版，第15页。

次路过，只不过一种是全身心的亲自路过，一种只是在头脑中的再次路过。当然，这样的路过也可能是对未来还没有经历的青春的一种提前路过，得到的将是以后可以借鉴的经验与心理准备，至少会了解到不同的行为选择所带来的不同结果。

四　结语

当然，读者对作者与作品的反映也是一面镜子，它映照着人们对其喜爱与接纳的程度。有人说张嘉佳的《从你的全世界路过》产生了一种集体式的共鸣，无疑，从其书的发行量、故事的转载与阅读量来讲足可以证明。张嘉佳是以 32 岁已经不再年轻时看待问题的视角来重新回望青春，是自己对自己的青春经历的再次路过。这种再路过总是带有反思与后思的成分，这样的"全世界"已经不是过去所谓亲历的"全世界"，而是经过了理性加工、整合与编排所呈现的"全世界"。其对青春经历的认知与理解、对平常小人物存在现实状态及生活希望的白描展现，对于那些处在青春期渴望被理解、被认同的年轻人来讲，容易产生情感的共鸣与内在的心理认同。尤其值得注意的是，青春在我们的文化当中总是美好与烂漫的代名词，是人生奋发向上与充满活力的象征，青春的痛苦与烦恼在现实的教育中缺失真正的关照与接纳，使得青春的伤痛不得不由这些尚未成熟的年轻人自己去悄悄地承受与自我疗伤，在跌跌撞撞中自我去感悟、去追寻。那种青春无声中的默默承受与咬牙承受中的坚持，因为现实中缺少相应外在力量的支持与理解，显得格外艰难与辛苦。常言道：没有经过长夜痛哭的人，不足以与之谈论人生。因为没有过的内心体验无法让人做到感同身受，产生不了真正的心理共鸣，而只有相似经历的人，才能够产生同感，才能够产生心中的共鸣。

尽管每个人的青春不同，但青春的底色与多样则是相同的，青春发展的心路历程是相似与相通的。现实中太需要像《从你的全世界路过》这样的作品，它使年轻人能够去发现青春的无奈与多彩、痛苦与美好、放弃与坚守、失望与希望……"每个清晨你都必须醒来,坐上地铁,路过他们的世界,人来人往,坚定地去属于自己的地方"①。路过他人的青春,是为了更好地经历自己的青春;路过他人的世界,是为了更好地追求属于自己的世界!

(该文刊于《中国青年研究》2015年第9期)

---

① 张嘉佳:《从你的全世界路过》,湖南文艺出版社2014年版,第268页。

"斜杠青年"职业选择的本体性研究

摘要： "斜杠青年"群体的出现是新媒体时代与青年群体特征有机融合的结果或现象，从青年本体性的角度进行解读更有利于理解与把握这一现象。"斜杠青年"主要可以分为迫于经济压力型、爱好特长型、能力所及型三种类别。其职业选择的本体性特征表现为：追求多彩的职业生活、寻求职业潜能的现实化、追寻理想的职业可能性、追求自我价值的社会认同。其成长的宏观职业生态环境的多变性、职业选择价值影响的多元性、成长的微观生态环境的差异性是构成其主体性职业选择的外在原因。"斜杠青年"现象是不以人的意志为转移的客观存在，是现代共享经济时代所必然带来的职场现象。

近年来，"斜杠青年"一词成为广为谈论与研究的热词，引起了人们对这一群体的高度关注。学术界对他们的职业生存与发展状态进行了多维度的解读，有从社会场域理论及多重职业结构功能的角度进行分析[1]，有从现代性与后现代的角度进行本质与特性的探寻[2]，有从"互联网+"时代进行

---

[1] 谢俊贵、吕玉文：《斜杠青年多重职业现象的社会学探析》，《青年探索》2019 年第 2 期。
[2] 吴玲、林滨：《"斜杠青年"："多向分化潜能者"的本质与特性》，《思想理论教育》2018 年第 6 期。

斜杠青年职业身份认同的论证①，等等，可谓见仁见智。笔者认为，"斜杠青年"群体的出现，是新媒体时代与青年群体特征有机融合的结果或现象，从青年本体性的角度进行解读，可能更有利于我们理解与把握这一现象，从而以积极性的心态看待这一现象，以建设性的措施助力他们的成长。

一 "斜杠青年"的类别

目前相关著作与论文对"斜杠青年"的由来与界定基本上一致，但通俗地讲，"斜杠青年"是具有多种职业与角色身份的年轻人，他们往往身兼数职、游走在不同职场间，具有多重收入、多元职业角色。作为一种新型的多元化职业选择样态，"斜杠青年"的具体表现形态是不同的，主要可以分为如下几种类型：

1. 迫于经济压力型

这可能是"斜杠青年"群体中比较多的，也是最辛苦的一族，主要是迫于经济的压力，需要改善自己的生存条件，如需要还房贷、需要成家、需要养家，等等，不得不在主要职业之外，再找一份或几份与自己所从事的主业不相关的工作。这些工作往往不需要太高的技术含量，而是要付出一定的体力与时间，如送快递、到餐馆打工、开出租、做家政、开网店，等等，只是为了多做一份工作，多有一份收入。他们并不像那种注重自我推销、在名片上画出多个斜杠的年轻人那样张扬自得，而是在忙碌奔波中度过多重职业生活，他们的个人生活空间往往被业余的多种职业忙碌所填充。一般这类青年的文化程度不是太高。

2. 爱好特长型

这类"斜杠青年"的主要职业往往不是自己的爱好与特长，但却是自己安身立命的主要职业。他们会以主要职业为主，朝九晚五式的规律性地上班，但在主要职业之余以自己的爱好与特长再从事相应的职业，如当美

---

① 敖成兵：《斜杠青年：一种"互联网+"时代的职业身份解码》，《中国青年研究》2017 年第 12 期。

术老师、当健身教练、当钢琴老师、当网络主播、当网络作家，等等。这类青年，往往有多少特长与爱好就可能有多少个斜杠。要么他们的主要职业要求或者是自我对主要职业的期望不是很高，他们不会在业余时间投入更多的时间去学习与主要职业相关的知识，主要职业只是他们从事的一种主要工作而已，而不是自己所追求的事业；要么是没有任何经济忧虑，只凭着自己的兴趣与爱好去过自己想要的职业生活，他们并不简单地为了以多种职业来增加自己的收入，而是在多种职业转换中寻求自我价值实现的感觉。这类青年，他们可能会通过名片中的多个斜杠来主动亮出自己多重的职业身份，甚至以此表现自己非同一般的天资禀赋、超常的精力与体能。目前很多人理解的"斜杠青年"主要是指这一类一专多能型的年轻人。

3. 能力所及型

这类"斜杠青年"往往凭借着自己的专业能力，或者较好的经济基础、充裕的时间在能力所及的范围之内去从事多个职业，具体可以分为如下几种类型：

一是具有一定的专业能力，他们在自己主要职业之外从事与自己专业相近的一些职业，如律师事务所的年轻律师，他们可以去高校做兼课教师，可以为某个实体组织提供法律咨询或当法律顾问，可以成为其他律师事务所的合伙人，可以成为网络侦探小说的写手，也可以是民事纠纷的调解员，等等，这类青年的其他职业往往是由主要职业衍生出来的，做的还是与主业相关的事情，发挥的是自己的专业特长。他们会在多种职业实践之中提升自己的专业能力与水平，因为他们具有以不同的方式应用与展现自己专业知识与能力的机会与平台，能够获得更多的专业应用历练。

二是具有一定的专业能力，同时又具有多个职业资格证书，或者在大学期间辅修过其他的专业，或者曾经受过其他的职业训练。他们在主要职业之外，可能会凭借着职业资格证书或者其他的专业知识与能力去从事与主要职业不太相关的工作。如做兼职会计，从事心理咨询，做历奇培训师，做品酒师，等等。

三是具有较好的经济条件，在主要职业之外做一些经济实体的工作，如在事业单位上班，同时自己还开家教培训班、美甲店、服装店、其他各种公司等实体，或者作为合伙人去从事主要职业之外的其他职业。他们可能将主要精力用于主要职业，而对于其他职业，只是从事宏观的掌控或者参与管理，具体的运行可能依托自己所聘任的职业经理人来掌管，而且他们有的不会轻易地亮出自己的斜杠身份，有的并不在意别人是否知道或者认同自己就是"斜杠青年"。当然，他们也可能只是将主要职业作为自己的一种主要身份与基本的保障，而会在其他职业中投入更多的精力。还有更多的自由职业选择者，他们有着充裕的、能够自我支配的时间，以尝试多种职业选择来满足自我生存与发展的需要。

二 "斜杠青年"职业选择的本体性特征

一般而言，"斜杠青年"完全不同于那些处于关键成长期即青春期早期与中期的青少年，他们处于相对成熟的发展阶段，已经具有一定的人生观、世界观与价值观，一般对自己的生活与职业生涯都有一定的规划与打算，而且出现了较为务实、理性的特点。当然，刚进入职场与已经在职场上打拼多年的"斜杠青年"的特征存在较为明显的差别，这个差别就表现为职业的适应性与职业多样选择的现实性上。但是他们具有共同的特征，那就是对自我多元发展与自我价值实现的追求。

1. 追求多彩的职业生活

从青年本体而言，年轻人不喜欢墨守成规，而喜欢求新求异，他们不愿意固守单一的、枯燥的、程序化的、缺乏可变性的职业生活，更希望自己所从事的职业充满了更多的可能性，希望自己的职业不与现实生活完全相分离，而是有机地交融在一起，充满了挑战、乐趣、希望、满足，体现明确的"我的职业我做主"的自主性特点。选择斜杠人生，追求多彩的职业生活，就是选择在多个领域的自我发展，在多种职业角色的转换中体验多彩职业生活所带来的成就感与愉悦感，表现出年轻人充满活力、喜欢新生事物与多姿多彩生活的特点。主动尝试新兴领域的求新发展是"斜杠青年"的共同特点。也许,多种职业只是一种职业兴趣了解的尝试,也可能是职业体验增加的成长过程,更可能是受情势所迫而不得不为的现实行为,但能够坚持多元职业选择而不放弃,本身就表现出一定的坚守与毅力,表现出能够主动应对现实挑战的信心与勇气,能够针对现实的情势而进行自我多元职业选择的意识与能力。这符合"斜杠青年"所处发展阶段的特征。

2. 寻求职业潜能的现实化

马斯洛认为,几乎每一个人,"都有一种趋向成长或趋向人的潜能现实化的冲动"①。而这样的潜能现实化的冲动在"斜杠青年"的身上表现得尤为明显,这是他们多元职业选择的内驱动力。即通过多元职业的选择而将自我潜能现实化,从而追求积极的自我认同,追求自我价值实现的高峰体验。多元职业对生活压力大的年轻人来说是因为外在的压力而不得不选择的职业行为,但是对相当多的年轻人来说,经济效益的追求并不是多元职业追求的唯一目标,而是通过多元职业收入的增加来获得或丰富自我价值实现的内在体验,从而获得自我正向发展与成就自我的积极的自我认同感。多元职业生活的过程,也就成为他们不断挖掘自我潜能、认知自我、成就理想自我的过程。在这过程中,通过多元职业的挑战,通过锻炼自己的多元职业胜任力,来保持内在世界的和解与融洽,来获得由多元职业而带来的自信与能力。他们能够更加清晰地认知自我、了解自我、接纳自我,能够客观地洞察自我的愿望、自我的需要与自我适合的职业发展方向。对他们而言,职业并不是一种为了糊口而从事的工作,而是实现多元、丰富人生的手段,是寻求自我认同的行为方式与生活方式,是实现职业潜能现实化的必然选择。

3. 追寻理想的职业可能性

相对其他群体而言,年轻人是富有理想情怀的群体,他们充满了对自

---

① [美]亚伯拉罕·马斯洛:《人性能达到的境界》,曹晓慧等译,世界图书出版公司2014年版,第22页。

己未来发展的种种期待,希望能够超越自我、完善人性、实现自己的职业理想。"斜杠青年"是有自己的职业理想并且在多元职业生涯中追寻自我职业理想的群体,他们不是"空想家",而是"实干家",他们拥有捕捉与自己能力所及职业的敏感性。这种敏感性不是与生俱来的天赋,也不是随意而为所带来的灵感,而是来自对自己职业理想追求的迫切、对职业未来发展的预判、对自我能力的认知、对现实多元职业的体验、对同伴建议的采纳,等等。"斜杠青年"就成为一群富有创新激情的群体,具有对未来职业追求的开放性特征,他们会在多元职业生涯中主动寻找最新的、最具有发展前景的职业。淘汰无发展前景的职业、主动尝试具有发展性的职业成为他们职业追求的自觉,斜杠职业行为已经成为他们的生活方式,成为他们职业追求的惯常样态。"斜杠青年"的职业理想具有向未来敞开与延伸的特点。

4. 追求自我价值的社会认同

职业是人们赖以生存的保障,它代表着一种社会身份和社会角色,是社会融入与社会认同的基础。拥有多元职业代表着社会融入、社会认同程度的增强,代表着个体对他人与社会影响程度的加深,代表着个体在社会上存在的价值阈限,代表着"斜杠青年"自我价值实现的程度。马斯洛认为,自我存在感的获得无一例外都是献身于身外的事业[1],是从外在的行动中得到的一种存在感与认同感。自我价值的实现不单是在内心对自我的一种认可与接纳,而且是体现在个体外在行动的现实结果及呈现,体现在获得他人或群体认同与赞赏的范围和程度。对年轻人来讲,尤其体现在青年群体之中自我价值的彰显与自我存在感的获得。对"斜杠青年"而言,可能部分人仍会带有青春期自我意识体验的成分,多元职业选择可能只是为了获得同辈群体的认同与赞赏,可能是对同辈群体中成功"斜杠青年"的效法与模仿,也可能是自我价值彰显的时尚名片;但是对更多的"斜杠青

---

[1] [美]亚伯拉罕·马斯洛:《人性能达到的境界》,曹晓慧等译,世界图书出版公司2014年版,第40页。

年"而言,是获得更广域的社会认同与自我潜能充分激发、展现的需要,是将多元职业作为自我实现的行为与生活方式的现实选择。马斯洛认为,自我实现者将工作与欢乐有机地融入其本身,而不存在着工作与欢乐的分歧、割裂①。工作带来的不是痛苦与折磨,而是欢乐与美好。正是多元职业会给"斜杠青年"带来对自我潜能不断挖掘的挑战,带来自我价值实现的成长欢乐,带来多维度社会认同的正向激励,才会更好地激励他们选择多元职业的生活方式,接受来自多元职业的多重挑战,获得丰富、充盈的自我实现感。

总之,"斜杠青年"的职业选择既具有群体的普遍性特征,又具有不同类别的特殊性特征。如务实与理性,是经济压力型"斜杠青年"职业选择的主要特征。他们的职业选择目标非常明确,就是解决自己的经济问题,就是挣钱。他们对自己的职业选择非常实际,对自己所处的现实有着较为理性的认识,去做自己能做的、短期的、能够立刻产生经济效益的事情。而时尚与自我是爱好特长型"斜杠青年"的主要特征,创新与自主则是能力所及型"斜杠青年"的主要特征。

三 "斜杠青年"职业选择的本体性归因分析

目前,成为"斜杠青年"似乎是一种时尚,一种年轻人追捧的生活方式。他们之所以选择多元职业样态,固然与年轻人善于接受新生事物、追求自我价值实现与社会认同有关,更是因为我们所处的"互联网+"时代,尤其是自媒体的发达,现代科技与产业结构的变化,共享经济的兴起,以及思想价值观念的多元,使得他们成长与发展的生态环境具有多变性与不确定性的特征,赋予了他们能够从事多元职业选择的机会与平台。

1. "斜杠青年"成长的宏观职业生态环境的多变性

当代青年所生活的宏观职业生态环境正在发生着日新月异的变化,现

---

① [美]亚伯拉罕·马斯洛:《人性能达到的境界》,曹晓慧等译,世界图书出版公司2014年版,第40页。

代科技的发展使我们进入了知识经济时代，尤其是网络自媒体的广泛应用，改变了社会的产业结构与人们的互动方式。知识更新、产业升级、时尚消费，等等，促使现代科技业与服务业快速、便捷的发展，形成了精细化的职业分工与短工的样态，以及线上线下结合的新型企业运营与发展的模式，出现了人们消费及满足消费的新范式、新需求与新习惯，催生了与互联网相关的一系列的新生职业。所有这些为网络原住民的青年群体提供了更多的职业选择机会，为他们展现自己的专业特长提供了更多的职业发展机遇，为他们的跨界学习、跨界就业、跨界合作提供了更多的便利条件。很多新兴职业不再像传统产业中所表现的那样，需要有固定的岗位、规定的时间与具体的物理空间，而是出现了自由、灵活、便捷的特点，即无论何时何地，只要有手机、电脑就可以工作。"斜杠青年"作为青年群体中最具有权变意识与适应能力的一族，他们会充分利用自己所具有的信息技术优势，利用网络资源与网络应用优势来进行职业的拓展，资源的整合、配置与应用。

同时，改革的纵深发展，经济社会发展节奏的加快，尤其是现代城镇化的发展带来了社会流动的常态性，带来了很多的职业发展机遇，当然也带来了职业的不稳定性与生活的不确定性。青年群体成为流动人口的重要群体。他们纷纷涌向发达城市与地区，渴望拥有更多的职业发展机会，寻求更高的职业发展平台，能够具有在此地生存、立足、发展的机遇与能力，随之而来的自然是他们生存压力的加大、对高质量生活的向往以及更高职业期待的产生。于是，多种职业、多重收入成为他们解决现实经济压力的必然选择，练就自己职业胜任力的重要手段，以及应对现实职业发展不确定性的主要方式。在目前，国家大力倡导大众创业、万众创新的时代背景下，国家在政策上给予年轻人创业创新方面相应的扶持，激励他们用自己的聪明才智与敢闯敢拼的精神为社会做更多的贡献，这种积极的导向为年轻人进行创新创业的多种尝试提供了机会，也使"斜杠青年"的出现成为可能与现实。

2. "斜杠青年"职业选择价值影响的多元性

"互联网+"时代尤其是自媒体的发达，信息的接收与传播具有即时性的特点。在繁芜的信息世界中，存在着多元的价值观念，如利己主义、利他主义、激进主义、保守主义，等等，往往会使年轻人在成长过程中于不经意间受到相应的影响。正是因为所处的信息环境具有开放性的特点，使得当代青年群体具有与以往青年群体不同的特点，他们更加自主、理性，更加凸显自我、追求自由。但是他们也具有利他情怀，在职业选择上往往会经历了由一定程度上的效仿、随从，到较为现实的自主选择的过程。在他们职业选择的过程中，往往会受到最重要的两个方面信息渠道的影响。一是受网络上传播的信息、视频、观点的影响，如各种网站、微博、论坛、朋友圈等所发布的各种信息与观点。那些热点问题，那些与职业发展相关的前沿问题都会对他们产生直接的影响。二是受通过网络建构的弱关系的影响。美国社会学家格兰诺维特将社会的人际关系分为强关系与弱关系两种类型，他认为：强关系具有同质性，弱关系具有异质性。处于强关系之中的人们，他们所处的具体生活与工作环境、所从事的职业、所获取的信息几乎都是相同的，人们往往因为同质而出现相同的价值观，形成相同的风俗习惯、生活方式与行为方式，甚至理想职业的确定与选择也出现明确的对传统职业价值观念的认同，表现为趋同或相近的特点，如年轻人热衷考取公务员与事业编制单位，就是受到这类职业有出息、有尊严、有地位、旱涝保收等传统观念的影响。尽管近几年公务员考试的热度有所回落，但依然是很多北方年轻人的一种理想职业选择。

人际关系中的弱关系则不同，弱关系中的人们所生活与工作的具体环境是不同的，其所从事的职业也有差别，所拥有的信息自然也就不同。而"互联网+"时代，发达的自媒体为年轻人提供了建构更多网络弱关系的平台与载体，这种通过互联网的人与人之间关系的联结比现实场域人与人之间的联结更简单易行、更容易打开自我的内心、更可以让强关系所无法变为现实的职业合作与互动成为可能。正是因为在现实之中谁也不认识谁，谁也不真正了解谁，双方不存在现实的利益瓜葛、冲突、成见与面子情感，这种与弱关系建构的信息与合作关系，会更为平等、理性。但是对年龄较低的年轻人来讲，与弱关系建构较为密切与依赖关系成为可能，加上他们富有想象力的特征，弱关系可能成为自己所认为的现实中所没有的知己、非常理想的合作伙伴，当然也会出现盲听盲从甚至上当受骗的现象。一般而言，弱关系提供的信息与强关系具有强烈的互补性的特征，因此，弱关系所提供的职业信息和所表明的职业观点可能更容易被年轻人所接纳，因为这些可能是在强关系中所没有的信息，是不被强关系中的人所知道的商机。尽管弱关系所存在的隐蔽性特点，可能使建构的双方关系存在着很大的风险，但是这种关系的建构扩大了年轻人现实交往的范围，增加了更多获取职业信息的机会，开拓了已有的思维视野，也为自己建构更广泛的职业合作与交流关系提供了便利的条件，从而对他们最优的职业选择、职业伙伴的寻找、职业信息的收集与发布产生直接而深远的影响。

"斜杠青年"在开放的网络信息空间中会形成自主的价值判断与选择，往往会从网络上主动关注最新发展的业态，自己感兴趣的信息及可能对自己主要职业产生影响的信息。但他们一般不会轻易盲从，而会多方面进行分析，因为他们与其他年龄阶段的年轻人不同，他们已经拥有自己的价值观和自己的判断力。他们会更加关注弱关系对自己职业发展的作用与影响，注重相互关系的建构与维系，关注弱关系提供的职业信息，当然也会注重利用网络弱关系去宣传、推销自己的企业、产品与服务，去扩展自己的人脉。

3. "斜杠青年"成长的微观生态环境的差异性

微观生态环境是指家庭、学校、同伴群体等人们具体生存与发展的环境。每个人所处的微观生态环境是不同的，每个人的人生态度、生活习惯、行为方式、价值追求、职业选择也会不同。对于处于成长关键期的青少年来讲，微观的生态环境往往对他们未来的职业选择产生直接的影响。父母的教养态度、教养方式、关系状态、职业类型、职业追求、职业地位等都

"斜杠青年"职业选择的本体性研究

会对子女产生直接的影响，如父母经商，子女将来经商的概率就高；父母从政，子女未来从政的概率也相对高。父母如果为子女的成长提供了较好的条件，注重他们多种兴趣爱好的培养，那么子女就具有未来从事多种职业选择的基础与前提。当然，如果父母无法提供良好的发展条件，也会对子女未来的职业选择产生直接的影响。

一起成长的同伴群体也会对个体的成长与发展尤其是职业选择产生直接的影响。同伴群体本身就是个体职业选择可以直接应用的人力资源。如果同伴群体之中有人选择多种职业样态，并且取得了他人意想不到的成绩，这无疑为群体其他成员提供了范本、树立了标杆。当然，如果同伴群体中有人创业不成功，也会使其他成员引以为戒。同伴群体可能是一起创业的合作伙伴，可能是能够提供经济援助、信息支持、经验分享、心理慰藉等的同行者；可以是同学、战友、老乡、同事等老相识，也可能是同行、朋友的朋友、偶尔交集的人等新相识。同伴群体所形成的小众气候或小众环境对其中的每一个人都会有着直接的、不同程度的影响。"斜杠青年"会因为职业、兴趣等从属于不同的同伴群体，而不同的同伴群体会对他们的发展具有不同的功能与影响。一般而言，同伴群体之间关系的稳固是以大家具有共同的群体归属感、安全感与一定的需要为前提，"斜杠青年"同伴群体的建构，正是基于自己能够融入并且能够获得成长、精神寄托、职业上的帮助，等等。在"互联网+"时代，这些线上线下的朋友圈可以为自己信息的获取、产品的推介、经验的分享、职业选择机会的获得、职业推广网络的建构等提供相应的支持与帮助。如果朋友圈无法满足"斜杠青年"的内在需求，他们就会处于游离的状态；如果能够获得一定的需求满足，他们就会成为朋友圈里活跃的分子。聚合与离散成为"斜杠青年"朋友圈的一种常态，是加入还是游离取决于"斜杠青年"自我的决定。微观生态环境对"斜杠青年"个体会产生直接的影响，但是他们的多元职业选择也会建构或影响其微观生态环境，这是不言而喻的事实。

四　结语

在"互联网+"时代，经济社会发展的分工日益精细化，人们对美好生活的向往与追求的多元化，为多元职业样态的形成与发展提供了更多的市场需求。年轻人永远是不满足现状、勇立潮头、敢于尝试创新的群体，他们的思想更为开放，他们追求创新与自由，追求自我价值的实现，追求自主的、丰富多彩的职场人生，他们是实现中华民族伟大复兴中国梦的主力军与奋斗者。与那些"啃老族""小确幸"等不思进取、随遇而安的青年群体不同，"斜杠青年"是一群在职场上探索自我、张扬个性、实现自我的新型职业有志青年，他们凭借着自己的能力在多元职场的转换中书写自己多彩的青春华章，避免了马尔库塞所担忧的失去发展超越性、被现代技术异化了的人的单向度发展。对"斜杠青年"这一群体，无论人们认同也好、担忧也罢，都无从改变这种新型职业样态出现的事实，这是不以人的意志为转移的客观存在，是现代共享经济时代所带来的必然的职场现象。

（该文刊于《中国青年研究》2019年第7期）

如何培育"95后"职场新人领导力

摘要: 有意识地挖掘、激发、培育职场新人的领导力,有助于他们实现自己的职业理想与人生目标,这是青年成长的需要,是组织储备管理力量的依托,也是组织文化建构的必由路径。提升"95后"职场新人领导力,一方面,要加强组织培育,为"95后"职场新人领导力的提升赋能;另一方面,职场新人要坚持"知行合一",实现自我培育。

近年来,一些"95后"职场新人频繁跳槽,甚至出现到职半天就"闪辞"、说走就走的"裸辞"现象,成为人们关注的热点话题。有人认为,作为网络原住民的"95后"是职场上无法掌控的一群人,有时存在目光短浅、缺乏韧性、轻易放弃的缺点。笔者认为,"95后"所处的时代赋予了其前所未有的特征,新媒体时代与人生发展特殊阶段的有机结合,造就了他们独有的思维范式与行为风格。因此,我们需要发掘他们的优势,以新的视角看待他们。作为刚刚踏入社会的"新人",各单位也需要关照他们的内在需求,从领导力培育的角度去挖掘他们的潜能、激发他们的热情、发挥他们的优势。

一 "95后"职场新人不同程度地具备成为组织领导者的潜质

领导力是一种特殊人际间的影响力。每个人都不同程度地具有潜在的和显在的人际间的影响力,可以通过有意识地培育得以增强。尽管"95后"

职场新人刚刚开启自己的职业生涯，但是他们身上都不同程度地具备成为未来组织领导者的潜质和人际影响力。有意识地挖掘、激发、培育职场新人的领导力，有助于他们实现自己的职业理想与人生目标，这是青年实现自我成长的需要，是组织储备管理层力量的依托，更是组织文化建构的必由路径。

依据职场新人初次进入职场的能力基础与内在需要，其领导力主要包括职业适应力、新岗位的胜任力及对他人的积极影响力。具体可以分为：对职业发展、组织文化认同的价值影响力，与他人分享合作的沟通力与协作力，应对现实困境的承受力或抗压力，学习新知识与新技能的学习力，思考力与反思力，按规范要求的执行力或行动力，不断尝试与突破的创新力等。

二 加强组织培育，为提升"95后"职场新人领导力赋能

完善制度规则，为职场新人提供发展空间。组织的管理制度、薪酬体系、绩效考核、文化建设等，尤其是晋升渠道与上升空间是"95后"职场新人比较关注的方面。组织要想增强对"95后"职场新人的吸引力，就需要在相关制度方面进一步明晰权责、厘清界限、设定标准，使他们能够预设自己未来的发展。

建构适宜的培训体系，为职场新人赋能。职场新人领导力培育要求组织为"95后"职场新人量身定做具有针对性的培训课程，既要符合他们的特点与需要，又要有效传达组织价值观与文化。组织要从培养新人的执行力入手，逐渐过渡到团队合作、团队带领能力的训练，让他们在团队中学会协调、沟通、妥协、和解、互助、合作等人际交往技巧，提升他们的综合素质与能力。

构建支持体系，为职场新人发展助力。建构以基层领导、导师、同伴等组成的多维度支持体系，形成对"95后"职场新人在职业技术、情绪情感、人际交往等多方面的支持，有利于营造包容、和谐的工作环境。以组织为载体，建构同伴的情感支持系统，开展各种体育文艺活动，为"95后"

新人提供更多与同伴交往、合作、娱乐的条件；为职场新人提供参与志愿服务活动的机会，培养他们的利他精神与奉献意识。

三 "95后"职场新人领导力的自我培育要坚持"知行合一"

领导力的组织培育只是提供外在的环境与支持条件，而自我培育才是"95后"职场新人领导力得以提升的根本途径。

弘扬正向价值观。价值观念是人们采取行动的根本动因，也是人们职业习惯、为人处事、看待问题的视角及外在精神风貌养成的内驱动力。不同的价值观念在面对同一问题时的理解、判断、选择与处置方式是不一样的，"95后"职场新人自我领导力的养成，要以正向价值观的培养为根本，工作中要在职业操守与规范、岗位职责与角色定位等方面对自己有较高的要求，做到爱岗敬业、合作包容、担当作为、不断进取。这种正向的价值观也会使他们乐观迎接挑战，具有较强的抗压能力，从而提升自身的领导力。

追求高效执行力。一是要身体力行、全身心地投入行动之中。对于"95后"职场新人来讲，身体力行地做好见习工作或岗位工作，认真、扎实、全身心地推动工作的开展，能够形成良好的职业习惯、累积工作经验，从而夯实职业领导力的根基。二是要具备较强的协调力或沟通力。良好协作关系的建构需要有较强的沟通能力，需要站在对方的角度体会对方的困难，了解对象的需求，寻求双方的平衡点。卓越的领导力表现为，将自我的理念转化为他人的行动，有效地整合各种资源去完成任务、实现目标，而这一切都是通过沟通来实现的。

保持持续学习力。新媒体时代，知识更新更加迅速，没有学习力就不可能具有引领时代或职场的卓越领导力。学习力是领导力得以提升的重要保证，也是领导力持续产生影响力的源泉。"95后"职场新人基本上是刚毕业不久的学生，他们在学校中所学到的知识与理论需要经过实践才能转化为自身的能力，此外，工作时还需要学习新的知识与技能。保持持续的学习力，就要做学习与工作的有心人，形成时时、事事、处处学习的好习惯，要将专业学习与无边界学习（跨界学习）有机结合起来。所谓无边界学习就是通过互联网进行跨领域、跨专业、跨职业的学习，因为互联网为我们提供了丰富的知识资源，会激发人们的学习潜能，以此拓展知识、开阔视野、拓宽思路、实现创新。专业学习会提升自己的专业能力或职业能力，而无边界学习会使人具有融会贯通的能力和创新思路。对"95后"职场新人来讲，如何带着开放的心态去学习，而不是被碎片化的信息所湮没，是极大的挑战。

应用正向反思力。反思就是对自己的观念与行为或者所经历事件的再思考、再认识的过程，既是总结经验的过程，也是批判性地重新检视自己、认知自我、分析自我的过程。反思力也有正向与负向之分。负向的反思力将批判的矛盾与问题的根源指向外在或他人，而正向的反思力则是将批判的矛头指向了自身，去审视自己存在的不足，从而付诸行动。正向的反思力是砥砺前行的内在驱动力，负向的反思力是陷于负向情绪状态而无法自拔的内在动因。"95后"职场新人要应用与发展自己的正向反思力，主动摒弃负向反思力，以积极的心态与较高的自我要求检视自我、发展自我。青年要掌握发展正向反思力的方式与方法并加以应用，养成反思的惯性，形成较强的正向反思力。内在反思与外在反思都是"95后"职场新人提升正向反思力的方式，且正向反思力的训练需要在日常生活与工作中有意为之，逐渐形成一种良好的习惯。

参考文献

孙杰、宋丽娜：《国内大学生领导力教育的理论与实践探索》，《教育教学论坛》2018年第38期。

张钟元：《三个关键词读懂领导力》，《人力资源》2018年第11期。

（该文刊于《人民论坛》2019年第22期）

"00后"青年不走寻常路的社会文化归因

摘要: 当前,一些"00后"不走人们普遍认同的学业与职业发展路线而被热议,多元观念交织并存、人们的社会刻板印象受冲击、传统青少年观受挑战是主要社会文化归因。应当站在"00后"成长的社会文化背景下,从青少年本体角度培养他们的自主选择能力,支持其个性化发展。

近期,"00后"不走寻常路的相关新闻成为社会关注的焦点,一是湖南留守女孩钟芳蓉报考考古专业而引发热议,二是大一学生刘上不仅自主设计了一枚火箭,而且顺利完成了发射和回收的全过程,他将整个过程拍成视频上传网络,引发高度关注。为什么"00后"按照自己的兴趣爱好做出的个人选择和行为会招来这么多关注、变成网络空间所热议的话题?这种热议现象给我们带来怎样的思考,我们到底应该如何看待"00后"的个人选择与行为?

一 "00后"因不走寻常路而被热议的网络社会文化环境归因分析

所谓不走寻常路,就是不走人们普遍认同的学业和职业发展路线,而是"剑走偏锋"地选择与自己兴趣爱好契合的发展道路,或者采用与众不同的自我发展方式来追求自我价值。上述学业选择与创新发明的例子,都是不走寻常路"00后"的代表,他们的选择与行为彰显了自我主体性,让我们看到其自主、坚定、执着、理性的特质,看到他们无限发展潜能的自我开发以及发展韧性。不走寻常路往往是青少年群体的选择，这既与时代发展所带来的现实社会环境的影响有关，也与青少年发展的青春情结有直接联系，其具体表现为对传统观念的颠覆性改变与对自我选择的坚定持守，大有"走自己的路，让别人说去吧"的潇洒和"追求诗与远方"的浪漫豪情。不走寻常路显然会面临着比走寻常路更多的社会压力与发展挑战，当然也可能会看到不寻常的风景、有不寻常的收获。当前网络社会更为开放复杂，多元价值观念并存的社会文化环境使得人们可能具有一定的包容性，也可能产生一定的冲突，即引发对同一问题或者事件不同观念的碰撞，而"00后"不走寻常路被热议现象则是一个具体体现。

多元观念交织并存的结果。"00后"不走寻常路被热议现象使我们看到了父权主义文化传统观念，市场经济发展所带来的消费主义、实用主义、功利主义观念，主体性发展理论的主体选择观念等交织在一起的景象。

有人认为，如留守女孩钟芳蓉不应该只考虑自己的兴趣与爱好而报考考古专业，应该考虑自己的家庭现状，为自己的家庭着想，选择能够帮助家庭改变命运的热门专业。显然，这种观念实际上委婉地认为，钟芳蓉以自我为中心、没有家庭意识与责任感。这种家庭意识是传统社会不断强化的责任意识，经历史发展积淀已经形成了一种集体无意识，存在于人们的潜意识中。在我国传统社会，科举考试伊始就形成了"学而优则仕"的观念，将追求学业的成功与家庭、家族的兴衰结合在一起，倡导光宗耀祖的家庭、家族意识，这种家庭、家族的责任与使命，要求新生代的选择要以家庭、家族的兴衰为首要依据。持这种观点的人认为，对于贫困家庭来讲，高考就是改变家庭命运的主要途径，高考的专业选择更应该是家庭责任大于个人兴趣，否则就是自我、自私。还有人认为，钟芳蓉专业志愿的选择太没有"钱途"，为此感到惋惜。显然，这种观念实际上呈现出消费主义、功利主义的选择逻辑，在持这种观念的人们看来，钟芳蓉主动放弃本应该有"钱途"的专业是不可思议、无法理解的行为。

而有人认为钟芳蓉的专业选择遵从于本心，源于自己对历史的兴趣与爱好，不被世俗观念所左右，表现出自主选择的主体性。这种观念是主体性发展理论中主体选择原则的体现：在个体发展过程中，要引导个体自我决定而不是替代决定，个体的主体性选择就是要遵从于内心的呼唤，做到自我决定、自我选择。持这种观点的人对钟芳蓉的选择表达了由衷赞赏的态度，认为她是一个有主见、有主意、有自信、有追求的"00后"。有人认为钟芳蓉的专业选择是自己的选择，选择什么样的专业是她的自由，其他人没有必要为她的未来而担心，而且未来这种冷门的专业也不见得不好。而不少考古所、文博馆以及专业前辈之所以力挺并使之成为考古圈"团宠"，是因为这些考古前辈对事业发展后继有人感到欣慰。

对钟芳蓉专业选择的热议，实际上让我们了解到网络社会舆论与评价的多元性与复杂性，可以看到观念与观念的不同与分歧，以及产生这些观念的深层社会文化原因。一些人总是从自我经验与观点出发去看待"00后"，所谓的评论与看法只是强化自己观点的结果，往往缺失从他人的视角看待问题的意识与方法，出现了只要是超出自己的经验，只要是不符合自己的思维惯性则是无法理解、不能认同的现象。互联网络与新媒体为人们表达观点与看法提供了空间，也为人们了解与自己不同的观念与看法提供了平台，而这次热议现象恰恰就表现出了网络社会价值观念多元包容和矛盾冲突的特征。

人们的社会刻板印象受冲击的表现。如果说刘上的创新研究成果被高度关注，是人家惊讶于一个大一学生竟然能自主创新到超乎人们想象的境地，而钟芳蓉的专业选择之所以被高度关注，同样也是超出了人们的常规设想，因为除了考取高分之外，还在于她是被隔代抚养成长的留守学生。在人们的印象当中，留守青少年因为缺失父母的陪伴往往是问题较多的群体。而学界的相关研究中也多持有留守儿童、留守青少年在成长与发展中面临更多问题的观点，使得人们对留守儿童、留守青少年带有一种社会刻板印象，那就是弱势群体，"留守"尽管是这些儿童、青少年生存状态的一种客观性表述，但往往被贴上了"问题""贫困""学习差""寒门"等标签。这些标签化的认识与理解，往往使人们形成了固化的思维定式：留守青少年想考取高分难上加难。而钟芳蓉竟然是这其中的例外，不得不让人们惊叹，她不仅是留守高分考生，而且竟然还要选择冷门的考古专业。这种超乎人们刻板印象的事情，自然会更受关注。

传统青少年观受挑战的再现。传统青少年观认为，青少年是缺失主体性的依附性群体，他们不过还是孩子，不具备自主选择的意识与能力，他们的成长与发展只能遵循长辈所规定的轨迹，他们的选择往往是长辈的替代选择，所以青少年要走寻常发展的道路，这才是安全与稳妥的。持这种观点的人认为，刘上尽管具有创新精神与能力，但是他考虑到安全了吗？他的这种行为是被许可的吗？他的父母就那么放心？而钟芳蓉的专业选择征求父母的意见了吗？等等，在他们看来，青少年走不寻常发展道路是危险的。而刘上、钟芳蓉的成果与成绩是他们所羡慕的，他们不得不由衷地感叹后生可畏、后浪更高，这些后生、后浪的表现使得他们再次羡慕与感叹——"别人家的孩子"。

相比较而言，不少"00后"父母的青少年观出现了很大的转向，当然也会存在教育理念与方式的差异，但是他们往往普遍性地注重子女的教育，更尊重子女的决定，为子女的成长提供更多的发展空间与可能。如果刘上的父母不支持他，刘上何以有发明创造的机会？而钟芳蓉的专业选择为什么没有受到父母的干预与反对？他们之所以能够走不寻常的路，就是因为他们拥有不走寻常路的条件与基础。这些"00后"的出彩绝对不是偶然的，而是他们在成长过程中练就与拥有了自我决定与选择的能力和权利。所以"00后"不走寻常路被热议，也是不同青少年观碰撞与交流的表现。

二 站在本体角度以优势视角了解与认识青少年

新生代一直是人们关注的焦点，不仅是因为他们代表着未来，而且曾经的新生代总会以自己的成长经历来看待正在成长的他们，可能会忽视不同新生代发展的基础而带来的差异性，会诧异于当前新生代的现实表现，

"00 后"青年不走寻常路的社会文化归因

无法理解他们的选择。所以，看待"00后"的视角非常重要，是站在"00后"成长的社会背景之下用进行时的方式去看待他们的言行，还是站在以往新生代成长的社会背景过去时？如果是前者，就会有比较强的同理心；如果是后者，就会产生诸多的不理解。是站在成人的视角去看待他们，还是站在"00后"的视角去看待他们？显然，站在成人的视角，必然会出现不理解"00后"选择的结论；而站在"00后"本体的角度，则会理解与接纳他们的选择。实际上所有的热议，包括对"00后"不走寻常路的热议，都是参与者强化各自不同视角与观点的结果，而当事人自我选择的动机与需要则被忽视了。人们总是拥有一定的价值观念并由此形成一定的思维范式与思维定式，如果某一个体的行为选择符合这样的思维定式，则是能够被接纳、被理解的；如果突破了，则是对自我价值观念的挑战，会带来与之相关的反应性言行。

如果站在"00后"本体的角度，站在他们成长发展的社会背景之下来看，被热议的两个"00后"的选择是能够被理解的，也是应该受到尊重的。他们没有选择人们普遍认为应该走的寻常路，而是选择了自己喜欢、愿意走的不寻常路，这是他们主体性增强、追求自我价值实现的表现，是值得肯定、鼓励与支持的自主性行为。笔者认为，对"00后"不走寻常路的问题，我们更应该站在青少年本体的角度，不是以问题视角，而是以优势视角去了解与认识新生代，培养他们自主性选择的能力，支持他们的个性化发展。"00后"被称为是移动互联网的一代，也被称为"二次元世代"等，有关他们的问题视角评价经常可见，但转变视角也可以看到其明显优势。

"00后"具有信息技术的优势。他们生活在信息发达的开放性社会环境之中，可谓自小就见多识广，他们对自我有一定的了解与把握，明白自己的内在需求，具有较强的自我意识。同时，他们生活在流动性比较强的社会之中，他们的生存境遇、发展基础不同，使得他们之中相当多的人能够较为客观地分析自己的优势与劣势，具有做出适合自己选择的能力。

"00后"具有相对宽松的环境与较为优渥生活条件的优势。他们的父母相对比较开明，关注他们的学习与能力发展，使得他们从小就能够具有自我决定的机会，具有发展自己兴趣爱好的条件，具有发展自我的良好条件基础。

"00后"具有思维发展活跃的优势。他们正处于青春期抽象思维高度发展的阶段，思维活动异常活跃，处于创新的最佳年龄阶段，这时一旦热衷于发明创造，将会取得意想不到的创新成果。思维活跃的优势是与以往新生代相同的优势，但也会因为他们所成长的外在环境不同而表现出差异。这些优势是被热议的"00后"能够坚持自我选择的基础，使得他们比以往新生代更具有个性化发展的优势。

新生代不走寻常路的培养与支持。新生代历来都是具有创新性的一代人，正是这种不断的迭代创新才促使人类社会的发展与进步。尽管代际存在着价值观念、思维方式、生活方式与行为方式的差别，甚至会产生相互之间的矛盾与冲突。但矛盾与冲突往往是新生代自我意识觉醒与主体能力提升不断打破原有代际关系平衡的结果，这是一个历史的、对立统一的过程。我们正处于后喻文化时代，新生代的主体性优势更加彰显，新生代不走寻常路将会成为一种常态、一种时尚与追求，而新生代的个性化发展将会最大限度地激发他们的潜能。我们应该成为他们个性化发展的支持力量，在进行代际文化传承的基础之上，建构创新性、包容性发展的良好社会生态。具体表现为：

支持所有正向发展追求。采取交流、对话等沟通方式，了解新生代的自我需求与发展预期；对他们的发展选择，只要是正向的，都应该予以支持；不能强加他们不愿意进行的专业与职业选择，为他们的发展尽可能提供支持性条件。

为他们提供多元的体验式、参与式学习机会。改变认为新生代缺失参与能力的观念，为他们提供家庭、学校、社区事务等各种参与机会，提高他们的自主能力，使他们在参与的过程中提升沟通能力，理解不同观点的多元性与差异性，体验知识与实践有机结合的自我成长感，体验参与过程中创新的成就感，使他们不断自我认知、自我探索、自我成长、自我提升。

"00后"青年不走寻常路的社会文化归因

培养青年辩证、系统地看待问题与解决问题的能力。不走寻常路并不是必须要与众不同,而是根据自己的需要、基础与条件综合考量进行选择,实际上是走了自我适切的路,走了自己想要走的路。对新生代的培养不只是简单地让他们另辟蹊径、与众不同,而是要培养他们多种角度审视与看待问题、系统而辩证地解决问题的能力。如,允许失败并且要求他们能够正确地看待失败;能够正视自己的生存境遇并且能够明确自己努力的目标;能够看到非优势情境或者劣势状态中的优势,从而增强自信心、坚定自己的追求与选择,成为具有自主判断、自主选择能力的人。

自古英雄出少年。被热议的"00后"能够以超乎人们想象的专业选择与专业成果彰显自我主体性,那么允许、倡导不走寻常路的社会文化环境必将培育出更多不走寻常路的新生代,不被世俗而左右,不为名利而动摇,胸怀梦想、执着追求,他们必将是中华民族的脊梁。

参考文献

仼冠青:《不走寻常路的00后值得点赞和尊重》,《光明日报》2020年8月13日。

(该文刊于《人民论坛》2020年第28期)

当代青年文化谱系中的"自我"特征

摘要：青年文化是现代化发展进程中一定青年群体的思想观念、思维方式所形成的话语体系与行为方式等表征的总称，其伴随着经济社会的发展尤其是新媒体技术的发展而不断流变，形成以"自我"为特征的青年文化谱系。其特质具体表现为：符号化话语的创制与应用，圈层化的封闭与开放，娱乐化的逗留与沉醉，理想化的追求与失落。真正理解青年文化谱系中的"自我"特征，既要从青年本体的角度出发去看待与理解青年文化，又要以建构主义的视角去看待青年文化与主流文化之间的互动。

青年文化历来被视为特征鲜明的亚文化，因其群体的社会承继角色而备受关注。青年文化是现代化发展进程中一定青年群体的思想观念、思维方式所形成的话语体系与行为方式等表征的总称，核心是其所秉持的价值观念和强烈的自我意识。青年文化伴随着经济社会的发展尤其是新媒体技术的发展而不断流变分化，呈现出丰富多元的特征。但无论如何变化，青年文化都会表现出"自我的彰显"这一独特性，即对自我的认知、认同与张扬，以及对自我价值的追求，从而逐渐演变成以自我为特征的青年文化谱系存在状态。

置身于其中的青年人沉浸于表现自我的亚文化状态，他们所表现的"自我"与社会的文化传统和主流文化所倡导的集体主义观念之间存在着较为明显的张力。值得思考的是，彰显自我的青年文化究竟是形成了对主流文化的消解与颠覆，还是形成了对主流文化的丰富与补充？笔者认为，充

当代青年文化谱系中的"自我"特征

分了解当代青年文化谱系中的"自我"特征，理解这种"自我"与主流文化的关系，有利于我们更好地理解当代青年与青年文化谱系，从而不断强化主流文化的导引功能。

一 青年文化谱系的发展与流变

青年文化是亚文化中极具独特性、最为活跃的类型，因其表现出明显的青春特色而构成一个谱系的发展或表现样态。所谓青年文化谱系，是指多种青年文化形态交互发展而逐渐演化形成的亚文化系统，其既具有丰富的形态，又具有青春张扬与矛盾的统一性表征，还与经济社会文化发展密切相关。

青年文化勃兴于20世纪五六十年代的美国，是一种因青年人受启蒙思想影响，要求平等权与社会参与权而产生的有别于主流文化的亚文化。青年文化产生伊始，就表现出对文化传统的质疑、挑战甚至是颠覆，以颓废与激进并存的方式存在。嬉皮士文化是当时典型的青年文化，一些青年人以怪诞的装束、奇异的发型等外在表现方式彰显自己的与众不同，他们中有很多人吸食大麻、沉迷于口腹声色之乐的颓废，也有人以音乐表演的方式来表达追求和平、自由与理想的愿望。例如摇滚乐就成为嬉皮士文化的一种标志性表达方式，其以强烈的节奏、狂热的曲风吸引了众多青年人，成为他们兼具一定理性的感性表达方式，也开启了青年文化与主流文化对抗与收编的交互模式。

20世纪80年代，随着我国改革开放的推进，西方文化思潮尤其是个人主义思潮逐渐对青年群体产生了较大影响，西方青年的文化表征也一度成为这一时期青年群体追求的时尚文化。90年代，随着市场经济的快速发展，一些精神匮乏、道德滑坡的社会现象开始出现，青年文化又开始出现怀旧转向。进入新世纪，人们的目光聚焦于正在长成的独生子女"80后"群体，对他们的评价表现出明显的负向特点，出现了诸如"垮掉的一代""脑残的一代""不可救药的一代""没有担当的一代"等消极观点。随着时间的推移，人们一方面把关注的焦点转移到进入青春期的"90后""95后""00后"等群体，另一方面也形成了对青年文化由贬斥到部分接受，再到包容理解的发展轨迹。由于互联网络尤其是移动互联网的不断发展，当代青年文化也出现了杀马特文化、叹老文化、小清新文化、佛系文化、萌文化、二次元文化、主播文化、粉丝文化、丧文化、极简文化、朋克养生文化、恶搞文化、拍客文化、网购文化、表情包文化、流行语文化、涂鸦文化等多种文化样态，形成了开放性的传播路径与以网络为载体的生成样态，具备了发展性、开放性、包容性等特点，构成了当代青年文化不断演进发展的独特谱系。

二 当代青年文化谱系中的"自我"特征：符号化话语的创制与应用、圈层化的封闭与开放、娱乐化的逗留与沉醉、理想化的追求与失落

从历史流变中可以看到，青年文化经历了一个从不被承认、极为边缘到被广泛接受的演进过程。在如今的新媒体时代，当代青年文化出现了多样性、虚拟性、碎片化等特点，其文化谱系的一大突出特征，就是表现青年群体的自我本体性与主体性。

第一，符号化话语的创制与应用。新媒体技术与互联网为当代青年提供了可以进行大胆创制的技术基础与丰富多彩的符号素材。表达的符号化是当代青年文化的一大特点，即创生特色的话语表达体系。他们不是按照主流文化话语的规范要求，而是采用拼贴、挪用、变换、嫁接、表征等方式进行相应的解构与改写，将各种文本、音乐、图像等符号进行有机结合，创生出与自己群落文化风格相符合的话语并积极实践，使之成为群落文化中通用的表达语言。"亚文化的风格始终是社会符号的隐喻，它需要借助已有的意义系统与物品体系，通过对物品的选择性挪用和对意义的适当性篡改来实现。"[1] 诸如嘻哈文化、鬼畜文化、佛系文化、颜值文化等，皆是通

---

[1] 胡疆锋：《伯明翰学派青年亚文化理论研究》，中国社会科学出版社2012年版，第114页。

当代青年文化谱系中的"自我"特征

过嫁接、拼贴、表征等方式形成自身的话语符号性表达,这些青年人欣喜于自我话语的创新创造,沉浸于群体的欢愉共享。这些创设形成的独特话语体系,推动了网络流行语的迅速迭代更新。追求自我表达的个性与群落独特文化的建构,是当代青年文化进行符号创制与应用的基础,也是同种文化群落中沟通交流分享的话语范式。符号的创制与应用,使他们产生了一种自我价值实现的成功感,以及群落中其他个体与整体的相融感、依存感。

第二,圈层化的封闭与开放。当代青年文化表现出较为突出的圈层化特征,即青年人根据自己的兴趣爱好建构不同的亚文化群落,使特定的观念、表达方式与行为方式在圈层中得以展开。互联网为圈层的形成提供了先进技术手段,为圈层的固化与拓展提供了网络空间与发展的可能。圈层因而具有了体现自我个性与圈层文化特性的功能,成为青年社会化和追求自我认同的有效载体。圈层又分为封闭性圈层与开放性圈层,封闭性的圈层文化不对外分享,严明区隔着自身与外界,形成并不断加强圈层内成员的文化认同与归属感。而开放性的圈层,则不仅保留自己圈层文化的个性,而且极力向外推介与扩张,加强与外界的交流与沟通,以破圈或出圈的方式扩大其社会影响力。不同圈层的融合,形成了多元交叉、色彩纷呈的青年文化群落。圈层化是青年自我认同、自我张扬等本体特征的充分体现,圈层内成为青年获得归属感与实现自我价值的重要场域,出圈是为了更大限度地实现自我价值、获得社会认同。

第三,娱乐化的逗留与沉醉。互联网的开放性为当代青年提供了创设文化的舞台,使得青年文化不再是小众文化之中的小众娱乐,而是可能发展为极具网络影响力的亚文化。青年人可以从网络空间不同形态、风格与旨趣的亚文化中找到共鸣,进行匿名式的互动共享,建构趣缘相投的文化共同体或群落,表现出明显的娱乐化特征,并且在共同的欢愉中强化群落整体的身份认同。有的青年将一些文化模式,如 Cosplay、网络游戏等,作为暂时抛却现实苦恼、释放压力与焦虑的一种方式,或者是弥补现实需要得不到满足的缺憾感。他们可能会热衷于网络新产品的创作、生产与传播,也可能会沉浸于浪漫场景的参与体验，从中感受自我存在感与自我价值的实现感。有的青年只是进行短暂的逗留或有限时间的沉醉，这可以产生一定的心理疗愈与心情转换效果；有的青年可能一味地为娱乐而娱乐，甚至达到无法自拔的上瘾程度，形成一种需要介入治疗的病态行为。究其原因，一是一些青年存在无法融入或者自我价值得不到实现的实际问题；二是自我控制力较弱，只是顺从内在本我的快乐愿望，喜欢在虚幻的热闹中寻找快乐与自我存在感。同时，值得注意的是，青年网络文化中还存在一种泛娱乐化现象，如恶搞文化等。这种泛娱乐化可能只是一些青年为了寻求酣畅感，但也可能是价值观念偏离的一种表现，是这些青年人内心空虚、缺失道德规范意识的表现，也是他们自我同一性混乱的外在表现。

第四，理想化的追求与失落。当代青年文化的理想化表现因信息技术发达、商业经济等方面的参与而更为复杂多元。有些文化模式不仅是青年群体自发形成的群落，如粉丝文化不单是现实的粉丝文化，而且出现了虚拟偶像文化，即通过制造虚拟偶像吸引更多的青年粉丝。如对二次元少女洛天依的追捧，实际上就是迎合了很多青年人对既坚强、敏感，又温柔、萌的"萝莉"形象的喜爱。无论是现实的粉圈，还是虚拟的粉圈，都是这些青年对理想和自我的寻找与追随。

实现理想或达致目标是青年文化理想化的一个重要特征，但是追求与表现的方式往往是他们认为最有利于实现自己理想或目标的方式。如杀马特文化的高调与张扬，就是希望能够吸引他人的高度关注来寻找改变自己现实命运的机会；直播文化中的直播者往往希望得到更多的粉丝打赏；抖音文化也表现出明显的追求商业利益的倾向，创制者希望以高点击量吸引更多广告资本，从而达到名利双收的目的。当然，也有一些青年人做直播、创制抖音只是出于个人喜好，或者是作为一种消遣；而打赏者、抖音的传播者往往只是喜欢或感觉好玩而为之，也可能是为了彰显自我。

当理想无法实现，或者在追求理想过程中面临较为艰难的时刻，有些青年就会表现出自嘲式的失落，形成相应的文化。其或表现出一种无所谓、不进取的佛系心态，或展现出一种消极、迷茫、颓废、绝望的自我反讽与污名化的表达风格和行为逻辑，如丧文化等，就表现出这些青年人理想或目标无法实现的焦虑和无奈，以及对自身所处地位与处境不利的无助和相对剥夺感。这些青年文化之所以流行，正是因为契合了很多青年人在追逐理想过程中较为复杂的内心感受，引发了他们的深刻认同。

三 看待当代青年文化谱系中"自我"特质的两种视角：青年本体视角与建构主义视角

青年文化是青年群体自我认同、自我表达、自我实现的一种表征性存在，一直被认为具有批判与对抗主流文化的意蕴，而青年文化研究也表现出明显的问题意识与视角导向。例如，芝加哥学派聚焦城市移民等边缘群体，在他们看来，青年文化几乎是一种越轨文化；伯明翰学派关注青少年犯罪与女性亚文化等相关议题，将结构主义的范式引入研究，形成了"阶级—结构""抵抗—收编"的理论分析模式，认为青年文化具有对抗主流文化霸权的性质，处于边缘化、无意义角色化以及缺乏被认知的状态，总会被主流文化所收编；后亚文化理论强调亚文化与符号消费、虚拟消费等当代场景的混杂关系，其基于日常文化现象的符号、情感考察来研究青年文化，一定程度上展现出一种发展性视角。网络新媒体的发展，使当代青年文化谱系中的"自我"更为突出，其与主流文化构成了发展的新张力。因此，把握当代青年文化谱系中的"自我"特质，需要有机整合两种视角，即青年本体视角与建构主义视角。

其一，青年本体视角：青年文化"自我"的本体性表现。美国心理学家霍尔认为，青春期个体处于不稳定发展的阶段，他们荡着情绪的秋千。青春期身心发展的不平衡，使得青年的生理、心理与社会性发展变得更加迅速且容易出现相应的发展性问题。但青年往往通过他人来认知自我，因趣缘相投形成不同的青年文化，他们通过了解、观察与参与其中来缓解成长的压力，实现自身的社会化。青年自我意识的觉醒使得他们的成人感增强、自主能力提升。在青春期初期，他们更多是以外在张扬、标新立异的方式引人关注，通过模仿成人叹老、吸烟，模仿影视剧个性演员的行为与装饰来昭示自己的成熟，相应的文化模式会对他们产生极大的吸引力。

青年期是瑞士心理学家皮亚杰的认知发展理论界定的形式运算阶段，这是抽象思维能力高度发展的阶段，青年的联想力、想象力空前发展，他们头脑的建构能力明显增强，具有一定的理想主义情怀，对未来充满了想象。他们有可能将想象当成现实，也可能因为暂时的现实而自我否定，容易出现自以为是、极度自卑这两种极端化的倾向。但无论是哪种状态，都源于完美自我的内在倾向有可能转化为内在的自卑、焦虑与不安，更有可能转化为外在的偶像崇拜与模仿，这就构成了他们不同的文化表达，以及对粉丝文化尤其是对虚拟偶像的追捧。偶像成为他们理想中的自我或者是现实自我的替代者，他们更加关注偶像的外在装束与打扮并愿意趋同，通过模仿、扮演等方式去感受、体验与学习，在自己所喜欢的文化模式或群落中寻求归依感，以缓解内在的不安与焦虑。而网络空间又为那些在现实中交往不利或者自卑的青年提供了平台，参与或追随一定的文化模式能够减轻其压力。因此，青年文化既是青年自我认知、自我认同的一种方式，也是青年群体交互认知、逐步成长过程中不可缺少的载体，更是群体性认同的必然结果。

其二，建构主义视角：青年文化的"自我"与主流文化互相建构的复杂性。当代青年文化与主流文化之间不是简单的抵抗与收编关系，而是一种相互建构的关系。青年文化是一定时代与社会的具体反映，是在主流文化基础上衍生拓展而来的亚文化，也是青年"自我"的彰显与主体性的表现形式。"自诞生之日起，亚文化就具有挥之不去的背反品格：既是母体文化的一部分，又总是试图消解涵括前者。犹如游离于母体之外的眼睛，它注视自己所属的整个体系，随时准备发现后者的症候。"[1] 这是对青年文化

---

[1] 王晓华：《差异之爱与青年亚文化的建构——对鲍勃·迪伦的一种解读》，《青年学报》2017年第2期，第62页。

与母体文化之间关系及青年文化功能的论述。尽管青年文化是一种另类的表达方式,但这并不是偶然现象,它总是与主流文化有着无法割裂的关系,一定程度上总会呈现出主流文化的底色。

在当代网络社会,青年文化与主流文化的相互建构是在多元价值观念并存的复杂时空下进行的。青年文化受到多元价值观念的影响,而青年群体又是时尚消费的主要群体,他们正处于人生观、价值观与世界观形成的关键期,处于身心发展的重要阶段,由此催生出一系列与青年文化相关的产业,助推着不同类型青年文化的发展,即以商业化为目的,采用适合青年特点的方式催生与助推青年文化发展。因此,当代青年文化形成的动因不再是简单的青年群体"自我"表现,而是变得更为多样化。有的青年文化是青年群体自发形成的,有的则是外在资本推动的结果,还有的是其他意识形态裹挟的产物……因此,看似展现了青年特点的当代青年文化,实际上已经包含了很多有形或无形外在推力的干预与影响。它们可能既促进经济社会文化发展,生成多元丰富的亚文化,也可能对主流文化起到不同程度的消解作用,而且这种消解方式更为隐秘。

因此,我们既要从青年本体的角度出发去理解青年文化,又要以建构主义的视角去看待青年文化与主流文化之间的互动与建构,如此才能真正理解青年文化谱系中的"自我"特征。

(该文刊于《人民论坛》2020年第36期)

第四篇

青少年与网络社会的相关研究

网络青年自组织的特征解析

摘要： 网络青年自组织是青年以网络为载体而自发组织形成的非正式组织，是青年自发构建的直接影响个人发展的微系统。网络青年自组织具有如下特征：存在的普遍性与种类的多样性、形成的自足性与运转的开放性、暂时的聚结性与固化的常态性、较高的开放度与较低的信任度、参与的主体性与需求的多元性。

网络青年自组织，就是青年以网络为载体而自发组织形成的非正式组织，是青年自发构建的直接影响个人发展的微系统。在自媒体发达的今天，手机上网已经成为青年人的生活方式，信息传播与分享的即时性特点，为网络青年自组织的活跃提供了便捷的平台与载体。目前，网络青年自组织已成为跨越班级、学校、地域、行业等具有无限延展可能性的非正式组织，其具有建构青年成长环境的重要功能，对青年成长起到直接的影响作用。

一 网络青年自组织的特征

1. 存在的普遍性与种类的多样性

参加网络自组织在目前已成为互联网络能够覆盖地区青年中较为普遍存在的现象，成为青年生活与学习的有机组成部分，甚至已经发展成为一种生活方式。很多青年可以一日无肉，但不可以一日无网。参与网络自组织的活动，进行分享与交流，已经成为常态和他们的习惯性行为。绝大多数具有上网条件的青年，不仅参加了，而且同时参加多种网络自组织。参加网络自组织之所以具有普遍性，主要是由于交往的介质与载体发生了变化，交往不再是传统的面对面，或简单地通过电话、书信等方式，自媒体的发达使手机成为青年交往的重要载体。在青年人云集的高校，除了极个别特困学生，几乎所有的大学生都有自己的手机。手机上网具有即时性的特点，使青年与他者的交往不再受时空的限制，不再是现实间面对面的互动，而是虚拟空间的真实互动。青年交往的范围与空间具有了无限延展的可能，交往的内容与方式具有丰富性的特点，交往的主动性大大提高了。这种虚拟平台的交往冲破了现实交往的种种限制，为青年展示自我、寻求认同、探索知识、丰富自身提供了便捷有效的途径。

由于现在网络交往软件系统如微信、飞信等功能的巨大，网络游戏软件开发得越来越逼真，网络资源的丰富可以满足青年不同的需要，为青年提供了交往与娱乐的便捷载体，使得他们可以在现实中没有任何的交集，但是在网络上却是异常活跃，出现"尽管是我一个人，但是我不孤独，我有更多的同行者，有更多与我相似的人"的现实。青年个体的背后往往都有虚拟空间多个自组织的支撑，而这些自组织能够为青年提供精神上与心理上的支持与慰藉，能够使他们感受到生活的丰富与多彩，这已经成为具有普遍性的现象而不是个别特例。因此，展现在我们面前的现实往往是一个青年可能参加N个自组织，甚至可以从网络上同时参加多个自组织的活动。

在我们现实中可以列举出的网络青年自组织主要有：QQ群、飞信好友、微信好友、人人网、微博粉丝、YY、新浪UC、CF游戏战队、QQ陌陌、QQtalk、QQ语音、英雄联盟、DNF群或公会、红心大战、剑灵、炫舞家族、梦三国团队、DOTA战队、CS战队、旺旺、天龙八部、梦幻、梦想世界、传奇、梦幻国、跑跑卡丁车、超凡、街头篮球、反恐精英、online游戏战队、红警游戏战队、米聊、翼聊、百合网、世纪佳缘、开心网、MSN等。网络论坛有百度贴吧、高校贴吧、人人网、QQ空间、织围脖、天涯社

网络青年自组织的特征解析

区、mop 大杂烩、tom 论坛；游戏论坛如猴岛论坛、轩辕春秋论坛、铁血丹心论坛等；游戏贴吧如魔兽世界贴吧；专业论坛如榕树下文学论坛等；其他兴趣爱好论坛如虎扑论坛、NBA 论坛、球迷论坛、ABBS 论坛、摄影吧等；（机锋）安卓、塞班、小米等手机论坛；教育培训论坛，如大家论坛、考研论坛、自学考试论坛；交友论坛，如缘分天空交友论坛等。青年对网络自组织的高参与和其所参与种类的多样性有机地交织在一起，构成网络青年自组织现实存在的明显特征。

2. 形成的自足性与运转的开放性

自然科学中的自组织，是指"系统在深化过程中，在没有外部力量强行驱使的情况下，系统内部各成员协调动作，导致空间的、时间的或功能上的联合行动，出现有序的活的结构"[①]。自组织就是一种活的结构，是朝着结构化与有序化方向发展深化的组织过程，这一过程是内在组织力形成的过程，使自组织具有其成为社会存在的自足性。与所有的自组织一样，网络青年自组织也具有其形成的自足性的特点。如果没有一定的自足性，自组织就无法凝结与形成。这种自足性在现实中表现为其具有结成组织的自发动力、形成组织融合的沟通机制、相应的组织规范以及对组织的期望等。这种自足性实际上是基于群体的共同诉求，是组织成员相互协作方式的一种表现，是一种群体作为整体存在的根本所在。它不是通过外在强制性地介入，而是由自愿聚合而构成的一种自发存在的凝聚力。这种自足性并不是固化的一种状态，而是处于一种动态的发展过程，这一过程往往表现为不断地重组、整合、再重组与再整合的现实状态。网络青年自组织无论其发起者是谁，只要能够吸引到成员，则表明其现实存在的必然与需要，具备存在的一定自足性基础。从另一个角度来看，只要是某个网络自组织与个体的诉求表现一致，且能够被个体所了解与认知，就会出现个体主动参与的动机与行为。当缺失这种自足性，网络自组织则不复存在。

---

① 《系统科学大辞典》编委会：《系统科学大辞典》，云南科技出版社 1993 年版，第 690 页。

网络青年自组织运转具有开放性，它不是以物理空间的形式存在，而是以虚拟空间的形式存在，其外在边界是模糊的且不断被打破。这种开放性往往使网络自组织保持一种发展的张力。"自组织理论中，开放既反映系统与环境的关系，也反映系统内在的要求。自组织理论强调充分开放，实际上就是适度开放。如果系统的开放程度为零，就成了封闭系统，它意味着混乱无序、意味着死亡。如果系统百分之百的开放，与环境融为一体，系统也就不复存在了。现实世界中，所有的系统都是某种程度的开放系统。系统之所以成为活系统，有其相对独立性，那也只因为系统是对环境适度开放的"[①]。网络青年自组织的开放性远远高于现实中青年自组织，其开放性是相对明显的、充足的，除了少数自组织对环境的开放是有条件的，很多网络青年自组织的开放往往是无条件的；即使是有条件的，其交往条件的要求也是很简单，对成员的要求很少有硬性的规定，其参与程度取决于自组织成员的个人意愿。

这种较为充足的开放性，使很多网络青年自组织的运转处于无法人为掌控的状态，其活跃度与参与度明显不同。有的自组织群落往往只会有零星的过客，冷清而无生气；有的自组织群落往往门庭若市，热闹而充满了生机。这样在虚拟的网络空间，就由多个不同的网络青年自组织的自我运转发展形成了重重叠叠动态的网络喧闹世界。以信息共享、利益分享与出入自由为前提与基础，众多网络青年自组织构成虚拟空间互动的多元的开放性体系，它体现的是成员间交互平等的关系，其人员构成具有分散性的特点，个体根据自己的意愿参加与退出，表现出明显的自主自愿性特点。因此，这种开放性为网络青年自组织发展带来了实质性的影响，可能因为开放性使网络青年自组织不断得以发展与稳固，加入的人员会增多，活动会频繁，对个体的影响也直接与深入；也可能使网络青年自组织不断得到重组与整合，旧的成员退出，新的成员加入；更可能因缺乏吸引力与凝聚力而自行松散瓦解。

---

① 曾国屏：《自组织的自然观》，北京大学出版社1996年版，第81页。

3. 暂时的集结性与固化的常态性

网络青年自组织并不是以一种样态而存在，而是以多种方式存在，基本上青年人有多少现实的需求，可能就会有多少网络青年自组织的存在。这些自组织有的只是为了某一个目的而进行的暂时集结，如参加某项比赛与考试，就会建立相应的网络群体，或者在网络上寻找有关考试方面的网络自组织就加入之。一般而言，这种暂时集结起来的网络自组织是因为一定目的与需要而聚集，也会因集结性事件的结束而自然分散，其中相互沟通交流好的青年人可能会同时加入另外经常性交流的自组织而进行再联结。这种暂时集结性的网络自组织会因某个青年自己一时的念头或某个特别的原因而建立，也会以同样的方式随时消失。以这样方式形成的网络青年自组织，随时都会发生聚结与消散。因为在网络上建立交流群组是没有多少技术要求的，而且在网络空间提供了这样的一些权限自由，所以，只要你愿意，就可以随时建立网络群落。可能会出现大的群落包含多层多个小群落的现象，这种层层叠加、交错并存的现实状态，是自媒体时代网络青年自组织的常见现象。

那些固化的常态性网络自组织，一般而言，是在现实联系的基础之上而形成的，如班级、各种学生社团。这种网络自组织往往是线上活动与线下活动的有机结合，线下交往与线上交流交互进行，成员的亲密度较高，自组织的凝聚力较强。当然参加线上活动从表面上看完全取决于个人的意愿，但事实并非如此，也可能是青年现实关系维系的一种手段，一种不得已的方式，一种入流的做法，它与纯粹通过网络联结而形成的自组织不同，往往有人为的因素与不得已的成分存在。纯粹通过网络联结而加入固化的常态性网络自组织的青年，一般有着共同的爱好。正是这种共同的线上爱好，使得他们喜欢线上的交流与活动，认为只有在线上、在网络空间之中才能满足自己的需求愿望，他们只会热衷于线上活动而不会走到线下。对青年来讲，可能会参加或组织暂时性集结的自组织，也会参加常态化联结的自组织，更可能出现参与多种不同网络自组织的现实，可在同一时间不同空间参与多种自组织的活动，这取决于他们自己的需要与取舍，也取决于网络的便利与快捷。

暂时的聚结性来自自组织成员暂时的共同需要，而固化的常态性主要由于自组织成员具有共同的价值与相互之间的契合，这种共享价值成为自组织稳固的重要纽带。如同班同学的网络群落，就是固化的常态性状态的自组织，这种自组织往往毕业后比上学时更为活跃，因为各奔东西的现实，网络成为他们回忆青春时光、联结同学友谊的便捷平台。值得注意的是，这种暂时聚结性的网络自组织容易带来的是自组织的无序化趋势，容易使非理性观念得以组合强化，得以在网络上迅速蔓延传播。这也是在新媒体时代短时间内出现影响广泛的突发性事件的根源所在，如伦敦青少年的暴动，那些参与暴动的青少年就是通过虚拟网络的自发联结，而在现实没有任何的征兆。互联网络联结的快捷性与青春萌动的狂热结合，容易引发青少年群体性事件的发生，产生社会不安定因素，成为不可控制的社会隐患根源所在。同样，固化的常态性自组织，也可能使其成为个别青年逃避现实的场所，在现实中会出现只活跃在网络自组织活动中而忽视现实世界参与的个体，成为"隐蔽"于都市之中的隐形青少年。这不能不引起我们的高度重视。

4. 较高的开放度与较低的信任度

网络青年自组织的开放性，使青年加入自组织具有自愿自主性的特点。无论是有意还是无意加入的网络青年自组织，都为青年个体与他人的沟通交流提供了条件。网络上的交流，尤其是与在现实中不认识人的交流，其内心就不会有现实中种种的顾虑，会出现一种心理上的安全感，可能在现实中那些无法表达的情绪与想法，在网络空间能够得以宣泄与表达。个体在网络青年自组织的交往中往往会以一种开放的心态、一种本真的表现来真实地表达自己的想法与观点，不用害怕因为争执而引起的不快等面子问题，不用因为自己表达有误而难为情，更不用考虑现实中可能出现的种种利害关系。这种在个人意愿基础之上的平等的网络青年自组织成员间的交流，形成了陌生人之间的安全感，比青年个体在现实中的交流具有更为开放的特点，这与网络空间的隐蔽性即个体间不直接照面有着直接的关系。也正是因为这种隐蔽性的特点，使得参加网络青年自组织的个体对与之交流的他者缺失信任，甚至具有防范的心理。有的网络青年自组织成员可能会有意识地传达有误的信息，如自己的年龄、姓名、职业等有关个人隐私的信息，除了个人信息的内容，其他都可以随意放开交流，因为只要在现实中不认识就可以不为自己所发布的信息负责；再者也不用更多地考虑他人的感受与想法，反正都不认识，大不了不再交流了，或者对于不喜欢的人完全可以加入黑名单，屏蔽他就可以了。但如果是现实中认识的人所结成的网络自组织，显然会和现实一样有更多的考量与顾虑，发信息则不是随心所欲的行为，往往是深思熟虑的结果。

网络青年自组织成员一般具有相应的安全意识，他们不会轻易相信不认识、不照面的个体，也不会轻易将个人真实信息告知他者。同时他们一般也不会因为个人重要的事情轻易向网络自组织成员求助，即使求助也是以他者的名义来进行咨询与交流，更不会轻易相信他者的意见与建议，只是作为一种参考。网络上信任的获得比现实交往中信任的获得要难得多，即使在网络上能够得到一定的信任，但这种信任往往很难转化为现实的信任，容易出现所谓的"见光死"。所以，青年自组织成员所发信息的开放度是有一定限度的，不是完全性的开放。在网络中无现实基础的青年自组织其较高的开放度是因为心里无任何的顾忌，可以随意表达自己，可以更本真地表达自己；而较低的信任度是造成虚假信息的根本原因，因为现实中没有交集互不认识，也就缺失建立信任的真实基础。

5. 参与的主体性与需求的多元性

网络青年自组织大致划分为交往、游戏、爱好等多种不同的类型。不管哪种类型的网络自组织，都表现为明显的成员参与的主体性。青年个体参与自组织一般是主动的、积极的、自主自愿的行为，即使是因为现实自组织的强制性要求，也只是在准入的时候带有必须加入的强制性，而在加入后的参与，往往取决于自组织成员个体的愿望与需要。在自组织发展过程中保持活跃还是沉寂，取决于个体成员的自我决定与选择。而纯粹网络上联结的自组织，青年个体的加入、参与、退出，则表现为完全自主自愿的特征，来去自由、进退自主，其参与主要取决于自组织过程是否能够满足自己内在的诉求，并不是一种过于随意的盲动，即是否满足需求是网络青年自组织存在的主体性原因。

通过分析青年人所参加的网络青年自组织，可以发现其主体需要主要表现为：

（1）认同感的需要

参加网络青年自组织是融入一定群体的方式，这种融入可能是现实交往的需要向网络方式发展与深化的一种延伸，也可能是现实需要得不到满足的一种代偿性的行为方式。但无论是哪种类型，都是其与他人联结的一种方式，是自我认同感这一内在需要在网络平台上的直接表现。以实名参加网络青年自组织的个体，参加网络自组织往往是为了维系现实友谊的一种理性选择与常规化的行为，所加入的自组织成员往往都是现实熟知的朋友与同学，这种由现实为基础发起、在网络上联结密切的网络青年自组织往往具有一定闭合性的特点，其对不认识或不熟悉的他者的开放度低。当然也不能排除以实名的方式参加网络青年自组织，其目的是扩大自己在现实中的交友面，是为了更好地了解自己，是为了寻求与自己内心契合的朋友，这也是获取现实认同感需要的一种表现。

以非实名参加网络青年自组织的青年，有的只是为了一种心理上的满足，这种满足可能是为了排解现实中的孤独与压力，也可能是随机地为了一时的消遣与开心，这往往形成了网络青年自组织中的活跃分子在现实中并不活跃的现象。之所以在网络青年自组织中活跃，是因为网络虚拟平台具有遮蔽人们真实视线的功能，具有隐藏身份不为人知的神秘感，具有可以让青年人扮演自己想象人物角色的无限性空间，增加了多层面多角度展现自我的机会，多角度多渠道了解与认同自我的平台，多种形式尝试与满

网络青年自组织的特征解析

足自我需求的载体。网络的虚拟性增强了青年内心的安全感，使其打消了在现实中的种种顾虑与限制，参加网络青年自组织就是一种内在压抑力量的释放，是一种追求自我认同的隐蔽性方式，是演绎自我、表达自我的重要渠道。同时，参加网络青年自组织最为关键的还在于网络能够给他们提供共享资源与交流的便捷平台，既是其获得信息的最佳场域，也是其进行信息分享的最好载体，他们的想法与感受能够得到即时性的回应与反馈。这可以满足青少年强烈的自我认同感，使他们的需要能够得到即时性的满足，而需要的延迟性大大降低。

（2）娱乐休闲需要

参加网络青年自组织，有相当部分的人是为了娱乐与休闲。个体在选择网络青年自组织时最看重的是信息丰富的程度、兴趣爱好、资源共享程度、情感交流与休闲娱乐这五个方面的因素。而兴趣爱好、资源共享程度与休闲娱乐三者往往是有机地结合在一起的，实际上都是为了丰富自己的业余生活、娱乐身心。兴趣爱好与游戏娱乐在青年身上很难有具体的界限，因为休闲时间往往就是满足兴趣爱好、娱乐身心的主要时间。这样的娱乐需求会使青年主动寻求能够满足这种需要的网络自组织，大家可以是现实中认识的人，也可以是不认识的人，但一定是有着共同兴趣诉求的人。这也是个体参加网络青年自组织对自组织所组织活动感到满意的原因所在。

这种具有共同兴趣爱好的人在网络上的联结与活动，可能会出现三种情况：第一种是因为共同活动的高度参与性及线上活动的满足感，而忽视线下的联系与活动，出现参与个体在线上异常活跃而线下"很宅"的现象。第二种是因为共同活动中的契合与默契，可能出现除了线上的交流与活动，还要组织线下的联系与活动，但这种线下活动往往是有限的个别现象，而在有限的线下活动中主要是以吃、喝、玩等交流方式来实现。对线下活动满意的青年会更加密切线上的交流与沟通，但线下活动不满意的则可能会断绝线上的交流与活动。第三种是从线上招募线下活动的方式，如骑车、登山、参加各种公益活动等，凡是招募到的参加线下活动的成员，都是愿意参加线下组织的各种活动的个体，共同的兴趣与爱好、充实与丰富自己闲暇生活，是他们能够在线上联结线下相聚的主要原因。

娱乐与休闲就是为了业余生活的充盈，只不过青年的娱乐休闲需要在不同个体身上表现不同，仅仅为了寻求开心是一种浅层的要求与娱乐身心的需要，而在此之上寻求自我成长则是较高层次的要求。如简单地玩游戏与参加公益活动是两种不同的休闲活动，但是两者所表现的境界与目的明显不同：一是为了玩而玩，是个体身心的娱乐与放松；一是通过活动提升自我，使自我价值能够在活动中得以实现，是利他奉献的方式。

（3）益智增能的需要

益智增能是网络青年自组织形成的一种重要的主体性诉求，尤其是高校学生，它体现了这一群体对学习及能力提高的学业追求。有的大学生是为了获取考研或工作的信息，有的是为了增加自己的专业理论与知识，有的是为了扩展自己的知识面，这种具有明显学习动机与诉求的大学生的网络联结，基本上只是网络上的交流与沟通，或者是在现实的学习交流基础上向网络交流的延伸与发展。当然，除了少部分学生是在学习的动机下出现了由网络自组织转为线下的联系之外，多数学生几乎没有时间与精力与其他自组织成员有更多的除了学习之外的交流。这是一种目的性很强的网络青年自组织，也是凝聚力不高的自组织，自组织成员只是根据自己的需求而有目的地参加活动与联系。但是，因为现实的学习关系如同一个专业的同学或同一个班级的同学而结成的网络青年自组织，则表现出较高的凝聚力，他们在学习上的资源共享更多是源于友谊以及友谊发展的需要。这些青年人之所以参加网上这类自组织，是源于他们对自己未来之路的一种理性选择与提前准备，他们更加关注与自己未来发展方向有关的一些信息，愿意和那些将来可能从事同样职业人群进行交流与沟通，目的就是澄清自己对未来选择的模糊认识，形成一定的人力资源。

（4）追求时尚潮流的需要

追求时尚潮流，是青年人的一大特点。他们喜欢新生事物，喜欢受人关注，喜欢引领潮流。网络为他们追求时尚潮流提供了最佳的表现平台。一夜走红，在网络世界中绝不是神话。网络载体提供的丰富多彩的信息与各种支持软件，为时尚潮流的追求提供了技术上的支持，网络自组织则提供了相应的人力支持。如网购这一时尚潮流，众所周知，我们已经进入了网络消费的时代，仅淘宝网在"双十一"期间的销售额近三年表现为：2011年为60多亿，2012年为191亿，2013年达350亿。这种网络购物神话的出现，是与网络经济的繁荣、人们消费习惯形成有着直接的关系。

青年人是网民的主力军。网络上巨大购买力形成的原因，一是商家看好商机提供低价的商品；二是网民对网络商品的分享作用与购买行为；三是能在"双十一"购买低价商品已经成为一种时尚与潮流。有些青年人早在"双十一"前就做好了充分的准备，专等疯狂网购时刻的到来。不同网络自组织成员之前就为此做了更多的分享，甚至形成了"双十一"网络购物相互支持的购买方略。谁能快速顺利地抢到自己青睐的商品，谁就有成功的喜悦与满足；谁如果买不到自己心仪的商品，谁就会有失败的沮丧与无奈。于无声处的博弈与拼抢，加上青春个性的张扬，网络成为他们张扬与实现自我的战场。不仅是购物，其他如穿着打扮、流行话题等，都有可以加入的网络自组织存在，在那里他们可以找到现实中无法找到的"专家"与"粉丝"，也可以发现从未关注过的热点与盲点。网络是青年人能够发现与引领时尚潮流的最佳场所，也是他们通过自组织这种弱关系联结而逐渐转化为强关系的重要载体。

网络青年自组织正是基于以上几种需要的基础之上而自发形成、自在生长与演化的开放性系统，自组织成员都是具有主体性地位的平等个体，他们是有着充分自我决定与选择权利的个体，也是受更多他者影响的个体。

二 结语

有人说：现实中有多少个青年自组织，就会有多少个网络青年自组织存在。这是网络尚不普及、发展较为缓慢时的观点。但是在今天，一个现实中的青年自组织，可能会有 N 个网络青年自组织存在，它会以呈现青年多种需要的状态而存在；或者，一个青年可以同时参加 N 个网络自组织的活动。

网络青年自组织有其存在的自足性条件与基础。因为网络平台的便捷，也因为青年在社会化过程中交往是主要的社会化方式，通过网络进行多样化的人际交往成为当代青年成长的必然需求。网络自组织与青年两者所特有的特征有机地交织在一起，直接影响着青年的成长与社会化。同辈群体之间的影响不再是传统意义上仅仅是通过现实交往的方式与渠道来产生，虚拟空间的往来与群组活动对他们的成长更具有实质性的影响。网络青年自组织可能就是一种随时自生自灭的乌合状态，也可能形成超越时空的广泛性联结。这种联结与青春的狂热冲动等特点结合，就可能产生我们无法预测与想象的非线性结果，如伦敦青少年的暴乱；可能出现我们都认为无法实现的现实，如人肉搜索。

网络青年自组织会成为现实生活中的不确定因素，也是我们了解与把握自媒体时代青少年群体需要与特征的重要载体。了解青年的思想脉搏，监测青年舆情事件的发生，把握网络青年自组织的发展趋向，促进青年的健康成长，成为共青团组织在新媒体时代必须高度重视的工作内容。网络青年自组织发展的繁荣状态，已经向我们昭示这样的现实：青年成长的环境出现了新的巨大变化，青年在成长环境构建中自我构建的功能不断增强，马格丽特·米德所言的"后喻文化"时代已经来临。

（该文刊于《中国青年研究》2014 年第 9 期）

高校网络青年自组织管理现状及思想教育对策

摘要： 自媒体时代高校网络青年自组织普遍且表现活跃。高校网络青年自组织管理存在管理者缺乏对网络青年自组织的关注、理论认知与现实实践的反差、对网络自组织活动引导与服务明显不足等现实问题。主体间性思想教育模式是适合目前网络青年自组织活跃的新范式。学生管理者可以通过成为学生经常参与的网络自组织成员、依托骨干学生建立与培育网络青年自组织、建立学生自治的正式互动平台、建立立体网络沟通方式、强化现实青年自组织主导网络青年自组织五种途径来建构网络主体间性思想教育模式，这也对高校学生管理者提出了较高的素质要求。

高校网络青年自组织是在高校学习或工作的青年人以网络为载体而自发组织发展起来的非正式组织。在自媒体时代，无线网络发展迅猛，为高校学生手机上网提供了便捷有效的条件；信息传播与分享的即时性，为高校网络青年自组织的活跃提供了前提与基础。目前，高校学生参加网络青年自组织普遍且表现活跃，网络群落对高校学生的影响直接而显在，但是由于网络青年自组织发展迅猛，传统的思想教育的不适应性需要引起关注，与之相适应的新范式建立已势在必行。

一 高校网络青年自组织管理现状探讨

笔者对山东五所高校的学生管理者就高校网络青年自组织的现状进行

了调查。调查共发放教师问卷 500 份，收回问卷 350 份，问卷回收率为 70%；有效问卷 326 份，有效问卷回收率为 65.2%。访谈教师 12 名，集体访谈 2 次。调查显示：72.7% 的高校学生管理者加入网络自组织并参加多个自组织活动，他们参加的自组织主要有 QQ 群、论坛、人人网、微信和飞信的讨论组等；高校学生管理者参与的自组织类型以学习求知、兴趣爱好、情感交流等为主；与高校学生参加的网络青年自组织相比，高校学生管理者参与自组织的规模相对较小，参加线下活动的相对较少；同时，已有部分学生管理者主动利用网络青年自组织从事管理工作。但通过对调查结果的分析加上田野观察可以发现高校网络青年自组织管理存在的现实问题，而这种现实问题可明显看到相当多的学生管理者对快速发展的自媒体时代的不适应性与思想教育的巨大张力。具体如下：

（一）管理者缺乏对网络青年自组织的关注

高校学生管理者对自己参加的网络自组织较为关注，同事之间经常分享网络上的趣闻逸事，参加网络自组织的线上活动成为经常性的行为，但仅有 9.2% 的学生管理者能够经常运用网络自组织来协助工作，58.9% 的学生管理者只是偶尔运用网络自组织开展工作。在通过建立自己的微博甚至网站去影响学生的管理者中，有相当多的人是出于应对上级主管部门评比考核的需要。然而，虽然出于被动需要而建立的教育阵地确实能够在短时间内吸引部分学生，但随着时间的流逝其教育效果也日渐式微。学生管理者对自己参加的网络自组织熟悉，且参加网络自组织的交流与沟通已成为习惯性行为，但是相当多的管理者缺乏对学生参加的网络青年自组织的了解，缺乏对学生思想动态的日常观察与分析，更缺乏与学生在网络上的充分沟通与交流。因此，现实中往往会出现学生管理者参加的网络青年自组织与学生参加的网络青年自组织形成了界限分明的边界，即使有交叉，也往往处于交往的沉寂状态，进而导致学生管理者与学生很难有思想上真实的交流、沟通与碰撞。

学生管理者平时关注的重点是现实而不是网络，他们会通过现实的青年自组织开展活动,注重班级的日常管理,注重对学生日常行为表现的观察与了解。而学生在网络上有什么样的行为,在网络上关注什么样的信息与内容则都不是他们关注的重点。再加上运用手机上网具有不可控性,对学生的网上表现,就更无从跟踪与观察了。这必然出现一种现实观察的缺失与断裂,可观察与可视性行为往往并不是学生思想行为的全部,学生的思想活动更多是在无法监控与观察的虚拟空间上进行,学生在网络空间参加什么样的自组织,什么样的自组织对他就会有直接的影响,学生管理者往往无从把握。因此,出现了很多学生管理者无从把握学生思想动向,无从了解学生思想根源的现实问题。

(二) 理论认知与现实实践的反差较大

高校学生管理者从理论上都能够认识到学生的主体性与主体地位,有着较为正确的学生观。他们一般都有基本的教育与管理学生的意识,能够认识到对学生进行思想教育的责任与自己的使命,甚至很多管理者能够认识到"学生是主体、要发挥学生主体性"这样的高度,认识到大学生的主体性地位。但是在现实中这种理论自觉与现实把握存在着较大的反差:学生管理者以教育、管理的视角审视学生,则已经人为地加大了相互之间的距离与边界感,使得双方处于不平等的平台上进行交流与沟通,这种交流的不平等往往使学生缺乏与学生管理者进行沟通交流的主动意愿,他们将自己的一些真实的内在想法与网络自组织成员交流与分享,但绝不可能对学生管理者诉说;而相当学生管理者有与学生交流沟通的主动性,但又缺乏与学生进行沟通与交流的共同话语,更何况在现实中还有一些学生管理者不会主动与学生进行交流与沟通的习惯,这种工作的被动则可能更加深相互之间的隔膜,形成信息的不畅通。他们对学生参加网络青年自组织情况的了解程度,对学生参加的网络自组织及负责人的熟悉程度,决定了他们对学生思想状况了解的程度。在调查中非常熟悉与比较熟悉网络自组织、能够通过召开自组织负责人定期会议的方式了解思想与活动动态的共占35.9%,非常熟悉的只占8.6%。而能够认识到利用网络自组织对学生管理开展活动具有相得益彰作用的占 66.3%，但现实真正运用的则较为欠缺，经常依托网络自组织共同开展活动的只有 9.2% 的被调查者，如此，形成了鲜明的理论认知与现实实践的巨大反差。之所以出现这样的现象，正是因为自媒体发展的迅猛，网络青年自组织的异常活跃已经大大超出于学生管理者的预料，学生管理者所熟悉的传统思想教育范式的惯性依然存在，相当多管理者还没有形成符合时代与学生要求的新的管理与教育范式。

（三）对网络青年自组织活动引导与服务明显不足

高校学生管理者对现实的青年自组织的引导、利用、管理与服务较为注重，且成为现实的自觉行为，即现实青年自组织活动的开展已经成为学生管理的有机组成部分。现实的青年自组织尽管是非正式组织，但是其已经是具有现实批准程序的合法性组织，是在团委与学生处已经备案的学生社团，而不是完全自发生成与发展的自组织，利用这些青年自组织开展学生教育与管理活动已经成为常态。但是网络青年自组织则明显不同，网络青年自组织除了因为现实联结而形成的网络自组织如班级、现实社团的网络群落外，其他的网络青年自组织是典型的自发自生的自组织，这类网络青年自组织往往处于无人监管、自在发展的现实状态，处于学生管理者可能对之不了解、不清楚的盲区与空白地带。显然，对他们的引导、利用、管理与服务明显滞后与不足。在调查中也发现，高校学生管理者对高校网络青年自组织所组织的活动，69.6% 的人表示不太了解与非常不了解。连基本的了解都做不到，那么引导、利用、管理与服务更谈不上。

二 网络青年自组织环境下，高校学生网络主体间性思想教育模式的建构

网络青年自组织的迅猛发展，使高校学生所受到的环境影响不再是简单的校园文化与社会环境的影响，还有来自虚拟网络空间的自我构建环境的影响，这种自我构建的环境因为青年学生对网络自组织的高参与和高卷入，使其具有直接影响青年学生思想的现实作用，也为自媒体时代高校思

想教育带来新的挑战与发展机遇。

（一）网络主体间性思想教育的含义

主体间性思想教育不同于传统的主体性思想教育。传统的主体性思想教育强调双主体，即思想教育者与学生都是主体。思想教育者要注重学生的主体性，发挥学生的主动性、能动性与创造性，实际上主体性思想教育模式的建构还不足以充分发挥学生的主体性作用，它是基于一种简单的对象化关系前提之下，是从思想教育者的视角去看待学生，去调动学生的积极性，去发挥学生的主体性，这是单向度的视角，是将思想教育置于思想教育者与学生的平面的简单的对象化结构之中，其缺失的是一种系统的立体的意识与观点。主体间性思想教育是将思想教育置于一种立体交互性关系之中，不仅注重个体学生的主体性，还要注重个体与个体间、个体与群体间等多种主体之间的主体整体性，它是一种对多维主体及交互影响的立体式的把握，是多向度的立体视角，其呈现的是现实思想教育的动态系统结构。因此主体间性思想教育，是一种平等的、立体的、交互影响的教育模式，其外在的单向度的教育强化色彩较弱，但主体相互之间的整体性影响增强。网络主体间性思想教育就是以网络平台为载体而建立多维的主体间关系，发挥主体间交互影响的作用，以实现思想教育目标。在高校网络青年自组织较为发达的现实，充分利用网络自组织，发挥网络自组织的自我建构与相互建构的作用来建构网络主体间性思想教育，是新媒体时代高校学生管理与思想教育发展的必然要求。

（二）网络主体间性思想教育模式的建构途径

1. 学生管理者成为学生经常参与的网络自组织成员。以直接加入的方式成为学生参与的网络青年自组织成员，是了解与把握学生思想的方式之一，也是新媒体时代对学生管理者的必然要求。学生管理者可以通过两种方式：一种是显在的方式；一种是隐蔽的方式。显在的方式适合于被学生高度接受与认同的管理者，这种认同与接受分为两种情况：一种是因为学识、人格魅力被学生尊敬与崇拜；一种是与学生能够交心成为朋友或依赖的对象。这两种情况都为直接参与学生网络青年自组织提供了前提，为与他们打成一片提供了基础，甚至成为学生积极邀请加入的必要条件；隐蔽的方式适合于学生不太熟悉的管理者或者了解特殊学生的需要。不太熟悉就会有生疏感与戒备心，而隐蔽的状态会让学生在网络自组织中能够具有足够的安全感，但这种隐蔽的方式，也有现实的条件制约，即如何能够知道学生参加的具体网络青年自组织。对于那些需要重点关注的学生，就要求学生管理者能够通过各种方式找到其可能参加的网络青年自组织，通过这种隐蔽的方式，了解学生的思想动向与自我认知，探求其现实言行表现的思想根源，为现实的思想引导提供基础。

2. 依托骨干学生建立与培育网络青年自组织。网络青年自组织一般会成为成员信息传递与交流的重要场域，成为各种信息传播的载体。在信息传递的过程中，容易受到个体主观好恶的影响，个体往往进行有选择性地过滤与增补，容易出现信息传播失真的现象，也容易出现不良信息的负面影响，更容易引起自组织成员的盲从与盲动，且在互联网发达、信息爆炸的今天，网络信息传递的快捷，更要充分估量一些不良信息可能带来的巨大的负面影响，网络的传播可能产生非线性的结果，曾经发生的英国伦敦青少年的暴乱正是通过网络进行信息连接。对青年学生来讲，正处于好冲动、容易偏激的时期，在网络自组织中如果能够有理性声音与话语的存在，就会减少非理性信息与情绪的传播与影响，会使网络青年自组织的不可控性大大降低，从而使学生管理者能够更好地把握网络舆情。依托骨干学生尤其是在网络中活跃、较受学生喜爱的、有一定号召力的学生主动建设网络群落，但是要求其保持这种自组织运转的方式与状态。或者让这些骨干学生在其所参与的网络自组织中发挥良好的作用以主导网络自组织的发展。这是增强高校网络青年自组织可控性的重要方式，是通过发挥个别学生的作用影响多数学生的一种有效途径，也是新媒体时代网络思想教育"以点带面"的重要方式。这样的方式因为对骨干学生进行指导、委以重任而增强其责任感与使命感，使其协调沟通能力得以提升；学生管理者可以不用自己参与就能够了解网络自组织运转的情况，能够保持畅通的信息渠道，主导与培育网络自组织的良性发展。这种自组织的建立与运转，因为学生管理者的不照面，因为交互影响的平等与自由，会产生较好的效果。

3. 建立学生自治的正式互动平台。通过主动建立正式的互动平台，链接优秀的网络资源，根据高校学生的需要，设立学子论坛、法制讲堂、博客专区、活动风采、咨询专区、娱乐空间、朋友圈等多种栏目，以不呆板、新颖的网络设计吸引学生的参与，提高学生参与的频度，使之成为现实各种学生活动正式发布与报道的平台，成为与学生的现实生活密不可分的网络场域。正式互动平台实行学生自治的方式，会发挥更好的作用，使互动平台成为主体间性思想教育的重要场域。所谓自治的方式就是由学生们自行管理、自行组织运转。可以通过形成一种平台运转机制，建立学生自治管理团队，或者引入竞争机制，调动学生参与自治互动平台的管理与建设，调动学生的积极性，增强学生的责任意识，而自治互动平台的运转就是学生与学生间交互影响的过程，也是正向能量不断传递与影响学生的过程。这种自治的正式互动平台能够建立宽松民主的网络氛围，学生管理者只是起到监控与指导的作用，以主导互动平台的建设与运转。

4. 建立立体网络沟通方式。新媒体时代，高校学生管理者与学生之间的沟通与交流，不能靠简单的面对面与电话的方式，必须符合新媒体发展的沟通手段与方式。目前，高校管理者要有多种与学生联系的方式，如QQ、微信、电邮、飞信，等等，凡是高校学生经常运用的联系方式不仅需要有，而且要做到熟练应用。要将这些联系方式公之于众，以便学生能够在需要帮助的时候及时联系，同时应该经常运用这样的联系方式与所分管的学生进行常态化的联系，使相互之间的沟通与联系无障碍。当然现在班级QQ群、微信圈已成为一种常态的联系方式，一些重大活动组织过程中网络群落也是重要的信息沟通支撑。立体化沟通方式的运用只是与学生沟通交流的基本条件，并不是只要这样的沟通方式都有就可以了，要求学生管理者有热情与耐心，能够平等地尊重学生，能够增强可亲度，才能充分发挥立体化沟通的现实作用。

5. 强化现实青年自组织以主导网络青年自组织。美国社会学家格拉诺维特在1974年提出了弱关系理论。以社会资本理论来看，弱关系其所具有的社会资本远远超出强关系，因为弱关系使人们交往的范围增大，可能性增加。互联网为弱关系的建立提供了平台，弱关系可能会给高校学生带来不同的影响。如果要减少弱关系对高校学生的不良影响，就要以现实强关系的高度凝结为主要方式，因为学生管理者不可能直接干预学生在网络上形成的弱关系。网络上的人际互动，尤其是高校网络青年自组织的形成有的是由现实的强关系形成的，更多是由弱关系形成的，如何将弱关系变为一种交往密切的强关系，只有通过相互的频繁交流与接触不断进行强化才有可能，而频繁交往的可能要基于爱好、兴趣与价值观等内在需要的满足。这种由弱关系变为强关系的内在机制是高校学生管理者必须能够把握的。高校学生管理者必须明确，通过对现实强关系的进一步建构与强化，会直接影响网络弱关系的建构，使弱关系演变而成网络强关系，以此使相当多的网络自组织具有健康良性发展的基础。当然网络上弱关系的建立是有一定偶然性的，但是能够长期维系需要基于共同的兴趣与爱好、相融的价值观与人生观。即现实青年自组织的活跃，为形成网络自组织提供了前提，使网络青年自组织的可控性大大提高。网络青年自组织更多地围绕现实活动的开展而进行，这是利用现实青年自组织实现主导网络青年自组织的可行方法。关注与指导现实青年自组织活动的开展，使参加青年自组织的学生有更多相互交流与合作的机会与体验，会加深相互之间的友谊，进而形成网上网下的多种沟通联结的方式，甚至可以将现实自组织活动转化为网上的自组织活动。网络青年自组织活动成为现实青年自组织活动开展的有机补充，以此可以增强现实青年自组织的凝聚力与活力，以促进其可持续运转，也可以增强学生管理者对网络青年自组织的主导。

因网络而结成的弱关系，可能学生管理者很难进行了解与掌控，但是通过以上五种基本方式能够使学生管理者大致了解与掌握学生参与网络青年自组织的情况,能够在网络上建立与学生之间的交互关系,尽管这种交互关系并不一定是管理者直接的联结,但也能够起到掌控的目的,可能学生管理者对这种网络自组织的管理与指导不是直接的,但却是将学生置于一定的系统网络之中,以一种多维的网络建构的角度来实现对整体网络的把握,通过对关键结点(学生骨干)的指导与管理来影响整体系统,这样来建立网络自组织平等互动关系,来构建学生管理者与骨干、特殊学生、骨干学生与一般学生间的多重关系,为主体间性思想教育在网络上得以实现提供了前提。

(三) 对高校学生管理者的要求

1. 充分理解学生的主体性及主体间性作用。新媒体的发展,使学生与管理者拥有共同的信息平台,管理者原来所独有的信息优势与权威受到了挑战,高校学生的主体意识与能力得以增强。学生主体性增强的直接表现就是其内在要求的变化,要求尊重与平等,要求自由与自主,要求有展示自我的空间与平台。学生管理者要充分认识当代学生的现实诉求,能够认识与理解学生的主体性与主体间性的作用,更要充分发挥学生主体间的交互作用,使他们独立自主的愿望得以实现,使他们的尊重、平等的需求得到满足,使他们自我价值的实现成为现实。网络主体间性思想教育,就是让学生主体性参与增加,让学生间交互影响增强,学生管理者要具有主导学生主体间关系的意识与能力,即使自己不直接参与,也同样可以了解、掌控与引导学生参与网络青年自组织与自组织活动的基本情况。要做到这些,需要学生管理者具有现代的学生观,能够真正将学生视为主体,能够认识到学生的主体性与主体间的整体性,能够充分理解思想教育主体间性的作用,让学生真正成为思想教育的直接参与者,增强其主动性,增强学生整体性交互作用的发挥。

2. 具有较高的媒介素养。与时俱进,具有较高的媒介素养,是新媒体发展对高校学生管理者的必然要求。如果不掌握甚至不了解现代的自媒体技术，则很难与学生寻找到共同语言、了解他们的所思所想、理解他们的行为，更难以形成相互间的良性沟通。如果不亲自参与网络自组织之中，很难对学生参与网络青年自组织感同身受，就不会了解与掌握网络自组织形成的机制，更难以开展网络主体间性思想教育，网络自组织则处于管理者无法了解与掌握的力量，更谈不上舆情监控，很难做到防患于未然。对于高校学生管理者来讲，媒体素养不单是对新媒介技术的掌握与运用，还包括具有较强的角色意识与运用新媒体开展教育活动的能力。对年轻的学生管理者来说，一般具有较好的媒介运用能力，可能角色意识的强化需要一个过程。而对年长的学生管理者来讲，角色意识较强，但媒体运用能力可能相对较弱甚至缺失。有意识地提高与强化高校学生管理者的媒体素养，是主体间性思想教育得以开展与实现的保障，也是发挥网络青年自组织良性作用的前提与基础。

3. 具有优势视角。优势视角理论是社会工作实务理论，它要求要关注服务对象的长处与优点，而不是聚焦问题与不足。对学生的优势视角，并不是对学生的缺点与不足置之不理，而是通过发现学生身上的优点，给学生一种良好的心理暗示，从而培养学生有足够的自信自己去面对与解决问题、自己去克服自身的不足，而不是对自己的错误与不足标签化，不是对错误与不足产生无力感，不是自我刻板化。这种优势视角就是一种协助学生成长、相信学生有无限发展潜力的积极观点，完全能够通过努力去实现自身的超越、展现自我的价值，从而协助学生提升自信，发挥正向能量。如有些在网络上活跃、在现实中不是十分积极的学生，一般是在现实中找不到自我价值实现的感觉，或者没有引发其兴趣、爱好的机会，学生管理者就要对之关注，发现其优势并将之培育成网络自组织中的积极力量，这为这类学生提供了可以发挥自己的优势、认识自我价值的机会，不仅会使之成为网络上的优势力量，而且也会在现实中发挥积极的作用。

总而言之，网络青年自组织往往是高校学生自我内在诉求的归属与依靠,是自我认同的场所与平台,是内在能量释放的有效空间,也是自我隐秘的心灵一隅。网络主体间性思想教育模式的建构取决于学生管理者的素质,取决于其对网络青年自组织的了解、掌控与利用。

(该文刊于《学校党建与思想教育》2014年第7期)

网络社会青年政治信仰培育风险与应对研究

摘要： 积极应对网络社会发展所带来的政治信仰培育风险，是时代新人培养过程中必须正视与解决的现实问题。青年政治信仰培育是主流意识形态要求的政治信仰在青年群体中的社会化，网络社会使这种社会化变得更为复杂，面临着不同程度的消解风险，主要包括非主流意识形态干扰影响的风险，接受习惯与系统培育之间张力加大的风险，网络话语建构更新不及时所带来的风险等。需要强化互联网思维，建构青年政治信仰培育网络生态共同体；实时更新网络话语，重构青年政治信仰培育的网络话语体系；发挥青年的主体性，建构青年政治信仰培育的网络主体参与机制。

网络社会中，信息传播的即时性与开放性使得人们更容易受到多元价值观念的影响，受到因网络媒介的发展而带来的生产和生活要素变化的直接影响，从而使社会的流动性与复杂性增强，人们会面对更多的不确定性、可能性甚至是意想不到的危害性，政治、经济、社会等领域的各种风险交融并存，但最为关键的是政治信仰培育的风险。这种风险会在青年一代成长过程中产生直接的消解和侵蚀作用，影响他们形成坚定的政治信仰。

众所周知，当代青年是伴随着互联网长大的一代人，他们的人生价值观正是在网络社会多元价值观念的裹挟之下形成的，其政治信仰生成的意识形态环境具有前所未有的复杂性特点。主流意识形态所倡导的政治信仰是否能够被他们接受、认同、相信、坚守，绝对不是简单的青年个体是否正向发展的个别性问题，而是关乎中国特色社会主义事业未来发展与中华民族伟大复兴中国梦实现的普遍性大问题。积极应对现代社会变迁尤其是网络社会发展所带来的政治信仰培育风险，及时做好有效预防和化解工作，强化主流意识形态所要求与倡导的政治信仰教育，是时代新人培养过程中必须正视与解决的现实问题。

一 青年政治信仰的界定

信仰是"人们对某种主张、主义和价值理想的极度信服和尊崇，寄托着人的精神最高的眷注和关怀"[①]，是在相信与认同基础之上至高的精神追求和目标的尊崇甚至是膜拜，它会产生一种巨大的向心力，具有强大的内生自觉性动力，决定着人们的人生价值追求、思想观念与行为选择，使人充满对信仰的热切向往与执着追求。信仰一旦形成，就会成为人们的精神支柱与行动指南。信仰的笃定与持守使得人们能够直面重重险阻而初心不改，能够面对种种危难而无所畏惧。信仰的力量是一种无穷的精神力量，信仰的目标是清晰明确的前进方向。信仰是信念的最高表现形式，信念是信仰在人们观念中的具体体现，决定着人们现实的行为选择。个体信仰具有可塑性特征，因为个体必然受到一定社会的政治信仰、传统文化、人生际遇等因素的影响，打上鲜明的时代烙印、成长印记和意识形态色彩。青年政治信仰是任何国家、民族都会着力强化培育的重要领域与内容，因为政治信仰的坚定会使青年将政治信仰与个人信仰有机整合，更加明确奋斗目标、坚定追求、激发潜能，将国家民族的发展视为己任。青年政治信仰的培育与塑造关乎国家民族的延续、发展与昌盛。政治信仰培育是阶级社会里统治阶级会着力去做的重要工作，主要通过相应制度的建构、社会氛围的营造、培育内容的设定等强化主流意识形态的要求，证明主流意识形态所倡导的政治信仰的合法性与合理性。

---

① 张曙光:《"信仰"之思》，载《学术研究》2000年第12期。

青年政治信仰是青年对一定政治理念、政治理论、政治制度、政治文化、政治理想的信服与尊崇,是青年对一定意识形态的认同、选择与遵从,表现为青年现实的政治价值取向与行为选择。青年政治信仰培育内容更是主流意识形态强化的核心内容。在新时代,青年政治信仰培育内容为:马克思主义理论,包括马克思主义中国化理论,尤其是习近平新时代中国特色社会主义理论,中国特色社会主义制度,以及共产主义最高理想和中国特色社会主义共同理想。青年政治信仰的形成,不是简单地进行我们所倡导的政治信仰内容外在灌输与强化的结果,而是要经过青年主体对政治信仰对象或内容进一步了解、理解、相信、认同、接受、实践、反思、再实践等内化与外化有机结合的生成过程,即青年政治信仰的社会化结果,而网络社会使得这种社会化更为复杂,从而面临着诸多干扰性因素和被消解的风险。

二 网络社会青年政治信仰培育风险

与传统社会的现存性、在场性与封闭性不同,网络社会的时空超越、信息爆炸与碎片化特点使青年政治信仰培育面临着诸多显在与潜在的风险与干扰。

(一)网络社会的开放性,使培育工作面临着非主流意识形态干扰影响的风险

现代信息技术的发展,尤其是自媒体的普及使得互联网络平台更具有开放性,信息的流动性与互动性明显增强,信息呈现爆炸性、海量状态和非线性的传播样态。从互联网了解信息、传播信息、建构人际关系、娱乐休闲已成为当代青年的生活方式,利用互联网络载体展现自我、实现多元创业与兼职的"斜杠"角色已成为他们所推崇的时尚潮流。与以往青年相比,网络社会赋予当代青年的政治参与机会明显增加,接受的意识形态影响更为多元,政治信仰培育的环境更为复杂多变。在经济全球化、利益矛盾之争日趋激烈的现代社会中,网络空间早已成为现实意识形态之争的聚

集地和交汇场，个人主义、利己主义、拜金主义、虚无主义、自由主义、激进主义、保守主义等不同的意识形态通过多种表现样态存在于网络空间，直接影响青年对网络信息的接受与选择，这对主流意识形态所倡导的政治信仰培育会产生不同程度的消解作用。

青年对网络信息的接受与选择具有偶然性和必然性的特点。偶然性选择表现为他们会在不经意间被网络有关信息所吸引，或者只是偶然地看到某种信息，因为看到而注意，或者因为信息新奇而关注，这往往是一种悄然、无意间的信息选择，带有偶然的成分。必然性选择表现为青年一定会关注相关的信息，一是社会高度关注的热点问题信息；二是被同伴群体所推崇与喜欢的信息；三是因为自己的兴趣与爱好而愿意关注的信息。这些必然性的信息关注与选择，已经表现出青年一定的政治认同程度、人生价值取向和特有的青春情结，也构成了青年政治信仰培育的思想与认识基础。但值得注意的是，青年群体往往具有很强的自主性特征与内在需求，他们更愿意进行自主性的信息选择，这是他们发展所处的特殊人生阶段的必然表现与共性特点。往往并不是因为信息内容，而是强化的方式更容易引发他们本能的反感与排斥。一般而言，政治信仰培育是一种自上而下的必然要求与教育，往往会表现出一定的重复性、强化度和强制性，容易引起青年的逆反心理，形成一种本能性的拒绝，或者是习惯性的拒绝，即这种强化方式的不平等使他们失去兴趣。如果其他意识形态在网络空间所呈现的样态符合他们接受的特点与要求，就能够被他们所接受与喜欢，这必然会对主流意识形态所要求的政治信仰培育起到一定的消解作用。

（二）网络信息的碎片化，带来信息接受习惯与系统培育之间张力加大的风险

网络信息传播元素的多元性与丰富性，使得网络信息所呈现出的样态更具有表现力与视听的冲击力，表现出与以往缺乏反馈的线性信息传播明显不同的特点，即信息的碎片化与信息发布主体的高度参与性。正是由于信息发布的主体参与度高，使得这些碎片化信息表现出个性化、独立性的特点，因为信息往往被信息传播主体根据自己的理解与意图进行了肢解、重置甚至再造，使得这些碎片化信息相互之间的逻辑关系不强，信息内容多具有多重性与消散性的特征，直观、浅在、多彩、参与是碎片化信息存在与流动的最为直接的特点。自媒体的发展与普及使得碎片化信息更是处于不断被复制、创造的过程之中，微信、微博、QQ群、微信群等交互影响的小众群体或网络自组织不断涌现，而青年正是应用自媒体实现多种网络小众群体交流的主力军，他们不仅在现实的强关系中建构网络自组织小众群体，而且充分利用网络资源与网络传播特点来主动建构弱关系的网络自组织小众群体，来实现信息的交流、传播与利用，形成线上线下交互影响与互动沟通的人际交往模式。他们就是生活在碎片化信息的汪洋大海之中，他们喜欢并善于接受与传播碎片化信息，具有较强的信息捕捉能力、信息整合能力、信息使用与传播能力，有着平等、尊重、参与和沟通的内在需求与强烈愿望。

青年对碎片化信息接收、传播的能力和习惯，与主流意识形态强化的政治信仰培育之间形成了明显的现实张力，即青年接受信息的习惯和能力与青年政治信仰培育的内容、方式之间存在较大的张力。在我们现实的青年政治信仰培育实践中，内容偏重于理论性、系统性，培育的方式往往是单向灌输式、任务导向式和目标要求式。理论性与系统性的培育内容，一般会强调理论内在逻辑的自洽性与连贯性，强调理论知识体系的合理性与完整性，这些理论知识往往具有一定程度的抽象与枯燥的特点，而反复的单向强化方式容易因为简单的重复与反复的强调使结果淡化。尽管思想政治理论课程已经开启了青年政治信仰培育范式的变革，如教师们开发的各门课程的慕课在一定程度上符合青年碎片化的接受习惯，但往往只是时间上而非内容上的符合，内容和表现样态往往还是传统的知识传授；而线上线下的混合式教学方式注重线下课堂中青年学生的参与性，因为这种还只是新生事物未能得以普及，其效果取决于教师对课程内容的把握程度、对学生能力基础与接受习惯的了解程度，以及对课堂互动的掌控能力，所以看上去适宜的培育方式，未必能够产生应有的实效。而网络平台传播的其他有关主流意识形态政治信仰培育的内容也往往是静态性、单向性的展示，缺乏参与性和互动性板块的设置。单向度的信息传播只是体现传播主体的需求而无法针对传播受众的内在需求，不仅表现出一种信息传播的不对称性，而且也缺乏相互之间信息交流所应该具有的平等与尊重意蕴。腾讯《00 后研究报告》指出："00 后"更习惯于在网络世界表达自己的观点，更加追求平等的对话与互动。① 所以，这种缺乏互动性传播的培育方式，对自主性强、习惯接受碎片化信息的当代青年而言，会产生一种本能性与习惯性的拒绝，即使内容进行了碎片化改造，甚至在一定程度上也采用了符合青年接受的方式，仍会大大降低培育的实效。同时，也会给那些符合青年接受习惯与特点的非主流意识形态以强化影响的机会，使青年政治信仰培育面临着内容与范式变革不足所带来的现实风险。

（三）网络话语的更迭性，使培育工作面临网络话语建构更新不及时带来的风险

网络话语具有明显的更迭性特征。教育部、国家语委近年来连续发布的《中国语言生活状况报告》发现，每年网络都会产生很多的新词，甚至是热词，网络新话语如同潮汐一般，产生与传播得快，隐退和消失得也快。网络话语的这种更迭特点正符合当代青年的接受习惯与群体特征。青年喜欢新奇、喜欢变化、喜欢被关注、喜欢追潮流，他们就是创制与传播这些新网络话语的主力军，他们愿意发明、接受与运用网络热词，并能够迅速变换自我的网络话语表达。一些由青年自组织形成的网络载体如微信群、QQ 群等往往会热闹非凡，因为这些网络群体基于他们的共同兴趣、爱好，相互之间的交流话语相通，可以产生共鸣与共振。但一些因为学习或工作交流方便而建构的青年学习或工作微信群则相对寂静，思想政治教育者于其中多数情况下也只是处于潜水状态，只有在布置任务的时候才会出现简

---

① 《00 后研究报告》，https://new.qq.com/omn/20180706/20180706A01FXF.html.

单的互动，尽管也是互动网络交流平台，但是互动性并不强，最为重要的原因在于，平台基于任务导向，不少思想政治教育者缺少了解青年的互联网思维，无从掌握青年的网络新话语，无法与他们同理与共情，更无法了解他们的所思所想。一些官方网站有关青年政治信仰培育的内容也往往是传统的宣传话语，表现为理论性与抽象性，缺乏与青年生活密切相连的生活化、具体化的内容，更缺少网络新话语表达创新的新颖性，从而使青年政治信仰培育面临着范式转换与创新的难题，存在影响无力的风险。

在青年政治信仰培育过程中，主流意识形态的强化要求思想政治教育者能够做到全员、全过程、全方位的"三全育人"。新媒体时代"三全育人"的重要载体就是网络，发挥网络育人的作用，形成网络育人的态势，但是网络育人的成效取决于思想政治教育者能不能及时了解与把握青年的网络话语转向，是否能够及时更新与变换相应的话语，是否能够有效地利用现有的网络平台来创新网络主流意识形态宣传的范式，是否具有与青年学习、生活密切相关的内容设定来增强吸引力，是否能够形成影响青年政治信仰的网络优势资源。同时，网络表达具有即时性的特征，青年政治信仰培育是否能够于日常的网络沟通与交流中得以呈现与实施，还在于思想政治教育者是否能够了解与掌握青年网络话语的新表达，是否了解青年现实价值取向的思想基础及外在的影响因素。因此，网络话语的更迭性特征，需要青年政治信仰培育不断建构、更新网络新话语，唯如此，才具有与青年进行对话与交流的共同语言和能力，才能切实增强青年政治信仰培育的力度，形成线上线下培育的有机联动机制。

三 网络社会青年政治信仰培育的策略

网络社会青年政治信仰培育面临着传统社会所不存在的开放性信息传播与影响的风险，这种风险的复杂性与严峻性亟待建立相应的青年政治信仰培育风险防范机制，创新培育新范式，有效预防与应对网络社会青年政治信仰培育中的不利影响与风险。

（一）强化互联网思维，建构青年政治信仰培育的网络生态共同体

与门户时代、搜索或者社交时代不同，我们已经进入了 Web3.0 的大互联网时代，处于"每个个体、时刻联网、各取所需、实时互动"[①] 的智能生活状态。互联网思维是指"在（移动）互联网、大数据、云计算等科技不断发展的背景下，对市场、对用户、对产品、对企业价值链乃至对整个商业生态进行重新审视的思考方式，本质是发散的非线性思维"[②]。这是从商业组织发展的角度界定的互联网思维，强调用户至上、注重数据、建构生态共同体，它要求以用户为核心，考虑用户的体验性、参与性，着眼"微"创新与"快"创新，实现平台之间的互联互动，从而实现共赢。

网络社会青年政治信仰培育除了要以信息技术的手段对不符合主流意识形态的风险性信息进行有效监管之外，还在于有意识地建构有效的网络青年政治信仰培育体系。它要求颠覆传统的线性思维范式，培养与强化非线性思维范式，即互联网思维范式。因为线性思维范式往往表现出非常明显的目的性，所采用的方式也较为简单粗犷，这种意图、方式的明确指向性往往会弱化或淡化培育效果。互联网思维范式则表现为开放性，是一种由点及面、由面及系统的发散性、复杂性、系统性、整合性的思维范式，其目的实现的方式表现得更为隐性、多元，应用于青年政治信仰培育之中表现为：遵循以青年为本的原则，即以青年的视角、需求、特点、接受习惯为重心、基础和出发点，利用各种网络信息元素，采用多元的网络信息技术手段，建构或创制青年喜闻乐见的网络产品和表达方式，如对网络意识形态宣传产品与信息平台进行增强青年体验性与参与度的设计与改造，保持对平台信息的迭代更新与创制，强化信息平台政治信仰宣传的社会化与日常性内容及方式的设定，强调企业、商业、社会组织等平台的主流意

[①] 《互联网思维》，https://baike.baidu.com/item/%E4%BA%92%E8%81%94%E7%BD%91%E6%80%9D%E7%BB%B4/12028763?fr=aladdin.

[②] 《互联网思维八大核心思维和互联网思维三大核心》，http://www.360doc.com/content/19/0114/19/46043804_808850197.shtml.

识形态政治信仰培育的渗透性、隐性化，加强平台之间的开放性、共享性与联动性，由此形成以青年个体及所处的网络信息平台或网络交互平台为微观系统、平台与平台之间的多维关系为中观系统、更广域的互联网系统为宏观系统的青年政治信仰培育的网络生态共同体，形成大培育体系的、良性联动的整体生态系统。

（二）实时更新网络话语，重构青年政治信仰培育的网络话语体系

在自媒体发达的智能时代，网络空间成为人人皆可发声、人人皆受影响的重要场域，也是意识形态之争最为重要、没有硝烟的战场，它是动态的、日常的，处于不断建构的交互影响之中。如果青年政治信仰培育网络话语表达不新颖，则不会被青年所关注，更谈不上良好的培育效果；如果社会热点问题在网络上不能得到及时的回应与引导，则可能会使有些非理性表达或错误的观点成为主导，甚至会引发相应的网络舆情事件，就会错失青年政治信仰培育的良好契机；如果有的青年在微博、微信、QQ等网络空间或群落之中所表达的烦恼与困惑无法得到及时的关注，则可能会对其他人产生消极影响，或者使其本人进行不正确的归因，或者固化已有的消极观点并转化为现实不恰当的处理行为，发生不应该发生的事情，甚至产生不良的现实后果。建构及时的网络互动反馈机制，是网络日常性风险预防与控制的重要手段，也是网络青年政治信仰培育的日常性方式之一。互动反馈良好效果取得的前提是，思想政治教育者不仅能够站在青年的角度去理解他们的所思所想，而且能够实时更新与应用青年所常用与喜爱的网络语言与表达方式和他们进行交流，于同理共情之中形成及时有效的互动沟通，从而形成日常性预防与控制机制，化解网络青年政治信仰培育所面临的日常性风险。

要注重网站、公众号等网络信息平台上主流意识形态青年政治信仰培育话语体系的重构，可以采用漫画、视频、图像、故事等多种网络表达方式，对那些理论性、抽象性话语进行碎片化、隐性化与生活化的创制，使之表现得更具有生动性、现实感，从而增强对青年的感染力与吸引力。将主流意识形态所倡导的政治信仰培育内容的主题、观点、价值取向、态度、行为选择等隐藏于网络故事、图画、影像等的情节和细节之中,尽可能降低政治信仰培育意图表达的显性化,使之呈现得更为委婉、含蓄、隐性,这种隐蔽而自然的表达方式会更受青年青睐。

(三) 发挥青年的主体性,建构青年政治信仰培育的网络主体参与机制

政治信仰培育的效果判定,不仅是青年对政治理论知识掌握的程度,更是他们是否能够认同政治立场、观点与方法并且在实践中去很好地应用与持守。马克思一再强调,哲学家不要简单地解释世界,而是要以实践去改造世界。在青年政治信仰培育过程中,强化青年的政治信仰理论认知很重要,因为理论认知是青年主体进行现实判断与行为选择的基础和先导,但是,如果理论认知不能有效地指导或者转化为日常实践,认知主体必然缺乏相应实践的体验与反思,所学到的政治信仰理论知识只能是外在于个体的知识,而无法内化于个体自我的知识体系,更无法外化为其自觉的行动实践。因此,青年政治信仰培育除了对青年进行政治理论、政治制度、政治理想的认知强化外,还要注重他们对这些理论知识的应用和实践,注重引导他们在实践环节主动参与、体验、反思等,形成政治信仰培育的青年主体参与、体验成长的良性机制。

青年群体具有很强的自主性,具有较强的探究意识与主体的精神。思想政治教育工作者要充分了解、认识、尊重与运用他们的主体性和主体间性,要充分认识到:在政治信仰培育中青年个是被动的客体,而是具有主观能动性、具有主动选择性的主体,是具有自我教育能力与积极影响同伴群体能力的培育主体。要充分发挥青年的主体与主体间性的作用,调动他们在政治信仰培育过程中的积极性、主动性和创造性。因为他们真正了解、熟悉与应用网络新话语与表达方式,有着较好的网络信息应用能力与技术,将他们中的一部分人作为骨干纳入官方网络信息平台的信息创制与传播队伍,使得他们不仅能够创制与开发出青年喜闻乐见的网络信息,而且他们在参与创制、开发相关网络信息内容与方式的同时,自己的政治认同与政

治信仰也得以强化，这是一种由己及人、同辈交互影响的培育过程。同时，要具有包容性，要将相当多青年自我创制的网络信息平台和网络沟通平台纳入青年政治信仰培育的网络矩阵平台，建构包括青年自组织平台在内的不同层级、不同特点的网络青年政治信仰培育阵地，尤其是青年自组织网络交流与沟通平台，不仅能够增强平台的吸引力，而且思想政治教育者能够及时了解并发现可能存在的网络舆情，为线上及时化解风险提供载体与契机，为线下做好风险预防工作奠定相关基础，以此，可以促进不同平台的多层次发展、多元发展与交融性发展，充分发挥青年的主体性，形成以青年人有效影响青年人的良好态势，从而增强网络青年政治信仰培育的实效。

结　语

挑战与机遇并存，风险与创新同在，这是人类历史发展的经验教训昭示我们的真理。尽管青年政治信仰培育在自媒体高度发达的今天面临着诸多被消解的风险，但是也使我们进一步认识到创新培育内容与范式的艰巨性和重要性。在信息流动频繁与快捷、上网成为青年生活方式的现代网络社会，青年政治信仰的培育也要与时俱进、依网而行。要具有网络风险防范与控制的意识与手段，培育的内容与范式更应该符合热点网络信息建构与传播的特点和要求，更应该贴近或深入青年网络生存的日常与现实。那种远离生活、远离网络、远离青年的深奥理论知识，即使是至理名言、博大精深，如果与青年网络接受的习惯和应用实际格格不入，也往往很难真正触动与影响他们，更难发挥其真理的力量。马克思主义理论自产生之日起就在不断大众化、本地化地发展，这是马克思主义理论普及与指导人们实践的发展路径，也是马克思主义永葆生命力的根源所在。同样，理论与实践的有机结合，线上线下的有机融合，青年与青年的交互促进，知与行的有机统一，是网络社会青年政治信仰培育应该遵循的基本原则与必然选择。

（该文刊于《中国青年社会科学》2020 年第 3 期）

青少年网络欺凌的特征及归因

摘要： 青少年网络欺凌是传统校园欺凌在互联网空间的扩展和延伸，既有传统校园欺凌的一般性特征，又具有客观性、不受限性、隐蔽性、技术依赖性和不易觉察性等特点。青少年网络欺凌行为产生的原因具有多元性，与青春期特殊年龄阶段、自尊水平等青少年本体因素，与青少年所处的家庭、学校、同伴群体等具体环境，与社会政策、社会文化、社会生活环境、信息全球化等宏观社会环境等都有着直接的关联。预防与干预青少年网络欺凌，需要形成齐抓共管的局面，为青少年的健康成长提供政策、制度、技术、能力、心理等多方面的支持与帮助。

随着互联网和电子产品的普及，青少年群体中出现了一种新型的欺凌方式———网络欺凌。作为互联网时代的原住民，当代青少年与互联网络相伴成长，使用网络进行人际交往成为主要方式，线下人与人之间的矛盾与冲突会直接呈现于网络，而互联网空间也会因为他们的观点、兴趣等不同而成为矛盾之争的场域。随着新媒体技术的发展，青少年网络欺凌出现了新的特征，准确把握这些特征并进行内外归因分析，对加强青少年网络保护、探索预防与干预青少年网络欺凌的方式与机制具有特别重要的意义。

一 青少年网络欺凌的界定

在校园欺凌的界定中，网络欺凌作为一种手段被提及。有学者将校园欺凌的形式大致分为肢体欺凌、言语欺凌、网络欺凌、关系欺凌等。① 可以说，网络欺凌是传统校园欺凌在互联网空间的扩展和延伸，具有传统校园欺凌的一般性特征，还具有特殊性，二者之间存在密不可分的联系。网络欺凌作为传统校园欺凌在大数据时代背景下不可避免的一种方式，借助互联网的特性衍生出诸多与传统校园欺凌不同的新形态，其形式更多样化、复杂化、隐蔽化，因发生在虚拟空间，不受时间和空间限制，甚至会迅速形成难以控制的网络舆论场。青少年网络欺凌不只是一种简单的欺凌方式，而是具有多样性欺凌内容的新欺凌方式。

网络欺凌者借助电子媒介对另一方实施攻击行为，主要采用如下方式：散布谣言，捏造不实信息，利用网络传播；揭露隐私，将他人的个人信息公布于网络；假扮冒充，隐藏真实身份，利用他人的信息在网络上活动；孤立排斥，组建网络小团体排斥某个体；网络论战，针对某事件在网络上进行意见讨论甚至对骂；网络诈骗，利用网络侵害他人财物；网络骚扰，在网络上对他人长期进行谩骂、性骚扰等；网络跟踪，通过"人肉搜索"引擎对他人定位跟踪等。据此，青少年网络欺凌可以界定为：发生在网络空间的一方（青少年个体或群体）利用网络技术与信息载体对另一方（青少年个体或群体）实施的欺负、侮辱，从而造成后者精神、财产等受到损害的行为或事件。

二 青少年网络欺凌的特征

青少年网络欺凌可以看作是传统校园欺凌在互联网上的再现形式，其实质仍是一种青少年"偏差行为"。作为一种新样式，网络欺凌呈现出网络时代背景下青少年"偏差行为"的新特点。网络的开放性、快捷性、虚拟性与隐蔽性等特征与青少年所处的特殊发展过渡期结合，加上商业的助推作用，使得网络欺凌出现了更为复杂的特征。

---

① 林一钢、平晓敏：《场域视角下的中小学校园欺凌现象解读》，载《浙江师范大学学报》（社会科学版）2021年第1期。

青少年网络欺凌的特征及归因

1. 客观性

青少年网络欺凌事件的发生和存在是随着新媒体技术、互联网络发展而必然出现的现象,也是青少年处于青春期人际交往矛盾的网络再现。青春期的个体自我意识强烈,人际交往的规范意识与问题处理能力不强,加上个体所处的成长环境与人生际遇不同,极容易出现内在的矛盾与纠结。那些无法融入群体的孤独与怨恨,在现实中无法表达的不满,可能会通过网络发泄和欺凌他人进行释放。当然,也可能是出于好奇而非恶意的网络"恶搞"行为,却对其他青少年造成不同程度的伤害,因此,青少年网络欺凌与校园欺凌一样,往往呈现出一定年龄阶段的特点,青春期早期是高发阶段。在这个阶段,青少年身体素质发生了巨大的变化,但心智还未发育成熟,比儿童时期面临更多成长与发展的压力,可能导致他们内分泌失调、身心发展处于不平衡的状态,遇到问题时往往难以克制冲动,容易出现欺凌行为。

2. 不受限性

不同于传统欺凌双方面对面的肢体接触与言语交流,限于一定的时间与空间场域,网络欺凌则不受时空的限制,只要接触到网络就可能发生欺凌行为。这种特点使得欺凌者可以凭借互联网操作技术的优势,随时随地、多次反复地实施欺凌。随着网络技术的发展,诸如 QQ、微信、微博、知乎等都有与之对应的 APP,青少年运用自媒体更为便捷,网络资源更为丰富多样,网络游戏成为他们最喜欢的娱乐项目之一,诸多网络游戏含有的暴力内容深受游戏玩家的喜爱,有的青少年在游戏里把"杀人"当作获得满足感的一种途径;竞技类游戏必然有输赢,"胜者为王,败者为寇"的思想深入包括青少年在内的游戏玩家的内心,技术不佳的青少年极可能遭受其他玩家的嘲讽和辱骂。同时,玩家在游戏中都是虚拟身份,在没有个人名誉、形象的束缚下,欺凌者不会反思自己行为给他人带来的伤害,反而因处于欺凌的主动地位而感到骄傲,享受欺凌带来的快感。有些游戏运营商为了获利并不会对欺凌者采取严厉的惩治措施,有些"口吐芬芳"的玩家仅仅被封号一周就可以重返游戏场。此外，很多游戏平台都是由机器人来处理投诉和举报事件的，如果欺凌者把污言秽语用拼音、字母、表情包来替代，机器人客服在处理时很难识别，极可能驳回被欺凌者的举报和投诉，欺凌者得不到及时的惩罚会变本加厉。

3. 隐蔽性

目前，新媒体存在的一些技术性问题使得青少年在网络上获得相应身份更加便捷，网络欺凌不仅隐蔽性增强，而且比现实欺凌更加过分。大部分社交软件的账号注册不需要实名认证，只需要一个手机号、邮箱、QQ号或者微信号，一个人可以同时拥有多个账号。这些账号在注销时也缺乏严格的审查程序，以微博为例，点击"设置"—"账号与安全"—"微博安全中心"—"其他账号类问题"—"如何注销微博"，继续点击会出现"重要提醒"，再输入登录密码验证是否本人操作，14天后账号就会被注销。账号被注销以后，原手机号可以重新注册账号。欺凌者可以使用任意一个账号在网络上实施欺凌，他们为逃避法律责任可随即注销账号，再重新注册或使用其他账号继续逍遥法外。而那些经受了网络欺凌的青少年，因为担心被缩短上网时间，或者被剥夺上网权利而掩盖被欺凌的事实，选择自己默默忍受，这在一定程度上也增加了网络欺凌的隐蔽性。网络欺凌作为一种间接的欺凌形式，使人与人之间的欺凌变成账号与账号之间的欺凌，账号可以任意设置个人信息，欺凌者和被欺凌者都可隐藏自己的真实信息，仅凭账号信息并不能确定对方的姓名、年龄、性别、职业等，这些都使得网络欺凌更加隐蔽。

4. 技术依赖性

不同于传统欺凌依赖个体与群体生理、人际关系优势，青少年网络欺凌占优势地位的是掌握并熟练使用互联网技术者。这些青少年在P图、制作音视频等方面的能力赋予他们在被欺凌者面前的压倒性优势。所谓"聪明的"网络欺凌者，会在欺凌他人后"安全脱身"，而这需要熟悉各大软件的账号申请与注销流程、掌握灵活的互联网技术，才能保证"钻好"用户使用规则的"漏洞"。同时,一些不法商家利用技术开发的"黑色软件"对青少年网络欺凌起到推波助澜的作用。近年来,网络上出现了许多可以批量发送骂人短信、骂人消息的软件,甚至某购物软件有卖家专门推出"电话代骂""短信代骂"等多种服务,"骂人"也成了一门明码标价的生意,如"普通话代骂 100 元一次,包赢";用方言对骂需要额外加钱等。利用互联网技术的"帮骂""代骂"成了一条黑色的产业链,卖家从中获利,买家从中获乐,可对被欺凌的青少年群体或个体来说,他们获得的则是无尽的伤害。

5. 不易觉察性

校园欺凌的界定强调欺凌者的主观恶意,我国《加强中小学生欺凌综合治理方案》也认为,欺凌者的主观意图是"恶意或蓄意"。实际上,无论是校园欺凌还是网络欺凌,欺凌者的主观意图都分为两种情况,即有意识欺凌与无意识欺凌,不过网络欺凌更不容易被察觉。

有意识欺凌是指欺凌者带有恶意动机,包括以下情境:一是欺凌者与被欺凌者之间先前就存在矛盾,欺凌者利用网络匿名的特点以网络手段实施报复;二是陌生网友怀着"法不责众"的心理附和欺凌者一同诋毁、"扒皮"被欺凌者,导致被欺凌者遭受二次欺凌。这种带有"恶意或蓄意"的有意识的欺凌行为,因为匿名性、采取手段的相对隐蔽性,不如现实欺凌那样容易被关注。无意识欺凌是指欺凌者不带有恶意动机却产生欺凌的结果,包括以下几种可能: 是表达与理解错位引发的冲突。网络交流主要是利用文字和表情包,交流过程缺乏现实面对面的视觉和听觉接触,极易产生误会,由于理解偏误而发生欺凌。二是无法融入网络交流而引发网络矛盾。现在网络语言更迭较快,但并不是所有人都能紧跟网络潮流"5G 冲浪",也不是所有人都能游走于不同的圈层,对很多新词的应用不知其意的情况可能随时发生,如对方的一句"呵呵",就能让在屏幕另一方的人不知所措。三是纯粹为了好玩的玩笑而引发对他人的伤害。不少青少年只是为了"好玩""开玩笑",却让对方饱受欺凌的痛苦。比如,有的青少年未经允许就将对方的照片制作成表情包，更有甚者还配上低级趣味的文字随意转发传播，他们只是为了好玩，但传播过程中会带给其他网友嘲笑、讽刺、挖苦，直接加深对方的烦恼与痛苦。从法律的角度来看，这种行为已经触犯了行为对象的肖像权。

总的说来，网络交往的开放性和交互性使得网络空间成为人人皆可参与的扁平化舆论场，加上青少年个体辨识和自控能力不足，极易成为网络欺凌者或被欺凌者。网络欺凌作为传统校园欺凌的"升级版"，逐渐成为欺凌事件的主流，对青少年群体的危害不容忽视。

三 青少年网络欺凌现象的归因

近年来，时有发生的青少年网络欺凌不仅导致网络空间戾气蔓延，有的甚至挑战法律底线，给青少年群体带来了严重的不良示范。从青少年发展与人类社会环境理论的角度分析，青少年网络欺凌现象是青少年本体及其所处的外在环境交互影响的结果。

（一）青少年本体因素的影响

许多青少年网络欺凌事件的发生与青少年生理、心理与社会性发展因素有着直接的关系，尤其是处于青春期早期的青少年生长发育迅速，自我意识发展出现飞跃，他们开始具有批判性思维但缺乏经验积累，表现出强烈的独立愿望但在现实中不能如愿，树立了远大美好的目标但时常意志不坚定半途而废。更重要的是，他们的情绪表现出两极化的易冲动特征，自我调控能力较差。这些都使得青少年实施或遭受网络欺凌的可能性增加。

很多研究表明，网络欺凌事件发生率与年龄呈负相关，越是年纪大的人实施或受到网络欺凌的可能性越低；青春期早期是网络欺凌的高发期，且发生率与年龄呈正相关，即10—15岁年龄段的被试者，网络暴力发生率与年龄成正比[①]。这一阶段的青少年正处于心理断乳期，他们容易以自我为

---

① 李云心：《网络欺凌者的特点研究综述》，载《教育科学论坛》2018年第7期。

中心，对事物的看法不成熟，情感变化较大、情绪易躁动、缺乏自制力，会因为片面和极端的想法与他人产生矛盾，出现攻击行为。根据《第44次中国互联网络发展状况统计报告》，2019年上半年，15—19岁网民群体人均手机APP数量最多，达66个，其中多为即时通信软件①。即青少年在网络上使用交往和互动软件为主，与他人沟通的机会越多，网络欺凌事件的发生率就越高。同时，青春期早期的青少年辨别和抵御是非的能力不强，个体行为有时具有一定的盲目性和随意性，极易受到同伴的影响或者意气用事，加上想象力与联想力丰富，他们极易在头脑中建构与现实不符的情境，可能出现这样的现象：同学之间看似不经意的一句话、一个动作，有的青少年就能在头脑中建构一部"连续剧"；对看不惯的人或事，现实里拳打脚踢，网络上"重拳出击"。缺乏自制力或者攻击性强的青少年易冲动、报复心强、偏向把生活中的不满发泄到他人身上，说话做事之前缺乏充分考虑和酝酿，一旦受到诱惑或怂恿，便会迅速采取行动，由于现实社会中存在的种种限制，他们通常选择网络欺凌的方式发泄不满情绪。

有研究表明：自尊水平与网络欺凌行为发生率呈负相关，自尊水平越低，越容易发生网络欺凌行为。② 由于低自尊者缺乏自信，格外关注别人对自己的看法，敏感且具有较强的防御力，往往偏向通过在网络世界中控制他人获得自尊感。低自尊的人常把事情往坏处想，而且付出的努力较少——尤其当任务充满挑战且费力的时候，他们往往用不断批评的方式以获得存在感；他们会过分专注于那些不被接受和拒绝的情况，变得更为敏感，内心充满了矛盾与纠结；他们会抗拒变化，不能接受别人对自己的正向反馈。随着青少年的生理发育日渐成熟，越来越强烈的性意识使得他们越来越关心自己的体型、相貌等身体表征，如有些青少年脸上长青春痘、变胖等，这些变

---

① 中国互联网络信息中心：《第44次中国互联网络发展状况统计报告》，http://www.cac.gov.cn/2019-08/30/c_1124938750.htm.
② 许秀利：《自尊在大学生网络欺负与疏离感中的中介作用分析》，载《校园心理》2016年第6期。

化极容易导致低自尊而形成自卑心理。互联网可以给这些青少年提供获得存在感与自信的机会,给予他们发泄不满情绪的渠道与空间,他们利用匿名账号发布言论批判他人获得自尊感,如果不想接受他人反馈的信息,就可以销号或者举报对方,使自己始终处于主动位置,保持内在的高自尊水平,获得心理上的满足。

(二) 青少年所处具体环境的影响

美国社会学家米尔斯曾提出"重要他人"的概念。"重要他人"狭义上是指与青少年相处十分密切、对他们自我发展影响最大的那些人;广义上是指对个体的社会化过程中具有重要影响的具体人物[1]。在青少年成长过程中,随着具体生活环境的不断改变,父母、教师、同伴、偶像等都会成为他们成长中的"重要他人",会对青少年实施或遭受网络欺凌产生不同程度的影响。

1. 与家庭环境有着直接的关系

家庭是青少年出生后首先生活于其中的具体环境,对个人早期甚至一生都具有十分重要的影响。作为"重要他人"的父母,对青少年的终生发展具有直接而永久性的影响。

完整家庭结构中成长的青少年与父母之间有着沟通和交流的基本条件,如果父母可以为青少年的成长和发展提供安全感,他们就很少通过网络欺凌他人的方式获得心理上的满足和安全感,如果遭受到网络欺凌,基本上也能及时向父母寻求帮助。不完整的家庭结构可能使青少年缺乏来自父母双方同时的支持和监管,他们获得的关照与支持不足,容易缺乏安全感,加上青春期特殊的心理变化,即使他们遭受了严重的网络欺凌,也会选择向父母隐瞒事实;有的青少年在网络上欺凌他人不仅得不到及时制止和教育,反而从中获得家庭给不了的快乐,欺凌行为可能更加肆无忌惮。

和谐家庭关系中成长的青少年社会化程度较高,社会性发展较为顺利,

---

[1] 朱眉、华文军:《社会工作实务手册》,社会科学文献出版社 2006 年版,第 264—266 页。

青少年网络欺凌的特征及归因

发生网络欺凌事件的可能性相对较低;而冲突家庭关系中成长的青少年安全感较差,对他人的信任度较低,发生网络欺凌事件的可能性较高。在这种失衡的家庭关系中,父母之间或者父母与子女之间有的关系疏离、矛盾度较高。一方面,子女感受不到家庭的温暖,易情绪不稳,长此以往,可能会发展为反社会倾向与人格扭曲,或形成懦弱自卑的人格特征。反社会人格的特质之一就是高度攻击性和冲动性,具有这种特质的青少年极可能会为了满足自我愉悦的需要做出攻击他人的行为,网络欺凌可以让他们更方便地获得心理上的满足。特质之二是无罪恶感,一旦这些青少年具有了反社会倾向,即便是在网络上欺凌了他人也不会有丝毫的愧疚,只会变本加厉,企图从别人的恐惧和痛苦中获得快乐;而有些看似懦弱自卑的青少年选择在网络上释放压抑情绪。另一方面,因家庭关系紧张,父母的感情危机、家庭暴力等容易使子女的人格和行为发生扭曲。社会学习理论认为,家庭暴力行为是可以习得的,青少年从有暴力行为的父母那里学到了用暴力处理问题的方式,但在现实生活中施暴会受到生理因素的限制,而网络欺凌在生理方面的约束较小,当这些青少年在现实中遇到不能用暴力解决或是暴力解决不了的事件时,更倾向于借助网络实现欺凌。

家庭的教养方式可以直接影响到网络欺凌发生的概率。有研究指出,父母对子女的心理控制与子女出现网络欺凌行为呈正相关,父母对子女的行为控制与子女出现网络欺凌行为呈负相关[①]。父母对子女的行为控制越严格,青少年接触电子产品的机会越少,网络使用的时间越短、频次越低,发生网络欺凌行为的可能性越低。父母对子女的心理控制越强,子女发生网络欺凌行为的可能性越高。父母如果不能正确看待青少年的错误,对其"以暴制暴"或冷嘲热讽,致使有的青少年内心压抑、心中的愤怒无处发泄,可能选择网游等方式来舒缓心情,在游戏里故意辱骂他人,以获得短暂的内心安慰。现在网络上出现的"小学生"现象,相当部分是一些青少

---

① 范翠英、张孟等:《父母控制对初中生网络欺负的影响:道德推脱的中介作用》,载《中国临床心理学杂志》2017年第3期。

年在现实中遇到了"不公""压制"而产生的结果。"小学生"一词更多带有贬义的意味,因为在网络游戏玩家中,一些青少年技术水准较差且拒绝跟队友交流与合作,甚至有的喜欢恶语相向,他们不只打字骂人,更喜欢开麦克风骂人,耳机里传来的是稚嫩的声音,游戏界将这类玩家称为"小学生"。"小学生"的任性与放肆的行为,与家庭教养方式和网络隐蔽性特点有着直接的关联。

2. 与学校教育有着直接的关系

学校是青少年社会化的重要场所,教师、同学会对青少年网络欺凌事件产生直接性的影响。教师对学生是否一视同仁、对学生矛盾与问题的处理是否公正等,同学之间的交往互动是否顺畅、个体是否融入群体,学校的校园欺凌问题的处置机制是否形成与运行情况等,都会直接或间接影响到青少年网络欺凌的发生程度。

学校对欺凌者的处理大致采用思想教育、通知家长、通报批评等方式,这些基本上是通过教师做跟进式的工作,但教师简单的思想教育使有些欺凌者不以为意,会对举报的被欺凌者进一步打击报复,将现实的欺凌转向网络;而处分等工作如果做得不好,可能会使欺凌者对教师和被欺凌者产生更多的愤恨,将被欺凌者的私人信息发布到网络上,编造有关被欺凌者或者学校、教师的不实故事引起网民关注,拉拢他人参与欺凌事件,形成对被欺凌者更大规模欺凌或者对学校、教师的群体讨伐。已有研究表明,在6个月的时间内,对他人进行过传统欺凌的青少年在网络上欺凌他人的可能性是没有经历过传统欺凌的青少年的2.5倍。[①]

不少学校重视智育教育,把大部分注意力集中在如何提高青少年的学习成绩上,不同程度地忽视了他们的社会性发展。如有学习成绩好的青少年,因在现实中备受教师的表扬,可能在网络上也会轻视学习成绩不如自己的人,如果有人在其了解的领域里发表了错误言论,他可能会用"智障"

---

① Hinduja S., Patchin J. W., Cyberbullying: Neither an Epidemic nor a Rarity, *European Journal of Developmental Psychology*, 2012,(5).

"傻缺"等侮辱性词语来回复，双方不可避免地在网络上展开对骂；有些被忽视的学习成绩不好或者无法融入群体的青少年，他们可能在网络上以欺凌他人的方式获得相应的成就感与存在感。

有的学校把信息技术课程等同于计算机课程，教师授课的主要内容为计算机的操作和应用，缺少对网络礼仪、网络道德规范的教育引导，使得有些青少年使用互联网的技能越发熟练，但网络礼仪和道德规范意识却未建立起来，在网络上可能会无意或故意造成骚扰他人、引发骂战等事件，很难意识到自己的错误并及时改正。不少学校领导和教师只是关注校园欺凌，并没有意识到网络欺凌的严重性，甚至有的将之简单地归因于学生、家长和社会；有不少学校没有开设过相应的课程，教师也很少提醒学生预防和不要参与网络欺凌，校园内外也没有设置有关网络欺凌的警示牌和标语，致使相当多的青少年并不了解网络欺凌的形式和危害，可能被网络欺凌并深受伤害，甚至有的青少年陷入网络欺凌时都没有意识到自己正在经历"网络欺凌"。

家校合育或家校共育已经成为学校教育的主流，成为预防校园欺凌与网络欺凌的重要途径之一，但是现实效果存在明显差异，尤其是有的合育与共育做得不太好的学校，家长对其子女在校表现不了解，教师对其学生在家情况不清楚，导致网络欺凌现象不被关注。当发现青少年出现网络欺凌行为时，有的学校和家长可能会出现互相推脱责任的现象，容易导致青少年网络欺凌问题得不到有效解决，甚至会产生难以控制的局面。

总之，以上相关因素的不良影响皆是因为有些学校没有建立相应的预防与干预校园欺凌与网络欺凌的体制机制，师生缺乏预防网络欺凌意识和网络交往素养造成的。

3. 同伴群体的直接影响

同伴群体是青少年青春期发展影响的"重要他人"，直接影响他们的自我认同、爱好与追求。随着移动互联网的发展，青少年同伴群体的网络影响更为广泛，同伴群体也不再是现实青少年之间的强关系群体，而出现了强弱关系结合，尤其是弱关系占主导的复杂性群体，其对青少年网络欺凌的影响更为明显。

随着中国文化娱乐产业的蓬勃发展与网络社交媒体的普及，粉丝群体的数量不断增加，不仅是线下应援的粉丝团体，还在社交媒体上成立了诸多的线上组织，比如后援会、反黑组、数据站等，这些会对青少年网络欺凌产生直接影响。明星之间的合作和竞争关系使得这些原本相对独立的粉丝群体之间的交集越来越多，但是这种交集往往以争论、骂战的形式出现，对于经济没有独立的青少年来说，他们很多人无法参与线下的应援，会选择在线上支持和维护偶像，这导致他们常常陷入网络欺凌事件中，或是与别家粉丝相互攻讦，或是组织恶意投票引起骂战，更有甚者，人肉搜索别家粉丝对其进行短信、电话轰炸。在这群年轻粉丝的眼里，越是这种情况越能提高粉丝群体的凝聚力，越能显示出他们对偶像的爱。青少年在粉丝群中与同伴形成共同且特别的话语体系，他们以共同的偶像来确认彼此的身份，获得认可和接纳。如果有人试图破坏他们所珍视的"网络温室"，他们会竭力与之对抗，甚至认为这是在保护同伴、偶像和粉圈的纯正。追星出现的网络欺凌已得到政府部门的关注，2020年7月13日，国家网信办发布通知，宣布启动为期两个月的"清朗"未成年人暑期网络环境专项整治。该整治活动将在诱导未成年人无底线追星、饭圈互撕等价值导向不良的信息和行为方面进行重点整治，其内容包括大力整治明星话题、热门帖文的互动评论，以及煽动挑拨青少年粉丝群体对立、互撕谩骂、人肉搜索等行为。

青少年时期的个体情绪很容易被引发并且程度强烈，同伴群体嘲笑讽刺、加油助威的评论，往往会助长有些青少年继续欺凌的嚣张想法，为显示自己的"威风"而变本加厉地对待被欺凌者。网络的旁观者不只是简单的浏览，还通过点赞、展示自己存在的符号等多种方式来呈现自己对欺凌事件的关注，与其说是旁观者，不如说是参与者。某些青少年可能本意并不想在网络上欺凌他人，但是考虑到自己与欺凌者的亲近关系，为追求

"兄弟义气""姐妹情深"而通过一定网络表达方式去参与，实质上这种参与行为已经起到了为欺凌者助威的作用，成为网络欺凌阵营的一分子。同时，不排除有的青少年只是好奇与观望，但是只要他们表现出对欺凌事件的关注，就会加深网络欺凌的程度。如果某些青少年旁观者对正在发生的网络欺凌事件保持中立，既不制止也不煽动，这种旁观者越多所产生的"旁观者效应"越大，会导致很少有人敢于站出来制止欺凌行为，往往不仅会加剧网络欺凌的程度，也会对这些旁观者产生不良的影响。

（三）青少年所处社会环境的影响

现阶段我国正处在快速转型的发展时期，青少年的社会价值观念和社会心态也在悄然发生变化。伴随互联网的发展，信息爆炸更容易出现蝴蝶效应，即一件微不足道的小事就可能引起轩然大波。目前，社会高度媒介化与信息化，不仅青少年的媒介素养有待培养，而且相关法规存在跟不上网络和技术迅速发展的现实情况，不利于青少年网络欺凌的预防与干预。

1. 社会政策的直接影响

在网络欺凌问题日趋严重的情况下，"问题解决式"的政策出台能起到一定的监管作用，但政策需要不断完善，政策的实施需要进一步规范。国家互联网信息办公室发布的《儿童个人信息网络保护规定》，要求网络运营者设置专门的儿童个人信息保护规则和用户协议，并指定专人负责儿童个人信息保护[1]。但在各大平台上并没有用户年龄认证和识别的系统功能，他们完全可以使用父母身份证号去注册账号或者选择"游客"模式参与其中。

2019年公布的《最高人民法院关于修改〈关于民事诉讼证据的若干规定〉的决定》（以下简称《规定》）中提到，今后微信、微博的聊天记录可作为打官司的正式证据。虽然电子数据的种类确实降低了被欺凌者的诉讼成本，但是由于电子数据的真实性难以确认，尤其是在一方否认该证据真

---

[1] 国家互联网信息办公室：《儿童个人信息网络保护规定》，http://www.cac.gov.cn/2019-08/23/c_1124913903.htm。

实性的情况下。网络欺凌发生在互联网上，诉讼能够依靠的证据就是电子数据，假设因为电子数据的真实性问题而无法作为认定案件事实的根据，或者需要花高额费用到专门机构去认定，对被欺凌者来说，其承担的经济和精神压力都不小。此《规定》的第九十四条规定了电子数据存在的真实性，第二条规定"中立第三方平台提供或确认的电子数据"，实际上给了第三方平台对用户隐私调取的权力，当调取用户信息时，第三方就此获得了更多的特权。所以被欺凌者想要向第三方申请调取欺凌者实施欺凌的电子数据是有一定难度的，他们维护自身权益的阻碍比较大。一些被欺凌的青少年和家长可能会因为烦琐的程序而不得不放弃诉讼。

2020年3月起正式施行的《网络信息内容生态治理规定》第十三条，鼓励网络信息内容服务平台开发适合未成年人使用的模式，提供适合未成年人使用的网络产品和服务，便利未成年人获取有益身心健康的信息。[①] 如今，哔哩哔哩动画、微博等平台均设置"青少年模式"，但由于用户在注册账户时并不需要实名认证，"青少年模式"的使用主要靠用户自主选择，这就意味着青少年可以不选择这种模式。用户每日首次启动应用时，系统都应该进行弹窗提示，但"青少年模式"也不是每次打开平台都会弹出。在此规定的第七章法律责任中，并没有明确指出违反第十三条的具体处罚内容，所以，一些平台目前仍未设置"青少年模式"功能，这种"表面工作"的方式对处理青少年网络欺凌事件作用甚微。

2. 社会文化的影响

首先，传统文化中的"面子心理"等观念直接影响青少年对问题的认识与处理，"因为我要面子，所以我做了丢脸的事以后，你不能指出来"。有些青少年在与他人发生矛盾时不能理性看待，而是刻意追求面子，不管通过什么手段也要与对方分出胜负，甚至通过形成小团体进行观点站队显示自己"有面子"，这也是青少年网络欺凌发生率不断升高的重要原因之

---

① 国家互联网信息办公室：《网络信息内容生态治理规定》，http://www.cac.gov.cn/2019-12/20/c_1578375159509309.htm。

一。其次，青少年深受亚文化的影响，青少年亚文化总体上是健康向上的，但是某些亚文化也体现了他们对父母、老师等的逆反，如流行的"结伙文化"，极易误导他们在网络上"拉帮结伙"对他人实施欺凌。最后，全球化背景下外来文化对我国青少年的价值观也会产生影响，尤其是拜金主义、低俗文化等，不少青少年欺凌者有时会用英文、日文、韩文等外语中的脏话对他人实施语言欺凌。

3. 社会生活环境的影响

我国目前处于社会转型时期，社会矛盾凸显，这种社会背景直接影响青少年人生观、价值观的形成。改革开放以来，社会上滋生了一些权势崇拜、冷漠无情、浮躁粗俗、缺乏责任感等价值观迷失的现象，青少年极容易出现心理失衡、道德失范现象。因此，在使用互联网时，他们缺乏客观辨别、分析与判断社会事件和他人言论的能力，甚至是非不分。2020 年 7 月 12 日，在央视新闻微博"消防员洪水中宠溺式救娃"的新闻下，在网友评论"作秀"后，几分钟内得到数百条回复，其中不乏一些侮辱性的言语，甚至有人扒出该名网友是一名在读的初中生。尽管一开始该青少年网友确实发表了不当言论，但后来评论的发展也的确使他遭受了来自陌生网友们的强力攻击。互联网给了所有默默无闻的人一个可以发声的平台，但无数网友也创造了一个监控式的网络社会环境。有人认为，在网络上得以生存的长久之道只有"缄口不言"，但对于张扬自我、追求自我认同的青少年而言，他们往往不甘于寂寞。

4. 信息全球化的影响

全球化进程下青少年网络欺凌问题具有全球性。青少年网络欺凌不仅发生在某个国家，不同国家的青少年之间互相欺凌的现象也时有发生。青少年在 Twitter、Facebook、Instagram 之类的软件上，发表侮辱对方或者对方国家的言论，利用这种欺凌方式获得心理上的胜利感，尤其是近年出现的香港暴乱事件，每一次的游行示威，每一次的暴力冲击，都是通过"连登仔"（社交讨论平台）、Telegram（网络社交软件）等平台进行组织动员和指挥调度。如果有人对参与暴力表现出一点异议或者中立，便可能立刻被"拉黑朋友圈"或者被驱逐出群。这次暴乱不仅涉及香港内部因素，还受到境外干涉势力的影响，那些在全球互联网平台上发表维护中国言论的用户，不仅会受到香港"废青"的言语攻击，还会受到境外敌对用户的欺凌。一直以来，中国政府对 VPN（虚拟专用网络）的监管比较严格，国内用户需要购买"翻墙软件"才能接触外网，而"翻墙软件"的价格较高，一些爱国的青少年可能因为资金不够无法购买"翻墙软件"或"翻墙软件"时限结束等，无法登录的账号受到"废青"和境外敌对用户的举报和长期辱骂。网络欺凌的全球化已具有我们不能忽视的意识形态因素的影响。

四　小结

今天的青少年一代，成长、生活在互联网络与科技蓬勃发展的时代，网络社交平台和网络媒体几乎成了青少年的生活必需品。网络欺凌作为互联网发展的负向产物，深刻地影响着青少年的健康成长。对青少年网络欺凌的相关研究发现，青少年网络欺凌具有独特的表征，因素十分复杂，青少年网络欺凌日益严峻，应当引起全社会的高度重视，建议从以下几个方面进行干预：第一，加大预防网络欺凌与青少年网络权益维护方面的立法力度。国家与政府层面不仅要针对已经存在的相关问题加强立法与规范，而且要针对青少年群体及其网络社会化活动的独特性，加强对相关研究力量的支持，变"问题解决式"的被动式立法为预防性、保护性、干预性相统一的主动式青少年网络权益维护立法和政策制定。第二，要加大与青少年网络欺凌相关的法律法规和政策的宣传力度，强化网民预防与干预青少年网络欺凌的意识。第三，加大网络监管的力度。加强各大社交平台用户实名制管理，解决注册使用的技术漏洞等问题；加大对应用于网络欺凌的黑色软件的打击力度；适时建立"网络警察"制度，以利于及时发现并有效干预网络欺凌事件。第四，加强青少年网络素养教育。学校应该将预防与干预网络欺凌纳入到预防与干预校园欺凌的制度建设之中，主动建构与家庭、社区联动的网络校园欺凌预防与干预机制；应将青少年网络素养培育与能力提升纳入信息技术等相关课程；进一步加强学校心理咨询的力量，加强线下与线上校园欺凌预防与干预的心理支持；可以引入专业社会工作者，或者以社会工作的专业理念与方法开展相关的预防与干预网络欺凌的课程开发与活动设计，让青少年了解网络沟通交流的规范要求，学习有效应对网络欺凌的方式方法等。总之，预防与干预青少年网络欺凌需要从政策的制定、网络监管、网络欺凌预防与干预机制的建构，到青少年网络素养的培育与提升等多方面入手，切实形成齐抓共管的局面，为青少年的健康成长提供政策、制度、技术、能力、心理等多方面的支持。

（该文刊于《中国青年社会科学》2021年第40卷第2期）

第五篇

青少年社会工作研究

青少年工作的未来走向

摘要： 根据青少年工作发展的现状，前瞻青少年工作的未来走向，对于形成现实青少年工作的发展战略具有深远的现实意义。青少年工作的未来走向表现为：教育职能与政治职能将进一步强化，国际化人才培养是重点；服务职能将进一步强化，专业化的方式方法越来越受到重视与欢迎；以网络为重要载体和阵地，方式出现虚拟与现实的双重特点。

伴随着中国改革开放三十年的发展，经济体制的改革和社会结构的调整，未来社会的主力军——青少年的思想观念发生了很大的变化，青少年工作也呈现出新的时代特征。在现实的基础上，根据青少年工作发展的现状，前瞻青少年工作的未来走向，对于形成现实青少年工作的发展战略具有深远的现实意义。

一 教育职能与政治职能进一步强化，国际化人才培养是重点

青少年工作是上层建筑的重要组成部分，青少年工作的教育职能与政治职能只能随着时代的发展而不断加强，不会随着时代的发展而减弱。

1. 青少年群体的特殊地位与作用决定了青少年工作教育职能与政治职能发挥的重要

青少年历来被认为是民族的希望和国家的未来，是国家建设和社会发展中最为重要的生力军和现实力量。青少年群体的素质将决定一个国家与

民族的前途、命运。青少年群体正处于一个特殊的发展时期，处在世界观、人生观、价值观形成的关键时期，处在个体社会化的重要时期。在这样一个时期，用什么样的思想观念去引导与教育青少年显得尤为重要。因此，青少年工作是任何社会形态都会非常重视的一项决定未来的工作，任何主权社会都希望培养符合自己要求的、具有主流价值观的青少年一代，这就决定了其教育职能与政治职能只能是越来越强化。

我国青少年工作主体之一的中国共产主义青年团，一直都在强化其教育职能与政治职能。共青团十三届四中全会通过了《跨世纪青年人才工程实施纲要》，提出了"为实现党的跨世纪奋斗目标开发青年人力资源造就青年人才大军"；共青团十四届四中全会又提出了"培养造就青年人才大军"。而青少年工作的另一主体——学校，更是根据教育方针注重培养全面发展的人，注重培养"有理想、有道德、有文化、有纪律"的一代新人，注重素质教育。人才历来是一个国家经济和社会发展最重要的战略资源，是决定一个国家兴衰存亡的关键所在。青年人才是我国高度重视与精心培养的人力资源，是科教兴国战略的重点，青少年工作也是人才强国战略的有机组成部分，现在如此，将来仍然如此。

2. 培养国际化青少年人才，是时代赋予青少年工作的历史使命

当代青少年正处于社会转型、经济快速发展、信息爆炸的全球化时代，经济的全球化必然带来人才的国际流动。但经济的全球化与信息的全球化并不意味着政治、文化的全球化，目前在国际上还存在着不同社会制度的矛盾、民族利益之争与不同文化体系、不同文明体制的冲突，意识形态领域存在着多元化的价值观念，每一个国家都注重自己所倡导的价值观念的教育，都会根据一定的标准注重对青少年人才的培养，尤其是对青年政治素质与专业素质的要求。

专业素质要求人才有一定的创新意识与能力、专业知识与能力；政治素质体现人才的人生观与世界观，表现为人才为谁服务的问题。各个国家都将人才的政治素质放在人才培养中的首要位置，如美国注重强化大美国

教育；日本着力于大和民族精神的培养；德国让青年学生为自己优秀的日耳曼民族而自豪；我们同样也不能放松我们所倡导的社会主义价值观念的教育与引导。在这样的大背景下，国际化人才必须要有为社会主义祖国服务、效力、献身的精神，有很强的民族忧患意识与责任感。因此，在国际化越来越深入的未来，青少年工作的教育职能与政治职能将越来越强化，培养国际化人才的政治思想素质是青少年工作的突出任务。

二 服务职能将进一步强化，专业化的服务更受重视和欢迎

1. 改革开放三十年青少年服务职能的变化

青少年服务职能包括服务于社会的宏观职能和服务于青少年的微观职能两个方面。改革开放三十年，青少年服务职能由开始的注重服务社会向服务社会与青年本体统一的转变。这一转变与青少年工作者价值观转变有着直接的关系。传统的价值观往往是重视社会价值、忽视个人价值，个人要完全服务于社会的需要。这种传统的价值观指导下的青少年工作不可能重视青少年本体问题，只能更加强化其教育职能，在实际的工作中表现为：强调社会价值的重要与个人价值的微不足道；对青少年的要求多，对青少年的需求满足少；普遍性的绝对要求多，个性化的引导缺乏。

随着社会主义市场经济体制的构建，人们思想观念发生了根本性的变化，青少年工作也在新的价值观的指导之下，不仅注重社会价值，注重青少年工作的宏观职能，也关注个人价值的实现，注重青少年工作的微观职能，这时的青少年工作开始注重青少年本体的发展问题，开始关注青少年的社会问题。"青年志愿者行动""希望工程""手拉手"互助活动等都体现了很强的服务于青年、关注青少年成长、解决青少年社会问题的服务职能。同时，随着经济转型与社会变革，在共青团组织实行减员增效的改革下，共青团组织承担政府青少年行政职能日益增多，逐渐形成"小团委、

大社团、多中介、网络化"① 的青少年工作的格局,共青团组织注重加强基层团的建设,尤其是社区团的建设并做了大量的尝试,但是在人力、物力、财力不足的情况下,很难深入开展基层团的工作,服务于青年缺乏细致与深入。但可喜的是一些地方已经开始新的尝试与改革,开始引进专业化的社会工作的方法来加强青少年事务管理,如上海出现了阳光社区青少年事务中心,广州出现的"青年地带",深圳出现的"社工+义工"青少年服务体系②,这些新的方式加强了青少年工作服务职能的专业化。服务的专业化取向,标志着青少年工作将进入一个新的发展阶段。

2. 未来青少年工作服务职能的特点

专业化的服务会更有效地提高青少年工作的实际效果,这种专业化的服务职能将会是未来青少年工作的突出特点。未来青少年工作服务职能将会更加关注青少年本体的发展,不论是宏观意义上的青少年社会政策的制定与执行,还是微观层面上的具体的青少年工作都不会只从社会的角度去考虑、去介入,而会考虑到青少年群体的整体福利问题,会关注到青少年个体的自身发展问题,会重视青少年与社会和谐发展的问题。未来青少年工作服务职能将会表现出如下特点:

(1) 更加强化服务于青少年发展的目标

党的十七大提出要关心民生问题,关注青少年的生存与发展也是注重民生问题在青少年领域的具体表现。因此,关注青少年群体的福利、关注青少年个体的发展是未来青少年工作服务职能的重点,当然青少年工作也不排除对青少年问题的解决与对问题青少年的矫正。当代青少年面临着很多的发展问题,要承受发展过程中的各种压力,面对来自环境的诸多诱惑,课业负担加重的问题、青春期成长的烦恼、升学问题、就业问题、恋爱婚姻问题、科技发展对人的异化问题,等等,生存的压力与发展的困惑不只

---

① 晋源军:《青少年社会工作专业化与职业化初探》,《山西青年管理干部学院学报》2003 年第 3 期。

② 张文:《深圳青少年社会工作探索与展望》,《中国青年研究》2007 年第 7 期。

是当代青少年才会出现的问题,未来的青少年也同样会面临着困扰,甚至会更加复杂化、多样化。因此,未来的青少年同样需要在成长的关键时期能够得到及时的、应有的帮助与引导,未来的青少年工作也必然要满足和服务于青少年发展需要这一目标。

(2) 更加注重专业化的方式方法

专业化的方式方法已经在现实的青少年工作中得以应用且取得了较好的效果,但目前还只是局部的试点运行,有的还只是刚刚起步,存在着一系列发展中的困境,如上海阳光青少年事务中心就存在着"双轨建制"的矛盾,即具有政府与社团的二重性[①]。如何使"双轨建制"式与政府行政命令的关系,是需要一定的时间才能解决的,政府也要根据社团发展的情况才能出现从放权到加强监督职能的转变,这应该符合事物发展的内在逻辑。而在未来的青少年工作中,专业化的方式方法会更为广泛地应用,青少年工作者队伍将出现专业化与职业化的特征。具体地讲,就是青少年个案工作、青少年小组工作和青少年社区工作三大方法。专业化的方式方法不是简单地把青少年作为教育的对象,而是服务的对象;不是居高临下地提要求、定规范,而是平等地帮助解决问题;不是简单化地处理问题、化解矛盾,而是尽可能让青少年自我在问题解决和矛盾的处理中成长。这种专业化的方法使青少年工作会更深入地介入到整个青少年成长的过程,会受到社会的重视,更会受到青少年的欢迎。

(3) 社会化服务网络将进一步完善

构建有利于青少年成长的和谐的社会环境,是全社会努力的方向。而现实中的青少年服务还处于一种分散的状态,还没有形成一个有机的整体。不同的职能部门、群团组织等都在自己职权范围内为青少年服务,难免会出现工作的重复问题和缺失现象,如在执行《城市生活无着落的流浪乞讨人员救助管理办法》的过程中,就由于信息共享机制尚未建立起来,导致

---

① 王瑞鸿:《双轨建制下的青少年社会工作发展困局》,《上海青年管理干部学院学报》2006年第2期。

有的流浪儿童在不同的救助机构重复得到救助，而本该得到救助的流浪儿童却由于种种原因而得不到救助①。未来的青少年工作将会形成统一的整体，使服务网络化，使工作联网化，能够为青少年的发展提供更加完善的社会支持系统，这将有利于社会资源的整合与充分利用，也能最大限度和最有效地为青少年群体提供相应的服务。

三 以网络为重要载体和阵地，方式出现虚拟与现实的双重特点

随着互联网的逐渐普及，网络对青少年发展的影响会越来越明显与深入，网络已经成为青少年社会化的一种重要的途径。网络是一个巨大的信息宝库，同时又是一个庞大的垃圾场，网络的双面性已经在现实中得以呈现，即在扩大青少年知识面和为青少年提供智力开发和独特的休闲服务的同时，也在青少年网民中出现了"网络综合征"等心理疾病，网瘾问题已经成为备受社会关注的青少年社会问题之一。如何利用好互联网这一载体更好地实现青少年工作者与青少年的良性互动，加强互联网对青少年社会化的积极影响，解决互联网对青少年的不良影响，等等，都是青少年工作要着力解决的现实问题。

未来的青少年工作会在现实青少年工作的基础之上，充分利用网络虚拟性、间接性的特点，避免青少年工作者与青少年之间面对面交流容易出现的一些心理不适感，通过 QQ、Email、BBS、博客等方式与青少年进行平等、深入的交流，探讨一些青少年的私密性话题，在保护他们的自尊心的同时使他们随时都能得到较好的指导与帮助，即让青少年个案工作在网络上得以延伸；未来的青少年工作可以通过网络平台作为阵地与载体，通过建设相关青少年网站，根据青少年发展中面对的困扰问题做有针对性的设计，青少年可以从网站上了解到相关的信息，这将有利于青少年了解自我身心的发展规律，实现青春期的平稳过渡；未来的青少年工作通过互联网

---

① 李迎生：《弱势儿童的社会保护：社会政策的视角》，《西北师大学报》（社会科学版）2006年第3期。

可以及时了解与发现青少年问题，追踪青少年问题的发展情况，了解不同地区青少年工作的资源并可以进行整合利用，以更快捷、有效地介入和解决可能或已经出现的现实青少年问题；未来的青少年工作者必须掌握网络与现实的沟通方式，只有这样，才能有效地为青少年服务。

总之，未来的青少年工作更体现出人性化的特点，体现对客体青少年的尊重与关注，体现对教育规律与青少年成长规律的把握，当然更要体现建设社会主义和谐社会的必然需求。

（该文刊于《中国青年研究》2009年第5期）

西方青少年社会工作的历史沿革研究

> **摘要：** 青少年社会工作产生于近代西方资本主义社会，在西方经历了萌芽阶段、产生与初始发展阶段与专业化发展三个大的历史阶段。西方青少年社会工作从最初的涵盖在济贫助困的社会工作之中到成为独立的工作领域的转变，经历了由初始的应对青少年社会问题到后来的主动促进青少年发展的根本性转变。

青少年社会工作产生于近代西方资本主义社会，是伴随工业化、城市化的发展而带来的一系列青少年社会问题的出现，作为应对青少年社会问题的青少年社会工作才从社会工作中得以分离，成为社会工作的重要领域。研究西方青少年社会工作的历史沿革，对于我们了解青少年社会工作发展的历史进程，有效地比较青少年社会工作在东西方发展的区别，建立符合本土化特色的青少年社会工作理论体系与方法系统具有重要意义。追溯历史，笔者将西方青少年社会工作发展的历史划分为三个大的阶段，具体表现如下：

一 青少年社会工作的萌芽阶段（17世纪初—19世纪中叶）

16世纪，近代西方出现了历史上著名的圈地运动。17世纪、18世纪，随着圈地运动的深入，近代的工业文明取得了飞速的发展，不仅促进了生产力的发展，也带来了西方社会的巨大变迁。贫穷问题成为当时突出的社会问题，济贫助困成为解决贫穷问题的一项有效的手段。青少年社会工作涵盖在济贫助困的社会工作之中。

1. 对"青少年"这一特殊群体的关注

18世纪，法国启蒙思想家卢梭已经认识到儿童期和成年期中间的过渡阶段很长，在《爱弥儿》一书中就认为，这一时期对人的情感和精神产生的影响之大不亚于一次重生，其症状表现为脾气改变、易怒、总是心血来潮。在书中就描写道：就像海啸的浪潮预示着暴风雨的来临，不断上涨的热情同样预示着什么。压抑已久的兴奋警告我们危险即将来临。卢梭提议要对处于这样一个时期的年轻人予以指导，他虚构的教育对象爱弥儿就在他的指导下顺利渡过了这一危险期。德国著名文学家歌德在狂飙运动中的经典之作《少年维特之烦恼》中，形象地再现了年轻人的这种特殊时期及特征。维特的自杀让人们了解了处在特殊时期年轻人的情感纠葛、情绪特征及处理问题的极端表现。这一时期并没有出现"青少年""青春期"的概念，但是年轻人处于这样一个特殊的时期已经开始被人们广泛关注。

2. "青少年"成为政府救济的对象之一

圈地运动的发展，造成了大量的失地农民，他们流离失所，贫困交加，开始出现了教会和私人对贫民救济捐助的慈善事业，后来发展到由政府来接办救助，尤其以1601年英国伊丽莎白女皇颁布的《济贫法》为标志，有关政府的社会保障政策有效地推动了现实社会工作的开展。《济贫法》规定，为不能工作者及儿童准备粮食，"教区设有贫民习艺所供男女儿童习艺，教区亦义务介绍工作，或配给原料及工具，促使生产"[①]。英国《济贫法》颁布后，社会救济工作相继在西方开始有组织地兴起，青少年成为政府救济对象的重要组成部分，特别是进入"辅育院"和"习艺所"中的贫民大都是青少年。

---

① 李增禄：《社会工作概论》，巨流图书公司1996年版，第20页。

3. 开始出现保护童工的法案

英国人罗伯特·皮尔勋爵反对利用贫苦儿童参加纺织厂做苦工，于 1802 年提出了《健康与道德法案》并经国会通过。这是英国第一个保护童工的立法，该法限定童工的工作时间以每天 12 小时为标准，禁止儿童从事夜工。后来皮尔、欧文、伍德等人，继续群起要求对工作儿童加以保护。终于在 1819 年，国会重新修正了法案，规定禁止雇用 9 岁以下的童工，并以每日 12 小时作为限定 16 岁以下童工的工作时间，这一立法仅限于纺织业。[①]

这一时期是青少年社会工作的萌芽与起源时期，在社会政策领域开始出现对童工的关照。但这时的青少年社会工作并没有从社会工作领域中分离出来，只是社会救济的一个重要方面，主要是以救济、培训与提供工作机会为内容。

二 青少年社会工作的产生与初始发展阶段（19 世纪中叶—20 世纪初）

在早期的资本主义原始积累中，越来越多的青少年成为社会生产的主力，他们正处于身体急剧变化和迅猛发展的时期，他们应该需要更多的营养和休息，但是为了生存而不得不过早地进入工厂参与生产劳动，在劳动中缺乏基本的安全保障，有的青少年在生产中致残，甚至出现了过劳死。社会化大生产使人们的社会关系发生了根本性的变化，情感淡漠、关系疏离成为当时较为普遍的社会现象。生理的急速变化和残酷的生存现实给青少年带来了更为复杂的心理状态和感受，使之产生更为强烈的内心冲突，引发了一系列复杂激烈的社会问题。如同查尔斯·狄更斯写的《雾都孤儿》等小说中的描写，真实地再现并揭露了这一时期较为突出的青少年社会问题。当时的青少年社会问题非常严重，青少年的自杀现象屡见不鲜，青少

[①] 刘燕生：《社会保障的起源、发展和道路选择》，法律出版社 2001 年版，第 62—63 页、第 63 页。

年犯罪也时有发生，妓女低龄化现象严重。青少年流浪团伙成为早期资本主义城市发展中最严重的社会问题。

1. 青少年群体组织及小组活动的出现

在工业化高度发展的英国社会，大量的农村青少年进入城市谋生，当时英国伦敦大约有15万由农村进入城市的年轻人，他们一天工作的时间很长，由于缺乏正常的娱乐，加之工作劳累，很多年轻人染上了酗酒等不良恶习，导致生活的放纵与堕落。年轻人乔治·威廉是一个虔诚的基督徒，在这种不良的社会环境中，在他工作的布店当中组织要好的同伴一起读经或分享查理士·芬尼的著作，每日坚持一起祷告，而且试图改善全体雇员的道德生活，在布店里陆续成立了"青年宣道社"、查经班及"青年生活改良社"。这种帮助年轻劳工重建信仰与提高道德水准的做法，逐渐影响到邻近的工厂与商店，并促进日后YMCA组织的成立。1844年6月6日，乔治·威廉等12位基督徒青年，在伦敦正式成立基督教青年会（简称YMCA）。基督教青年会成立后，他们经常组织演讲和布道会，使这一组织迅速在英国发展起来，很快成为一个国际性的组织，于1855年成立了基督教青年会世界协会。尽管基督教青年会是一个宗教性的组织，但却是世界上第一个由青年人自己组织的青年群体组织，并且通过小组活动的方式，来提升入会青年人的道德与精神追求。这应该是青少年社会工作产生的标志。

在美国，除了基督教青年会的数量不断增加，第一个正式的"男孩俱乐部"于1876年开办于纽约，男孩俱乐部有自己的集会地和体育馆。1906年，"男孩俱乐部联盟"形成，目的在于联合74所独立的"男孩俱乐部"。到1911年，美国已有110所男孩俱乐部，总计招收108063名青少年[①]。基督教青年会与男孩俱乐部通过有组织的群体活动影响青少年成员，成为青少年群体的独立性活动的主要载体，对社会的稳定与青少年的健康发展起到重要的

---

① [美]彼得·威特、[美]琳达·凯德威尔：《娱乐与青少年发展》，刘慧梅、孙喆译，浙江大学出版社2009年版，第74—75页。

作用。1902 年，在美国的农村成立了以学习农业为主的四健会（4 - HClub），通过大量实践学习的项目让年轻人学习生存能力、发展年轻人的品德与领导能力。这些青年组织对这一时期青少年的发展产生了积极的作用。

2. 童子军运动

19 世纪下半叶，伴随着资本主义的对外扩张与侵略，军国主义性质的民族主义思想蔓延欧洲，青少年群体引起人们的高度重视。上层社会的有识之士视青少年为实现军国理想的有力工具，如德国陆军中校格尔茨男爵于 1883 年的著作《全民武装》中认为，"18 到 24 岁是最适合从军的年龄"；"这个时候的身体精力旺盛足以克服一切艰险，思想上没有任何负担。轻率冲动的情怀、年轻人独有的新鲜气质是他们在战场上建功立业的优质催化剂。一支年轻的野战队，年龄相差无几，都非常年轻，他们将战无不胜"；"国家的力量存在于青年人中"①。而英国的 W. H. 达文波特·亚当斯在 1888 年出版了《给男孩们的书》，为男孩子提出了品质的要求，诸如狂热、百折不挠、诚挚、自律、高尚、执着等。在英国，1883 年威廉·史密斯创立了格拉斯格的少年军，他们结合阅兵训练和周日学校学习，有着明确的目标，即"在少年军中进一步巩固建立基督王国，提倡尊严、自律和自重，倡导真正的基督精神的男子气概"②。军事训练是少年军最主要的活动。19 世纪 80 年代末，少年军已经成员过万，而且它的分支遍布全英。同时公立学校中的军官学校的数量明显增加。

但当时军事训练只限于公立学校的男生和基督少年军的成员，而处在下层社会的青少年吸烟、酗酒、斗殴等事件时有发生，尤其两次波尔战争中这些年轻的城市居民应征入伍明显体力不支。原陆军上校巴登·鲍威尔

---

① ［英］乔恩·萨维奇：《青春无羁狂飙时代的社会运动》，章艳、魏哲、徐梦迪等译，吉林出版集团有限责任公司 2010 年版，第 16—17 页。

② ［英］乔恩·萨维奇：《青春无羁狂飙时代的社会运动》，章艳、魏哲、徐梦迪等译，吉林出版集团有限责任公司 2010 年版，第 19 页。

男爵在1904年参加了苏格兰格拉斯格市举行的一年一度的操练视察及少年军复查,深受启发,他决定进行试验,以造就强健体魄的下一代,培养他们的骑士精神,使之无论何种出身都能够成为好公民。1907年7月29日,巴登·鲍威尔男爵招募到12名上层社会和29名下层社会的少年,分成4个小队,在普尔港褐海岛的森林里进行了为期两个星期的野外训练,学习射击、侦察、追踪、救生、急救和林中识路等技能①。他的著作《童子军活动》就是对这次试验的记载,于1908年1月在《每日快报》上以连载的方式刊出②,引起了强烈的社会反响,以野外训练为主要内容的童子军活动受到了广大青少年的广泛欢迎,后来发展成为世界上最大的青少年教育活动。这就是历史上有名的童子军运动。

童子军运动在青少年社会工作发展史上具有重要的地位,尽管其有军国主义思想的驱动,但是童子军运动是卓有成效的教育活动,是一种集体能与精神合二为一的教育活动。童子军活动的组织、开展等,是一种典型的成功的青少年小组活动的开展,在活动开展过程中小组成员得以成长,小组动力得以充分发挥,团队合作精神得以培养,小组目标得以充分的实现。

3. 对青少年的社会控制与社会保护的出现

19世纪中期到20世纪初期,是美国工业化与城市化发展迅猛的时期,由于大量的移民和迁居,使城市的人口急剧膨胀,如纽约的人口由1790年的3.3131万增长至1840年的31.271万,到1900年已达到343.7202万人。芝加哥的人口由1880年的50.3185万人增长至1990年的169.8575万人③。城市的基础设施无法满足急剧增长人口的需求,工业化的发展急需大量的

---

① 《1907年7月29日英国人罗伯特·巴登·鲍威尔发起童子军运动》,http://www.wst.net.cn/history/7.29/2.htm。

② [英]乔恩·萨维奇:《青春无羁狂飙时代的社会运动》,章艳、魏哲、徐梦迪等译,吉林出版集团有限责任公司2010年版,第82页。

③ [美]彼得·威特、[美]琳达·凯德威尔:《娱乐与青少年发展》,刘慧梅、孙喆译,浙江大学出版社2009年版,第61页。

劳动力，很多妇女和儿童被雇用。在工厂里，这些儿童直接受到成人的影响，工作之余会直接感受到街道生活，与那些放纵饮酒、赌博和从事其他放荡行为的成年人打交道，从而养成一些恶习。那些无家可归的青少年更是不在成人管控之下，形成了无法掌控的帮派，帮派争斗时有发生，各种犯罪活动此起彼伏。而英国也出现了类似情况，如在 1890 年，曼彻斯特的"斗殴少年"发动了一次涉及 500 余青年的混战[①]。从 19 世纪中期以来，叛逆的城市青少年变成了越来越严重的社会问题，严重影响着社会的正常秩序与稳定。而且随着媒体的迅猛发展，很多青少年犯罪的事实被报道，如美国 60 年代早期的青少年杀人事件，70 年代至 80 年代经常报道有关青少年的暴力袭击事件、帮派争斗的事件，城市的青少年问题越来越引起人们的关注。针对这样的社会现实，成人社会的改革者通过一定的社会政策对青少年加以控制与保护。

(1) 延长学校教育时间

在美国，义务教育法案早在 1852 年就在马萨诸塞州出台；接着在内华达州（1873）、堪萨斯州（1874）和纽约州（1874）相继出台。法案通常规定上学的年龄从 6 岁、7 岁开始到 16 岁结束。人们努力延长 6 年级或者 8 年级以上的教育时间。高中的设立就是为了增加在 8 年以后受教育的机会。上学同样被认为是美国化的、控制移民儿童和减少他们可能陷入麻烦时间的一种办法[②]。因为学校能够较为有效地对青少年进行控制，延长学校教育时间就是要推迟青少年进入社会的时间，避免给社会带来一些不安定的因素，这是社会稳定的一种措施。

(2) 实施青少年保护与宵禁

宵禁是为了防止儿童，大多数情况下是防止 15 岁以下的儿童，在没有

---

① [英] 乔恩·萨维奇：《青春无羁狂飙时代的社会运动》，章艳、魏哲、徐梦迪等译，吉林出版集团有限责任公司 2010 年版，第 41 页。

② [美] 彼得·威特、[美] 琳达·凯德威尔：《娱乐与青少年发展》，刘慧梅、孙喆译，浙江大学出版社 2009 年版，第 67—68 页。

成人监护下深夜在街上游荡。这些儿童大多数是报童。据称19世纪末有3万名被遗弃的孩子都成了报童。在1853年就有人开始帮助报童，查尔斯·卢陵·布雷斯在纽约市建立了一个报童寄宿站，他同时开发了一个项目叫"孤儿列车"，就是由列车从纽约把这些孩子送到乡下更稳定的家庭中去抚养。宵禁是预防与减少犯罪的一种措施。在20世纪90年代，80%的人口超过3万的美国城市都有某种形式的青少年宵禁法案①。这种宵禁法规是对青少年的一种保护。

（3）建立青少年法庭

根据美国民法规定，青年人在21岁之前都被认为是孩子。人们一直努力将孩子犯罪与成人犯罪作以区分。1899年7月，伊利诺伊州通过了一项对美国青少年具有意义深远的法案——《少年法院法》，旨在管理和控制未成年的、被忽视的、有不良行为的孩子。规定凡是"不到16岁的青少年"，如果他们违反了"这个国家、城市或乡村的任何法律法规"，即被视为少年犯，该法令还明确了独立青少年法庭的存在。《少年法院法》在童年和成年之间提出了新的分界点，旨在保护较年轻的罪犯不受惯犯的影响，该法还采用了一种灵活并且有预防效果的方式来对待少年罪犯。法官要求法院监视缓刑罪犯的官员考虑三点："孩子的健康和利益""社区的利益"以及"家长和亲属的智力与感情"②。青少年法庭取得了很大的成功，它至少体现一种对青少年的保护意识。

（4）有关青少年劳动法案的出台

英国在1819年纺织业的"健康与道德法案"修正后，1872年又颁布了"矿山法案"，规定妇女及12岁以下的男女童工，概不得从事井下工作，矿主对雇工的安全，须有适当的预防。1883年又颁布了"工厂法"，

---

① [美]彼得·威特、[美]琳达·凯德威尔：《娱乐与青少年发展》，刘慧梅、孙喆译，浙江大学出版社2009年版，第68—69页。

② [英]乔恩·萨维奇：《青春无羁狂飙时代的社会运动》，章艳、魏哲、徐梦迪等译，吉林出版集团有限责任公司2010年版，第60—61页。

规定禁止雇用 9 岁以下的儿童从事纺织工作，并限定 13 岁以下的儿童每天仅能工作 9 小时，每星期为 48 小时①。这些劳动法案表现出对低龄青少年的关注与保护。

4. 青少年研究的出现与"青春期"概念的产生

19 世纪，人们并没有把发育期当作人生的独立阶段来看待。1904 年，G. 斯坦利·霍尔的研究青少年的巨著《青春期》的出版，标志着"青春期"这一概念的产生和青少年研究的出现。霍尔也被称为"青春期研究之父""青少年研究的鼻祖"。霍尔认为："青春期不仅仅是发育期，它可以延续 10 年之久：女孩儿是从 12 岁到 21 岁，男孩儿从 14 岁到 25 岁，高潮是在 15 岁或 16 岁。"霍尔注意到"野蛮民族"向来有重视这一阶段的风俗，而美国却从未有这一风俗。由于青春期不仅是"性冲动的时期"，也是美、英、法、德各国犯罪逮捕率最高的年龄阶段，因此，它的正确过渡显得尤为重要②。霍尔将青春期看成"一个新生命的诞生，一个擦得明净的童年"，但也是一个"充满风暴和压力"的阶段③。霍尔提出了"复演论"，被称为"达尔文的心理学"。他将人的成长过程看作复演人类进化历史的过程，青春期是一个躁动不安的时期，是进入了暴风骤雨的狂飙时期，复演了人类历史的混乱期。霍尔及其他改革家都主张青春期这一独立阶段应该在学校度过，而不是在工作中度过。霍尔的《青春期》尽管片面地只是强调生物因素对青少年成长的决定性作用，但是其对青春期的描述，让人们认识到青春期这一特殊年龄阶段的特点，青少年也正式成为一个备受社会关注的独立的社会群体。

---

① 刘燕生：《社会保障的起源、发展和道路选择》，法律出版社 2001 年版，第 62—63 页，第 63 页。

② ［英］乔恩·萨维奇：《青春无羁狂飙时代的社会运动》，章艳、魏哲、徐梦迪等译，吉林出版集团有限责任公司 2010 年版，第 62 页。

③ ［美］彼得·威特、［美］琳达·凯德威尔：《娱乐与青少年发展》，刘慧梅、孙喆译，浙江大学出版社 2009 年版，第 66 页。

总之，这一时期，青少年已经作为一个独立的社会群体被社会所重视，成为西方殖民者实现军国主义梦想的有力工具。这一时期对青少年的认识还只是局限于这是一个问题丛生的时期，尽管有对青少年的一些保护政策的出现，但如何对处于这一年龄阶段的人进行社会控制，仍然成为这一时期关注的重点。

三 青少年社会工作的专业化发展阶段（20世纪初开始）

20世纪初，社会工作开始进入专业化的发展时期，学校社会工作得以发展。随着青少年作为独立的研究群体的出现，人们对青少年群体的认识越来越深入，人们开始从不同的学科角度研究青少年，而青少年社会工作开始结合青少年特点采用社会工作的专业理论与方法。20世纪，西方青少年社会工作的发展具体表现为如下几个方面：

1. 学校成为青少年社会工作的重要领域

学校社会工作起始于20世纪初的美国中等学校。1906年，纽约市雇用两名访问教师（Visiting teacher），负责访问三所学校学区内的哈特雷区（Hartly House）与格林尼治区（Greenwich House），与家庭会晤，了解有关学生学习和生活适应的问题。这是美国学校社会工作的开端。1913年至1921年之间，许多教育机构相继设置访问教师。1916年，学校家庭访问员以及访问教师协会宣告成立。到1930年，美国31个州有244名访问教师，这些访问教师被称为学校社会工作者。第二次世界大战后，学校社会工作得以迅猛地发展，1944年，全美有266个城市实施学校社会工作服务[①]。1945年，美国教育部建议专业学校社工应具备社会工作硕士学位资格；1955年美国社会工作人员协会会规中认定学校社会工作为一项专业；1959年美国教育部认定学校社会工作的专业地位；1992年美国社会工作人员协会的教育委员会修正学校社会工作服务标准；1994年美国社会工作人员协

---

① 林胜義：《学校社会工作》，巨流图书公司2003年版，第4—8页。

会首推学校社会工作为其第一服务项目；同年，成立美国学校社会工作协会①。学校社会工作成为美国重要的青少年社会工作领域，为在校学生提供全面性的服务。

2. 专业方法在青少年社会工作领域中的应用

1917年，玛丽·里士满《社会诊断》的出版，标志着社会个案工作的产生，也成为社会工作专业化的重要标志。随着社会工作教育与学科的发展，社会工作的专业方法基本成熟。而在青少年社会工作领域出现了家庭治疗的专业方法。20世纪20年代，心理学家阿德勒不仅认识到家庭与儿童和青少年问题行为有密切的关系，而且开展从事家庭治疗的实践。第一次世界大战后，他在维也纳建立了30多个儿童指导诊所，并对儿童及其家庭进行家庭系统治疗。第二次世界大战后，阿德勒的同事椎可斯等把阿德勒家庭系统治疗的理论和方法带到了美国。第二次世界大战后的美国出现了大量的重组家庭，家庭关系不和、离异、青少年犯罪、代际关系破裂等问题日益突出。为解决这些家庭问题，有些心理治疗师在继续进行个体心理治疗时发现，症状人的改变常被没有受过咨询的其他家人所破坏，要想使服务对象彻底转变，必须对其他家庭成员一起服务，于是家庭系统治疗就此发展起来。到1980年后，家庭治疗理论同心理动力论（第一势力）、行为主义理论（第二势力）、人本主义理论（第三势力）一样，成为最常用的心理治疗方法之一，被称为"第四势力"。目前，家庭治疗理论大框架里，已有代际家庭治疗、结构家庭治疗、策略家庭治疗等20种以上的流派。伴随社会工作专业介入模式的不断成熟，青少年工作也繁衍出了不同的工作模式和类型，如社会心理模式、危机介入模式、游戏治疗模式，等等。学校社会工作方法也由四五十年代的临床模式、提供个案服务，六十年代以后的团体服务与社区服务，到提供全面服务的转变。

---

① David R. Dupper：《学校社会工作——有效的服务技巧与干预方式》，李丽日、李丽年、翁慧圆译，五南图书出版公司2006年版，第11页。

3. 青少年研究的学科化发展

青少年研究的学科化发展，为青少年社会工作提供了理论基础，对青少年社会工作更好地了解与认识青少年具有重要的理论意义与现实意义，为人们提供了看待与认识青少年的不同视角。格塞尔的《青少年：从10岁到16岁》，西格蒙德·弗洛伊德的《梦的解析》《性欲三论》等，安娜·弗洛伊德的《儿童精神分析研究》《儿童心理的常态与变态》等，埃里克森的《同一性：青少年与危机》，阿尔伯特·班杜拉的《青少年的攻击》《社会学习与个性发展》《社会学习理论》，保罗·皮亚杰的《从儿童期到青年期逻辑思维的发展》，布朗芬布伦娜的《人类发展生态学》，玛格丽特·米德的《萨摩亚人的成年》《新几内亚儿童的成长》等著作，并由此而形成的生物学理论、精神分析理论、心理社会理论、社会学习理论、社会认知理论、生态系统理论、人类学理论，等等，为现实中的青少年社会工作提供了理论基础。

4. 青少年社会工作视野与领域不断扩大

第二次世界大战以后，社会工作进入了专业化的快速发展期，青少年社会工作专业化程度不断提高，工作手段不断得到完善，但青少年社会工作主要是应对青少年问题。冷战时期，东西方两大阵营在意识形态上处于对立状态。为了强化政治需要，青少年事务与政策相应地服从各自意识形态的需要，西方尽管考虑到有关个体青少年相关的一些保护政策，但是没有意识到青少年在整个社会的参与问题，于是西方社会在20世纪60年代前后就出现了风起云涌的青少年学生运动，同时美国青少年中出现了颠覆传统、挑战主流文化的嬉皮士运动。这一切让西方社会的人们开始重新认识青少年问题，尤其认识到青少年在整个社会结构中的地位问题，认识到青少年群体是一股不可忽视或小视的社会力量。所以很多国家改变了忽视或者简单化处理青少年问题的状况，开始注重青少年群体的社会参与问题与发展问题，注重青少年群体权利的社会政策得以制定，宏观青少年社会工作开始取得长足的发展，青少年社会工作也由原来的问题型转向发展型，青少年社会工作的服务领域也进一步细化。

5. 青少年社会工作的专业化与职业化

20世纪70年代，青少年社会工作成为一个普遍的职业，"青少年社会工作者"的称呼也在美国和北美被广泛使用，并成为专业性的术语。1973年，全美社会工作协会根据当时从业社工的学历、资历和工作职责，对美国的专业社会工作者进行专业水准或专业权威排名。每个层次的社工所承担的责任、专业服务的标准有所区别。青少年社会工作者必须获取有关青年工作的资格证书才能从事这项工作。全美社会工作协会提供两种专门的青少年工作的社工资格，一种是青少年和家庭社会工作者（简称 CCYF-SW），另一种是青少年和家庭高级社会工作者（简称 C－ACYFSW）。要想具有青少年和家庭社会工作者资格证书，除了要成为全美社会工作协会会员以外，至少还要有社会工作本科学历以及二年和3000小时带薪的相关青少年和家庭工作经验。而后一张证书更是要求要有社会工作硕士学历才能申请[1]。同时，美国根据不同层次和工作的需求，建立了不同的机构，以提供青少年工作的专门培训。美国有一个全国性的社区青少年工作培训服务机构NTI。在1997年，NTI进行了一次全国性的合作，名为青少年工作者标准化培训体系，称为BEST网络。这一网络是为青少年发展工作者提供培训、教育和认证的第一个全国性网络。NTI的发展只有两个目标：一是提升地方中介的能力，为青少年社会工作者和青年服务机构提供系统的培训、教育和专业发展；二是与地方性和区域性的中介组织进行合作，通过培训课程、网站为他们提供方法、手段和策略。

除此之外，青少年社会工作组织的网络化，青少年福利政策的逐渐完善，等等。如美国的青少年社会工作组织分为政府组织与非政府组织，政府组织有三个比较重要的机构，即青少年犯罪司法和预防办公室、职业训练局、家庭和青年服务局。

---

[1] 文军：《社区青少年社会工作的国际比较研究》，华东理工大学出版社2006年版，第48页。

总之，青少年社会工作产生于西方现代社会，是在应对贫穷、帮派争斗、堕落等严重的青少年社会问题的历史背景下产生的，经历了为青少年提供基本生存服务与保障，被动解决青少年社会问题，到主动促进青少年发展，为青少年提供发展支持与服务的根本性转变。尤其随着青少年社会工作的专业化与职业化的发展，有关青少年服务领域更为细化、服务方式更加科学，这些为我们更好地认识东西方文化传统的不同、社会工作发展的历史的区别，从而为我国青少年社会工作的发展提供了可以借鉴的经验。

（该文刊于《中国青年研究》2012 年第 2 期）

社会工作价值冲突原因分析

摘要：价值冲突与价值选择是每一位从事社会工作的实务者都会面对的难题。正确认识与分析价值冲突的原因，有助于我们从根本上理解、面对乃至解决价值冲突。价值的主体性特征，社会工作专业价值的理想化特征，社会工作专业价值观的高度概括性，社会工作专业价值观来源的文化性倾向，社会工作的互动性，是价值冲突产生的原因所在。

价值观是社会工作的灵魂与生命线，是现实中社会工作得以开展的基础与前提，正如王思斌教授所强调的，价值观的重要性，不仅在于"它界定社会工作本身——它的目标和意义，而且在于它同时界定社会工作的技巧和方法，机构的项目、目标和社会工作者的行为和态度"[①]。但是在经济全球化、信息网络化、价值多元化的今天，不少社会工作者在实务工作中常常会面临着价值冲突的困境，有关社会工作专业价值伦理问题更是社会工作专业学界讨论研究的热点与焦点。而正确认识与分析价值冲突的原因，会有助于我们从根本上理解、面对乃至解决价值冲突。

---

① 王思斌：《社会工作概论》，高等教育出版社1999年版，第39页。

社会工作价值冲突原因分析

一 从"价值"的哲学本质来看,价值的主体性特征决定了主体价值需要、价值取向的主观性倾向,价值冲突在所难免

从哲学的角度来讲,价值不属于实体的范畴,而是一个关系的范畴。价值是表示在人类社会实践中主客体之间相互依存的对象性关系,价值具有属人的特征,即价值总是要表现出主体人的意愿、需要和一定的目的性。而在价值主客体关系的建构中,价值"是客体主体化,是客体对主体的效应,主要是对主体发展、完善的效应"①。即价值是客体属性满足主体需要的关系,在实践中,价值关系所表现的特质就是主体性尺度,主体通过实践使客体成为价值对象。马克思说:"对于没有音乐感的耳朵说来,最美的音乐也毫无意义。"② 这也就是说,离开了主体人的把握,事物则无价值可言。"主体以自己的尺度映衬价值,在合目的性活动中不断发现、捕捉、发掘和开发对象的价值;在自身对象化和客体主体化的历史活动中深化对象对自身的价值"③。当然这个主体性的尺度除了包含人们对自身需求意愿的一种表达,对客观事物固有规律的把握,同样也包含了人们对未来理想状态的向往,正如德国哲学家洛采所言:"价值领域的特征首先是它的理想性和合目的性,价值同意图、目的、理想、意义不可分离,这正是价值与事实的主要区别所在。"④

价值尽管是表现为一种对象性的关系,但是价值不是存在于静态的主客体之间的关系,而是存在于主客体之间的动态关系之中,呈现一种动态性的特征,在动态的过程中表现出主体的主观性倾向且形成一个价值系统。在观念上,价值是以一种理念的方式存在,即价值观念,而价值观念总会形成一定的价值标准,总会指向一定的价值目的;在行动上,价值是一种

---

① 郭凤志:《价值、价值观念、价值观概念辨析》,《东北师大学报》(哲学社会科学版)2003年第6期。
② 《马克思恩格斯全集》(第42卷),人民出版社1979年版,第126页。
③ 孙美堂:《价值之"是":价值本质研究的一个方向》,《哲学动态》2002年第3期。
④ 赵修义:《马克思恩格斯同时代的西方哲学》,华东师范大学出版社1996年版,第590页。

价值行动,是有一定价值取向的价值选择过程。在结果上表现为一定的价值效应,而这种价值效应会对主体的价值观产生直接的影响,如此循环往复。价值观是价值系统的核心与灵魂,是关于价值、价值关系的整体的根本的态度、看法和观点,是人的一种自觉意识。而这种自觉意识的形成是人们在现实的价值事实的基础上,对动态价值关系的一种主观性反映的结果。也可以说,价值观可以内化成人们的信念追求与价值标准,也可以外化为人的价值行动。因此,主体人的不同,主体的意图、目的、追求不同,其价值观念也不同,价值标准、价值行动皆有别。而主体人从总体上可分为个体、群体、类三种存在状态,不同的主体都要处理与之相应的动态的客体关系及主体间的关系,如作为个体主体人来讲,就要处理个体自身、个体与群体、个体与个体之间的关系,而这种关系的处理会因为个体需求的变化、个体追求与现实环境的不一致、与群体价值需求的差别而出现必然的价值冲突现象。更何况不同的个体还分属于不同的群体,而群体的区分还有级差的存在,这种个体与个体、个体与群体间所存在的复杂的价值冲突是种常态化的存在形式则是不言而喻了。

二 社会工作专业价值的理想化特征,使现实中的社会工作容易陷入价值冲突的泥潭

社会工作专业价值是在长期的社会工作实践中形成的、被社会工作领域所认同的、社会工作者必须秉持的专业理想、使命与信念体系。它体现社会工作的本质、追求与目标。

从社会工作这一职业产生之日起,社会工作就以帮弱扶困为目标。从友好访问员对贫穷人士的探访帮助,到睦邻组织运动对社会改革议题的关注;从追求专业技巧、训练方案的所谓"专业化"到注重专业理论的建构与专业伦理的初步设定;从1960年代对社会正义、权利与改革的追求,到应用伦理学的兴起……我们可以看到:社会工作从专业的自然状态走向专业的自觉——从只认为个人是贫困原因的对案主道德的关注与修正,到从

社会工作价值冲突原因分析

社会结构寻求答案对社会正义的追寻，再到针对专业与实务社会工作者道德与伦理问题的规范与要求。但是透过整个社会工作发展的脉络，我们可以看到，社会工作一直关注的价值诸如，尊重、个人价值、正义、平等、自我决定、个别化，等等。1996年美国全国社会工作者协会代表大会通过的《全国社会工作者协会伦理守则》中规定社会工作核心价值为："服务，社会公正，个人的尊严和价值，人际关系的重要性，诚信，能力。"社会工作专业核心价值决定了社会工作专业的使命："增进人的福祉并帮助满足所有人的基本需求，尤其是关注弱势人群、受压迫的人和生活贫困的人的需要和充权。"由此，可以看到社会工作专业价值的理想化特征，社会工作要代表弱势群体的利益，要为弱势群体赋权增能，要追求社会的正义，要追求个体人格的平等与人权的尊重，要帮助个体实现自我价值，它体现一种强烈的人道主义情怀和人文主义的色彩。列维（Charler S. Levy, 1976）曾经对社会工作做了很好的解读，认为"社会工作是一个以价值为本的专业。它不仅是做事情的一种方式，而且是关于做什么事情是有价值的和它应该如何去做的准则。对于人们，它充盈着理想主义的抱负和关于人们应该如何被对待的理想主义的理念……对普通凡人不能期待的实践和关照却都可以期待于他们（社会工作者）"[①]。但这种理想化的追求在贫富差距加大不平等的现实社会中往往会面临着较为严峻的挑战。弱势群体在社会结构中处于弱势的地位，他们往往处于社会结构的最底层或者处于人生最脆弱的阶段，他们缺乏基本的资源，往往也缺乏应有的自信心，缺乏基本的自我保护能力和获取资源的能力，更不拥有话语权，无从表达自己的利益诉求，而社会工作者在为他们"争权夺利"的时候就一定能够真正实现赋权增能的成功？会没有"哀其不幸、怒其不争"的无奈？会没有来自强势群体的种种社会压力？会没有力不从心、力所不及的叹息？在社会工作理想与现实的强烈落差中，实务社会工作者会不会仍坚定对专业理想追求的执着？

---

① 王思斌：《社会工作概论》，高等教育出版社1999年版，第43页。

这都是值得商榷的现实问题。

三 社会工作专业价值观的高度概括性（抽象性），容易使实务社会工作者在现实具体处遇中陷入价值困境

社会工作专业价值是一套专门的基本价值体系，它是实务社会工作者应该遵守的优先原则，体现在社会工作主客体关系处理的动态过程中。早在1959年Pumphrey就依照专业关系对社会工作的价值进行了分类：第一类专业与其所处的文化环境之间的关系，关切专业使命与社会价值之间的相容性；第二类关切专业人员之间的关系，主要厘清专业人员如何解释与执行专业价值；第三类关切与服务案主或团体的关系，以社会工作价值回应案主的需要[1]。Rokeacch在1973年将社会工作价值区分为终极价值、中介价值和工具性价值。终极价值是针对团体目标提供的概括性的指引。中介价值是较为特定的。工具性价值是对欲达到目标的手段予以说明[2]。……这一基本价值体系的划分正是为了回应现实中实务社会工作者所面对的价值冲突，但无论怎样划分也仍然无法完全化解现实中所面临的两难境地和多重困境，尽管后来出现了理论上的伦理绝对主义与伦理相对主义之争，但伦理绝对主义不可避免机械呆板的桎梏，伦理相对主义也同样面对着随意、无所适从的难题。追根溯源，这个基本的价值体系是以价值观念即理念的方式得以体现，表现出高度的概括性（抽象性），而这种高度的概括性只能为实务社会工作者提供一种方向的导引，无法针对复杂多变的具体情况做具体细致的明示，它需要实务社会工作者以创造性的劳动来应对现实的困境。NASW所制定的伦理守则也只是对社会工作专业价值的具体补充或使之更有利于操作，但是我们从NASW伦理守则的目的表述中，仍然可

---

[1] Frederic G. Reamer：《社会工作价值与伦理》，包承恩、王永慈主译，洪叶文化事业有限公司2000年版，第37页。

[2] Frederic G. Reamer：《社会工作价值与伦理》，包承恩、王永慈主译，洪叶文化事业有限公司2000年版，第44—46页。

社会工作价值冲突原因分析

以看到"守则提供了一套价值、原则和标准以指引抉择和行为。它不是提供一套社会工作者在所有情境下如何行为的规范"。已经具体化了、操作化了的伦理守则尚且如此,更何况是具有高度概括性、抽象化的价值观!这种高度的概括性会使专业价值在现实中的运用表现出很强的张力,具体表现为:不同实务社会工作者在现实问题解决的过程中会出现对专业价值不同的理解和各自对问题的建构,这一个过程涉及实务社会工作者对专业价值把握的程度,以及在各种价值碰撞中进行权衡与取舍的情况。利用"强势价值介入"的观点即"社会工作员在理解和建构案主的问题的过程里,首先会从自己的角度进行演绎理解,而不同的理论立场会影响工作员的演绎过程"[①]。的确,我们不能否认这样的现实,实务社会工作者在演绎的过程中就伴随着主观上的价值判断,实务社会工作者自己的价值观念就会介入整个服务的过程,可能这个过程是不自觉的个人价值介入的过程,也可能是各种价值自觉介入的过程。而这种价值判断从专业的角度来理解应该是:实务社会工作者根据当时的场域,对专业价值观、社会价值观、案主价值观及自己价值观综合考虑与权衡的结果,价值碰撞与冲突应该贯穿其中。但是事实上实务社会工作者自己价值介入的程度,对专业价值的把握,对社会价值观的考量,对案主价值观的理解等是否得当合适?是否能够在这样的碰撞与冲突中较好地秉持专业操守?我们也只能通过相应的督导或结合服务的效果来进行大致的评估,通过过程的反思与再现,通过外在的一些行动与语言去捕捉实务社会工作者内在的价值冲突与价值选择;或通过实务社会工作者自我披露与反思来体会和认识这种价值冲突与矛盾。现实处遇中价值冲突与矛盾的化解程度是对实务社会工作者专业素质与能力的考量,因为专业价值观对现实处遇中实务社会工作者只能提供笼统抽象的导引,而这种导引的作用程度取决于实务社会工作者的素质水平。

---

① 贺玉英、阮新邦:《诠释取向的社会工作实践》,八方文化创作室2004年版,第39页。

四　社会工作专业价值观来源的文化性倾向，使专业价值观融入不同的社会文化背景时容易陷入价值冲突的困境

世界文化是多元的，多元文化具有普遍性也有各自的特殊性。正是因为具有普遍性才使得社会工作进入不同的文化区域成为可能，也正是因为其有各自的特殊性，使社会工作进入某一特定的文化区域时会陷入价值冲突的困境，需要文化上的调适与交融。

社会工作专业价值观发源于社会问题日益加剧的西方现代工业化社会，必然打上深深的西方价值观的烙印。西方价值观是以个人主义为本的文化传统，重视个人的自由、尊严，强调个人的权利和价值。当然西方的个人主义为本的文化传统并不是简单地将个人完全凌驾于一切之上，并不是像有的人简单地认为"把个人作为一切价值和意义的主体和尺度"，这是对西方文化传统简单的片面概括，实际上，西方文化传统的确强调个人，突出个人的权利与尊严，但是其在强调个人主义的同时并没有完全摒弃整体主义。这正是中西文化相融的方面。从西方伦理学发展史中我们就可以看到：康德的至上命令首先表明了个体的行为准则和普遍的道德法则在逻辑上是完全一致的；黑格尔认为国家是个人的"真理"，"伦理性的规定就是个人的实体性或普遍本质"。个人不仅要服从国家利益，而且有义务为国家做出牺牲；洛克是近代个人主义价值原则的最早确立者，但他反对只顾个人利益而损害社会利益；爱尔维修虽然认为利己是人的本性，但他同时强调个人离不开社会；斯宾诺莎主张利己主义，但他的伦理学十分强调把利己原则与理性原则相结合，认为只有在理性原则指导下的功利主义，才能给人以真正的幸福；费尔巴哈的利己主义既考虑自己的幸福又照顾别人的幸福，被称为"合乎人情的利己主义"。……可见，西方文化传统中也存在着整体主义。他们在突出对个人自由权利的思考和守护的同时，并没有完全放弃整体主义的价值原则；他们肯定与强调个人权利，但从来不抹杀整体利益；他们倡导利己但从不以损人为前提。但是他们的整体主义是因为社会是达成个人满意、实现自我的一种必然存在，整体利益的实现要通过个体的独

社会工作价值冲突原因分析

立自主、个体能量的充分发挥为前提的。我们可以从社会工作专业核心价值观——"服务，社会公正，个人的尊严和价值，人际关系的重要性，诚信，能力"中看到这种文化性的倾向，在追求社会整体利益的同时，更重视与强调个人的尊严与价值。西方的社会工作在西方文化背景下既追求社会整体利益即福利社会，又强调人有至高无上的尊严，并且要求必须通过发展个人潜能来肯定自我的存在；认为社会是由具有独特性的个体而构成的，独立自主且能自我实现的个体是社会发展的活力源泉。

具有西方文化传统的社会工作作为一种职业与专业引入不同的社会文化背景，必须经历一个本土化的过程，这个本土化过程正是两种文化交锋融合与价值冲突和解的必然过程。王思斌教授对"本土化"有着精辟的论述，他认为："本土化所反映的是一种变化和过程，它指的是外来的东西进入另一社会文化区域并适应后者的要求而生存和发挥作用的过程。本土化不但强调外来者对它所进入的社会文化区域的适应性变迁，而且特别强调后者的主体性，即它是站在后者的立场上提出问题和分析问题的。"社会工作的本土化一定是社会工作所进入的社会文化区域的社会工作理论工作者与实务工作者从自身所处的文化背景出发有选择地吸收西方社会工作的价值观，将引入的社会工作专业价值观与本土价值观进行融合，形成适合本土文化特色要求的社会工作专业价值观。而这个融合的过程充满了价值观的交锋、碰撞，价值冲突在所难免。尤其来源于西方的社会工作引入中国这样一个以整体主义为本的文化传统、具有高度集权制的社会，这种冲突会更为显在与加剧。以整体本位、提倡整体协作精神为中心的中国传统文化，与西方文化不同的是——群体不被看作独立的个体的集合，而是在纵横交错的社会关系网络当中有一定定位和进行定分的。从纵的方面来说，提倡人伦价值，强调个体对于群体发展所承担的义务，强调个体应肩负的历史责任感和使命感，重视群体的凝聚力。从横的方面来说，视个体为群体的一分子，认为个体的需要和利益应服从于群体的需要和利益。这种整体主义认为只有追求整体利益才能保证或最大限度地实现个体利益，个体应以群体的普遍性原则来要求自己，要注重律己内省。这种整体本位与个人本位的两种文化的交融必然会带来价值观念的分歧与冲突；两种文化传统对个体认识的不同视角，决定了其价值认知与判断的区别，也决定了其现实的处遇方式与价值评价的不同。而西方社会工作进入中国本土，必然面对两种文化背景下价值观的交锋，如社会工作工具性价值观中所强调的"自决"，在西方文化中认为这是对个人权利的尊重，是对个体能力的一种提升与认可，是对个体潜能的一种发挥；而在中国传统文化中就被视为不负责任、漠不关心，是推卸责任、逃避责任的一种表现。如果我们只是简单地按照西方的理解与做法，社会工作在中国被人们接纳则是不可能的。社会工作专业价值观只有在中国传统文化价值的基础上吸收本土文化价值元素才会在中国社会有强大而旺盛的生命力。

同时，经济全球化、信息网络化使现实的社会工作置于更为复杂的多元化文化价值冲突背景之中，全球化与本土化这两种看似矛盾实则并行的文化交融过程，其所引发的有关价值观的冲突会更为激烈。

五　社会工作的互动性，使社会工作价值主体间的动态性与复杂性增加，价值冲突的复杂性明显增强

"社会工作是社会工作者强烈的助人观念所驱动的社会互动，它是一种价值相关的行动"。的确，社会工作是社会工作者以专业价值观为导向的助人活动，它不是单向性的行动，而是社会工作者以专业价值观去影响服务对象的过程，但是这一过程并不是简单的社会工作者与服务对象之间的互动过程，而是一个复杂的与价值相关的互动过程，这种动态性使整个社会工作的过程变成了一个充满了价值冲突的复杂过程。麦克里德（Mcleod）和梅耶（Meyer）早在1967年就归纳出了十组冲突的价值，这些价值冲突是专业价值观内部存在的固有矛盾的表现，仅从静态的角度就可以预见，而社会工作动态过程会使价值冲突复杂性增加。这种复杂性原因表现为：

1. 不同的价值主体的价值诉求冲突的动态化

社会工作动态过程并不是社会工作者是主体、服务对象是客体那么简

单，并不是社会工作者简单地运用专业价值观去影响服务对象的过程，而是一个充满了价值冲突的运动过程，是不同价值主体的价值诉求在现实中碰撞与交锋的过程。在社会工作动态过程中，社会工作者与服务对象是理所当然的价值主体，而社会工作者所属的家庭、机构，服务对象所属的家庭、同辈群体、机构也同样是价值主体，多元价值主体的多元价值诉求会直接影响整个社会工作的动态过程，使整个社会工作过程的价值冲突变得更为复杂。而如果服务对象不是一人而是多人，那社会工作动态过程的价值冲突会更加复杂化。

2. 人思想行为的复杂性特点会增强社会工作者的价值判断与价值选择的难度

价值观是人们思维中的核心部分，是人主观世界的灵魂。从理论上讲，价值观会指导人们的行动，有什么样的价值观就会有什么样的行为，但价值观往往是以一种观念的形式存在，具有隐蔽性的特征，简单地透过行为把握人的价值观是草率甚至是幼稚的。人的主观世界具有复杂性与隐蔽性的特点，人的内在动机可能会表现为外在的行为，但也会被外在的行为所掩饰。价值观指导行为绝不是一个简单的过程，在现实的处遇下，人们会根据现实情况做出自己的选择，这种选择可能是一种当下情绪的反映，也可能是对现实状况无奈接受的表现，也可能是深思熟虑的结果，但这种选择肯定是人们通过对当时当地情景的一种动态的把握，是当时认为必须做出的决定。"价值观指导决定但不会限制选择。人们可以做与自己价值观相反的决定"。所以，如果社会工作者并不了解人的思想与行为复杂性的特点，而仅仅通过一时的表现来判定服务对象的价值观，容易使社会工作者做出不符合服务对象价值观的判断与行为，价值冲突会在不可预见的情况下随时出现。价值观的隐蔽性特征，同样使社会工作者在社会工作动态过程中会不自主地受到个人价值观介入的影响，社会工作者个人的价值取向可能在不自觉的情况下影响社会工作者的价值判断与选择，也可能会出现个人价值观强势侵入的情况，会加剧个人价值观与专业价值观的冲突。

总之，社会工作过程是一个动态的过程，而这一过程往往使社会工作者与服务对象置于一定的社会情境之下，面对服务对象的种种行为或表现，如何去判断或把握服务对象的个人价值观，如何去推断或把握服务对象所处家庭、同辈群体及机构的价值观，是社会工作者必须面对的价值难题；社会工作者在服务过程中如何在个人价值观与专业价值观，专业价值观与自己所属机构的要求之间做一个很好的权衡与选择，也是社会工作者无可逃避的价值难题；社会工作者在服务过程中如何在个人价值观与服务对象价值观，专业价值观与服务对象价值观，个人价值观、专业价值观与服务对象家庭、所属同辈群体和机构的价值观之间做很好的对接，以恰当的方式去影响或解决相互之间可能存在的价值冲突，同样是社会工作者必须面对与解决的价值难题。

（该文刊于《东岳论丛》2011年第9期）

青少年自杀现象与社会工作介入策略

摘要：青少年自杀现象已成为备受关注的社会问题。自杀意念率较高、明显的性别与地域差异、低龄化趋向、易受感染性、冲动性、原因的阶段性是其特点。导致青少年自杀有认知偏差、青春期内在冲突、不良个性特征与心理疾病等个体原因，有家庭结构残缺、关系不融洽及教养方式不当等。家庭因素，有学业压力、教师素质、同伴影响的学校因素，同时与社会文化、现代传媒不良影响有关。社会工作介入的策略包括：倡导生命教育及形成预防机制以预防，采用区分对待、安抚陪伴、初次评估及支持系统的建构以干预。

自杀，是一个沉重的话题，尤其是对生命之花还没有绽放的青少年来说。探讨青少年自杀现象的特点、原因及社会工作介入的策略，对于更好地预防与干预青少年自杀具有重要的现实意义。

一 预防与干预角度的自杀分类

有关自杀的分类有很多。如果从有利于预防与干预自杀的角度出发，我们更多的是从其表现上将自杀分为自杀意念与自杀行为两种。所谓自杀意念就是在主观上有自己结束自己生命的念头与想法，但没有将这样的想法付之于行动。但是自杀意念也有程度上的差别，弱自杀意念只是有结束自己生命的想法，但没有计划与安排；强自杀意念有结束自己生命的想法，也有计划与安排,但没有付之行动。自杀行为是一种有意识地自己对自己施行的结束生命的行为,这种行为的结果又分为成功性自杀(完全性自杀)与自杀未遂。自杀未遂是自杀行为没有导致结束自己生命的结果,分为两种情况:一是决心自杀但没有成功;二是缺乏自杀意念而故意自损,以达到自己想要达到的目的。显然第二种是假性自杀或者可称为是蓄意自损。

自杀意念是自杀行为的前奏,自杀行为是自杀意念可能产生的结果。"自杀行为从自杀意念、尝试自杀、自杀死亡逐步发展,虽然不一定连续,但自杀意念是自杀死亡的强危险因素。"[1] 社会工作对青少年自杀行为的划分也是基于上述的划分方式,对自杀意念可以通过积极的预防予以消解,对自杀行为可以通过专业方式的干预消除其负面影响。

二 青少年自杀现象的特点

尽管自杀在青少年群体中所占的比例很小,但是这种偏差行为不仅会对青少年群体产生不良的影响,对自杀青少年家庭带来的是无法承受的打击与痛苦,而且会对社会的正常运行起到一定的干扰作用,是需要引起我们高度重视的青少年社会问题。

(一) 自杀意念率较高

2009年,深圳的一项有关青少年自杀现象的调查表明:中学生的自杀意念率为34.489%,有4.7%的学生不仅想过,并做过如何自杀的计划;有3.39%的学生曾采取措施尝试自杀;高中生的自杀意念率比初中生更高。[2] 天津市疾控中心2009年对初中生的调查显示:近一年内有13.189%的男生和29.04%的女生想过自杀,初一、初二、初三自杀意念发生率分别为22.17%、

---

[1] Nordstrom P., Samuelsson M., Asberg M., Suicide Analysis of Suicide Risk after Attempted Suicide, *Acta Psychair Scand*, 1995; 91 (5): 336–340.

[2] 刘奋:《深圳青少年自杀意念及相关因素分析》,《中国现代医药杂志》2009年第7期。

21.52%、29.15%。① 杭州疾控中心 2009 年的调查显示：中学生中有约 20% 的人自我报告曾经有过自杀意念；在有自杀意念的这些人中，有 10.5% 的学生（占所有人群 2.6%）自我报告有过自杀未遂史。② 尽管青少年的自杀意念率在不同的地区、不同的年龄段表现出不均衡的特点，但从以上数据可以看到：青少年的自杀意念率较高。通过普遍性的调查结果显示，高中生的自杀意念率比初中生要高，女性比男性的自杀意念率高。

（二）明显的性别与区域差异

我国青少年自杀现象表现出与国际上不同的性别与区域差异。杜尔凯姆认为，自杀者男性大于女性，自杀是典型的男性现象。而世界各国青少年自杀的性别比例也表现为男性大于女性。据世界卫生组织（WHO）资料，1987—1989 年，中国青年自杀男女比例 15—24 岁为 52.9∶100；25—34 岁为 75.6∶100 而 5—14 岁少年儿童为 97∶100。③ 仅此一数据可见我国青少年自杀表现为女性高于男性。中国是目前世界上唯一报道女性自杀率比男性自杀率高的国家，同时中国青年女性的自杀率之高为世界之最。④ 此外，根据我国卫生部门的统计，进入 21 世纪以来，我国城市青少年的自杀率为 7.7—9.1/10 万，农村青少年自杀率则高达 25.6—28.7/10 万。在农村女性青少年中，自杀几乎占此人口全部死亡总数的 1/3。⑤ 上述数据显示了我国青少年自杀现象明显地女性高于男性、农村高于城市的特点。

（三）低龄化趋向

20 世纪 80 年代以来，青少年的自杀比例处于上升的趋势，成为一个全

---

① 《初中生自杀意念有七诱因》，http://news.163.com/09/0910/10/5IRHUMJU000120GR.html，2009。
② 杭州疾控调查显示 20% 学生有自杀意念，http://www.jiaodong.net/edu/system/2009/09/12/010630758.shtml。
③ 李建军：《中日两国青少年自杀行为比较研究》，《中国青年研究》2000 年第 2 期。
④ 王艳华：《青少年自杀现象及原因分析》，《现代中小学教育》2011 年第 2 期。
⑤ 我国青少年自杀状况简要分析及共青团组织的应对建议，http://www.ccyl.org.cn/bulletin/qyb_scyqy/200706/t20070608_3 1 796.htm。

球性的社会问题,而且自杀的低龄化倾向越来越明显。据美国"全国精神健康运动"机构的报告称:"在美国,15—24岁年龄段发生自杀的比率最高,每年有近5000人轻生。自杀也是5—14岁年龄段第六大死因。"在我国,15—24岁占自杀总人数的26.64%;5—14岁的少年儿童自杀占自杀总人数的1.02%(1988年)。而且这个年龄段自杀人数还呈现上升趋势。如果以60万人为基数,5—24岁的自杀人数每年竟高达15万人以上。

(四)易受感染性

青少年的自杀具有易受感染性,即模仿自杀现象,国外称之为"维特现象"或"维特效应"。杜尔凯姆认为,榜样的感染力足以引起自杀。而这种模仿现象在现代社会更多受到传媒的影响,如日本在20世纪80年代出现了震惊世界的"岗田有希子现象",在年轻歌星岗田有希子自杀被报道后两周内日本全国出现了21起同类自杀事件。这种模仿自杀在青少年中表现得更为明显。

(五)冲动性

冲动性自杀,一般是在出现自杀意念时就采取自杀行动,这是因为一时情绪激动而出现的失控行为,而这种冲动性的结果往往比较严重,如果自杀未遂可能会承受自残性结果。一般冲动性自杀未遂的青少年都会有明显的悔意。目前还没有有关青少年冲动性自杀的实证数据,但是青少年群体相比其他群体更容易出现情绪上的波动,容易冲动,尤其在青春期早期与中期是青少年情绪波动较大的阶段,易出现情绪两极化。因此,青少年群体中冲动性自杀情况的发生会远远高于其他人群组别。

(六)原因的阶段性

青少年自杀的原因有着明显的阶段性特点,少年期(小学高年级)的原因较为简单,如对自杀的好奇或者出现了有伤自尊的事件等;而到初中阶段原因可能会更复杂一些,如因为学习问题、家庭问题、与同学和老师的关系,等等;到高中阶段的原因可能包括学校适应、朋辈关系、高考压力等问题;大学阶段的原因可能包括学业问题、择业问题、异性关系;工作阶段,可能因为工作问题、恋爱婚姻问题等烦恼。

三 青少年自杀行为的成因分析

(一) 青少年个体因素的分析

青少年期是人的认知水平逐渐发展的时期,是个体身心发展不平衡的时期,是人一生心理变化最激烈的时期,也是情绪化倾向最明显的时期。当内在的不快乐与外在某些境遇结合时,青少年极易出现偏激行为。

认知的偏差:一是死亡是可逆的。处于少年期与青春期早期的青少年,对死亡的认知存在不足,对死亡存在着好奇,误以为死亡是可逆的。很有可能出现尝试自杀、体验自杀,最后可能出现了不可逆的自杀事实。二是死亡是让父母后悔的最好方式。青春期早期的青少年,其成人感增强,直接表现就是想要摆脱父母的限制与管束,逆反心理加重。亲子冲突的增加,使有的青少年产生了自杀的想法,理由就是让爸爸妈妈后悔。生命不是自己的,是爸爸妈妈给的,结束自己的生命就是对爸爸妈妈最好的惩罚。这是一种怨恨的方式,这种怨恨仅仅作为主观上的想法,就有了"自杀意念",如果将这种怨恨草率地付之行动,则是"自杀行为"。

青春期内在冲突的表现:青春期是青少年个体获得自我认同的关键时期,成人感的增强使其希望独立与自主的愿望变得尤其强烈,希望得到更多的关注与认可,希望能够融入同伴群体,内心充满了理想主义的情怀。较强的自尊心,使其对周围人观点与行为的敏感度增加,有的青少年个体可能会因为某个有伤自尊的事件,而出现自杀的冲动;也可能因为自己被忽视,而出现自杀企图,希望通过这种极端的行为引起他认为重要的人物的关注与重视;也可能抱着一种不与周围人同流合污的自清自醒境界,而慷慨自决;也可能因为自己对偶像的崇拜而出现的模仿自杀;也可能不堪忍受学业失败、失恋等形成的无助感、孤独感而寻求自杀解脱。

不良的个性特征:不良的个性特征不全然是先天的,更主要是后天环境的影响，成长经历会对青少年个性的形成起到重要的作用。如果在青少年成长过程中所有的需要都能得到满足，会形成欲求必须被马上满足的习惯，需求延迟性满足相对缺乏，可能会出现极端行为甚至冲动性自杀；气质的极端性特征也容易导致自杀现象的出现，如极端的胆汁质气质的青少年容易出现自杀冲动；如果青少年性格过于内向，当遇到挫折时，会加深痛苦体验，其孤僻与自闭的气质特征，容易出现自杀意念与自杀企图。因此，不良的个性特征使青少年的心理承受力较弱，往往在碰到外界的挫折时会不堪一击。

心理疾病：患有抑郁症、躁狂症、精神分裂等心理疾病的青少年，会出现自杀意念、自杀未遂与自杀行为。他们中有的有家庭遗传史，一般需要借助药物治疗与专业的心理干预；有的是因为偶发的事件刺激而出现的症状，可以通过一定的干预而得以好转甚至改变。

（二）家庭因素

家庭是青少年社会化的第一场所，也是青少年获得安全感与社会支持最主要的来源。青少年自杀现象与家庭因素密切相关，家庭结构的残缺、家庭关系的不融洽、父母教养方式的不当、父母自身的素质不高，等等，都会对青少年的成长产生不良的影响，使生活在其中的青少年个体感到失望与悲观，感到难以承受的压力，容易以极端的方式去逃避不快或现实。

家庭结构残缺：相对于结构完整的家庭，残缺的家庭结构会使生活其中的青少年个体的自卑感加重。家庭结构残缺也称为家庭破碎，往往有两种情况：一种是外在不可抗力的影响失去双亲或单亲；一种是父母离异。上述家庭破碎的打击对于还没有足够心理承受力的青少年来说是巨大的，会出现一种对生活的不安全感，直接影响到青少年个体对人生与生活的看法。有的父母离异时，将孩子当作包袱，互相推诿，甚至将孩子推给老人；有的父母将孩子作为筹码，成为要挟对方的条件。这种种情况如果发生在处于青春期早期的青少年个体身上将会增强青少年个体的逆反心理，会让青少年出现自我的不接纳，会让青少年个体的无力感、无助感、羞耻感增强，容易出现自杀意念或极端的自杀行为。

家庭关系不融洽家庭结构完整：并不一定表示家庭关系融洽、家庭功能完整。对于家庭关系不融洽的家庭来说，缺乏理性的沟通、缺乏相互的关爱与理解是必然的。争吵不断，会使生活在其中的青少年个体深受来自父母的烦扰，容易失去对生活的信心与勇气；冷战淡漠，会使青少年个体感到令人窒息的压力，产生无法摆脱的沉重感与无法承受的心理压力。如果青少年个体无法从家庭中寻找安宁、平衡与理解，再加上在家庭之外出现一些自己无力解决的事情时，悲观厌世的想法可能如影随形。

家庭教养方式不当：家庭的教养方式，是由父母的自身素质及对子女教育的理解而决定的。教养方式就是父母塑造子女的主要方式，教养方式的不当会形成青少年个体不良的个性人格。青少年教育专家有一个共识，那就是"孩子的问题是父母的问题"。专制的教养方式、父母的专断往往形成青少年个体敢怒不敢言的压抑状态，而这样的状态可能在青春期成人感的驱使下出现专断父母难以接受的逆反行为，会出现亲子冲突，甚至可能出现离家出走或冲动性自杀；也可能这种压抑状态积累到一定的时候，以一种父母想不到的方式自己寻求解脱。纵容（溺爱）的教养方式，容易形成青少年个体以自我为中心的观念、心理承受力低、任性等特点，当所有的欲望都得到满足，稍有要求得不到满足的时候，容易出现极端行为。而不闻不问，本着"树大自然直，长大自成人"的教养方式，往往使青少年个体感受不到父母的关爱与亲情，缺乏安全感，对人冷漠、敏感多疑，很难与他人建立亲密关系，容易形成人际关系紧张、社会适应困难。当自己感到无法与他人相融的时候，内在的孤独感可能也会使其失去了生活的勇气。

（三）学校因素

学校是家庭之外青少年第二个重要的生活场所，同时也是青少年个体自我价值实现的重要场所。当个体在学校中受挫、自我价值得不到实现，对自我缺乏应有的信心时，就可能会出现自杀意念与自杀行为。

学业压力的影响：尽管我们多年来一直都在提倡素质教育，但是一直还处于应试教育的桎梏之中。升学率是评价一所学校教育教学水平的硬性指标，围绕这个中心任务，出现了强化文化课教育而忽视其他素质教育的普遍现象，也出现了对学生评价指标的偏差——学习好就可以"一俊遮百丑"。有些学生往往会因为害怕考不好，出现很大的心理压力，而且会因为一时的失误或一次考试失利就出现较严重的挫败感；如果这种挫败感没有得到及时的缓解与释放，挫败感产生的负面情绪会出现心境化的现实，当负面情绪积累到一定程度，可能会出现生活的无意义感与自我否定。同时，一直生活在光环中的好学生，一旦有一天意识到天外有天时也可能会接受不了己不如人的事实，出现泛化的自我否定，导致自杀意念与自杀行为的出现。此外，现今珍视生命、树立正确生命观的生命教育，往往还没有成为学校的教育内容，这种生命教育的缺失也会对青少年正确看待生命及生命的价值产生一定的影响。

教师素质：教师的素质相当重要，尤其教师是不是懂得教育规律，是不是对学生一视同仁，是不是尊重学生，都会对青少年个体产生直接的影响。教师的观点具有导向的作用，会影响到其他学生对青少年个体的认识与评价。尤其教师在处理一些日常事务的时候，能不能在调查的基础之上，能不能做到客观公正，讲不讲究方式方法，是否考量可能出现的后果，等等，都会对青少年个体产生直接的影响。如果教师处理得当，会对青少年个体产生积极的影响，会有助于青少年个体的成长；而如果处理不当，会对青少年个体产生消极影响，甚至会导致青少年个体出现冲动性自杀。

同伴关系：青少年个体在追寻自我认同的时候总是从同伴的身上发现与认同自我。他们在与他人的交往中寻求理解与支持，尤其是刚处于青春启动期，处于同性依恋阶段，形影不离、如胶似漆的同伴关系对青少年个体非常重要，这是认识自我、树立自信的关键时期。如果在这一时期，本来很好的同伴关系出现了裂痕，对青少年个体的打击往往是很大的，因为这时青少年的情绪处于不稳定的状态，容易出现两极化情绪，容易出现冲动性自杀。同时，同伴的爱好、观点对青少年个体的影响更为直接，那种你我一体的友情，那种为了友谊可以抛弃一切的情怀，可以为朋友赴汤蹈火在所不辞的义气，极可能出现非理性行为——简单的盲从行为，也是这一时期的青少年出现小众自杀现象的原因所在。

（四）社会因素

青少年社会问题是社会问题在青少年群体中的表现与影射，任何青少年社会问题会有着根本的深层的社会原因，青少年自杀这一社会问题也不例外。许多研究自杀的社会学理论认为，社会环境的变迁是影响自杀率的重要因素。因为社会的变迁，会带来生活环境的变化，带来社会利益格局的新变化，带来利益的新调整，会使生活其中的个体原有的社会支持系统产生变化，这些变化有可能会影响部分人的生存意志与信心。我国正处于社会转型与变革的重要时期，贫富差距加大、社会问题日益凸显的社会现实往往会影响青少年的社会支持系统，甚至会加重部分青少年的相对剥夺感。当社会境遇与青少年期人格发展不平衡相遇时，就有可能会出现自杀之类的偏差行为。

社会文化：社会文化直接影响着青少年的生死观。传统文化中有"舍生取义""以身殉道""士可杀不可辱""宁为玉碎、不为瓦全""视死如归"的慷慨之言，也有"好死不如赖活着"的苟且之说；有"无颜见江东父老"强烈耻感的自决选择，也有"卧薪尝胆"忍辱负重的坚忍执着。这些生死观对青少年人生观的形成会产生不同程度的影响，尤其青少年处于教育学家皮亚杰所划分的"形式运算阶段"，抽象思维的发展使青少年形成了人生发展所特有的形而上学的思维特征，当理想与现实的反差加大，可能对部分青少年的打击是毁灭性的。同时，在我们的文化中还存在着死亡禁忌，平时一般人都忌讳说"死"，认为这是一种诅咒或者是不吉利的象征。反映在现实对孩子的教育中，也是避免谈死，当然这种禁忌是出于保护孩子脆弱的心灵，如当奶奶去世，家里的成人就会对孩子说，"奶奶去了很远很远的地方"，或者"奶奶睡着了"，这也是青少年中会有人对死亡好奇、认为死亡是可逆的主要原因。因为这样的教育会直接影响青少年对死亡的认知，使他们认为死亡是可逆的，睡着了就能醒来，去的地方再远也能回来；好奇心促使青少年想知道死亡是一种什么样的感觉，死而复生又是一种怎样的体验。这种对死亡的禁忌就形成了青少年对死亡的一种神秘感与恐惧感，神秘引发好奇，好奇引发尝试。同时，恐惧感使很多青少年无法接受周围出现死亡的现实，如果没能得到及时的干预，就可能会使青少年个体心理留下难以挥去的阴影，甚至引发一些不正确的人生观。同时，传统的重男轻女思想在有些落后的地区还较为严重，而性别歧视等在现实社会中还不同程度地存在着，这些也可能是导致青少年自杀现象中存在地域与性别差异的重要原因。

现代传媒早在20世纪70年代已经有人开始关注与研究媒介报道自杀事件而导致的模仿自杀现象了。现在，现代化的传播媒介更为发达，尤其是互联网的普及，使青少年能够随时了解与得到有关自杀的信息，甚至有关自杀的方式也以一种形象化的方式出现在网络上，尤其是对一些自杀心理、自杀过程的描述，极容易得到有自杀倾向青少年的认同与模仿。而网络游戏中的暴力争斗与复活环节的设置，使一些认知水平较低的青少年容易将虚拟空间与现实生活混淆，认为死亡就和游戏中的一样，是可逆的，人是可以死而复生的。而现代媒介对各种明星自杀的报道与介绍，极容易唤起那些青少年追星族、发烧友模仿的欲念。

四 自杀行为青少年的社会工作介入策略

（一）预防策略

防患于未然，将可能出现的自杀现象消灭在萌芽状态，是预防青少年自杀的必然要求。基础的预防应该针对所有青少年，而不仅仅针对有自杀意念的青少年，因为主观思想的隐蔽性特征使我们在现实中很难界定哪些是有自杀意念的青少年。

青少年自杀现象与社会工作介入策略

1. 开展生命教育的倡导策略

社会工作者应该倡导生命教育的开展。针对现实中生命教育的缺失现象,教育工作者与青少年的父母要注重生命教育,让青少年了解生命的含义、生命的本质;正确理解生命现象与生命的价值;学习如何迎接人生的挑战,提高生存能力与生活质量以实现有价值的人生,等等。可以通过视频、讲座、讨论等多种形式,通过角色体验、情景模拟、实地训练等多种小组活动方式开展生命教育,培养青少年尊重生命、爱惜生命的意识,倡导践行生命的意义、坚持有价值行为的正确的生命观,协助青少年确立正确积极的生命观与人生观。

2. 形成自杀的预防机制

了解自杀的预警系统。尽管自杀意念属于主观的意识活动,但是意念转化为行动需要一个过程,这个过程就是内心的矛盾与冲突的过程,而且会在一定的外显行为上表现出来,我们可以透过青少年的外显行为捕捉其内心,及时打消其自杀意念。因此,了解自杀的先兆对社会工作者来讲非常重要,是预防自杀发生的最重要的前提。Kalafat 在 1990 年通过整合多项青少年自杀的警讯,将自杀的预警系统划分为四个方面:情绪感受、行动或事件、改变和恶兆,由此组成了"自杀警告信号表"(见表 1)。Kalafat 的自杀警告信号表为社会工作者提供了捕捉青少年自杀可能出现的信息,此外,社会工作者也可以结合自己的生活经验去了解一些与之相关的信息,或是通过在所在区域内建立广泛的人员联系及时发现问题与可能出现的苗头。

聚焦目标与个案跟进。了解自杀的预警信号,对于社会工作者来讲,会形成一种较为敏感的预警意识。当发现青少年个体出现了反常的言语与举动,就会马上聚焦目标。通过个别的接触与交流,与有自杀意念的青少年个体建立良好的专业关系,会为有自杀意念的青少年提供一个可以舒缓与释放压力的良好渠道。

表1　自杀预警信号表

情绪感受	无望——事情不可能变好了，已经没有什么好做了，我永远都是觉得没有希望；害怕失控、害怕疯狂，担心伤害自己和别人 无助，无价值感——没有人在乎我，没有我别人会更好，过度的罪恶感和羞耻感，痛恨自己；悲伤；持续的焦虑与愤怒
行动或事件	药物或酒精滥用；谈论或撰写有关死亡或者毁灭的情节；做噩梦；最近的失落经历——因为死亡、离婚、分离，关系的破裂，或失去工作、金钱、地位、自尊；失去对宗教的忠诚；焦躁不安；攻击、鲁莽
改变	人格——退缩、厌倦、冷漠、犹豫不决，或更为喧闹、多话、外向； 行为——无法专心； 睡眠——睡太多或失眠，有时候会很早醒来； 饮食习惯——没有胃口，体重减轻，或吃得过量；对于朋友、嗜好、个人清洁、性或以往喜欢的活动失去兴趣；在经过一段时间的消沉、退缩后突然情况好转
恶兆	言语——如流血流多久才会死；威胁——如没多久我就不会在这里了；计划——安排事务，送走喜欢的东西，研究药物，获取武器；自杀的企图——服药过量，割腕

社会支持系统的建构。社会工作者可以一边与具有自杀意念青少年互动，了解其想法、心情，同时，一边通过其他途径去全面了解具有自杀意念青少年的情况。当社会工作者对其有较为全面的了解与评估后，就可以针对其产生自杀意念的原因而形成切实可行的干预计划，修复或重建具有自杀意念青少年的社会支持系统，从而防患于未然。也正因如此，预防与干预往往是有机地结合在一起的，但在预防过程中的干预难度与程度相应会比较小。

（二）干预策略

区分对待策略：干预是对已经出现自杀行为事实而采取的积极介入的方式。对于自杀已成事实且已经出现生命消逝结果的情况，其干预主要是针对自杀青少年的家人、同学与老师这些可能直接受事件影响的人群，消除因为自杀事件而产生的不良影响。对于自杀未遂事件则干预会更为复杂。所谓对自杀的干预体系一般来讲是形成一、二、三级预防干预网络体系。在出现自杀这样的突发事件时并不可能只靠一个社会工作者就能解决问题，而是需要多方的通力配合、密切合作来进行积极的干预。干预的程序大致

青少年自杀现象与社会工作介入策略

包括：积极抢救，安抚陪伴，控制现场，联系家人，评估原因，聚焦问题，干预计划的制订，个案辅导与团体辅导的跟进，等等，同时要随时与机构领导保持联系，争取相应支持。鉴于应急事件的性质，往往需要几个方面的工作同时进行，以期于较短的时间取得较好的效果。

安抚陪伴策略：当自杀行为出现、自杀未遂事件发生后，社会工作者应及时做出反应，尽可能第一时间赶赴现场。如果自杀未遂青少年受伤应及时对其进行救助与治疗，如果未伤则需要对其进行远离事件现场的隔绝保护，避免媒体等外界的刺激，避免事态进一步扩大。对处于惊恐状态的青少年个体应给予相应的陪伴与安抚，注意言语的温和、亲切，表现出真诚的关心。如果自杀现场有其他青少年，这些青少年也是干预的主要对象。因为他们是目击者，是现场的经历者，会处于一种惊恐与无助的状态，社会工作者应及时帮助他们转换环境，及时介入进行团体心理辅导，以舒缓其紧张与恐惧的心理状态。

初次评估策略：在确保自杀未遂青少年有专业社会工作者陪伴的前提下，社会工作者还要接触相关的目击者，了解有关该青少年个体的表现与现场情况；了解该青少年个体事后的反应情况；联系该青少年个体的父母，与其父母交谈以了解该青少年个体平时的状况；与该青少年的任课老师、班主任与同学交谈，了解其平时的表现，与该青少年个体做初步的情况了解，等等。在综合各方面情况的基础上做出初步的判断。

支持系统建构策略：一般而言，自杀行为的出现，除了病态的原因，即由于心理疾病的影响之外，更多的是由于支持系统的薄弱、残缺等所造成支持不足的必然结果。因此需要在对支持系统进行客观评估的基础之上，了解其主要支持系统存在的问题，有针对性地建构支持系统，使其支持功能得以充分的发挥，以提高自杀未遂青少年的信心与勇气。如果是因为父母的疏于关心与理解，应进行亲子关系的深度辅导，让父母认识到对子女关心理解的重要，同时也让青少年个体能从父母的角度考虑问题。如果是由于失恋等情感因素所造成的自杀行为，应进行个体辅导，同时伴以良好的同学关系、师生关系、亲子关系的构建。如果是因为某种偶发事件的影响而导致的冲动性自杀，要进行个案辅导，等等。因此，在修复与建构支持系统的过程中，社会工作者要针对薄弱的或残缺的系统环节，通过了解相关人员的素质基础与观点，分析相关人员的特点，寻找介入的切入点。

（该文刊于《当代青年研究》2012年第7期）

青少年吸毒现象及社会工作介入策略

摘要： 青少年吸毒现象呈现低龄化、低文化程度，闲散性、团伙化，复吸率高、艾滋病感染率高、犯罪率高，品种多样化与新型化的特点。认知的偏差、寻求自我认同的误区、问题应对方式的缺陷、凸显自我追求时尚的怪圈及人生观的扭曲，是青少年吸毒行为的主观成因。吸毒行为青少年的社会工作介入策略主要有系统预防的倡导性策略、家庭辅导与社区康复模式。

毒品被称为当今世界的最大公害之一，吸毒的低龄化趋向已成为人们关注的世界性社会问题。吸毒行为是一种严重的偏差行为，它的严重性后果不仅仅是对具有吸毒行为青少年个体身心的严重损伤，更重要的是对正在成长发展阶段青少年的不良影响及社会安定和谐的危害。对青少年吸毒行为的预防与矫治是社会工作的重要实务内容。毒品被称为当今世界的最大公害之一，吸毒的低龄化趋向已成为人们关注的世界性社会问题。吸毒行为是一种严重的偏差行为，它的严重性后果不仅仅是对具有吸毒行为青少年个体身心的严重损伤，更重要的是对正在成长发展阶段青少年的不良影响及社会安定和谐的危害。对青少年吸毒行为的预防与矫治是社会工作的重要实务内容。

一 青少年吸毒现象的主要特点

1. 低龄化、低文化程度

在我国,截至 2005 年年底,登记在册的吸毒人员已经超过 116 万,其中青少年占总数的 83.6%。冰毒、摇头丸等新生毒品的吸食人群年龄主要在 15—19 岁。① 青少年吸毒低龄化的趋向与低文化程度,在不同地区都表现出这样的特点。从南京市公安局禁毒处的调查数据来看,目前南京登记在册的吸毒人员有 9100 人,之中青少年有 3500 人,其中"80 后"2673 人,"90 后"201 人,截至 2008 年 11 月,未满 18 岁的吸毒人员有 117 人。② 2006 年,辽宁省抓获的吸毒人员中,17—35 岁的占 90.8%,16 岁以下的占 3.7%,两项合计占 94.5%。而在歌厅检查发现的吃摇头丸和 K 粉的 24 人中,年龄最大的是 19 岁,最小的一名男孩年仅 15 岁,平均年龄 17 岁③。同时中国香港也出现了低龄化的现实,香港 67 家禁毒机构呈报的数字显示,香港青少年吸毒人数有明显上升趋势。2005—2007 年,被呈报吸毒的 21 岁以下青少年增加 34%;2008 年前三个季度比 2007 年同期又增加 18%,升势一直持续。更令人担忧的是,首次吸毒的平均年龄由 2004 年的 16 岁降至 2007 年的 15 岁,被呈报吸毒者中最年轻的仅 11 岁④。

低龄化与低文化是相辅相成的关系,且从我国以前有关报道可以看到的文化程度初中以下占大多数。有的学者在研究吸毒青少年状况的调查样本中就显示,吸毒行为青少年中专及以下学历的占了 86.0%⑤。从甘肃酒泉

---

① 朱军、梁燕:《关注吸毒低龄化——吸毒青少年行为失范三部曲》,《检察风云》2006 年第 12 期。
② 韩丹:《未成年人吸毒成因与对策研究》,《唯实》2011 年第 2 期。
③ 张雷:《新时期青少年吸毒的特点、原因与对策》,《铁道警官高等专科学校》2009 年第 2 期。
④ 《香港青少年吸毒人数有上升趋势》,http://www.cycs.org/Article.asp? Category = 1&ID = 8826。
⑤ 夏国美:《社会学视野下的禁毒研究——青少年吸毒问题调查》,《社会科学》2003 年第 10 期。

已入库的 1621 名吸毒人员中，文盲占 15%，小学、初中文化占 50%，高中文化占 30%，大专以上文化程度占 5%。

2. 闲散性、团伙化

吸毒行为青少年，其低龄的往往是学习成绩不好或处于辍学状态的青少年；而年龄较大者往往是无业的城镇与农村青年，多数属于无人管辖、无所事事的闲散状态。他们基本上属于情况相似青少年组成的小群体，三五成群或人数更众。吸食毒品多数情况下是在娱乐场所集体所为，而且都以请客的方式，以毒品助兴娱乐休闲。有研究者调查显示：第一次吸毒时在场人数有 2—3 人的占 62.7%，4—5 人的占 22.0%，6 人及以上的占 5.7%。72.1% 的人是在知晓的情况下吸的，20.3% 的人是在不太清楚的情况下吸的，只有 7.6% 的人是在完全不知道的情况下吸的。[①]

3. 三高（复吸率高、艾滋病感染率高、犯罪率高）

青少年戒毒后，如果还是处于闲散状态，还无法脱离原来的同伴团体，基本上还会复吸，因为这是融入群体得到认可的一种必然方式。而这种团伙吸毒的方式极可能感染疾病尤其是艾滋病（HIV）。据云南一些毒品重灾区调查，因静脉注射海洛因造成的艾滋病感染率高达 68%[②]。另据统计，吸毒者因使用不洁注射器而被感染乙肝或丙肝的，感染率分别高达 22% 和 68%[③]。共用注射器、不安全性行为是艾滋病感染的高危行为。我国从 1989 年首次从吸毒人群发现艾滋病以来，吸毒人群便成为艾滋病的高发人群。而吸毒行为青少年染上毒瘾后，当无资金保证时极容易引发犯罪行为的发生，如黑龙江省于 2009 年共破获毒品案件 3300 多起，其中千克以上大案 29 起，抓获毒贩 4000 多人，打掉毒品犯罪团伙 30 多个，缴获各类毒品 66 公

[①] 周建斌、杨玺：《试论吸毒的原因及对策》，《甘肃警察职业学院学报》2010 年第 3 期。

[②] 夏国美：《社会学视野下的禁毒研究——青少年吸毒问题调查》，《社会科学》2003 年第 10 期。

[③] 《中国青少年吸毒问题研究：青少年吸毒危害》，http://www.southcn.com/news/community/shzt/jindu/youth/.

斤。其中，青少年毒品犯罪呈现高发态势，已经成为新型毒品的重点受害群体①。从大量事实来看，吸毒的巨资来源除了靠贩毒外，男性、女性吸毒者往往沦为"男盗女娼"，严重危害社会的安定。

4. 品种多样化与新型化

随着科技的发展，新型毒品品种多样化。新型毒品比传统毒品成瘾慢，而且能够使人迅速产生兴奋，比较典型的如摇头丸、K粉、冰毒等。调查显示，新型毒品使用者表示用药没有影响工作、学习、家务的占86.3%；没有影响家庭、人际关系的占86.5%；63.1%的纯新型毒品使用者认为不影响交友。②新型毒品使用者主要就是具有吸毒行为的青少年，他们认为这是工作之余的一项娱乐活动，是正常生活的调剂品。实际上，尽管新型毒品成瘾慢，但是成瘾后则更难戒断。

二 青少年吸毒行为的主观成因分析

吸毒行为作为一种严重的偏差行为，其诱发的原因是多方面的，既有吸毒青少年个体的原因，也有其成长环境与社会结构方面的原因。但行为产生是内外因相互作用的结果，只有外在的环境引发了内在的需求，才能导致行为的出现，青少年的吸毒行为也是如此。笔者对吸毒行为成因的分析，只是从吸毒行为青少年本体的角度出发。吸毒行为青少年的低龄化与低文化的趋向，使我们不得不关注青春期给吸毒青少年个体带来的内在压力，由身心发展不平衡带来的负向影响。

1. 认知的偏差

青少年的认知能力处于正在发展的关键时期，认知能力相对稚嫩。但是在青春期，成人感驱使其认为自己的认知能力较强，往往不愿听从父母

---

① 《黑龙江吸毒者一半是青少年，诱发抢劫强奸卖淫犯罪发生》，http://heilongjiang.dbw.cn/system/2010/04/.
② 林少真：《我吸的是冰，不是海洛因——比较视野下的吸毒者自我表达》，《前沿》2010年第1期。

或老师的"说教",在这样的前提下,必然带来认识上的偏差。对吸毒行为青少年来讲,他们的认知偏差,包括对毒品认知的偏差、对他人认知的偏差与对自我认知的偏差。对毒品认知的偏差,表现为对毒品认识、毒品危害的无知。有关资料表明,在青少年吸毒人群中,有近82%的人是在不知道毒品的危害的情况下吸毒成瘾的,而且他们对毒品的认识,仅限于对传统毒品如大麻、海洛因等的了解,认为吸食这些物品才是吸毒,而新型毒品像摇头丸、K粉、HAPPY水等都不会上瘾,只是功能饮料或者休闲娱乐的助兴食品而不是毒品,自己只是娱乐的消费者而不是吸毒行为者,在这样的场合其他人都消费当然就很正常了。

对他人认知的偏差表现在对他人的轻信与盲从。对他人不是客观全面去观察,而是根据自己的感觉做出判断;对他人的谈话也不善于分析,而极容易偏听偏信。这种对人认知的偏差极容易被利用与诱惑,很多吸毒行为青少年就是在"朋友"的诱惑或者轻信一些不法分子的哄骗而产生吸毒行为的。

对自我认知的偏差表现为对自我控制力的估计过高,觉得自己有能力把握自己,这种对自我认知的偏差加上强烈的逆反心理,可能就会出现"明知山有虎、偏向虎山行"的毒品尝试行为。但真正吸毒后却发现自己无法管住自己。

2. 寻求自我认同的误区

希望得到别人的关注与认可,是每个人内在的心理需要,尤其对处于青春期的青少年来讲更为重要。寻求自我认同是青春期重要的任务,但是在寻求自我认同的过程中,往往由于外在环境的变化与压力,寻求自我认同的方式会出现变化。当学业成绩达不到要求时,就会出现不被关注与重视的可能,就会成为学校中的边缘人。而学业成绩不好的青少年,他们在一起容易产生共鸣,因为大家有共同的经历与感受,在这种既紧张又被忽视的环境中,不仅无乐趣更感到压抑,大家一起寻找快乐则成了必然的事情,极容易去鱼龙混杂的娱乐场所;而在家庭中被忽视或者受到严厉的管制，都会加深青少年个体的挫败感，要求独立自主的内在渴望就会增强，这种沉重的心理压力就会在同伴交往中得以释放与理解，自我价值得以认可与实现也只能在同伴群体之中，同伴群体的态度与行为对个体起到决定的作用；而这种独立自主的渴望可能就在"大哥""老大"的关照下得以"实现"。这也是吸毒行为青少年所表现的"闲散性与团伙化"的原因所在，也是"复吸率高"的重要原因之一。

3. 问题应对方式的缺陷

青少年在成长的过程中往往会遇到很多的问题与烦恼，应对问题解除烦恼的过程，实质上是人的应对问题能力提高的过程。有的青少年在成人的指导下，能够使自己应对问题的能力得以提高，但有的青少年缺乏成人的合理指导且自身性格等方面的原因，遇到问题的时候往往采用回避的方式，应对问题的能力相应就会差。但是趋利避害是人的本能，当这种应对问题能力差的青少年真正碰到自己无法解决的问题时，如失败、失恋等，可能就会采取回避的方式，就会通过寻找刺激与快乐的方式，去缓解自己内心的痛苦，这种方式只是处于一种本能或者自暴自弃的想法。这也可能导致迈出尝试毒品的第一步[1]。

4. 凸显自我，追求时尚的怪圈

与众不同、引人关注，这是典型的青春期情结。追求时尚与潮流，往往是处于青春期青少年所热衷的。也正是因为这样的特点，才使一些不法之徒诱骗这些孩子的阴谋得逞。"新型毒品，作为一种时尚娱乐消费，已不再满足于娱乐式的功能消费，更是一种身份地位的象征，是有钱人玩的玩意"[2]。将毒品打上了时尚新潮的标签，成为有地位有身份的象征，这就会让一些青少年趋之若鹜。所以就有了"我吸的是冰，不是海洛因"这样的话语；就有了"吃了就能瘦"的爱美追求；就有了"只图哥们一起痛快"

---

[1] 董晓薇：《青少年吸毒的主体原因及预防对策》，《政法学刊》1999 年第 3 期。
[2] 林少真：《我吸的是冰，不是海洛因——比较视野下的吸毒者自我表达》，《前沿》2010 年第 1 期。

的念头。

5. 人生观的扭曲

追求享受、及时行乐的不良的人生观，是一些青少年走向与毒品为伴歧途的根本原因。这种不良的人生观可能是受环境的影响，如父母就是持有这样人生观的人，父母就是"瘾君子"；也可能因为一些不良社会现象所引发；也可能是在成长过程中由挫败而形成的。人生观的扭曲是主体人对现实的扭曲反映的结果。

实质上透过这样的人生观，可以看到吸毒行为青少年对人生的悲观与失望，这种失望是基于自己成长过程的失败，是对自己的否定。因为自己在现实中是如此之失败，没有骄人的学习成绩，没有让人羡慕的工作，没有让家人感到自豪的事情发生，所以才得过且过，乐一时是一时。不能重塑自己对人生的希望与信心，这也是复吸率高的原因之一。当然，社会对吸毒行为青少年标签化的刻板印象，对他们的歧视、排斥，也是复吸率高的重要原因。

三 吸毒行为青少年的社会工作介入策略

青少年的吸毒行为有程度上的区分，大致可以分为三种程度，即偶尔吸毒、经常性吸毒与吸毒成瘾。而三种程度需要的社会工作介入的策略是不同的。

1. 系统预防的倡导性策略

对于偶尔有吸毒行为的青少年，一般来讲不容易发现，这类青少年基本上是比较遵从规范的，对这部分青少年的社会工作介入，主要是通过系统预防的倡导性策略。具体表现为：

（1）反吸烟教育

之所以要进行反吸烟教育，因为有吸烟行为的青少年极有可能在他人的蛊惑下，往往在不知情的情况下吸毒。吸烟有损健康已成为共识。但吸烟与吸毒是两个概念，吸毒是人们不能接受的，但是吸烟则是司空见惯的，加上我们有敬烟的礼节风俗，而且社会上的吸烟文化给青少年所传达的信息是吸烟是成熟、有风度的象征。尽管学校明令禁止吸烟，但在学校的厕所里、在公共场合，还会有青少年吸烟现象的存在。处于青春期的青少年基本上是结伙吸烟的，也学成人一样相互敬烟。从模仿吸烟开始，到娴熟地相互敬烟，就迈出了危险的一步，需要引起我们的重视。反吸烟教育不能只是说教似的单一方式，而是可以组织青少年通过多种形式来进行，可以通过青少年自己组织一些宣传活动向社会发出倡议，可以通过制作形象化的PPT给青少年演示，可以组织青少年小组活动，让大家分享感受、想法来相互影响，等等。

（2）闲暇辅导

社会工作者可以根据青少年的爱好与特长组织相应的娱乐比赛活动；可以根据青少年的个性特点，发动他们去做一些能够帮助他人体现自我价值的公益活动；也可以组织互帮互助的互助小组；对学业不好的青少年进行学业指导，等等。

（3）禁毒教育

禁毒教育不应该只是苍白地空喊"远离毒品"，而应该从毒品就在我们身边开始，让青少年了解新型毒品与传统毒品的品种、特点及危害，以及新型毒品被误吸的原因与可能性，来提高青少年的警觉。组织青少年到社区进行禁毒宣传，可以通过讲解与散发相关的防毒知识方式，也可以通过情景剧的方式再现一些可能出现的误吸毒品的情景，等等。

2. 家庭辅导

无论青少年吸毒行为的程度如何，只要有吸毒行为发生，就必须伴随着家庭辅导（国外称为家庭治疗）来进行，才能收到较好的效果。社会工作者应该先从评估父母等家庭成员开始，了解其家庭结构、家庭功能存在哪些问题，了解父母的教养方式、父母自身素质，等等，然后有针对性地对父母进行家庭教养方式的调整，对亲子沟通模式进行具体指导。

3. 社区康复模式

社会工作者一定要建议或介绍吸毒成瘾青少年去专业的戒毒中心进行

专业性的戒毒，而这时戒毒成功基本上是生理上的成功，即生理上没有对毒品依赖的不良反应，此时还不是真正的戒毒成功。当吸毒成瘾青少年从戒毒中心出来后，社会工作者应该帮助其康复，帮助其修复和建构良好的社会支持系统。云南昆明推出的"70公社戒毒康复模式"值得借鉴，即社会工作者利用社区资源帮助戒毒者进行康复与经济自立。要协助戒毒青少年改变过去的闲散状态，协助其形成良好的社会支持系统，使戒毒青少年能够放下包袱，增强生活的自信，有自我价值实现的机会和可能，切实解决一些实际性的困难。同时，也可以组织戒毒青少年的小组活动，或者直接组织亲子小组活动，利用小组动力，去提高其自我认知能力与反思能力。只有当戒毒青少年自己重拾了自信，其生活的环境系统不再是排斥性的而是支持性的，才能达成真正康复。

（该文刊于《中国青年研究》2011年第12期）

社会工作视角下新时期共青团组织协管青少年事务探讨

王玉香

摘要：政府管理青少年事务，是共青团组织的职责。新时期共青团组织协助政府管理青少年事务中面临着新情况、新挑战与新的发展机遇，社会工作介入青少年事务是社会服务发展的必然要求。它要求共青团组织要坚持以青少年为本的原则；确定主次分明的青少年事务内容体系；整合优势资源，形成青少年事务良好的社会支持系统；培育社会服务组织，推动青少年服务项目的开展；注重虚拟服务平台建设，虚拟与现实服务相结合；青少年事务工作者培训与青少年事务督导的常规化保证等多种途径与方式，去建构青少年事务的社会工作体系。

胡锦涛同志曾在纪念五四运动 80 周年的讲话中明确指出：共青团组织要"发挥好作为国家政权的重要社会支柱作用，积极协助政府管理好青年事务"。多年来，共青团组织积极探索，在协助政府管理好青少年事务方面做出了一些可喜的成绩，青少年领域也成为我国专业社会工作开展的首要领域。目前共青团组织在管理青少年事务方面面临着历史上最重要的机遇，2011 年 11 月 8 日，中央组织部、中央政法委、民政部、共青团等 18 部委联合发布的《关于加强社会工作专业人才队伍建设的意见》中明确提出，到 2015 年我国要培养 200 万社会工作专业人才。这是国家加强社会管理、注重解决民生问题、注重社会服务的具有里程碑意义的文件。这一文件传达了这样的信息———社会工作作为社会服务的新方式与内容成为必然的发展趋势。共青团组织在协助政府管理青少年事务方面增强社会工作的介入将是"十二五"期间共青团组织工作创新的重点。

一 青少年事务与青少年事务管理

（一）青少年事务的形成

20世纪60年代，西方社会出现了以法国"五月风暴"为代表的风起云涌的青年运动。西方青年主要是高校学生通过游行等积极的社会行动来表达对社会现实的不满和社会参与的积极性，美国同时出现了挑战传统与主流的嬉皮士运动。青年运动的狂潮促使很多国家的政府不得不重新认识青少年，关注青少年的生存、发展与社会参与问题，认识到青少年在整个社会结构中的地位问题；开始改变了忽视或简单化处理青少年问题的状况，开始注重青少年群体的参与问题和发展问题，开始有意识地将青少年事务作为政府工作的一个重要内容：注重青少年政策的制定、青少年的服务与青少年事务管理。之后国际社会出现了三个具有里程碑意义的促进青少年事务发展的契机：

一是联合国在1985年设立了国际青年年，其主题为"参与、发展、和平"，这一主题对国际社会的正确青少年观的形成起到了统领的作用，促进了国际社会青年事务发展的进程。

二是1995年联合国大会通过了《到2000年及其后世界青年行动纲领》。在这个纲领里首先明确了青年的作用："青年是受益者和受害者，他们通常面临着这样一个矛盾，寻求融入现有秩序或成为改变这种秩序的一种力量。世界各地的青年生活在不同发展阶段和不同社会经济环境的国家中，他们都渴望充分参与社会生活。"[①] 尤其强调了纲领是为改善青年人状

---

① 《世界青年行动纲领》，http://www.un.org/chinese/esa/social/youth/wpay.htm。

况的国家行动和国际支持提供了政策框架和切实可行的指导方针。行动纲领旨在实现国际青年年的目标，创造能促进青年人福祉和改善他们生活的条件和机制。明确了十个优先领域，分别是教育、就业、饥饿与贫穷、健康、环境、药物滥用、少年犯罪、闲暇活动、女孩和青年妇女以及青年充分和有效地参与社会生活和决策。这十个优先领域成为各国青少年事务的主要内容。

三是1998年联合国与葡萄牙共和国政府在里斯本合作召开的"世界青年事务部长级会议"。该次会议对《到2000年及其后世界青年行动纲领》的实施进行了评估，形成了《关于青年政策和方案的里斯本宣言》，进一步推动了国际社会青年事务与青年政策的发展。联合国通过这三次正式的专题性的对青少年事务与政策的推动，促使了世界范围内大多数国家对青少年政策的高度重视，纷纷成立了管理青少年事务的政府部门，从制度与政策层面促进了青少年事务的发展。

（二）青少年事务的含义

从《到2000年及其后世界青年行动纲领》中确定的十个优先领域中，我们可以看到青少年事务的主要内容基本上涵盖两个方面：一是青少年的基本生存权益；二是青少年的发展与社会参与。因此，青少年事务简单地讲就是与青少年生存与发展有关的各种服务性事项的总称。具体地讲就是政府及各类服务组织根据有关政策与制度，针对青少年群体的生存与发展而开展的有关教育、管理、保护、开发等综合性的服务事项。

（三）青少年事务管理

1. 我国青少年事务的管理体制

长期以来，我国的青少年事务管理形成了一种部门分工明确、各负其责的齐抓共管式的体制模式，如民政部领导之下的民政系统，主要负责特殊青少年（孤残）福利服务政策的规划、实施、监督与评估。以教育部领导之下的教育系统主要负责青少年在学校教育过程中的一些福利服务政策的规划、实施、监督与评估。劳动保障与人力资源部、卫生部、司法部等在各自主管的政策和行政事务范围内，负责有关青少年政策的规划、制定、实施、监督与评估，在具体的管辖范围内为青少年提供相应的服务与支持。共青团组织起到的是协调有关政府部门对青少年政策的规划或协助其实施与执行的作用。

2. 共青团组织协管青少年事务的内容

共青团组织的性质与特点决定了共青团组织协助政府管理青少年事务应该包括两方面的工作：一是为政府部门进行有关青少年政策的制定进行调查研究，提供政策依据；倡导全社会对青少年群体的关心与保护，倡导正确的青少年观。二是负责协助有关政府部门相关青少年政策的推动与实施，对有关青少年服务进行管理。

二 新时期共青团组织协助政府管理青少年事务的挑战

共青团协助政府管理青少年事务，是共青团组织由传统的活动方式组织动员青年，向现代的以服务方式组织动员青年的重要性转变；是共青团组织参与社会管理的重要方式。它已经不再是简单地组织青少年活动，以活动吸引青少年，而是以深化的服务去直接满足青少年的需要来促进青少年的成长与发展。它不再是简单地追求表层活动的轰动效应，而是追求一种扎实的、长效的为青少年服务机制的建成。这种服务职能的转变与强化，对共青团组织在新的历史时期带来了严峻的挑战。

（一）"社会管理"新形势下共青团组织的管理职能与定位问题

党的十六届四中全会第一次提出建立健全"党委领导、政府负责、社会协同、公众参与"①的社会管理格局。新形势下的社会管理是"以政府为主导的包括其他社会组织和公众在内的社会管理主体在国家的法律、法规、政策的框架内，通过各种方式对社会领域的各个环节进行组织、协调、服

---

① 胡锦涛：《扎扎实实提高社会管理科学化水平》，http://news.xinhuanet.com/politics/2011 - 02/20/c_121101348_2.htm。

务、监督和控制的过程"①。这是在我国改革进一步深化,为适应社会发展新形势而必须建立的社会管理格局。这种社会管理格局的管理主体显然不是单一的,而是一个由不同管理主体组成的一个完整的层次分明的管理体系或管理网络。这种新的社会管理格局使共青团组织在协助政府部门管理青少年事务方面面临着挑战。

1. 共青团组织的组织优势面临挑战

计划经济下的社会管理方式是一种行政化的管理方式,因为政府部门统管了全部的社会资源,政府部门可以采用简单的以单位为基础的行政化的手段对社会实行总体控制。同样在这种体制中,共青团组织具有独特的优势,是被社会广为认可、被青年高度认同的青年组织,其政治地位就是独特的优势,就是其较强凝聚力的重要源泉;而在市场经济体制下,人口流动、职业变更的常态化,社会保障的社会化及价值观念的多元化,人们利益获得与满足途径的多样化,等等,使共青团组织面对更为复杂的客观现实,社会资源不再是由政府部门垄断,而是形成了很多社会上自由流动的资源,在社会服务领域形成了一些草根性质的社会服务组织,这些NGO组织以他们切实有效的服务赢得其服务的青少年群体的认可,自然具有凝聚力与吸引力。在这种新的管理格局的形势下,共青团组织如果不能直接地贴近青少年,就很难赢得广大青少年的认可;如果共青团组织不能代表青少年的利益,其助手地位如何体现?共青团组织的优势地位面临着前所未有的严峻挑战。

2. 科层制体系与干部流动性带来的压力

现在正处于由过去的管理体制向新的社会管理模式的转变过程,这种管理体制的转变需要一个过程,共青团组织的行政化的工作方式还在一定程度上存在,而且共青团组织有着较为严密的自上而下的科层制管理体系与模式,基层团组织往往会用更多的精力与时间去从事一些行政性的事务,

---

① 李培林:《新社会管理是我国改革的新任务》,http://news.xinhuanet.com/politics/2011-02/22/c_121107315.htm。

是否有精力去从事青少年事务的管理？共青团组织在为党与政府部门输送大量后备干部与人才的同时，也使得青少年事务管理队伍的变动性增强，即共青团组织人员的流动性与青少年事务管理的稳定性之间存在着一定的矛盾，这就使得青少年事务管理很难实现其连续性，共青团对青少年事务管理经验缺乏相应的沉淀。这也是共青团组织必须面对的客观现实。

3. 共青团组织的协助管理地位带来的挑战

协助政府管理青少年事务，这种协助地位，是由共青团组织的性质所决定的。作为先进青年的组织其政治性就决定了共青团组织承担着教育引导青少年、代表青少年利益的政治职能，但在新的管理格局下其承担青少年事务的管理职能与服务职能还较为薄弱。因为共青团组织还不是专门负责管理青少年事务的政府职能部门，而只是处于被委托、协助管理的地位，共青团组织只是一种社会团体，因此，在现实中，共青团组织缺乏相应的统管青少年事务的政策权限与行政授权。对于众多有关青少年事务管理的政府部门来讲，并没有形成共青团组织所具有的法定的、有效的协调机制，因此共青团组织制定政策的能力、资源整合与利用的能力都会受到相应的限制，而其管理职能的发挥必然受到相应的制约。共青团组织在社会管理中的定位似乎已经很明确——协助管理的地位，但似乎仍然很模糊与笼统，如何协助？并没有明确的规定。在没有明确的权限规定、存在较强的工作张力的前提下，共青团组织如何以自己的优势与良好的管理成效，来确定在社会管理中应有的管理定位，是共青团组织必须面对的现实问题。

（二）共青团组织在青少年事务管理中的取舍问题与双重身份的挑战

实践的或具体的青少年事务有着非常丰富的内涵，青少年事务不只属于单纯的政治事务的范畴，还属于公共事务与社会事务的范畴，且其服务职能与管理职能更为突出与显在。青少年事务的服务内容的丰富是由青少年群体不同群体类别、不同个体的生存与发展需要而决定的，更是青少年处于特殊的人生时期而决定的。

青少年期是人生发展的重要过渡期与成长期，是由身体的不成熟到身体成熟的时期，是人生观、世界观、价值观形成的关键时期，是认知、心理、思维发展的重要的时期，在这样一个重要时期，青少年会面临着一些成长的烦恼与发展的困惑。从年龄的角度来看，共青团组织将团员的年龄界定为14—28岁，而不同年龄青少年的需求与面临的发展任务是完全不同的，针对不同年龄的青少年的服务肯定要有区别。如果根据特征与需要可以将青少年群体划分为一般青少年、特殊青少年与偏差行为青少年。一般青少年是指处于正常发展的青少年，这类青少年占青少年群体的大多数；特殊青少年是指那些面临一定困境（自身或成长环境）的青少年，如残障青少年、流浪青少年、留守青少年，等等；偏差行为青少年是指在发展过程中偏离了正常发展轨道的青少年，如犯罪青少年、吸毒青少年、自杀青少年，等等。每种青少年群体他们面临的生存与发展问题、需求是不一样的，而针对不同群体的服务内容也应该有所区别。对一般青少年群体可能更多地采用发展性的服务工作，主要针对一般青少年的成长和发展而开展服务，这种服务包括青少年自我认识、心理调适、情绪管理、人际交往、休闲娱乐、学业就业辅导等有关发展性的内容；对特殊青少年的服务内容当然也应该包括正常发展的需要，更应该将首要的困难解决放在一个首要的位置。对偏差行为青少年的服务主要是以矫正与治疗为服务内容。同时，每一个青少年个体其成长的环境与经历不同，其需求也不同。因此，有关青少年事务的内容包括与青少年群体生存与发展有关的所有需求的满足，这种需求既包括物质上的需求，也包括精神上的需求；既包括最基本的维持生存的需求，最基本的被保护的需求，也包括社会参与这样高层次的需求；既包括青少年个体成长发展过程中面对的困惑与烦恼的解决，也包括所存有的青少年社会问题的解决，更包括青少年发展能力与素质的培养。而青少年个体的发展需要具体的有针对性的服务；青少年社会问题的解决需要多个部门、多种社会力量的协同合作、综合治理才能奏效。

面对如此繁杂的青少年事务，共青团组织是否有足够的能力、有足够的资源更好地为不同领域的青少年事务的开展提供支持、提供有效的指导和管理？是否能够真正影响政府的决策以形成有利于青少年发展的社会政策乃至制度？这是非常具有挑战性的现实问题。共青团组织的协助地位在日益拓展的青少年服务的社会空间中，其拥有的双重身份，即政府的代言人与青少年利益的代表者的融合问题也是无可回避的现实问题。共青团组织应该如何强化服务职能更好地为青少年事务的开展提供服务，应该如何协助政府进行青少年事务的管理？这是共青团组织必须要面对的选择。

三 社会工作介入青少年事务的可行性分析

社会工作是产生于西方社会的一种专业与职业，其有独特的专业价值理念与专业方法。社会工作开始就是为弱势群体服务的服务性工作，是以利他主义为指导的助人工作，现在发展为以社会公平正义为目标的现代性社会服务工作。青少年社会工作是社会工作在青少年领域中的具体应用。社会工作介入青少年事务之所以成为可能，主要基于以下几个方面：

（一）可为共青团组织管理青少年事务提供全新的管理理念

1. 青少年事务的社会性特点的必然要求

在"小政府、大社会"的市场经济体制下，社会服务空间的拓展，增强了社会自我管理与调节的功能，社会组织的服务有着较大的发展空间，现实中具体的青少年事务也由不断增多的社会服务组织所承担，而这些服务组织往往引进专业的社会工作服务方式来进行服务，而且现在已经出现了一些政府购买服务的社会工作机构，这种机构会随着社会服务的增加而逐渐增多。青少年事务的这种社会性特点要求共青团组织协助政府管理青少年事务，有相当一部分工作应该是真正的面向一定社会服务组织的管理，尤其是社会工作专业组织的管理，不再是简单的政府部门的协调，如果共青团组织以非专业化的方式去管理专业化的组织与专业化的服务显然无法实现有效的管理，更谈不上进行专业上的督导与有针对性的评估。这种客观的现实要求共青团在管理青少年事务方面要有社会工作的理念与专业知识。

2. 青少年事务创新的必然趋势

社会发展带来了人们价值观念的多元化，更带来了青少年社会问题的复杂化与多样化，共青团组织必须能够建立相应的管理机制，能够及时根据情况的变化而采取相应的措施，才能充分发挥在解决青少年社会问题中的重要作用，才能提高青少年事务管理的实效。共青团组织在过去的青少年事务中创立了服务于青少年的品牌之一的"希望工程"，在解决我国贫困儿童失学问题上做出了贡献，不仅有效地整合了社会资源，而且也唤醒了人们重视教育的意识，提出了"再穷不能穷教育"的口号，但是经济社会的发展出现了新的自愿性辍学现象，这不是简单的贫困上不起学的问题而是不愿上学的问题，青少年失学问题新的特点需要共青团转变服务的思路与方式。另一个品牌——志愿者活动，提高了广大青少年的公益意识、实践能力与参与社会建设的积极性，不仅使很多重大活动得以顺利开展，而且对贫困地区的教育、建设等提供了优质的人力支援，促进了这些地区经济社会的发展与教育水平的提高。但是在今天，简单的浅层的志愿活动对现实与青少年发展的作用已经明显弱化，如何建立志愿者活动可持续发展的长效机制也是共青团组织面对的任务。

社会工作可以为共青团组织的青少年事务带来新的价值理念。作为专业助人的社会工作的价值理念总的概括起来是"助人自助"。所谓助人自助，就是帮助那些处于困境中的人们能够解决他们自己的问题。它要求社会工作者在助人的过程中通过提供一种心灵的支持提高受助者的自助能力，提高他们自我解决问题的能力。它要求服务对象的自决（自我决定），而不是社会工作者越俎代庖；它强调的是服务对象的自我成长，而不是对社会工作者的依赖；它要求为服务对象增能，而不是简单的帮助。而这样的价值观念来自人本主义理论、优势视角理论等整合起来的社会工作理论，它认为人都是有潜能的，服务对象所经历的创伤与挫折虽然具有一定的伤害性，但是也是人生的财富，也是一种发展的机遇；服务对象所处的弱势地位有着客观的社会原因，也有自身对弱势地位认同的主观原因，可以通过改变服务对象看待问题的视角，通过一定的资源连接的协助来提高服务对象自我解决问题、应对问题的能力。因此，社会工作的服务不是简单的"授人以鱼"，而是"授人以渔"。将社会工作的价值理念引入青少年事务中，这样的社会服务不是简单的提供帮助，而是在帮助的过程中提高青少年应对生活困难与成长问题的能力，提高青少年的自我成长能力，最大限度地发挥青少年的潜能，这将有助于增强共青团组织的服务职能，从而建立青少年事务的长效机制；也有利于共青团组织对现实青少年服务进行有效的管理。

（二）具有共青团组织管理青少年事务的专业社工人力资源

我国的专业社会工作教育从1988年开始，由北京大学等高校开始招收社会工作专业学生，到1999年出现了迅猛发展的势头，开设社会工作专业高校明显增加，截至2011年底加入中国社会工作教育协会的高校有282所。青少年社会工作已经成为多数高校社会工作专业学生的必修课。专业教育的发展为现实青少年事务的开展提供了专业人才的保障。

2004年劳动和社会保障部公布的《社会工作者国家职业标准》，2006年人事部与民政部联合印发《社会工作者职业水平评价暂行规定》与《助理社会工作师、社会工作师职业水平考试实施办法》，标志我国社会工作的专业化与职业化。2008年进行了社会工作师全国考试试点，使社会工作师的认定常态化。对社会工作资格证书的要求，不仅起到了规范现实服务的作用，也促进了社会工作对青少年事务的介入，使青少年社会工作得以较好的开展。2004年，上海市阳光社区青少年事务中心正式成立，标志着实务领域中专业青少年社会工作的开始，这是共青团上海市委以专业社会工作进行青少年事务管理的试点；2007年广州团市委试点的"1+1+N"的运作模式，即一个出资机构——政府，一个监管机构——共青团组织，N个运营机构——具有提供社会工作专业服务能力的NGO组织。[①] 深圳也在

---

① 李海、王军芳：《青少年事务社会工作的探索与实践——以广州"青年地带"青少年事务社会工作者试点为例》，《青年探索》2009年第4期。

2007年建立了以"政府推动、民间运作"为特征的现代社会工作体系,深圳团市委提出了"社工+义工"的模式。① 这些青少年事务的运作与管理模式,是新管理格局下社会工作介入青少年事务的成功尝试,对全国青少年事务社会工作的介入起到了示范作用;它主要是通过政府购买服务、社会服务组织承担项目或设置岗位的办法实现的,尤其关键的是招聘了大量专业社会工作者从事青少年服务与管理工作。尽管目前我国社会工作专业人才数量不多,仅20万人,但是专业的社会工作人才可以成为共青团协助政府管理青少年事务的优势人力资源。

(三) 可以提高青少年事务管理的服务职能

社会工作介入青少年事务,要求青少年工作者能够在社会工作专业价值观的指导下,运用社会工作的专业方法来促进青少年的健康成长。社会工作介入青少年事务必然要运用专业方法。青少年社会工作专业方法为个案社会工作、小组社会工作、社区社会工作与社会工作行政。而从方法系统的角度可以分为微观的方法(个案工作)、中观(小组工作)与宏观的方法(社区工作与社会工作行政)。社会工作的专业方法的应用要求社会工作者要在一定的专业价值观指导下,而专业价值观在操作层面上要求青少年工作者要做到尊重、接纳、自决、保密与个别化。

尊重,就是要尊重青少年与生俱来的生存权利、人格尊严、尊重青少年的成人感,能够平等地对待青少年。它要求青少年社会工作者避免以导师或者指导者、控制者等的角色面对青少年,而应将青少年视为是与工作者具有平等地位的个体,真诚地进行沟通和交流。

接纳就是要接纳青少年整个人,包括他的长处和弱点,正面的和负面的感受、态度与行为,价值观和人生观等。要求认识到青少年的成人感与独立自主的愿望,理解青少年在成长过程中可能出现的违反常态的想法与

---

① 《深圳推出"社工+义工"模式》,http://www.youth.cn/zqw/qsnyj/200804/t20080402_677066.htm.

行为，接纳能帮助青少年从其自我防卫中解脱出来，能够冷静地思考问题，能够面对自己的问题。

自决就是要求青少年要自我决定。青少年有自由选择和决定的需要与权利，充分尊重与相信他们有潜力去解决问题以及进行改变，以协助的方式和青少年一起寻求解决问题的方法，帮助青少年个体重新认识和整合自身的能力和资源，从而最终提升自己发展的能力。

保密是指社会工作者在助人过程中要保守与服务对象有关的或服务对象透露给社会工作者的秘密资料。运用保密原则，可以更好地取得服务对象青少年的信任，也能够使青少年的表达更为真诚和真实。

个别化，强调"人在情境中"，要求青少年社会工作者要承认每个青少年个体所具有的独特性，有不同的生理、心理和社会性需求，有不同的成长环境与经历，避免运用单一的方法或工作模式来开展服务。服务项目的设计和服务手段的选择应该以具体的不同青少年个体而进行选择。

在这些操作层面价值观的指导下，社会工作的服务能够充分运用同理心，能够较好地与青少年共情，从而提高青少年服务的有效性。这种服务方式的运用必然带来青少年事务管理方式的转变，不再是简单的行政性的管理，而是要为青少年服务去整合资源，为实际的青少年事务提供相应的支持，并且能够对日常的青少年事务进行监督与指导，使青少年事务的管理落脚在——为青少年服务而服务。

四 青少年事务的社会工作体系的构建

社会工作介入青少年事务，要求共青团组织能够更好地通过社会工作体系的建构，有效地整合资源，切实取得青少年事务管理的实效。但不同的地区、不同层次的共青团组织所处的环境不同，其资源优势与青少年群体发展的具体环境有别，其所建构的青少年事务的社会工作体系也会各有侧重。但是在建构青少年事务的社会工作体系中有需要共同遵守的原则与实现的途径。

(一) 以青少年为本的原则

"以青少年为本"是社会工作的青少年观。它是"以青少年为本体,视青少年为主体,一切为了青少年,为了青少年的一切,为了一切青少年的一种发展性的青少年观,是注重青少年潜能的开发,让青少年得到最大限度发展的一种青少年观"①。以青少年为本的原则要求共青团组织在政策倡导、青少年事务管理方面能够考虑到青少年这一群体的特殊性,能够从青少年的需要与特点出发,能够以一种系统全面的视角、以发展性的观点去看待现实中的青少年问题,树立一种为青少年发展与成长负责而不是简单的为上负责的观念;能够在现实的青少年事务管理方面注重服务过程与效果评估相结合,而不是简单的绩效追求;能够从长远的机制入手而不是只追求一时轰动效应的简单行为,从而能够真正具有为青少年服务的意识。

社会工作青少年观的确立,能够使共青团组织在现实中以社会工作青少年观去考量现实的青少年事务的开展与管理,是确保青少年事务社工体系良性运转的前提与基础。

(二) 青少年事务的社会工作体系构建的途径

在社会工作青少年观的指导下,共青团组织在构建青少年事务的社会工作体系中要从以下途径入手:

1. 确定主次分明的青少年事务内容体系

青少年事务的内容很多,共青团组织不可能开展所有内容的青少年事务,在现实中也很难面面俱到,但共青团组织要确定与选择青少年事务的内容时,要注意选择优先发展的青少年事务内容,形成主次分明的青少年事务的内容体系。而青少年事务内容体系的确定,首先要考虑所在区域、所在行业、所管辖范围内社会资源的情况,了解所在区域或行业青少年群体的构成与基础情况,来确定青少年事务的主要服务人群,如所在的区域是农村,而且是劳动力输出地,那么共青团组织就应该把青少年事务的重

---

① 王玉香:《科学发展视域下的青少年观》,《当代青年研究》2010年第7期。

点放在留守青少年服务上；如果是劳动力的输入地，那么共青团组织就应该把青少年事务的重点放在新生代农民工服务或农民工子女的服务上。而这些服务人群的需要与可能存在的问题则是我们确定服务具体内容的依据，如留守青少年，可能缺乏生活照料、缺乏家庭的监管，缺少亲情，可能带来一些学业发展不好、存在安全隐患，可能出现一些偏差行为与心理健康问题，等等。如果所在区域存有不同的青少年群体，可能要根据不同的青少年群体确定相应的青少年事务内容，建立以突出解决某类青少年群体问题或发展需要的青少年事务与其他类别青少年群体需要为辅的青少年事务内容体系，从而使所管辖区域的青少年事务具有独特的特点且主次分明。

2. 整合优势资源，形成青少年事务良好的社会支持系统

在整合资源方面，共青团组织具有其他任何社会服务组织都不具备的优势。共青团组织可以利用自己的政治优势，协助相关政府部门去协调与整合各种服务青少年的资源，以解决青少年事务的重点与难点问题，尤其是有关青少年政策的制定。可以整合有关青少年研究机构与高校相关的人力资源，共同开展所在区域青少年发展需要与问题的调查与课题研究，为政府部门提供可参考的有关青少年政策的建议；通过向有关专家学者咨询，了解有关政策，以利于青少年事务有关决策的确定；通过委托有关专家学者对政策研究或对所在区域青少年事务开展情况的调查与研究，获得对青少年事务管理方面的建议与指导。可以整合发展较好的社会服务组织，扶持其开展有关青少年的服务项目，使之成为共青团青少年事务体系的有机组成部分。可以利用媒体资源，进行有关政策与青少年事务的倡导，来提高青少年事务成效的宣传，来影响社会形成正确的青少年观。可以整合一些企业资源，为青少年事务的开展提供资金的支持。

共青团组织通过整合这些优质的社会资源，能够形成良好的社会支持系统，对青少年事务管理提供一定的人力物力财力的支持，提高共青团青少年事务管理的实效，提高共青团组织管理青少年事务方面的社会知名度，

增强共青团组织的凝聚力。

3. 培育社会服务组织，推动青少年服务项目的开展

在社会服务组织发展较为迅猛的现实中，共青团组织不能仅仅整合一些社会服务组织，还要培育自己的服务组织去承担青少年服务项目，这是新形势下共青团组织协助政府管理青少年事务的必然趋势与现实要求。培育自己的服务组织，就是建立自己的服务阵地，这是进行试点、强化服务、品牌运作与规范管理的根本保证。如果共青团组织能够成为培育青少年服务组织的孵化基地，青少年事务规范化运行、青少年事务的社会工作基层体系的形成则指日可待。

4. 注重虚拟服务平台建设，虚拟与现实服务相结合

青少年是网络的主力军，青少年网络自组织已经成为青少年交往的一种重要方式与途径，上网已经成为青少年的重要的生活方式。共青团组织在管理青少年事务时，要注重虚拟服务平台的建设，可以根据不同年龄段青少年的特点建立不同的网站或网络内容，可以设立专门系统以供青少年选择网络上的服务。使青少年事务的网络服务平台，成为青少年学习与交往的平台，成为青少年事务宣传的网络窗口，青少年与共青团组织联系的网络渠道，青少年工作者经验交流与沟通学习的重要载体。

5. 青少年事务工作者培训与青少年事务督导的常规化保证

青少年事务是否能够顺利开展，是否能够取得良好的效果，主要取决于青少年工作者的素质。在青少年事务管理中，对青少年工作者的培养应该是重要的任务与内容。共青团组织可以通过轮训短训的方式，聘请高校青少年社会工作方面的专家学者，对青少年工作者进行社会工作价值观、社会工作方法技巧的教育与训练，提高青少年工作者的业务能力与素质，从而更好地从事青少年服务与管理工作。聘请有关学者与资深的实务社会工作者对青少年服务进行定期的督导，以及时帮助与协助青少年工作者解决现时碰到的难题，具体指导青少年工作者服务的开展。同时也可以将这种专业督导与共青团组织的行政督导有机结合起来，以保证青少年事务的

良性运行。同时，要建立青少年事务的网络服务平台，成为青少年事务宣传的网络窗口，青少年与共青团组织联系的网络渠道，青少年工作者经验交流与沟通学习的重要载体。

（该文刊于《山东青年政治学院学报》2012年第3期）

青少年事务社会工作专业人才队伍建设的实证研究

——以山东为例

摘要： 为加强与推进青少年事务社会工作专业人才队伍建设，以便更好地保障青少年权益、解决青少年群体中存在的问题、服务青少年健康成长，本项目组采用问卷调查、访谈调查、实地考察等方法对山东省青少年事务社会工作专业人才队伍建设情况进行了实证研究。通过研究，获得了山东省青少年事务社会工作队伍基本状况、服务情况、自身建设情况等方面的一手资料，分析了专业人才队伍建设的现实张力，提出了有关队伍建设的建议。

当前我国正处于社会转型加速、社会改革进入深水区的关键时期，社会矛盾与社会问题日益凸显。这对正处于关键成长期的青少年产生了直接的影响，出现了诸如贫困青少年、留守青少年、闲散青少年、网络成瘾青少年、流动青少年、服刑人员未成年子女等特殊青少年群体，他们的权益尚不能得到很好保护；随着自媒体的发展，运用手机上网已成为相当多青少年的生活方式，接受信息的即时性与网络环境的开放性情况下，如果缺乏相应的服务与正向的引导，青少年往往会受到不良信息与观念的影响，容易形成不正确的人生观与价值观；对处于身心发展迅速的青春期青少年来说，还普遍存在着不同程度的成长苦恼与发展困惑。可见，青少年事务工作责任重大、任务艰巨。共青团中央、中央综治办、民政部等六部委于

青少年事务社会工作专业人才队伍建设的实证研究

2014年1月颁布《关于加强青少年事务社会工作专业人才队伍建设的意见》，把推进青少年事务社会工作作为解决青少年群体问题的重要路径[①]，强调当务之急要加强青少年事务社会工作专业人才队伍建设。为积极服务青少年社会工作政策的贯彻落实、现实专业人才队伍的建构，以及发挥专业社会工作在特殊青少年群体中的服务功能，本项目组以山东省为主要研究范围，对青少年社会工作专业人才队伍建设情况进行了全面的实证研究。

本研究于2014年9—12月进行，主要通过问卷、访谈、实地考察等实证方法进行。以青少年事务社会工作者（包括青少年事务专业社会工作者、青少年事务从业人员两部分。其中，青少年事务专业社会工作者，是指或考取社工证，或有社工专业背景，或在社工机构工作的人员；青少年事务从业人员，是指除专业人员之外从事青少年服务的人员）为研究对象，选取济南、青岛、泰安等12个地市作为研究样本来源地，发放青少年事务专业社会工作者问卷180份，回收165份，有效问卷154份；发放青少年事务从业人员问卷325份，回收315份，有效问卷307份；对与青少年事务社会工作相关的共青团、民政、财政、社会机构等部门与组织的相关人员进行访谈，其中，个别访谈29人，团体访谈6次；考察青少年事务社会服务机构以及项目点5处。通过量化分析、观察、比较等方式，全面了解了山东省青少年事务社会工作队伍的基本信息、服务情况、自身建设情况。

一 青少年事务社会工作者的基本信息

（一）性别比例方面，女性略高于男性

本次抽样对象中，青少年事务专业社会工作者中，男性68名，女性84名，男女比例为1∶1.24；307名青少年事务从业人员中，男性122名，女性176名，男女比例为1∶1.44（见表1）。

[①] 共青团中央、中央综治办、民政部等六部门印发《关于加强青少年事务社会工作专业人才队伍建设的意见》的通知，http://www.mca.gov.cn/article/zwgk/fvfg/shgz/201401/20140100577800.shtml，2015-03-01.

表 1　青少年事务社会工作者性别情况

（人，%）

年龄	专业社会工作者		从业人员	
	人数	比例	人数	比例
男性	68	44.21	122	39.7
女性	84	54.51	176	57.3
缺失	2	1.3	9	3.0
总计	154	100	307	100

（二）年龄构成方面，总体呈年轻化趋势

本次抽样的青少年事务社会工作者的年龄，绝大多数为35岁以下。其中，专业社会工作者中，35岁以下占94.2%；从业人员中，35岁以下占88%（见表2）。

表 2　青少年事务社会工作者年龄情况

（人，%）

年龄	专业社会工作者		从业人员	
	人数	比例	人数	比例
<26 岁	82	53.3	123	40.1
26—35 岁	63	40.9	147	47.9
>35 岁	8	5.2	32	10.4
缺失	1	0.6	5	1.6
总计	154	100	307	100

比较而言，专业社会工作者与从业人员在年龄段分布上存在差异，前者人数随年龄增长而逐渐下降，后者呈现波峰样态，即从业人员中26—35岁年龄段人数为最多，而专业人员中26岁以下年龄段人数为最多。

（三）民族分布方面，基本为汉族

本抽样对象就民族情况来说，大多数是汉族。其中专业社会工作者中，汉族人数占95.5%；从业人员中，汉族人数占95.4%（见表3）。

表3 青少年事务社会工作者民族情况

(人,%)

民族	专业社会工作者		从业人员	
	人数	比例	人数	比例
汉族	147	95.5	293	95.4
少数民族	6	3.9	10	3.3
缺失	1	0.6	4	1.3
总计	154	100	307	100

(四)政治面貌方面,多数为共产党员与共青团员

本次抽样对象中,绝大多数人员的政治面貌是共产党员与共青团员,其中,专业社会工作者中,党员与团员人数占83.8%;从业人员中,党员与团员人数占77.8%(见表4)。

表4 青少年事务社会工作者政治面貌情况

(人,%)

政治面貌	专业社会工作者		从业人员	
	人数	比例	人数	比例
共产党员	53	34.4	126	41.0
共青团员	76	49.4	113	36.8
无党派	4	2.6	4	1.3
群众	21	13.6	61	19.9
缺失	0	0	3	1
总计	154	100	307	100

(五)宗教信仰方面,个别人员有宗教信仰

本次抽样对象中,绝大多数无宗教信仰,这方面专业社会工作者、从业人员分别占92.2%与88.3%。另有个别人员信奉佛教与基督教等(见表5)。

(六)工资收入方面,总体呈低收入状态

本次抽样对象中,从工资收入情况看,青少年事务社会工作者工资总体不是很高。3000 元以下的低收入段中，专业社会工作者比例占 80.5%，从业人员比例占 64.9%；而 4000 元以上的高收入段中，专业社会工作者方面仅占 3.9%，从业人员也仅占 6.6%（见表 6）。

表 5　青少年事务社会工作者宗教信仰情况

（人，%）

宗教信仰	专业社会工作者		从业人员	
	人数	比例	人数	比例
无	142	92.2	271	88.3
佛教	4	2.6	10	3.3
道教	0	0	1	0.3
天主教	1	0.6	1	0.3
基督教	4	2.6	9	2.9
其他	1	0.6	5	1.6
缺失	2	1.3	10	3.3
总计	154	100	307	100

表 6　青少年事务社会工作者工资收入情况

（人，%）

月工资	专业社会工作者		从业人员	
	人数	比例	人数	比例
<2000	45	29.2	27	18.6
2000—3000	79	51.3	142	46.3
3000—4000	22	14.3	82	26.7
4000—5000	4	2.6	14	4.6
>5000	2	1.3	6	2.0
缺失	2	1.3	6	2.0
总计	154	100	307	100

比较而言，专业社会工作者相比从业人员，工资要低一些，3000 元以下的低收入段中，专业人员比例均高于从业人员；而 3000 元以上中、高收

入段中，专业社会工作者比例均低于从业人员。

（七）工资期望方面，有一定的期望值

本次抽样对象中，相比现有工资，社会工作者对工资有一定期望值。比较而言，专业社会工作者期望值要略低于从业人员，专业人员中，期望工资5000元以上的为37%，而从业人员为44.6%（见表7）。

表7 青少年事务社会工作者工资期望情况

（人，%）

工资期望	专业社会工作者		从业人员	
	人数	比例	人数	比例
2000—3000	3	1.9	12	3.9
3000—4000	33	21.4	60	19.5
4000—5000	61	39.6	94	30.6
>5000	57	37.0	137	44.6
缺失	0	0	4	1.3
总计	154	100	307	100

（八）专业背景方面，专业人员与从业人员相差较大

本次抽样对象中，从专业背景看，专业社会工作者所学专业与工作吻合度极大，其中，46.8%为社会工作专业背景，教育学、心理学、思想政治教育等相关专业背景，也占到了26.6%，这也说明了当前青少年社工入职比较强调专业背景。相比来看，从业人员中，所学专业与工作相对不匹配，相关专业背景仅占28.0%，其他专业背景的高达67.4%（见表8）。

（九）学历层次方面，专业社会工作者占优势

本次抽样对象中，青少年事务专业社会工作者学历情况比较乐观，其中研究生学历就占到16.2%，本科学历超过了一半，占到53.9%（见表9），而从业人员学历整体偏低。

表8　青少年事务社会工作者专业背景情况

（人，%）

专业背景	专业社会工作者		从业人员	
	人数	比例	人数	比例
社会工作	72	46.8	0	0
相关专业	41	26.6	86	28.0
其他专业	41	26.6	207	67.4
缺失	0	0	14	4.6
总计	154	100	307	100

表9　青少年事务专业社会工作者学历情况

（人，%）

学历	人数	比例
大专	38	24.7
本科	83	53.9
研究生	25	16.2
其他	4	2.6
缺失	4	2.6
总计	154	100

（十）职业资格方面，目前还较薄弱

本次抽样对象中，青少年事务专业社会工作者职业资格情况不是十分理想，其中无社会工作者职业水平证书的人员占63.0%（见表10）。

表10　青少年事务专业社会工作者职业资格情况

（人，%）

职业资格	人数	比例
助理社工师	43	27.9
社会工作师	11	7.2
没有证书	97	63.0
缺失	3	1.9
合计	154	100

（十一）单位性质方面，服务机构大多是民间组织

本次抽样对象中，青少年事务专业社会工作者所在单位基本是以民间组织机构为主，占58.4%，这反映了专业社会工作人员岗位开发和设置的合理趋势。另外行政事业单位占26.0%，其他占14.3%（见表11）。

表11 青少年事务专业社会工作者单位性质情况

（人，%）

单位性质	人数	比例
行政事业单位	40	26.0
民间组织机构	90	58.4
其他	22	14.3
缺失	2	1.3
合计	154	100

（十二）工作年限方面，大多数从业年限较短

本次抽样对象中，77.3%青少年事务专业社会工作者从业年限3年以下（见表12），说明了青少年事务专业人才队伍发展尚处于起步阶段，队伍面临年轻化及一定程度上人员流失的问题。

（十三）福利保障方面，存在缺失情况

本次抽样对象中，青少年事务专业社会工作者享有全部或部分五险一金待遇。其中，医疗保险方面情况最好，有74.0%的人员享有，住房公积金情况最不乐观，仅有31.2%的人员享有（见图1）。

表12 青少年事务专业社会工作者工作年限情况

（人，%）

工作年限	人数	比例
1年以下	60	39.0
1年到3年	59	38.3
3年以上	31	20.1

续表

工作年限	人数	比例
缺失	4	2.6
合计	154	100

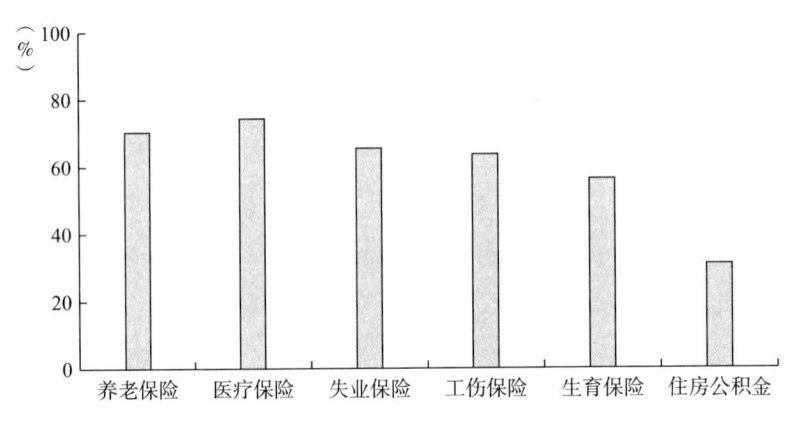

图1 青少年事务专业社会工作者的五险一金情况（%）

二 青少年事务社会工作者的心理状况

青少年事务社会工作者的心理状况如何，直接关系到青少年社会工作人才队伍的稳定与发展。本研究，从工作满意度、自我效能感、职业认同三个心理维度来考察青少年事务社会工作者的心理状况。

（一）工作满意度情况

工作满意度是个人从工作中获得的愉悦感，是反映工作条件、环境、工作关系、职业追求等情况如何的重要方面。无论青少年事务专业社会工作者还是从业人员，均有较高的工作满意度。在工作满意度的8项指标中，平均满意度为73.4%，但调查也显示，对薪水的满意度相比明显偏低（见表13）。

表13 青少年事务社会工作者工作满意度情况（%）

具体内容	满意度情况		
	符合	不确定	不符合
满意同事关系	91.0	7.9	1.1
满意目前工作	86.9	8.6	4.5
满意单位领导	82.2	16.3	1.5
满意工作条件	78.1	18.8	3.1
有工作成就感	70.1	20.9	9.0
得到理解支持	64.3	20.1	15.6
职业发展良好	62.5	31.7	5.8
满意目前薪水	51.8	22.2	26.0

（二）自我效能感情况

自我效能感是指个体对自己是否有能力去完成活动的预期和信念，是衡量人的工作素质的重要标准。总体来看，青少年事务专业社会工作者与从业人员均有良好的自我效能感，在对自己的工作能力、人际关系、服务效果方面有着良好的自我悦纳度和认可度。衡量自我效能感的8项指标中，平均认可度为82.4%。不过调查也显示，个案、小组、社区三种社工专业方法运用方面，认可度分别为67.0%、79.9%、79.8%，其中，个案工作方面的自我效能感最低（见表14），也说明个案工作的专业督导需要进一步加强。

表14 青少年事务社会工作者自我效能感情况（%）

具体内容	自我效能感情况		
	符合	不确定	不符合
人际关系和谐	93.6	4.6	1.8
秉持专业价值	91.5	8.2	0.3
易被案主接纳	90.9	7.6	1.5
工作富有成效	85.2	13.3	1.5
小组方法熟练	79.9	17.8	2.3
社区方法熟练	79.8	17.4	2.8

续表

具体内容	自我效能感情况		
	符合	不确定	不符合
工作得心应手	71.4	26.1	2.5
个案方法熟练	67.0	26.9	6.1

（三）职业认同情况

职业认同是指职业对个人身份的重要程度，是衡量工作价值的重要指标。本调查显示，青少年事务专业社会工作者有较高的职业认同度，6项指标中，平均认可度为80.7%。不过具体来看，在"没有跳槽想法""实现人生价值"问题上，还存在一定程度上的不确定性想法（认为不确定的分别为21.6%、19.5%），这在一定程度上影响到了社会工作队伍的稳定性（见表15）。

表15 青少年事务专业社会工作者职业认同情况（%）

具体内容	职业认同情况		
	符合	不确定	不符合
社工专业性强	90.2	6.5	3.3
做社工很光荣	86.9	11.2	1.9
得到社会认可	81.0	17.4	1.5
充满事业信心	79.7	13.8	6.5
实现人生价值	76.3	19.5	4.2
没有跳槽想法	70.1	21.6	8.3

相比而言，青少年事务从业人员有更高的职业认同，6项指标中，平均认可度为86.3%，高于专业社会工作者的80.7%，这或许跟他们从事青少年工作时间较长，相应在感情投入方面多一些有关，也与其相对年长考虑问题实际有关，与其在学历层次方面没有更高的期待有关。

三 青少年事务社会工作者的服务状况

主要从服务对象、服务内容、服务过程三个方面来考察青少年事务社会工作者的服务状况及相应成效。

（一）服务对象情况

从留守青少年、闲散青少年等 8 类服务对象来看，青少年事务专业社会工作者与从业人员在服务对象涉及程度上基本一致。"经常服务"方面，排在前两位的是家庭困难青少年（60.2%）、学习困难青少年（54.5%），原因可能是一直以来存在帮助家庭困难、学习困难青少年的优良传统与经验；排在后两位的分别是网瘾青少年（24.4%）、违法犯罪青少年（20.9%），原因可能是这两类青少年的服务难度大、对服务的专业水平要求高（见表 16）。

表 16 青少年事务社会工作服务对象情况（%）

服务对象	服务状况		
	经常服务	偶尔服务	未服务
家庭困难青少年	60.2	34.3	5.5
学习困难青少年	54.5	34.3	11.2
务工家庭青少年	41.3	42.6	16.1
残疾青少年	39.9	40.3	19.8
留守青少年	39.7	41.4	18.9
闲散青少年	23.6	55.3	21.1
网瘾青少年	24.4	50.2	25.4
违法犯罪青少年	20.9	40.8	38.3

（二）服务内容情况

青少年事务专业社会工作者、从业人员在工作中都有较为广泛的服务内容，其中"经常开展"方面前三位的是"生活、学习习惯培养"（62.1%）、"贫困、残疾青少年帮扶"（57.8%）、"心理问题咨询、疏导"（57.2%）。

"经常开展"方面相对较少的是"青少年社会观护"（33.3%）及"青年婚恋指导与帮助（32.9%）（见表17）。

表17 青少年事务社会工作服务内容情况（%）

服务内容	服务状况		
	经常开展	偶尔开展	未开展
生活、学习习惯培养	62.1	31.7	6.2
贫困、残疾青少年帮扶	57.8	25.7	16.5
心理问题咨询、疏导	57.2	35.5	7.3
社交能力提升	51.5	39.6	8.9
思想政治教育	42.4	40.9	16.7
权益保护、法律咨询	40.9	30.6	28.5
职业指导与帮助	40.5	31.8	27.7
不良行为临界预防	40.2	28.9	30.9
不良行为矫治	38.7	28.9	32.4
闲散、流动青少年帮扶	37.6	32.2	30.2
青少年社会观护	33.3	29.6	37.1
青年婚恋指导与帮助	32.9	39.6	27.5

（三）服务过程情况

就具体服务过程来说，青少年事务专业社会工作者、从业人员都对自己的服务过程有一个较为认可的态度，总体认可度为74.3%。但是，调查也显示，一定程度上，机构服务存在人手不足、财力不足、支持有限的困难，只有半数左右认为人手、财力充足（见表18）。总体来看，青少年社会工作服务还处于起步阶段，服务对象、内容范围上还需扩大，服务程度上还需加强，专业化服务水平还需提高，服务过程还需进一步得到政府、社会等各方面的支持。

表 18 青少年事务社会工作者服务过程情况（%）

具体内容	服务过程情况		
	符合	不确定	不符合
服务成效良好	87.9	9.8	2.3
服务计划完善	87.0	9.3	3.7
同事团结协助	85.2	12.3	2.5
专业性质突出	83.9	14.1	2.0
服务特色鲜明	83.2	13.6	3.2
评估督导充分	79.8	18.1	2.1
外部支持有力	59.2	32.4	19.4
人手充足	55.5	23.4	21.1
财力充足	46.7	27.3	26.0

四 青少年事务社会工作者队伍建设的现实张力

本项目组在问卷调查的基础上，通过进一步的访谈，发现目前青少年事务社会工作者队伍呈现出比较鲜明的发展特征，即队伍建设方面显现出典型的矛盾性，表现出极大的现实张力。

（一）年轻有为与经验不足之间的矛盾

由于社会工作在我国发展时间短，导致社工队伍总体上呈现年轻化趋势。专业社会工作者中，26 岁以下的人员就达到 53.3%。社会工作队伍年轻化的优势在于工作中富有生机活力，敢想敢为，有较强的工作热情与创新活力，专业倦怠情况相对不严重。从发展的角度来看，拥有社工专业背景、较高学历、富有朝气的他们是中国青少年事务专业社会工作的第一代"拓荒者"，承载着开拓、发展青少年事务社会工作服务的重任。但是，也正因为年轻，工作经验缺乏，情绪的自我控制能力相对较弱，工作中容易好高骛远、冲动、盲从，现实的抗逆力不强，一旦遭受挫折，往往心理波动大、产生消极情绪。如果不加以充分关心、疏导与相应的支持，他们在工作中可能走极端、走弯路，他们的工作热情、信心可能会受到挫伤，由此可能会引发职业倦怠、离职跳槽等问题。

座谈中，有位负责督导某社工机构的高校老师说：

"说实在的，这帮孩子（指机构社工）是很能干的，工作热情上有时候连我自己也自叹不如。不过，有的时候也觉着他们过于理想和天真，把工作想得有些简单，我把这方面的感想和他们交流的时候，他们一下子也不是特别理解。当然，可能是我自己也有些保守、顾虑的原因吧。"

该机构的负责人也谈道：

"他们的确很有热情，吃苦能干，对于孩子们也特别热爱，也很有工作上的大胆想法，只是有的时候，我担心他们的这种闯劲会不会惹出什么事来。"

如何利用好专业社工年轻有为的优势，又要及时克服因为年轻带来的问题，需要加强青少年事务社会工作队伍的有机化建设与专业支持。

（二）理论知识丰富与实践能力薄弱之间的矛盾

青少年事务专业社会工作者有较高的学历层次和良好的专业背景，调研显示，专业青少年社工中，46.8%的人专业背景为社会工作，高达94.8%的人拥有大专以上学历。高学历及相关的专业背景保障了社会工作者的专业理论知识的富有。但是，由于我国社会工作教育也只有20多年的发展历程，在专业社会工作教育、培训方面一直存在着师资薄弱、课程设置与教学方式滞后的问题，导致社会工作专业学生的实训、实践能力方面严重不足，尤其是社工实务能力培养方面更是无法满足现实需求。这就造成了学生入职、从业后实践服务能力欠缺的尴尬状况，使得社会工作服务难以有效应对青少年问题，也因此招致现实中人们对专业社会工作的一些质疑与诟病。青少年社工实务能力薄弱问题如果不能有效解决，将直接威胁到青少年事务社会工作的专业地位乃至生存发展。

（三）理想坚守与生活压力冲击之间的矛盾

调研显示，专业社会工作者中，有86.9%的人认为做社工是一件光荣的事情，有76.3%的人认为做社工能实现自己的人生价值，但同时也有

66.3%的人认为平时工作压力比较大。通过调研发现，除了因为工作本身的复杂性、琐碎性等原因给青少年社工带来的压力外，主要的压力来自工资收入不高而导致的生活拮据。调查显示，有26.0%的社会工作者表示薪水较低。有位社工这样自嘲道：

"就我们这点工资，先不说按不按时发的问题，单说发到手的才两千多点，吃饭至少花去三分之一吧，还有房租，也得几百块，再刨去其他基本花销，能剩下就已经不错了，如果遇到红白喜事、人情往来，那很多情况下就得向家里要、找别人借了，不管啃老也好，还是好说好听跟人家借钱也好，都是难为情的事情。"

的确，由于职业化尚未成熟、专业化尚未确立，与专业化社会工作相适应的薪金制度还没能得到完善设计，目前还不能提供给社工与其专业地位、工作付出相匹配的工资收入和福利待遇，这在一定程度上造成了他们的生活困难，影响了正常的工作。

（四）高涨的职业热情与冷漠的现实环境之间的矛盾

由于受过专门化的教育，青少年社工有着良好的专业价值观和职业信念，调查显示91.5%的青少年社工表示自己能够秉持社会工作的专业助人理念。这说明当下第一代青少年事务专业社会工作者有着良好的职业诉求，认同社会工作专业所大力倡导的公平、正义、平等、自由等价值观，许多青少年社工正是怀着对弱势群体的同情、对问题青少年的关心选择了社会工作这 职业。尽管他们可能会抱怨待遇的低下，会有着离职跳槽的思想动摇，但是，不能否认，大多数青少年社工有着坚定的职业信念与热情，期望能通过自己的专业工作投入，给青少年以更好的帮助。

不过，相比于青少年社工的一腔热情，当下的现实环境却显得有些冷漠。通过调研发现青少年社工感受到的环境冷漠主要表现为三个方面：第一，因为知晓度低而造成的对社会工作职业的认知性冷漠；第二，因为不信任而导致的青少年社工在提供帮助时所产生的回避性冷漠；第三，因为缺乏沟通理解而造成的青少年社工在连接资源、寻求环境帮助时的拒绝性冷漠。冷漠尽管不是全然，但的确，当下社会工作的发展还缺少一个温暖、接纳的社会环境，因为种种原因导致的对于社会工作的冷漠，会不时冲浇着青少年社工原本高涨的职业热情。我们不否认他们会有一定的抗逆力，但是我们更希望的是社会能给他们的职业热情添柴加火。

（五）稳定性与发展性之间的矛盾

就专业社工而言，尽管也存在一定数量上的流失，但是，大多数社工入职动机都比较端正，在一定时期内，能够安心本职工作；就从业人员来说，因为有了比较长的工作阅历与经验，离职去岗的情况更不是很多。但是这种稳定性具有相对性，就专业社工而言，如果不能切实提升社会工作的专业性地位、增强社会工作者的福利保障，稳定持续的时间可能就会缩短，就从业人员来说，如果不注重职业性工作向专业化工作的转换、提升，这种稳定性可能就意味着停滞不前。座谈中，一位街道干部谈道：

"我是第一批拿到社工证的，到现在已经好几年了，不过除多个证以外，也没感觉出自己工作上有多大变化，有啥和别人工作不一样的地方，好像也没谁在乎这个证，我自己也没放心里去，不过，考出证来，该是对我会有些潜移默化的影响吧，只不过我自己没明显感觉到。"

所以，目前青少年社会工作者队伍整体面临着不断改造、整体升级的任务，青少年社会工作者面临着不断提升个人工作能力、水平的要求，为此需要有长远的发展规划和职业愿景。

（六）事务性与专业性之间的矛盾

由于发展时间短，目前专门化社工机构还不是太多，大多数青少年事务专业社会工作者是在社区、街道居委会等基层组织与相关单位从事青少年事务工作，对于他们而言，实际上从事着大量的行政、事务性工作；对于政府购买岗位的社工，很多时候也要承担相关部门交付给的烦琐事务。这样的情形下，青少年社工的大量时间就被行政性工作给占用了，拿不出太多的精力开展专业性服务工作，更为严重的是，行政性的工作一旦长久持续，社会工作者的专业性思维、服务意识就会慢慢钝化。这是值得警惕的事情。

还有一个值得注意的问题是,专业性社会工作在工作理念、操作方式上会与行政性工作有一定差别。有些时候,这些差别会造成二者间的矛盾,如果矛盾中专业性力量不能取得优势地位,往往就会屈从于行政性工作,这同样会造成社会工作专业性的弱化与实际服务成效的取得。调研中,有位社工感言道:

"有些时候,我们想搞一些专业性服务活动,需要得到相关部门的许可或是支持,比如居委会、派出所什么的,可要么让我们放弃,要么让我们想别的活动。我想我们的活动不违法也不扰民,可偏偏不能获得通过,真是想不通,有些郁闷。"

当然,社会工作的具体服务过程中,专业性服务活动与行政事务性活动也不是截然对立和分开的,关键是如何正确处理好二者的关系。

五 青少年事务社会工作专业人才队伍建设的建议

目前青少年事务社会工作专业人才队伍建设存在着较强的现实张力,这与专业青少年事务社会工作起步较晚有关,与社会工作专业教育的发展、社会工作政策支持等密切相关。鉴于目前青少年事务社会工作人才队伍建设的现状,本项目组的建议如下:

(一)发挥共青团组织的枢纽与核心作用

加强青少年事务社会工作人才队伍建设是共青团组织的工作目标,也是参与社会治理的重要任务。在社会主义治理体系建构的过程中,共青团组织起到承接政府购买服务与整合社会服务组织的重要职能,是政府部门与青少年社会服务组织之间的桥梁与纽带,是党与广大青年之间的联系桥梁与纽带。经济发展新常态下,特殊青少年群体的生存与发展面临着新的问题与需要,作为青年组织的共青团必须充分发挥服务职能,为特殊青少年群体提供专业的青少年社会工作服务,从而促进其健康成长。共青团组织可以通过整合资源、开发岗位等方式,以社会工作项目为载体,来加强对原来成熟的青年公益组织的引导，促进其顺利转型。也可以整合资源建构青少年社会工作服务体系，引导专业社工机构提供青少年事务社会工作服务，发挥其引领与示范的作用。可以对原有的青少年宫、青少年活动中心等团属服务机构进行转型与改造，使之成为青少年事务社会工作服务的中坚力量。同时共青团组织要进行广泛的社会倡导与动员，普及专业社会工作知识，倡导社会公益意识与奉献精神，建构以共青团组织为领导的"社工+志工"的服务模式，建立相应的专业督导与评估团队，为青少年事务社会工作人才队伍建设提供专业上的支持、监督与引导。

（二）提高社会工作教育与培训的专业化水平

当前，青少年社会工作队伍呈现出高学历状况，这也反映出了社会工作教育取得了长足发展，但是，学历的提高并不一定意味着专业素养的提高。从调查来看，之所以在违法犯罪青少年、网瘾青少年服务方面还不够充分、深入，很大程度上跟社会工作者在这些方面还不能很好地掌握专业服务方法、形成专业服务能力有关。而实务能力不强，也是在学历教育期间的实践教学不足形成的，建议高校要进行相关专业调整，进行课程设置、教学体系等方面的变革，切实摒弃传统的注重书本、单向灌输、纸上谈兵的教育培养模式，积极学习社会工作发达国家、地区的社工教育、培训经验，增强学生实战的经验与能力，以切实夯实青少年事务社工的能力基础。加强在职从业人员的教育培训，以专业理念与方法的培训为主要内容，有针对性地加强青少年事务所需的司法社工、禁毒社工、医务社工等的培养，积极培育青少年社会工作者的专业素养，以便能够扩大青少年社会工作的服务领域，提高专业化的服务水平，增加青少年社会工作的职业认同度。

（三）加强社会工作者专业价值观

教育固然，社工总体薪酬还不是很高是影响社会工作专业人才队伍稳定的突出因素，需要通过薪酬政策的完善来提高社工待遇，但是，社会工作人才队伍建设并不只能靠经济因素的刺激，更为重要的是要加强专业价值观的教育。作为以"助人自助"理念为指导的利他主义的事业，社会工作职业充满了关怀、尊重、奉献、公正、平等的人道主义价值观念，从事社会工作职业，会使人的心灵得以净化、精神得以丰富、道德得以提升，更好地使人实现人生价值。调查结果也显示，很多青少年社工之所以坚守本职岗位，最主要的原因就是认识到了社会工作本身固有的价值与意义。所以，社会工作专业人才队伍的稳定与壮大，单靠提供薪金福利不能从根本上解决社工职业认同问题，甚至有些背离社会工作职业自身的价值理念，最重要的是要做好社会工作专业价值观的引导与教育，以切实激发社工对自身职业的认同、热爱。

（四）加强社会工作服务机构的自身建设

调查显示，青少年社工对于自身所在机构、工作中的人际关系等方面都有较高的满意度，说明目前社会工作发展还未迎来一个良好社会大环境的境况下，社工却有一个良好的内部小环境。究其原因，这与社会工作自身的助人、互助的价值理念，资源链接、人际关系支持的专业工作方法不无关系。加强社会工作人才队伍建设，一定要利用好社会工作专业价值、方法方面的工作优势，积极做好机构的自身建设，塑造好机构精神、积淀好机构文化、展示好机构形象，使社会工作服务机构成为社工的精神家园、坚强后盾。加强对机构社工的专业支持，可优化工作队伍的年龄结构，选取有阅历、有资历的人员进入专业社会工作者队伍中来，发挥他们的年龄、经验优势，对年轻的青少年社工进行传、帮、带；加强青少年事务社会工作者的情绪疏导教育，让他们能自觉反思因自身年龄因素而容易带来的问题，学习相关调节、控制情绪的方法等。

（五）倡导社会工作人才职业化与专业化的政策、制度出台

加强青少年事务社会工作人才队伍建设，要倡导政府制定有关社会工作人才职业化与专业化要求方面的政策，实施先职业化普及再专业化提升的队伍建构机制。要求职业化发展的有关政策进行扶持，来缓解社工压力，解决收入不高、生活拮据问题，确立合理的专业社工薪金水平，同时还要通过多种渠道筹集资金，保障社工工资有稳定来源。呼吁有关社工的专业

化成长提供支持的政策出台，以便给社工队伍的发展提供具有激励性、开放性、延展性的舞台与空间，比如社会工作专业技术职务的层级设定、人事流动、晋升方面的规定等。只有社会工作人才职业化与专业化政策与制度保障的进一步完善，才能真正保证青少年事务社会工作人才队伍职业能力与专业化水平的提高。

（该文刊于《山东青年政治学院学报》2015年第5期）

青少年社会工作者职业倦怠的原因和对策研究

——以济南市为例

摘要：职业倦怠现象的产生是多方因素综合作用的结果。职业的社会认可度和知晓度低、薪酬待遇与社会地位低、人才培养存在短板、专业机构的支持欠缺、个体因素等，是青少年社会工作者职业倦怠问题产生的主要原因。构建社会工作友好型社会，完善社会工作者的管理与支持，增强青少年社会工作者的专业自律等，是应对青少年社会工作者职业倦怠问题的策略。这一问题的有效预防与解决，会极大地促进我国社会工作职业化和专业化的发展。

学术界关于职业倦怠的讨论很多，但多集中于教师、公务员、医务人员、基层工作者等群体，针对社会工作者职业倦怠的研究较少，仅有的研究主要从理论视角进行探讨：如社会性别、社会支持、社区治理等；较少以社会工作者的不同服务对象为划分依据展开研究。青少年社会工作者的服务对象是身心发育不成熟、易受周围环境影响、可塑性较大的青少年，而产生职业倦怠现象的青少年社会工作者无力为青少年提供正向的指导，无形中甚至会对青少年的身心健康成长造成伤害，因此青少年社会工作者职业倦怠问题的预防和解决对青少年的成长也会起到间接的促进作用。1974年，美国精神分析学家弗洛德伯格首次提出"职业倦怠"概念，他认为，职业倦怠指那些助人行业中的个体将自己的内部资源耗尽但没能及时补充而产生的身心疲劳与耗竭的状态。① 伯克利大学心理学家马斯拉奇从情感、态度和行为三个层面,将把个人情绪过度卷入助人工作,长期处于情感枯竭、去个性化、逃避和冷漠对待求助者、自我成就感降低等状态描述为职业倦怠征候群。② 青少年社会工作者职业倦怠是指青少年社会工作者对所从事的职业缺乏内在动力与激情,无法提振精神,感到厌烦,对职业前景悲观、职业行为消极甚至出现怠工等现象。以下职业倦怠的考察借鉴马斯拉奇的方法,即以情感枯竭、去个性化表现和自我成就感降低三个维度来呈现。

本研究采用质性研究方法,对6位随机选取的工作年限各不相同的青少年社会工作者进行访谈。鉴于社会工作行业流动性较大,选取的访谈对象工作年限与其他群体相较而言较短,但并不影响对于青少年社会工作者职业倦怠问题的研究。立足于青少年社会工作者的职业倦怠现状,探讨影响青少年社会工作者职业倦怠现象产生的原因,并提出相应的对策建议,以期为该问题的预防与解决提供借鉴。

一 青少年社会工作者职业倦怠的现状

徐道稳(2017)针对深圳市417名社工的调查发现,有离职倾向的社工占38.1%,而离开社工行业的高达49.4%。③ 曾守锤等人(2019)采用"中国社会工作者职业现状调查"的大样本全国调查数据($n=3111$)进行研究发现,有19.6%的人想离开社会工作行业。高离职率与职业倦怠的关系密不可分。④ 沈黎和刘林对118名上海青少年社会工作者的调查研究发现,青少年社会工作者在成就感降低、身体障碍、情绪耗竭和疏离化等方

---

① 孟亚男、周欢:《如何处理社会工作者的职业倦怠》,《中国社会工作》2018年第24期。
② 陆飞杰:《社会工作者职业倦怠状况的调查与分析——以上海为例》,《社会工作与管理》2016年第2期。
③ 徐道稳:《我国社会工作者工资决定机制研究——基于对深圳市社会工作实践的分析》,《中央民族大学学报》(哲学社会科学版)2019年第3期。
④ 曾守锤、李筱、何雪松、陈魏:《中国社工的离职倾向及其影响因素研究》,《重庆工商大学学报》(社会科学版)2019年第4期。

面均有明显的表现，职业倦怠率较高。① 为了进一步了解青少年社会工作者的职业倦怠情况，笔者以济南市的青少年社会工作者为研究对象，运用质性研究方法，选取6位青少年社会工作者（见表1）进行半结构式访谈。

表1 访谈对象基本信息

序号	代号	工作时长	性别	年龄	毕业专业	学历
1	小李	2年	女	23	社会工作	专科
2	小赵	1年	男	22	工商管理	专科
3	小孙	3年	男	26	社会工作	本科
4	小苏	6个月	女	29	行政管理	本科
5	小韩	7个月	女	23	社会工作	专科
6	小清	1年半	女	35	汉语言文学	本科

（一）情绪低落，身体容易感到疲惫，工作积极性降低

在职业倦怠的三个维度中，首先表现出的是情绪低落，缺乏内生动力，工作中出现明显的身体疲劳感现象，工作的积极性大大降低。具体来说，青少年社会工作者在面对工作时会出现拖延或回避的情况，提不起工作的劲头，敷衍了事，处理工作时尽管有思路和想法，却充满无力感，缺乏工作动力。访谈中的小韩就坦然承认这一点，他说：

"我觉得最近一段时间工作没有精神头，在周末为青少年做服务的时候就觉得很累，甚至是快到周末的时候就很烦躁，看到这些孩子在活动中表现得很快乐自己也还是觉得很累很烦。"

"虽然这些孩子是跟着父母来济南的，流动青少年需要解决的问题是有很多，但现在我觉得他们过得也都挺好的，反倒是我自己整天工作得没滋没味的，他们比我幸福多了，我还能帮助他们吗？"这是小清谈的自我感受。

---

① 沈黎、刘林、刘斌志：《社会工作者的职业倦怠与组织承诺状况研究——以上海青少年事务社会工作者为例》，《青年探索》2011年第3期。

两位青少年社会工作者都表现出一定程度的职业枯竭感和疲惫感，工作上逃避态度较为明显，身体的疲劳感、心理的低落感，与服务对象青少年的快乐之间形成了强烈反差，他们甚至感到职业前途暗淡，萌生离职念头。

（二）服务态度冷漠，忽视青少年的个性化需求，工作主动性降低

社会工作要求必须以专业理念与方法回应服务对象的个性化需求，而职业倦怠感的出现说明青少年社会工作者已经与专业要求不相符，缺失对服务对象青少年问题的敏感度，缺乏相应的责任感，更不可能主动接触青少年、全身心地投入工作之中，而是陷入自我负向情绪之中。缺乏工作热情，工作效率会大大降低，甚至有的还会给青少年带来负向影响。小苏说道：

"我还记得我第一次为流动青少年开展提高适应能力的小组活动时的热情，当时心里特别有成就感，现在我一想到要开展活动心里就充满了无力感，只想快点走完活动的流程，也不想主动跟孩子们聊天了，就'当一天和尚撞一天钟'吧，也不想给他们准备参加活动的小礼品了，就想赶快结束。"

由开始的热情转化为现在的厌倦，专业价值理念已经无法对青少年社会工作者产生直接的作用，工作的被动应付带来的只能是内在的无力与外在的怠惰。同时，有的青少年社会工作者还存在来自社区的行政工作挤压所带来的焦虑与无助。访谈中小李谈道：

"我是岗位社工，除了社工本职工作之外，有时候还要被拉到居委会去干活，工作完不成下了班回家干点事情也不能安心，就只能加班，搞得我每天工作都很焦虑，到现在真的是对工作产生抗拒。"

有职业倦怠感的青少年社会工作者对青少年所表现出的态度往往是冷漠的，对青少年问题的回应是敷衍的，他们无法在工作中体会到自我的价值和工作带来的获得感，更不可能进行创新性的工作，长此以往，会使职业倦怠感叠加增强。

怀疑自我，产生离职倾向。随着工作压力的增大，青少年社会工作者对职业认同产生动摇，怀疑自我价值，工作中的自我效能感降低，工作热情丧失，会表现出非常明显的离职倾向。访谈对象小孙说道：

"我天天工作像是很忙的样子，但仔细想想又感觉啥都没干，每天净是为青少年辅导作业了，我这样和中学老师有什么区别，可是我是专业的社工啊，我的专业性体现在哪里呢？是不是我不适合做社工呢？"

在出现自我怀疑倾向时，职业倦怠感毫无疑问已经达到了相当程度。工作压力的累积，因与青少年及其家长的交流沟通造成的情绪困扰不断增多，自我效能感也不断降低，进而直接影响到青少年社会工作者的职业认同，那么工作中出现的偶发因素就有可能成为"压倒骆驼的最后一根稻草"，出现离职现象则是必然的了。

二　青少年社会工作者职业倦怠原因分析

从客观层面而言，青少年社会工作者出现职业倦怠现象，与社会工作行业发展刚刚起步，与社会工作者的薪酬待遇、社会地位等诸多因素关系密切；从主观方面而言，与他们缺乏自我的职业规划与内生动力，生命体验和工作经验不足有直接关系。

（一）职业的社会认可度和知晓度低

社会工作在我国尚属于新兴事物，尽管政府部门一再推进社会工作事业的发展，但其社会认知度仍不高。基层大部分人经常把社会工作者和志愿者、义工等同，还有一部分人认为是公务员。在青少年社会工作者服务过程中也存在这个问题。据青少年社会工作者小李说：

"我来这个社区做社工已经一年多了，社区里的居民们还老是把社工当作是志愿者和居委会的工作人员，我们做的活动是免费的，很少有向居民收费的活动，家里有孩子的也愿意下午放学后参加我们的'四点半课堂'，其他节假日办的活动也积极过来参加，就是每次都要解释社会工作者是什么，下次还是这样，干脆就不解释了，把工作做好了就行了。"

专业的社会认可度和知晓程度的低水平致使青少年社会工作者在开展工作时的专业性受到质疑，公众的不了解和误解难以让青少年社会工作者产生积极的专业认同。尽管社会工作属于服务和助人的行业，但现实情况是其在社会上的待遇和地位远不如教师和公务员高，强烈的地位落差感也会使一些青少年社会工作者产生低落情绪，影响专业认同，导致自我价值感降低。长此以往，无力感和无奈感的累积会使他们面对工作时产生本能的抗拒，怀疑工作的意义所在，催生倦怠感。

（二）薪酬待遇与社会地位低

社会工作的本质是助人自助，是在利他主义指导下用生命影响生命的高尚事业。在西方国家，社会工作者被称为"社会工程师"；在中国香港，社工是受人尊敬的专业人员，他们有法律明确规定的职业身份，归属社会工作注册局直接管理，工资待遇比肩公务员，有专门的职业晋升途径。我国内地尚处于社会工作发展的初期，社会工作者的薪酬待遇较低、社会地位不高，大部分社会工作专业毕业生会选择寻求稳定的工作，如公务员、事业编等，但在选择公务员岗位时难以找到专业对口的岗位。

目前，关于社会工作毕业生的去向，一部分人会选择去社会工作机构从事一线社会工作，他们往往会被社区居委会的人员认为是购买的帮助他们工作的人，尤其是遇到素质不太高的社区居委会干部，会更加增强他们的失落感，同时他们很多人的薪资水平往往低于当地的社会平均工资，让他们感受到较强的生存发展压力。作为一个职业，薪资水平偏低就具有明显的劣势。有些社会工作专业毕业生随着当初择业时的激情退去，又面临现实压力的侵袭，无法不考虑薪酬待遇问题。近年来，尽管民政部已经开始推动社会工作的岗位开发，公务员考试中有些地方也开始招收社会工作专业毕业生，如济南等地社区工作者的招考对具有社会工作专业背景的人优先录取，但这只是刚起步，还不足以对社会工作专业毕业生产生巨大的吸引力。

（三）青少年社会工作人才培养存在短板

目前在我国的社会工作教育中，还未完全实行实务型人才培养导向，很多老师自身没有实务经验，从而直接导致学生缺乏实务经历，专业教育与实务的脱节导致学生实务能力不足，到工作岗位后面临重新适应学习的问题，工作压力的堆积会导致职业倦怠感的累积。青少年社会工作者小孙在谈到大学时的专业课学习时表达出社会工作人才培养的不足，"上大学的时候没有实习过，工作以后我都不太会跟孩子们打交道，更别说怎么申报项目，全都要从头学起，就经常加班，非常累，要是在学校的时候能有实习，提前多学习一下就好了"。有的社会工作者在学校只是上了"青少年社会工作"课程，有的只是在"群体社会工作"课程中学过青少年社会工作，没有真正的专业实习，导致工作后形成专业的不自信。

（四）专业机构的支持欠缺

随着社会工作服务现实需要的增加，社会工作机构也在不断增多，但很多机构面临着专业性有待提升、专业社会工作者的数量不足等发展困境。为了解决生存问题，机构不得不尽可能多地承接服务项目，而项目运营不仅要求社会工作者具备完善的专业理论架构，更要凸显专业性与实务性。再者，现在政府购买专门针对青少年群体的项目很少，青少年社会工作者往往形不成团队，缺乏同伴的交流和督导的专业支持，工作中的无力感和疲惫感往往与日俱增。

"目前自己对社工发展的其他方面还是满意的，不管是工作环境，还是与社区工作人员的合作，还是青少年本身和家长的配合，但是机构对社工的支持比较鸡肋。在工作中遇到问题的时候找不到督导解决，这样的处境像被机构'抛弃'了一样。"（小孙）

如果机构中有明确的晋升和激励的制度，在工作遇到困难的时候能有效地获取机构督导的支持，可以有效缓解职业倦怠感，但这一问题不是短期能够解决的。

(五) 青少年社会工作者个人因素的影响

社会工作队伍的年轻化、工作经验不足，青少年社会工作者与服务对象之间的不对称互动，都会给他们带来很大的压力，极容易出现将难以解决的服务对象不利状况归因到自身能力问题的现象。

1. 受服务对象青少年不良状况的影响

当社会工作服务不会产生立竿见影的服务效果时，往往容易使青少年社会工作者出现无力感与失落感，但这些服务不是因为他们不努力或者专业性水平低，而是一些客观性的原因，如家庭困境造成的青少年问题、因身体智力缺陷而无法自理等难以改变的现实问题等。

"我觉得我作为一个社工根本没用，文文是一个多懂事的孩子啊，因为家庭原因不能去到附近更好的小学，关键是家长根本不把学习当回事，家长的不重视我真是替文文着急，可文文的妈妈要搬走去别的地方打工我也不能拦着，我恨自己不能为她做得多一点。"（小韩）

与小韩的交谈，能够非常明显地感受到她的责任感所带来的焦虑、无奈、失望与痛心等复杂性的情绪情感，这种内在价值冲突如果无法得到及时的排解与宣泄，会使专业的无力感增强，会影响到对职业的认同。

2. 服务对象青少年的"暴力行为"难以排解

青少年社会工作者在服务时会遇到青少年自身和家长的不理解和不支持所带来的"暴力行为"。青少年社会工作者小韩这样说："在为青少年服务时，出于为青少年安全的考虑，在室外活动时因这些孩子老是想去触摸危险物品，就说了他几句，但真的完全没用重口气，孩子可能也是自尊心强，回家将这件事夸大告诉家长，家长来居委会投诉，不欢而散，并且以后孩子再也没来参加过活动，这件事让我很伤心。"青少年社会工作者与服务对象的互动是不平衡的，他们处于压倒性的付出地位，在面临服务对象的"暴力行为"时难以排解累积的情感压力，会极大地降低自我效能感。

3. 缺乏明确的职业生涯规划

彭静对深圳某机构的社工调查显示，一线社会工作者集中在20—30岁之间,对前途认知不明确,甚至没有成型的职业生涯规划,带着对未来的迷茫和探索心态。[①] 做青少年社会工作者七个月的小韩,因为大学时在目前工作的机构实习过一段时间,毕业后出于对未知的迷茫到机构任职,她说:"不知道自己毕业后应该干什么,实习的时候觉得机构挺好的,毕业后就来了,我对自己以后到底想在这个岗位上做多长时间、做到什么职位心里都没有概念,感觉稀里糊涂的,工作的时候也是前辈怎么做自己就照着怎么做。"刚踏入工作岗位的青少年社会工作者,由于对职业生涯规划得不清晰,对工作完成方式的思考欠缺,缺乏反思精神,机械地参照他人的工作模式,缺乏创新服务方式的考虑,工作中满足感和获得感不足,由此会带来消极和倦怠的感觉。

(六)青少年社会工作者工作内容和职场环境的失衡

工作负荷过大、职责界限不清,疲于处理与社区工作人员、青少年家长间的合作关系,均可能造成青少年社会工作者的职业倦怠。具体表现为:

第一,青少年社会工作者的工作时间较长很容易让他们产生疲劳感。青少年的课余时间有限,因此绝大部分的活动都安排在放学后和周末,加上所在社区居委会平时会有一些工作安排,这种连轴转的工作极易让人疲惫。刚入职的青年社会工作者由于工作能力不足、实务经验缺乏,面对大量集中的工作需要一定的适应时间,处理不当易萌生职业倦怠感。

第二,一些青少年社会工作者面临工作职责不清的困境。目前大部分青少年社会工作服务依靠购买项目的方式,青少年社会工作者往往随项目而流动,他们的人事管理和考核在机构,但工作在社区,双重管理下社区工作人员不理解社会工作的专业性,认为他们必须服从居委会的管理,必须承担行政性事务。在行政性事务的堆积下,社会工作者的职业角色逐渐淡化,容易产生职业身份困惑,丧失归属感。

---

① 彭静:《社会工作者职业倦怠现象的社会工作介入》,郑州大学,硕士学位论文,2012年。

三　青少年社会工作者职业倦怠的对策研究

青少年社会工作者职业倦怠问题既有整个行业发展的现实性，也有其个人面临问题的复杂性。笔者认为，有效解决这一现实问题从根本上要构建青少年社会工作友好型社会环境，加快青少年社会工作的专业化和职业化进程。

（一）构建青少年社会工作友好型社会

"青少年社会工作友好型社会"指构建对青少年社会工作包容度逐渐提高的社会制度和文化环境，表现为青少年个体及其所处环境与社会工作的良好互动关系。提高青少年社会工作的社会认可度，建立和完善青少年社会工作者的职业成长体系。

1. 完善青少年社会工作者职业资格认证制度

合理严谨的制度体系是从业者最首要的保障。我国于 2008 年开始进行全国社会工作职业资格考试，标志着社会工作职业化道路的开始。2018 年民政部出台《高级社会工作师评价办法》，标志着我国建立了初、中、高三级衔接的社会工作职业评价体系，这种职业资格认定的专业发展与提升渠道已经建立，但却存在难以很好实行的困境。如青少年社会工作者出于对青少年隐私保密的伦理要求，使得具备高级社会工作师资格的青少年工作者往往无法提供出明确的工作记录。这反映出青少年社会工作者资格认定的晋升途径尚待完善，青少年社会工作者的成长体系仍有待健全。因此，需要政府和社会工作行业协会的进一步合作，促进完善的职业认证体系的建立，为青少年社会工作者的发展提供完善的晋升路径。

2. 加大政府支持力度

连续四年（2015—2018 年）《政府工作报告》中均提到要支持专业社会工作的发展。政府应考虑到青少年社会工作对于青少年成长和发展的重要作用，为青少年社会工作的发展提供公平的竞争环境、更多的青少年社会公益项目和资金投入的倾斜，合力监督和促进青少年社会工作的专业化和职业化,从而促进社会工作发展环境的系统化和科学化。如政府应进一步规范购买服务的规则和程序,科学设计购买项目,强化科学检测,使购买资金更有效地发挥作用。① 在购买青少年社会工作服务项目时,政府不仅要考虑购买服务方,更要对提供服务的青少年社会工作者和机构给予支持,加大扶持、监督和考察力度,促进服务机构的专业成长和长远发展。还应从社会发展的宏观层面加强青少年社会工作的宣传,使大众了解青少年社会工作的职业身份,帮助青少年社会工作者建立职业声望,增强归属感。

3. 建立过渡性人才培养机制

在青少年社会工作人才培养方面,制订合理的培养规划,设定集中实习的课程安排,增加针对学生专业认同感和价值感的课程。作为倾向于实务的专业,必须要有与服务对象接触的集中的时间。设置从大学毕业到实务工作的过渡机制,安排学生为青少年提供社会工作服务的集中实习,充分体验服务过程,从而帮助他们顺利完成从学校到机构的转变,适应工作生活,减少可能造成职业倦怠的不良因素。在青少年社会工作本土化的过程中,必须探讨建立与我国国情相适应的理论与实践教学的规则与要求,强化应用型青少年社会工作人才培养。

4. 规范青少年社会工作者准入制度

目前针对社会工作者的不同定位及行业内人才供不应求的现状,出现了"大锅饭"现象。② 虽然社会工作鼓励资源整合和跨界合作,但不同背景和专业的人涌入新兴行业容易造成行业的混乱,拉低服务质量,机构管理和工作沟通也会带来问题。访谈中发现青少年社会工作者准入门槛较低,服务专业性有待提高。同时,由于部分不专业青少年社会工作者的存在,容易导致青少年社会工作者职业声望降低。因此需要提高青少年社会工作

---

① 王思斌:《健全社会工作人才队伍体系提高社会工作服务水平》,《中国社会报》2018 年 4 月 2 日第 4 版。
② 《从西方概念到本土研究:中国社会工作者职业倦怠研究述评》,《阿坝师范学院学报》2018 年第 4 期。

领域的准入门槛，设置明确的制度规定，帮助真心热爱青少年社会工作的年轻人发光发热，为他们搭建良好的平台。

（二）加强青少年社会工作者的管理与支持，营造良好的工作环境和氛围

黄伟基于安徽合肥、芜湖100名专职社会工作者的调查表明，工作环境和社区归属感与社会工作者的职业耗竭有显著的相关关系。具体来说，工作环境包括工作的硬件条件、工作氛围、上升空间等方面，硬件条件越好、工作氛围越活跃、上升空间越大，社会工作者的职业耗竭感就会越低；反之，归属感越弱，职业耗竭感就会越强。① 加强青少年社会工作者良好工作环境的创建，主要表现在如下两个方面。

1. 社会工作机构的管理与支持

针对青少年社会工作者建立合理的行政管理体制、考核机制，恰当的激励机制、竞争机制和奖励晋升机制，设定明确的薪酬标准，按岗定酬，按绩发奖，考核方式公开透明，适当地引入竞争机制，激发工作活力。

对于职业化的发展而言，工作中的再培训是很重要的，有利于增强社会工作者的职业认同感。一般而言，专业素养越高，专业技能掌握的相对较好，职业兴趣相对较高，行为倾向相对稳定。因此，为青少年社会工作者提供培训和再学习机会，吸收当前青少年社会工作发展的新鲜知识，提高其专业素养，有利于开阔视野，对那些产生了倦怠感的青少年社会工作者很重要，可以使他们学会发现解决问题的新角度，重新以积极的心态面对青少年服务对象。②

机构定期组织青少年社会工作者进行专题团建，借助团体动力促进新鲜血液注入。在福利待遇方面，提供带薪休假时间，允许青少年社会工作者暂停修整工作状态，以更轻松的态度投入工作；在生活方面，机构主动

---

① 黄伟：《社会工作者职业耗竭现状及其影响因素研究——基于安徽合肥、芜湖100名专职社工的调查》，《宁波广播电视大学学报》2014年第3期。
② 袁光亮：《北京市青少年事务社会工作专业人才队伍建设现状、问题与对策——基于对北京市2019年第二期社区青年汇专职社工胜任力训练营学员的调查》，《北京青年研究》2020年第2期。

关心青少年社会工作者，在能力许可的情况下，提供更多福利。借助合理的督导制度，充分发挥督导的支持性作用，聘请高校老师或者是有着丰富实践经验的实务工作者进行定期和持续的有效督导与心理支持，提升青少年社会工作者的职业胜任力。搭建合理的同辈督导与交流沟通平台，有助于青少年社会工作者发泄情绪和解决问题、提高同事间的凝聚力。建立和完善关于青少年社会工作者职业倦怠问题解决的合理化制度，合力发展出一条预防、缓解乃至消除青少年社会工作者职业倦怠的模式化道路。

2. 社区居委会的支持

社会工作在社会结构和社会价值观念发生变化时具有非常强的社会调适功能。很多社区已经形成了社区、社会工作者、志愿者的三社联动机制，这有利于进一步厘清社会工作者的职责界限。对于青少年社会工作者来说，划清社区中负责青少年工作人员的职责界限，明确青少年社会工作者的专业职业角色，实现青少年社会工作本土化发展目标。以"四点半"课堂为例，青少年社会工作者应起到专业指导和中介协调的作用，是资源的整合者，如请志愿者承担具体课业辅导的责任，统筹、协调和组织的工作由自己完成。在此过程中，既有志愿者角色的参与，又有青少年社会工作者专业角色的发挥以促进良好服务效果的达成。在此机制中，有助于厘清三者的工作范围，社区作为服务的载体，最重要的是认可专业青少年社会工作者和志愿者人力资源的不同定位，以便充分发挥各自的作用，增强居民对青少年社会工作者的识别力。

（三）青少年社会工作者要增强专业自律，提高服务水平

专业自律是根据专业规范对专业活动的一种自觉性的约束。王思斌教授提到，在新形势不断发展的格局下，社会工作者必须加强自律，提高服务水平，争取更多的社会承认，为社会工作制度的建立和发展打牢基础。[①]职业倦怠的产生不仅是外部环境的触发，更有青少年社会工作者自身的职

---

① 王思斌：《社会工作者要加强自律》，《中国社会工作》2019年第25期。

业期待和规划、个人性格、疏解工作压力的方式等方面的原因，最重要的还在于没有形成真正的专业自律，缺乏专业认同与专业自信。

1. 明确个人的职业生涯规划，增强职业认同和归属感

具有专业背景的青少年社会工作者要进一步明确个人的职业生涯规划，增强对社会工作的归属感和认同感，这有助于其体验到为青少年服务的满足感和成就感，享受积极的工作状态；对于非社会工作专业出身而目前做青少年社会工作的准社会工作者而言，首先应具有专业知识学习的热情，清楚地认知到服务的专业性，建立正确的职业认知，合理规划职业生涯，明确职业发展的方向。

2. 建立合理职业期待，积极面对工作压力

对于初入行的青少年社会工作者来说，合理的职业期待和正确的归因思维非常重要。对工作过程中由于现实压力增加的无力感，青少年社会工作者要学会承担与自身岗位相称的责任，承认即使作为助人者也只是能力有限的普通人，面对压力时要学会寻求有效的支持，找到适合自己的解压方法，调节好心态，正确面对工作压力，在出现职业倦怠的时候，能够以积极的心态正确地面对和解决。

四 结语

青少年社会工作者产生职业倦怠不仅影响其个人的工作体验，还会对正处于发展关键期青少年的健康成长及其生存环境的积极性建构产生负面作用，也会降低专业社会工作机构的工作效率。职业倦怠问题的解决是一个系统性的工程，有关政策层面的问题需要随着我国社会工作职业化、专业化发展的推进不断完善，最为关键的是社会工作服务购买的地方政府部门、专业社工机构、项目所在地社区及青少年社会工作者的通力合作，共同在规范管理、资源整合、专业支持、协同发展与能力提升等方面提高认识、共同努力，尤其要以青少年社会工作者自身发展需求的关照为切入点，发挥专业社会工作机构的专业支持作用，及时发现可能出现的职业倦

怠问题,专业督导与行政督导做到及时跟进,提升他们的职业胜任力,协助他们做好职业发展规划,让他们能够以积极的心态面对未来的生活与工作。

(该文刊于《山东青年政治学院学报》2020年第4期)

校园欺凌中的旁观者及学校社会工作干预策略研究

摘要：旁观者是校园欺凌事件的目睹者，因多种因素影响会出现分化与转化，根据间接参与程度与外在表现形态可分为置身事外者、煽风点火者和保护者三种主要类型。旁观者的态度与行为会影响欺凌的持续时间、欺凌事件发展的动态与走向。影响旁观者行为的因素主要有：自我效能感、共情能力和责任推脱心理等个体因素；同伴群体压力、群体关系及氛围等群体因素。以社会工作介入旁观者转变的干预策略包括：反欺凌讲座、训练，搭建反欺凌支持网络，建立干预欺凌事件的奖惩制度等日常性介入策略；启动校园反欺凌网络响应机制，识别不同类型旁观者，第一时间疏散消极旁观者等发生欺凌时的介入策略；提升消极旁观者的共情能力和自我效能感，营造安全和谐的校园环境，形成校家社联动机制等欺凌发生后的介入策略。

校园欺凌事件的频繁发生使许多学者开始对校园欺凌事件进行研究，而研究重点主要集中于欺凌者和被欺凌者两类群体，对旁观者的研究比较少。在校园欺凌事件中，旁观者是占绝大多数的在场者，他们会表现出不同的态度与行为，或者挺身而出制止欺凌行为，或者在一旁欢呼呐喊助推欺凌行为，或者冷漠观之而不做出任何反应……这些不同的旁观行为会直接影响到欺凌事件的走向。因此，聚焦校园欺凌旁观者群体并进行分类，分析他们对欺凌事件产生的影响,探寻影响旁观者行为的相关因素,提出学校社会工作介入的干预策略,可以为校园欺凌的预防与干预提供新的思路和视角。

一 校园欺凌旁观者的类型及其对欺凌事件的影响

校园欺凌事件的主体主要包括欺凌者、被欺凌者和旁观者。欺凌者是指欺凌行为的发起者和控制者;被欺凌者是被欺凌的对象;旁观者往往被认为是那些在现场目睹事件的经过但没有直接"参与"事件的人,他们是被裹挟者或者局外人。但事实上旁观者也是欺凌事件的知情者、目睹者和可能的干预者,是受欺凌事件的影响并且其行为和态度容易产生变化的群体,他们的表现会直接影响欺凌事件的进程与走向。

(一)旁观者的类型

按照间接参与的程度与外在表现的状态进行划分,校园欺凌旁观者大致可划分为置身事外者、煽风点火者和保护者三种类型。

1. 置身事外者

置身事外者是指在校园欺凌事件发生时,将自己置身事外,不直接介入而只是观望将要发生或正在发生欺凌事件的旁观者。这类旁观者在目睹校园欺凌行为时往往会选择无动于衷,成为在场的冷漠看客、看热闹者,他们或者选择在现场观看,或者选择悄悄离开。固然他们之中有看热闹的好事者,但并不能简单地认为他们对被欺凌者没有同情心,而是因为种种原因没有促使他们选择保护行为。置身事外者看似没有参与到欺凌行为当中去,但事实上欺凌事件对他们的心理产生了直接影响,比如产生恐惧等复杂的心理,而他们表现出来的无动于衷的态度和看客行为,也可能在无形中起到助推欺凌事态恶性发展的作用。

2. 煽风点火者

煽风点火者指的是在校园欺凌事件中,由与事件无关的旁观者而转化为事件的鼓动者,主要通过煽动性的语言、姿势及行为鼓动欺凌者,从而助长欺凌者的嚣张气焰的"旁观者"。这类旁观者的行为具有明显的指向性与目的性,他们可能通过这种行为来宣泄自己内心的不满,或者来证明自己的影响力,或者通过一系列的举动去助推事件的发展,或者去刻意讨好欺凌者以免使自己成为下一个被欺凌者等。他们或者是一旁欢呼呐喊为欺凌者助长势力的起哄者,或者是在欺凌者实施欺凌行为时的放风者,及时为他们通风报信。这类旁观者的行为无疑对欺凌事件的发展起到了推波助澜的作用,从严格意义上来讲,他们也是欺凌者中的一员。

3. 保护者

保护者指的是在遇到校园欺凌行为时,由事件无关的旁观者转化为挺身而出制止欺凌行为、保护被欺凌者,或者为被欺凌者提供安慰、帮助的"旁观者"。这类旁观者在面对校园欺凌事件时不会袖手旁观,而是挺身而出做出一系列行为来保护被欺凌者。比如他们会将校园欺凌的情况及时向学校老师和家长报告,在被欺凌者受到侵害后会主动去安慰被欺凌者,或者在遇到欺凌事件时直接采取相应的措施制止欺凌者的行为。这并不是这类旁观者对欺凌者没有畏惧感,而是当他们目睹校园欺凌行为时,内心强大的责任感和自我效能感以及对弱者的同情促使他们主动选择不再保持沉默,而是积极去协调、制止事态的进一步发展。

这三种类型都是在欺凌事件发生过程中旁观者可能出现的分化,其与欺凌事件发生的现实情景、对欺凌事件的认知与理解、个体的心态与素质等有着直接的关系。

(二) 旁观者对校园欺凌事件的影响

校园欺凌不仅仅是欺凌者和被欺凌者之间的不良互动,作为在场的旁观者也成为不同程度的参与者与受影响者,他们积极或消极的态度与行为会直接影响欺凌事件的发展、欺凌行为持续的时间等。

1. 旁观者会影响欺凌的持续时间

在校园欺凌事件中,旁观者的所作所为会影响欺凌行为的持续时间。在一些校园欺凌案例中可以发现,煽风点火旁观者、冷漠且置之不理的旁观者，会激发欺凌者的表现欲，延长欺凌行为实施的时间。① 做出煽风点火行为的旁观者，看似处于旁观者的姿态，没有真正实施欺凌行为，但事实上他们已经以自己的言行与姿态表明了支持欺凌者的立场与态度；有的旁观者将自己置身事外，认为发生的事情与自己无关，本着"事不关己、高高挂起"的心态，根据时机离开欺凌发生的场所和环境，对欺凌行为选择无视的方式。实际上，只要是围观行为发生，就表现了对事件的关注，形成对欺凌者的无形支持氛围，会激发欺凌者的表现欲望，就可能延长欺凌行为的发生时间，使欺凌造成更为恶劣的影响。反之，如果旁观者做出积极的干预行为，则会有效地阻止校园欺凌事件恶化，缩短欺凌时间。

2. 旁观者会影响欺凌事件的发展动态

校园欺凌中的欺凌者实施欺凌的动机之一，就是获得表现欲与存在感，通过实施欺凌行为在同伴群体中得到较高的地位，满足自身的虚荣心，获得自我价值实现的存在感；或者是为了融入群体而不得不采取的跟随性欺凌行为。消极的旁观者行为会助长欺凌者的嚣张气焰，使得欺凌者做出更加恶劣的欺凌行为，给欺凌者与被欺凌者双方都造成更大的影响。如果旁观者做出积极的保护行为，那么就有可能在欺凌刚发生的时候就被有效地制止，或者是在一定程度上减少欺凌行为的强化。倘若做出积极行为的旁观者身份是在学生群体中有声望的班长、团支书和其他有能力干预欺凌行为的学生，那么欺凌行为就有可能被控制。

二 影响旁观者行为的相关因素分析

在对校园欺凌事件旁观者的归因分析中，如果仅仅把旁观者做出的一些态度与行为选择归结为道德因素则有些主观武断，因为这只是从道德视角进行单一性考量的必然结果。青少年处于成长的特殊过渡期，如果缺少对他们本体特征考察的视角、无视他们成长与社会环境互动建构的因素，

---

① Hawkins, D. L., Pepler, D. J., Craig, W. M., Naturalistic Observations of Peer Interventions in Bullying, *Social Development*, 2001, (4).

就会陷入归因片面与不合理的桎梏。具体而言，影响旁观者做出不同行为的因素有很多，不仅包括个体因素还包括群体因素。其中个体因素包括自我效能感、共情能力和责任推脱等；群体因素包括群体压力、学校和班级氛围、人际关系等。

（一）个体因素

校园欺凌事件中的旁观者之所以旁观，与他们的自我认知有着直接的联系。

1. 旁观者的自我效能感直接影响其行为选择

自我效能感指的是个体对自己是否有能力完成某一行为所做出的推测与判断。当面对校园欺凌事件时，旁观者会对自身是否有能力去阻止校园欺凌行为有一个内在的评估，其依据就是在面对校园欺凌事件时的自我效能感。当个体的自我效能感低，他们会选择置之不理和冷漠旁观的态度与行为，是因为他们害怕或者预估自己能力不足，或者认为即使挺身而出也不会起到多大的作用，相应会给自己带来麻烦与伤害，产生"多一事不如少一事"的心态；或者只是出于好奇看热闹。自我效能低还可能在欺凌者实施欺凌时进行煽风点火，倾向于欺凌者一方助推他们的欺凌行为，因为他们可能会担心自己成为下一个被欺凌者才做出助推欺凌事件的行为；当个体的自我效能感较高，则会选择挺身而出制止欺凌行为，或者是在被欺凌者受到伤害时对他们进行安慰和帮助。也就是说，自我效能感较高的个体在校园欺凌事件中往往会扮演保护者的角色，自我效能感较低的个体通常扮演煽风点火者和置身事外者的角色。

2. 旁观者的共情能力决定其参与欺凌事件的程度

共情，又称为同感、同理心，是由人本主义创始人罗杰斯提出的概念。共情能力指的是一个人可以设身处地地理解他人及其感受的一种能力。在校园欺凌事件中，旁观者所做出的选择取决于他们理解和同情被欺凌者的能力，如果旁观者对被欺凌者的遭遇和感受表示了很大程度上的同情，那么他们就有可能在自己的能力范围内采取自认为有效的方式去阻止欺凌行为，避免被欺凌者遭到更深的伤害；如果旁观者对被欺凌者的遭遇和感受缺失同情心，或者有一定的同情心，但是对自我能力评估不足，或者是不知道如何处置，则可能采取助威式、冷漠式与逃离式的旁观方式。

3. 旁观者的责任推脱心理直接影响其外在表现

个体旁观者的行为直接受在场的旁观者群体影响，旁观者群体的责任推脱会产生责任扩散效应，从而弱化旁观者的责任意识。责任扩散效应指的是当危险事件发生时，在场目击整个事件发生的人越多，每个人需要承担的责任就相对减少，因为在场的每个人都会认为，帮助他人所获得的成功或赞赏、不帮助他人所获得的失败和谴责都会由所有目击的旁观者一起来承担。简言之，当突发危难情境时，现场围观的人员越多，可以愿意施以援手的人员会越少。责任推脱是基于责任扩散效应下旁观者所产生的一种普遍心理活动。当校园欺凌事件发生时，旁观者越多，旁观的个体就越会产生责任推脱心理，因为这么多人在场都没人介入，自己也只能围观了，即使有问题也不是个人的问题，大家都有问题。一旦旁观者产生这种责任推脱心理，就不会向被欺凌者伸出援助之手，而是等待观望。在面对校园欺凌事件发生时，旁观者的责任推脱心理越强，越会采取消极的旁观行为，即扮演置身事外者的角色，这对于他们来说只是自己看到的一件事情而已，与自己无关，乱管闲事只会引火上身。责任推脱心理更强的旁观者会认为，被欺凌者受到欺凌是由于被欺凌者自身存在问题，于是他们就会在一旁起哄，成为煽风点火者，他们的行为不仅会助推欺凌行为的持续与程度更为强烈，而且也满足了自己的看戏心理，认为即使以后受到了舆论的谴责也由众人一同承担。

无论旁观者做出何种态度与行为的选择都不可否认这样的事实：他们目睹了校园欺凌事件的发生。这不仅会给他们感官上产生冲击，而且也会对他们的心理产生不同程度的影响，形成不同的心理感受，所以他们不可能立即从欺凌事件中抽离而不受任何影响，选择的态度与立场只是内在自我权衡的结果而已。

（二）群体因素

校园欺凌的旁观现象往往受同伴群体的直接影响，是一种寻求安全感与归属感的盲从行为选择。

1. 同伴群体压力会直接影响旁观者的行为表现

在校园欺凌事件中，旁观者之所以表现出不同的态度与行为，很多情况下是源于群体的压力。在许多真实的校园欺凌案件中，一些煽风点火者就是协助欺凌者实施欺凌行为的学生，他们有时也不是出于自己内心真实的想法做出这些行为，而是因为与欺凌者是朋友，所以才会选择煽风点火、协同欺凌。处于青春期早期的个体都非常重视与好朋友之间的友谊，他们愿意为好朋友"两肋插刀"；同时，他们融入同伴群体的意愿强烈，希望得到群体中其他成员的认可，而不是被排斥或者被孤立，因为一旦被孤立，个体就极有可能成为下一个被欺凌的目标。迫于这种压力，他们会选择与同伴群体一致的行为，如果和欺凌者是朋友，他们会选择协同欺凌，采取煽风点火的行为；如果和被欺凌者是朋友，他们会选择挺身而出与欺凌者对抗，或者打电话给老师、朋友从而保护被欺凌者。

2. 群体关系及其氛围是影响旁观者行为反应的重要因素

校园欺凌事件多发生在学校以及其合理的辐射范围之内，旁观者与同伴、老师之间的关系会影响其在目睹校园欺凌时所做出的行为。同伴和老师支持水平较高的学生更有可能在校园欺凌事件中表现出积极的旁观者行为，因为他们的自我效能感和自信心比较强，他们会认为自己有能力去帮助被欺凌者。如果旁观者有良好的同伴关系并伸出援助之手的时候，可能就会带动周围的旁观者，使更多的积极旁观者采取相应的行为。即当旁观者有良好的师生关系时，他们更倾向于做老师眼中的好学生，得到老师的认可和夸奖，往往会挺身而出帮助被欺凌者，扮演保护者的角色；当师生关系和同伴关系比较紧张的时候，旁观者为了引起他们的关注，就有可能做煽风点火者甚至帮助欺凌者一起实施欺凌行为。

学校风气和班级的氛围会直接影响旁观者的行为。如果一个学校的纪律散乱，学习风气不良，一些学生就很有可能受到影响，成为滋生欺凌行为的欺凌者，或者是校园欺凌的助推者、参与者。如果一所学校的风气积极向上、纪律优良，学生会受到良好氛围的影响，相关的欺凌事件就会减少，即使出现了欺凌事件，选择积极旁观者行为的可能性会大大增加。

与学校风气相比，班级氛围对旁观者行为产生的影响更为直接，如果班级里时有欺凌行为产生，班级氛围往往是冰冷的、浮躁的，学生之间的关系往往处于紧张与矛盾的状态，缺乏应有的关爱与团结。当欺凌行为发生时，其他学生自然会表现出漠视的态度与行为，或存有"事不关己、高高挂起"的观念，即使有旁观者想要挺身而出制止欺凌行为，他们也会害怕自己成为整个班级中的"异形"，成为下一个被欺凌的对象。

三 引导与影响旁观者的学校社会工作策略

一般的校园欺凌预防与干预策略往往表现为：预防的重点是防欺凌教育，而干预的重点对象是欺凌者与被欺凌者，旁观者往往被忽略。但事实上，人人都有可能成为旁观者。在校园欺凌中，旁观者的不同态度与行为会大大地影响欺凌事件的走向，[1] 所以对旁观者的影响策略是有效预防与干预校园欺凌的重要方面。

笔者认为，引用社会工作的理念与方法或者引入专业社会工作者的直介入，可以形成常态性、针对性的引导与影响策略，更好地引导学生提高自护意识，形成团结互助的观念，做积极的旁观者，把这种方式作为传统校园欺凌策略的有效补充或创新模式，形成更为有效的预防与干预机制。因为社会工作的价值理念是"助人自助"，具体表现为尊重、接纳、自决、个别化等工作伦理原则，采用个案社会工作、小组社会工作、社区社会工作、社会工作行政、社会政策、专业督导等直接与间接服务方法，协助学生提高他们的自我效能感，提高他们人际关系处理能力，尤其是同理心与

---

[1] 弋英、曹睿昕：《关于校园欺凌中旁观者群体的研究》，《基础教育课程》2019 年 7 月 15 日。

共情能力的培养，建构学校和谐友好的人际支持氛围，同时促进与家庭、社区之间联动关系的建构，寻求个别化和生活化教育，培养学生健全健康人格，引导学生学习顺应未来生活和自我发展的能力，有利于建构和谐校园、平安校园，净化校园风气，形成良好的学风。

学校社会工作介入校园欺凌中旁观者群体主要是从事前预防、事中迅速识别旁观者群体以及事后及时干预三个方面，形成一种固定的预防和干预模式，促进学校、家庭和社区三者之间的有机联动，达到促使旁观者行为由消极向积极转变的目的。

（一）日常性学校社会工作介入策略

发生欺凌前预防主要是日常性校园欺凌预防工作，主要表现为日常性教育、相关支持网络建设以及相应制度的制定与落实等。

1. 开展反校园欺凌主题讲座

在校园欺凌事件没发生时，学生皆可能是潜在的旁观者。学校社会工作者可以整合心理咨询教师等扮演教育者和倡导者的角色，在学校范围内开展以"反校园欺凌"为主题的讲座，对学生进行反欺凌教育，深化其对校园欺凌危害的认知，让学生充分认识到欺凌行为是对道德的违背，是对公序良俗的破坏。① 只有让学生全面认识到欺凌行为对欺凌者、被欺凌者与旁观者三方的危害，才能增加他们做出积极行为的可能，达成反欺凌的共识，从而提升旁观者干预校园欺凌事件的能力。

2. 开展反校园欺凌训练

学校社会工作者要整合心理咨询教师等教授学生在遇到欺凌事件时，作为旁观者如何采用合理处理方式进行回应，可以通过情景模拟、角色训练的方式，也可以进行讲授与演示相结合的方式，让学生能够对整个欺凌事件做出评估，具有评估欺凌事件性质的意识与自身的能力；了解与辨别

---

① 孟凡兴、高玉璇、王淑合：《旁观者在校园欺凌中的行为分析及干预对策》，《现代教育科学》2020 年第 2 期。

遇到欺凌事件时的处置方式，如果遇到危险性不大的欺凌事件，譬如语言欺凌，则可以直接采用协调的方式，但要注意不能激化矛盾，要"巧妙地"帮助被欺凌者；如果遇到危险性较大的欺凌事件时，要具有自护意识，不能贸然挺身而出，要选择及时向家长或者老师求助，必要时可以报警，从而提高他们作为积极旁观者的意识与能力。

3. 搭建校园反欺凌支持网络

学校社会工作者要将学校、家长和社区的相关资源链接和协调起来，真正形成"三方联动"机制，定期对学校校园安全环境进行评估，为随时发现并遏制欺凌事件的苗头做准备。① 时刻注意协调任意两方之间的关系，不断在现有的反欺凌网络中更新资源，使"三方联动"真正处于动态的不断更新的过程中。② 在学生中建构小组或班级相互支持的人际关系，并在此基础上协助学校建立反欺凌的班、年级、学校三级联动体系与机制，明确预防校园欺凌的程序与报告系统，让学生知道当遇到校园欺凌事件时，如何按照规范的程序启动报告程序与及时形成支持性小组的方式，形成迅速反应机制。

4. 建立旁观者干预欺凌事件的奖惩制度

建立有关旁观者干预欺凌事件的奖惩制度，可以更有效地提高旁观者群体积极干预欺凌事件的概率。学校社会工作者应该积极建议学校建构相应的奖惩制度，并与教师、学生干部、家长以及社区工作者一起协助落实。有关奖惩制度应该明确：学校禁止校园欺凌行为，一旦发生校园欺凌事件，学校将对实施欺凌行为的学生进行相应处罚；对消极旁观者，比如煽风点火强化欺凌行为、事先知情不上报、冷眼旁观的学生根据程度进行处置批评；对做出积极干预行为或者是提前知情并及时上报的学生，要及时表扬和奖励；明确举报欺凌行为并不是告密，而是受学校保护的正义行为，如

---

① 李万发、李欣：《社会工作介入校园欺凌问题探析——以"小友记"项目为例》，《遵义师范学院学报》2021 年第 1 期。

② 姜雪南：《学校社会工作介入中小学校园欺凌问题研究》，《法制与社会》2017 年 12 月 15 日。

明确对上报学生打击报复的欺凌者会严加处理。这种奖惩制度只是手段，主要是倡导与强化学生做校园欺凌的积极预防与干预者。

（二）发生欺凌时的学校社会工作介入策略

在欺凌发生时，学校社会工作者等要立即做出反应，启动校园反欺凌网络响应机制，除了对被欺凌者与欺凌者进行积极干预外，不要忽视对旁观者的介入，要根据旁观者的不同表现进行针对性的介入。

具体做法是：要迅速识别出不同类型的旁观者，针对不同类型的旁观者采取不同举措。第一时间疏散消极旁观者，防止欺凌事件恶化，[①] 并根据其反应程度进行针对性的跟进处置。对主动反映欺凌行为与实施保护行为的积极旁观者进行保护，为他们提供相应的支持，减轻他们的心理压力；对欺凌事件的煽风点火者应作为欺凌参与者进行处置，需要进一步的个案辅导跟进；对其他消极旁观者即置身事外者则是后续跟进介入的干预对象，可以在事后采用个案工作和小组工作相结合的方法有针对性地介入服务，从而促使其行为转向积极。

（三）发生欺凌后的学校社会工作介入策略

在校园欺凌事件发生之后，学校社会工作者可以根据具体情况整合心理咨询教师等，针对消极旁观者及其家庭、社区等进行跟进服务。

1. 提升消极旁观者的共情能力和自我效能感

学校社会工作者可以运用心理情景剧的方法，鼓励学生进行角色扮演，模拟出校园欺凌行为，让他们尽可能真实地感受校园欺凌事件所造成的负向影响。引导更多的学生进行角色互换，体验被欺凌者所处的情境，感受被欺凌者内心的世界。让学生切实感受到一些旁观者做出的煽风点火和置之不理的行为时被欺凌者内心的失落和无奈，明确消极旁观者的行为对整个欺凌事件走向的影响。这种角色扮演方法的合理运用，可有效提升消极

[①] 吴勇园：《中小学反欺凌校园环境建设中"旁观者撤离效应"研究》，《黑龙江教师发展学院学报》2020 年 4 月 15 日。

旁观者的共情能力。

可以帮助消极旁观者进行一系列的训练提升他们的自我效能感，如可以进行自我肯定练习，引导学生从自己过往的成功经历中获得自信；对他们进行针对性的干预训练，即对校园欺凌事件进行情景模拟，引导他们在模拟训练中获得和练习具体的干预操作技术，增强练习过程中的体验感、现场感，[①] 并且可以将积极旁观者的行为迁移到现实情景中去，从而使他们提升自我效能感。总之，学校社会工作者与心理咨询教师要及时跟进心理疏导，消除他们对校园欺凌的恐惧，鼓励他们学会自我保护并用正确的行为反抗暴力。

2. 营造良好和谐的校园氛围

学校是校园欺凌行为发生的最主要场所，学校和班级的氛围会对欺凌的发生、发展产生影响，和谐、温暖的学校和班级氛围自然会给学生带来安全感和自信心，即使发生校园欺凌事件，大多数的学生不会袖手旁观和煽风点火。营造友好、和谐的校园氛围要做好以下几点：

首先，要创建安全的校园环境。加强学校基础设施建设，增加监控等多媒体设备，约束一些学生的不良行为，构建一个全方位无死角的安全校园。其次，积极组织教师参加预防与干预校园欺凌的教育和培训，为教师提供相关支持，提高教师的问题意识；教授他们对待学生的优势视角；学习开展反校园欺凌主题班会的方式；在日常生活和学习中，倡导教师关爱、公平对待学生，及时发现学生的问题。最后，建构开放的心理咨询场所和社会工作站，随时处理与解决学生存在的个别心理问题、学生之间的矛盾等，对特殊问题要个案处置与管理。

3. 形成学校、家庭、社区之间的联动机制

消极旁观者的行为往往受到特定环境，如学校、家庭和社区等因素的影响，因此，学校社会工作者可以扮演连接、联动媒介与角色，促使学校、

[①] 蒋暖琼、孟瑞华：《旁观者干预理论在校园欺凌中的教育启示》，《校园心理》2019年第6期。

家庭和社区两两之间、三者之间形成长久的互动与联动关系，以利于及时发现与解决问题，能够及时向学校预防校园欺凌小组反馈相关信息，形成抑制欺凌事件发生的良好支持系统。

在校园欺凌事件发生之后，学校社会工作者除了在学校促进旁观者进行调整与改变之外，还要根据现实情况主动联系消极旁观者的家庭，甚至是所在社区中能够对之产生影响的相关人员，形成联动帮扶支持系统。针对消极旁观行为严重的学生，社会工作者应和教师、社区工作者以及家长一起对其联合辅导、共同帮扶，这样会使服务效果更加显著。[①] 学校社会工作者要定期组织教师与家长、社区工作者沟通消极旁观学生在家里和社区的表现情况，并反馈学生在学校的表现情况，促进学校、社区、家庭之间多元互动，形成联合行动机制，以有效促进旁观者消极行为向积极行为的转变。

四　小结

校园欺凌是全球性青少年社会问题，是青少年处在特殊成长期容易出现的交往矛盾与冲突的外在表现。预防与干预校园欺凌事件，需要关注欺凌事件的旁观者，因为他们应该是干预欺凌事件发生、持续与恶化的主体，也是做好自护、建构相互支持关系的主体，他们的自我效能感、人生价值观会直接影响到干预行为的选择，影响到校园的安全、友好与和谐。但旁观者并不是固定的人群，因为欺凌事件具有偶发性的特点，任何一个学生都可能成为某一个欺凌事件的旁观者，当他们真正成为旁观者时，是选择做积极的旁观者还是消极的旁观者，与他们是否接受过相关的教育与培训有着直接的关系。2021年6月1日新修订的《中华人民共和国未成年人保护法》提出，学校要建立学生欺凌防控制度，对教职工、学生等开展防欺凌教育与培训，而且也将社会工作者参与未成年人保护工作提出了专业服

[①] 李万发、李欣：《社会工作介入校园欺凌问题探析——以"小友记"项目为例》，《遵义师范学院学报》2021年第1期。

务内容的具体要求。因此，以社会工作者对欺凌旁观者进行专业辅导与支持，或者发挥社会工作在预防校园学生欺凌中对旁观者介入的作用，将成为未来校园欺凌预防与干预的重要手段与方式。与此同时，政策倡导与自护能力教育培训资源的整合等间接方法与个案辅导、小组活动、社区工作等直接方法的有机结合，将会更好地培育更多的积极旁观者，从而形成有效的预防与干预校园学生欺凌的积极力量。

（该文刊于《中国青年社会科学》2021年第6期）

第六篇

留守青少年与社会工作研究

我国留守儿童政策的演进过程与特点研究*

摘要： 我国农村留守儿童的大规模出现，缘于改革开放以来农村劳动力向城市的流动，目前，留守儿童问题已经成为较为严重的社会问题，需要全社会长期性和综合性的治理才能得以解决。在整个留守儿童关爱与保护体系之中，政策无疑起到治本与统领的作用，因为它具有指导与保障行动支持体系运转的根本功能。通过分析与梳理发现，我国留守儿童政策经历了潜在期（1996—2003年）、发生期（2004—2009年）、发展期（2010—2015年）和深化期（2016年以来）四个阶段。留守儿童政策在演进过程中，表现出以下特点：政策实践导向趋向系统化、政策理念趋向科学化、政策功能趋向强大、政策内容趋向丰富，但同时它也存在一些不足：政策的问题聚焦尚不精准、政策对象的主体性未被充分激发、政策的执行力不足、政策的效果评估薄弱等。建议增强留守儿童政策的权威性与约束力、发展性导向、层次性以及评价规范功能。

我国农村留守儿童的大规模出现，始于改革开放以来农村劳动力向城市的流动，并且随着经济产业结构的调整，尤其是传统加工业及建筑业等的快速发展，对农村劳动力的需求不断增加，于是流向城市的农村务工人

---

* 基金项目：国家社科基金一般项目"农村留守少年权益保护的社会工作服务研究"（项目编号：14BSH118）的阶段性成果；凯瑟克基金中国社会工作研究中心项目"有我在伴——农村留守儿童学校社会工作服务"的阶段性成果。

员不断激增,以致留守儿童数量更是不断增加。据全国妇联 2013 年的一项研究报告显示,农村留守儿童数量达到 6102.55 万。① 留守儿童问题逐渐成为我国转型期社会人们关注的热点问题,且因为一些留守儿童被侵害恶性事件的曝光,更是引起了整个社会对这一群体生存与发展现状的高度关注,有关留守儿童保护的呼声不断增强,党与政府也在不断研究相关问题与出台相关政策,以切实加强与推进农村留守儿童关爱与保护工作。留守儿童问题是较为严重的社会问题,需要全社会长期性和综合性的治理才能得以解决。在整个留守儿童关爱与保护体系之中,政策无疑起到治本与统领的作用,因为它具有指导与保障行动支持体系运转的根本功能。为此,本研究力求对我国留守儿童政策的演进过程进行梳理,以探析留守儿童政策发展的现实困境,寻找提升留守儿童政策质量、加大政策支持力度的路径与方法。

一 我国留守儿童政策的演进过程

2006 年 3 月,《国务院关于解决农民工问题的若干意见》出台,该文件是关于留守儿童保护问题的第一个国家层面的政策。2016 年 2 月,《国务院关于加强农村留守儿童关爱保护工作的意见》(以下简称为《意见》)出台,它是迄今为止国家层面最有力度的留守儿童保护政策。笔者对 2006—2016 年间国务院与有关部委出台的涉及留守儿童的 13 个政策文件进行相应的梳理发现,留守儿童政策发展变化具有阶段性特征。从总体来看,自留守儿童问题纳入国家政策视野开始,它就出现了较为明显的进一步细化与不断完善的特点。依据相关政策出现的时间、内容措施、要求力度等指标,本研究将我国留守儿童政策的演进过程分为潜在期、发生期、发展期和深化期四个阶段。

(一)潜在期:1996—2003 年

改革开放后,农村进城务工人员数量不断增加,农民工问题日益凸显,

---

① 全国妇联课题组:《我国农村留守儿童、城乡流动儿童状况研究报告》(2013 - 05 - 10).

我国留守儿童政策的演进过程与特点研究

国家开始在政策方面予以关注与应对，但是留守儿童问题一开始并未被纳入政策视野。国家对农民工子女问题的政策干预，不是始于留守儿童，而是始于流动儿童。随着农民工大量进城，其随迁子女的教育问题逐渐成为迫切需要解决的重要问题。1996年4月，国家教委印发《城镇流动人口中适龄儿童少年就学办法（试行）》；1998年3月，国家教委、公安部联合颁布《流动儿童少年就学暂行办法》，它们就解决流动儿童受教育问题提出了相关措施。尽管这两个文件对农民工子女在流入地接受教育还有相当大的条件限制，但说明国家毕竟已经在一定程度上对农民工子女教育问题给予了重视，只不过，关注的重心是流动儿童。此后，国家针对农民工子女教育问题先后出台了相关政策文件，2003年9月国务院出台的《关于进一步加强农村教育工作的决定》，要求加大城市对农村教育的支持和服务，保障进城务工农民子女接受义务教育的权利，这其中涵盖了留守子女教育问题。同时，学术界有关留守儿童问题研究也处于初始阶段，经搜索中国知网数据库发现，截至2003年，包含"留守儿童"题名的论文只有3篇，可见这时留守儿童问题的社会关注度较低。

此阶段，从政策层面，国家对农民工子女问题的关注只聚焦于流动儿童，这说明留守儿童问题在这一时期还不是十分凸显，而流动儿童的教育问题是现实的、迫切需要解决的社会问题，因为它关系到流动儿童的健康成长，而且关系到经济的发展、城市的和谐与稳定。所以，这一阶段政策只聚焦于农民工子女的流动群体，且未将其作为一个特殊群体来进行关照，这只是对农民工问题延伸关注的结果，是有关农民工政策的衍生政策。尽管这一时期留守儿童未被正式纳入到国家政策视野之中，但是已开始出现了个别新闻媒体与研究者的关注，同时，农民工子女中的流动群体已被广为关注，这为人们的视线转向留守儿童打下了现实的基础。

（二）发生期：2004—2009年

随着现实的留守儿童问题越来越多，《人民日报》《中国教育报》等新闻媒体开始关注与报道有关留守儿童问题，教育领域率先开始研究有关留守儿童问题。2004年,教育部召开专题研讨会讨论留守儿童问题,《教育研究》杂志刊发了中央教育科学研究所《农村留守儿童问题调研报告》,这之后留守儿童问题即被开始纳入有关农民工问题解决的国家政策视野。2006年3月颁布了《国务院关于解决农民工问题的若干意见》,该文件要求"输出地政府要解决好农民工托留在农村子女的教育问题"[1],这是国家第一次从政策层面对留守儿童问题进行回应与干预。这一关于农民工权益保护的文件出台后,国家相关部委纷纷就解决留守儿童问题出台了具体的相关政策。同年5月,《教育部关于教育系统贯彻落实〈国务院关于解决农民工问题的若干意见〉的实施意见》出台,该文件针对留守儿童教育问题提出相应的解决措施:建立寄宿制学校与教育和监护体系、开设留守儿童教育的地方和校本课程。同年7月出台了全国妇联《关于大力开展关爱农村留守儿童行动的意见》,它提出了将留守儿童教育纳入家庭教育"十一五"规划、发展示范家长学校、开展丰富多彩的主题活动、为留守儿童办好事、实事等一系列举措。[2] 2007年5月,全国妇联等13部委发布了《关于开展"共享蓝天"全国关爱农村留守流动儿童大行动的通知》,它提出要开展"共享蓝天"支持行动、"共享蓝天"维权行动、"共享蓝天"关爱行动、"共享蓝天"宣传行动等四大行动计划与要求。[3] 2007年7月,中组部与其他六部委联合发布《关于贯彻落实中央指示精神 积极开展关爱农村留守流动儿童工作的通知》,要求国家各相关职能部委切实做好农村留守儿童的教育管理工作、户籍管理与权益保护工作、救助保障机制完善工作、医疗保健服务、关爱支持工作。[4]

这一阶段,留守儿童问题开始被纳入国家政策视野,留守儿童政策得以正式开启。国务院宏观上的立意与布局,国家各相关职能部门纷纷出台

---

[1] 《国务院关于解决农民工问题的若干意见》(国发〔2006〕5号)。
[2] 《关于大力开展关爱农村留守儿童行动的意见》(妇字〔2006〕25号)。
[3] 《关于开展"共享蓝天"全国关爱农村留守流动儿童大行动的通知》。
[4] 《关于贯彻落实中央指示精神 积极开展关爱农村留守流动儿童工作的通知》。

或联合出台相关具体政策与行动要求，以全面解决农村留守儿童问题。但这一时期，留守儿童政策总体上还处于发生期，因为尽管国家多个职能部委在政策与行动要求中体现了各自分管系统对留守儿童关爱工作方面的相关内容，也有明确的分工，但是各系统的联动协同关系并没有具体阐明，这容易造成具体工作中各自为政、协同性弱等问题；从操作性角度来看，政策条文偏于宏观，具有一定的指导性与较为明晰的发展趋向，但系统性、全面性不足，留守儿童关爱与保护制度与措施的规定性不强；留守儿童政策与流动儿童政策并提，且共同涵盖在农民工政策之中。不过，在相关部委的政策与文件之中有关留守儿童关爱与保护的措施相对具体，使政策的实施有了较为具体的指导原则，这是值得肯定的。

（三）发展期：2010—2015 年

国务院于 2010 年 7 月、2011 年 7 月先后颁布了《国家中长期教育改革和发展规划纲要（2010—2020 年）》《中国儿童发展纲要（2011—2020 年）》。这两个纲领性文件，对留守儿童的教育问题、发展问题均有相关条款提出专门的要求，尤其强调农村留守儿童关爱服务体系与机制的建立与健全，这意味着留守儿童政策进入完善的发展阶段。2011 年 11 月，全国妇联等四部委印发《关于开展全国农村留守流动儿童关爱服务体系试点工作的通知》，对以上国务院两个纲领性文件进行了具体落实。2013 年 1 月，教育部等《关于加强义务教育阶段农村留守儿童关爱和教育工作的意见》出台，该文件提出切实改善留守儿童教育条件、不断提高留守儿童教育水平、逐步构建社会关爱服务机制等要求。2013 年 9 月国务院出台的《关于深入推进义务教育均衡发展的意见》进一步强调农村留守儿童关爱保护体系与网络、机制建设等问题。2013 年 9 月教育部等四部委出台的《关于做好预防少年儿童遭受性侵工作的意见》要求，将预防性侵犯教育纳入女童尤其是农村留守流动女童家庭教育指导服务的重点内容。2014 年 9 月《国务院关于进一步做好为农民工服务工作的意见》出台，该文件提出加强留守儿童关爱服务体系，实施"共享蓝天"关爱农村留守儿童行动，保障留守儿童的入园、寄宿、安全问题,等等。①

这一阶段的有关政策将留守儿童关爱保护纳入地方经济社会发展总体规划和社会管理创新体系之中,政府主导、统筹协调的关爱保护原则被进一步强调与明确。在少年儿童保护工作的相关政策中,尤其强调保护留守儿童的权益,它标志着这一阶段政策对留守儿童成长与社会发展之间关系的进一步厘清,对关爱保护工作的认识达到了新的高度,其具体表现在:关爱保护工作的重点更为明确,强调了关爱体系与机制的建立与完善;要求更为具体,突出了对受侵女童的特殊关照与预防措施,这些政策与规定为现实工作的开展提供了有力的政策保障。

(四) 深化期:2016 年以来

2016 年以来在国家大力推进留守儿童政策的同时,有关留守儿童受伤害事件频频被媒体曝光,最为典型的是 2015 年 6 月贵州毕节 4 名留守儿童服毒身亡事件,它再次引发社会广泛关注。它凸显了政策执行与现实留守儿童保护工作的薄弱,也间接反映了政策的约束力、保护力不足。2016 年 2 月《国务院关于加强农村留守儿童关爱保护工作的意见》(以下简称《意见》)出台,它明确要求:完善农村留守儿童关爱服务体系,包括强化家庭监护主体责任、坚持政府主导、全民关爱;建立健全农村留守儿童救助保护机制,包括强制报告机制、应急处置机制、评估帮扶机制、监护干预机制;从源头上逐步减少儿童留守问题,为农民工家庭提供更多的帮扶支持;强化农村留守儿童关爱保护工作保障措施,包括加强组织领导、加强能力建设、强化激励问责、做好宣传引导,等等。②

尽管《意见》刚颁布不久,但却是迄今为止农村留守儿童关爱保护政策中最为明确具体、最有针对性的一个文件,且是将留守儿童作为一个单独的特殊群体来对待的独立性政策。《意见》中明确了家庭、政府、社会在

---

① 《国务院关于进一步做好为农民工服务工作的意见》(国发〔2014〕40 号)。
② 《国务院关于加强农村留守儿童关爱保护工作的意见》(国发〔2016〕13 号)。

留守儿童关爱保护中的各自责任,尤其将家庭监护主体责任的履行要求放在完善关爱保护体系的首要位置,并对监护条件及监护不力情况的惩处做出了具体规定。针对留守儿童容易出现的家暴伤害、意外伤害、不法伤害等情况与问题,专门提出了具体的、有针对性的、可操作化的防范与保护措施。尽管《意见》只是一种指导性的意见,尚缺乏相应的法律权威性,且刚开始实施与执行,但确实在促进农村留守儿童关爱保护工作制度化、规范化、机制化建设方面颇具积极意义,是留守儿童政策深化的标志。

二 我国留守儿童政策演进的特点

十余年来,伴随着留守儿童问题的广为关注,我国留守儿童政策经历了一个从无到有、从简单到逐步深化、完善的过程,表现出较为明显的演进特点。留守儿童政策的演进,从城乡二元体制所带来现实问题的解决开始,到后来城乡一体化建设政策的转向,体现了我国福利制度由"补缺型"向"适度普惠型"转向的特点。留守儿童政策中福利供给主体与内容的不断丰富与完善,体现了在留守问题治理中对西方福利多元主义政策经验的吸纳,更体现了与我国社会主义政治与经济制度相适应的中国特色。

(一)政策实践导向趋向系统化

在国家相关政策的引领下,留守儿童政策由开始教育领域的单一性实践,到逐渐形成了目前系统化实践体系的建构。当前我国已经构建了包括国家政府部门与群团组织、地方政府部门与群团组织、基层单位与直接服务组织在内的留守儿童权益保护的纵向三级实践网络体系,形成了上下联动、系统的执行机制。留守儿童政策的逐渐完善,有效地指导了农村留守儿童关爱保护工作的实践,直接导致产生了社会联动机制与影响性较大的关爱行动,出现了一大批有影响力的留守儿童关爱保护项目,如中国青少年发展基金会的面向留守儿童以及流动儿童的"希望社区"项目、中国儿童少年基金会的"关爱留守儿童特别行动"项目、中国红十字基金会的"鲁冰花"关爱留守儿童公益计划、北京市西部阳光农村发展基金会的驻校社会工作项目，等等。很多基层政府部门创新了留守儿童关爱保护工作，出现了一大批有影响力的工作模式，如重庆的"石柱模式"、四川的"青神模式"、陕西的"石泉模式"、湖南的"山田模式"，等等。一些行之有效的留守儿童关爱服务方法，如"代理妈妈""四点半课堂"等得以推广与应用。在"建立健全政府主导、社会共同参与的农村留守儿童关爱和服务体系"①"形成学校、家庭、社区相衔接的关爱服务网络"② 等政策精神的引领下，留守儿童关爱保护工作不断地朝着系统化、综合化、网络化的方向发展。

政策实践导向趋向系统化的逐步显现，从宏观层面来看，得益于国家行政在社会政策制定与实施方面主体意识的增强；从微观层面来看，得益于义务教育发展的稳步推进，这两个方面依然是今后进一步构建留守儿童保护网络的工作重点，它也有极大的变革与创新空间。

（二）政策理念趋向科学化

初期的留守儿童保护政策，主要是通过政府力量，着力解决农村留守儿童的安全、教育等问题，因为当时留守儿童问题只是在关照随迁农民工子女之后才进入政策视野的，它是为了解决农民工的后顾之忧而制定的政策，留守儿童没有真正成为政策关照的特殊群体，故在政策制定时不可能充分考虑留守儿童这一群体的特殊性，对留守儿童问题的认识与理解也显然不足，它还是按照计划经济时代的理念与思维即通过政府部门进行教育资源配置与协调来考虑留守儿童问题的解决，所以当时大家只会关注留守儿童平时容易出现的安全与教育方面问题，有关政策也相对粗放。但随着社会主义市场经济的不断推进与改革的进一步深入，农民工队伍在不断扩大，农村留守儿童问题日益凸显并受到广泛关注。教育、妇联、共青团等系统陆续出台了一些关于关爱留守儿童的行动政策，通过组织具有较大影

---

① 《国家中长期教育改革和发展规划纲要（2010—2020年）》。
② 《关于开展全国农村留守流动儿童关爱服务体系试点工作的通知》（妇字〔2011〕32号）。

响力的社会关爱活动,来引发社会爱心人士的自发关爱活动,以形成社会资源的整合与运用,形成留守儿童关爱的最大社会合力。留守儿童这一特殊群体逐渐备受关注:一方面有关留守儿童关爱行动在不断地开展;另一方面留守儿童的现实问题却被不断地曝光。原来人们认为留守儿童问题不过是经济发展所出现的一种必然现象,后来真正认识到它已是一个非常严重的社会问题,而不是一个单靠解决教育问题就能解决的简单性问题,必须靠全社会共同努力、综合治理。在政策层面上也出现了明显的理念转向,即留守儿童不再作为依附性群体而是独立性的特殊群体来考虑与关注,同时,认识到留守儿童成长的环境依赖与发展特点,开始强调家庭功能、社会责任的重要,形成一种系统化解决留守儿童问题的政策理念。例如:解决留守儿童问题,不仅要靠国家来主导,更要靠释放社会活力以调动全社会力量的共同参与;强调保护体系的建立与相应机制的完善而不只是解决个别具体问题;强调留守儿童保护的家庭责任与社会责任并举而非完全由国家担责;强调留守儿童保护与地方经济社会发展统筹考虑相结合而不是将保护工作从社会发展中剥离出来。正是对留守儿童群体的精准认识与理解,才使得以上政策理念具有一定的科学性,但《意见》的出台只是政策理念科学化的开始,当意见真正转化为现实的法律法规之时,才会使得留守儿童政策具有法律的现实威力,否则它只能起到一定的导向作用。

总之,留守儿童政策从无到有、从粗放到细致、从弱化到强化的演进过程可以表明,留守儿童政策所体现的儿童保护理念、人本理念愈来愈彰显,这也是我国总体社会政策实现"效率公平兼顾、城乡协同发展"理念转向的具体体现。

(三) 政策功能趋向强大

政策功能的发挥,取决于对政策自身应然性功能的全面认识,以及政策的实际执行能力。在不断加大留守儿童政策执行力度的过程中,更为重要的是对留守儿童政策功能的认识实现了由单一调控到多元治理、由提供服务到增强管控的转变,这种转变,对于增强政策的针对性、实效性具有重要价值。完备的政策制度,应该在相关领域中对整体运转与行动起到引导、调控、管制、分配等作用。由于我国留守儿童政策的演进是渐进发展的过程,政策功能的发挥也是逐渐趋向强大的过程。在最初的发生期,我国留守儿童政策偏重于调控与分配功能的发挥,力图通过留守儿童保护政策的制定,把教育资源适度向留守儿童倾斜,消除留守儿童安全隐患,解除其父母的后顾之忧,使其父母更好地投身到现代化的建设之中。如教育部落实《国务院关于解决农民工问题的若干意见》而提出了建立寄宿制学校,开设有关生存教育、安全与法制教育、心理健康教育等方面的地方性与校本课程,遗憾的是,这些倡导在现实中很难落到实处:一是升学率所带来的现实压力;二是农村师资力量薄弱无法真正将这样一些工作落到实处。后来的政策理念开始注重以一种平等的观念来对待农村留守儿童,强化"共享蓝天"理念,主要还是营造关爱留守儿童的社会氛围,吸引更多的社会力量来关爱与保护留守儿童。这虽然能够在一定程度上解决部分留守儿童所面对的现实困难,但是由于资源的有限性、保护场域的封闭性,限制了留守儿童关爱保护工作的深度开展。在发展期,有关留守儿童政策出现了细化的特征,提出了包括健全农村留守儿童服务机制的要求,提出了给予相应的专项经费支持、推进阵地建设、关爱队伍建设,以及家庭教育指导与救助帮扶的有关具体要求,提出了学校、家庭与社区的有效联动,来保障留守儿童的安全。由是,国家在留守儿童政策方面出现了新的变化,其功能定位产生了实质性的转变,进一步强化了政策的引导、管制功能,把留守儿童的关爱保护由教育场域扩大到社会场域。而《意见》的出台,不仅调动了全社会的力量参与其中,并且增强了政策的法令性,从关爱服务体系、救助保护机制与关爱工作保障措施都有具体的规定,对重要的环节如强制报告、应急处置、评估帮扶与监护干预等皆有具体的要求,同时进一步将强化家庭监护的主体责任。这样,留守儿童关爱的责任不再是简单的政府责任,而是多种主体的共同责任,包括家庭责任,留守儿童关爱保护的力量被尽可能广泛、充分地调动起来,政策的约束力、执行力也进一步凸显，从而使其政策功能得以增强。

（四）政策内容趋向丰富

留守儿童保护政策在内容方面的演进，出现了由单一性、局部区域的有关规定，向丰富性、全方位的规定与要求转变，主要表现为：由开始对留守儿童教育的关注到注重家庭教育、社会关爱的转变，如2006年教育部有关实施意见提出要建立寄宿制学校、开设生存教育、安全与法制教育等有针对性课程，后来全国妇联提出了关爱行动的要求；不仅将留守儿童教育纳入家庭教育"十一五"规划之中，而且提出发展一批示范家长学校、开展大型关爱保护活动等。有关政策实施的具体内容由开始的安全、教育服务，逐步扩大到心理、卫生、维权、医疗、救助保障、社会融入、营养改善等多个方面；对留守儿童保护主体方面的要求，由开始的国家与学校，逐步扩大到留守儿童自身、家长、社区、社会等多方面主体共同参与；开始只是强化有关学校的责任，加强教育与有针对性课程的开设，到后来注重强化留守儿童的自护意识与能力培养，强化家长的责任，强化关爱与服务体系及动态监测机制的建构，等等。保护过程性方面，由开始要求得比较笼统模糊、权责不清，到逐步责权分明、要求不断具体细致；由开始只是强调教育与妇联等系统的普遍性责任，到现在的家庭监护主体责任、救助过程保护环节的具体责任落实、激励问责等保障措施。保护机制方面，由最初的简单、单一到现在的翔实、全面与系统的转变，由开始简单的关爱教育与活动的组织，到后来有关领导协调、动态监测、互助、预警与应急、评估帮扶、监护干预等机制的要求。这些保护政策内容方面的丰富，意味着留守儿童保护工作将会得到更为具体的指导与支持，关爱与保护活动会更深入与全面地展开。

三 我国留守儿童政策与实施中存在的问题

尽管我国留守儿童政策发展出现了系统化与丰富性的转变，有关政策的功能也得到了一定程度的发挥，但是由于留守儿童问题本身的复杂性、政策实施运行所需的主客观条件还不是很完备,造成留守儿童政策及实施还存在诸多需要面对的问题。

（一）政策的问题聚焦尚不精准

因为留守儿童政策是服务于留守儿童问题的解决,所以对留守儿童存在问题的全面认识与深度挖掘,在很大程度上决定了留守儿童政策的价值大小。目前留守儿童政策能够把关爱保护工作聚焦于留守儿童面临的监护、安全、教育等问题的解决,尽管这些是需要面对与解决的重点问题,但所存在的问题还远远不止这些,比如对亲子关系的感受与认识、学业与职业的规划、青春期困惑与迷惘等一般发展性问题。这些问题一旦与留守因素相互作用,往往会产生一些较隐蔽、难以解决的特殊性问题。由于我国幅员辽阔、经济文化地域差异较大,导致留守儿童问题的内容、性质与程度等方面存在很大的地域差异性。留守问题不只是共时性的静态显现,更是历时性的动态发展,儿童年龄不同、年级不同、留守时间长短不同,所导致的留守问题的内容、性质与程度也会有所不同。而以上这些问题目前并没有政策回应,对留守问题的深度挖掘、微观扫描工作做得还不够深入、细致。如果不能很好地捕捉与聚焦这些问题,它在一定程度上可能会制约留守儿童政策的应有成效,使留守儿童关爱保护政策停留于表面。

（二）政策对象的主体性未被充分激发

留守儿童政策的对象主体是留守儿童,对留守儿童这一主体的特性、需求的分析及其主体性激发程度,决定了留守儿童政策制定、执行的针对性和有效性的强弱。据此来看,我国留守儿童政策还存在对留守儿童特性了解不够、需求评估薄弱等问题,从而出现了现实中留守儿童自身参与、自我权益保护程度不够、责任意识较弱等问题。从政策主体性的角度来审视,我国留守儿童政策基本上是成人主体性的政策,单单考虑了成人的责任与关爱机制的建构,留守儿童还只是定位为被动性的客体,而不是将之作为积极主动性的主体来对待。固然,这与留守儿童所处的特殊发展阶段有关,因为在很大程度上他们尚不具备自我解决问题的能力,但是留守儿童的自主性是一个逐渐提升的过程，其权益责任意识也是逐渐建立的过程，其社会化的过程正是其责任权益意识形成的过程。由于对留守儿童是不断发展主体的认识不足，才会出现留守儿童只是需要被关爱群体的设定，而又由于对留守儿童群体缺乏基础性的对年龄与能力的分层，只是将其作为一个完全统一的被动性整体来看待，才会出现对留守儿童责任与权利认定不到位的现象，凡此种种将导致政策对留守儿童权益主体的主体性的忽视，其主体性也将无法得以充分激发。

（三）政策的执行力不足

留守儿童政策执行主体即对政策执行负有责任与义务、享有权利的政府、群团、社会组织机构等组织与相关家庭中的个人。由于执行主体觉悟认识、能力基础、相关条件等方面的因素以及当下多元主体间关系尚未理顺，导致政策执行主体在执行力方面存在一定程度的不足，而对政策执行过程及结果等方面的效果评估薄弱，更是制约了留守儿童政策执行能力的提升。

鉴于留守儿童问题的复杂性及消除的长期性，留守儿童政策需要一定时间内的重复与强调，但是这种重复与强调一定是在原有基础之上的发展与推进。目前来看，留守儿童政策存在一定程度上的原地踏步现象，如留守儿童监护问题，多年来虽然一直被关注，但始终未能解决，这在很大程度上与留守儿童政策的执行力不足有关。而执行力的不足，主要原因在于：政策的法律威力不足，具有呼吁与宣传有余、强制与要求不足的特点；缺乏应有的监控、追责机制的法律规定，导致政策应有的权威性得不到很好的树立；政策往往是以"通知""意见"等形式出现，相关条文在一定程度上表现出较强的指导性，容易导致层层执行过程中出现"大而化之"或"偏差"的倾向；留守儿童问题的复杂性与解决问题所需条件不完备之间存在剪刀差，一定程度上造成了留守儿童问题解决上的政策理想化倾向，使得留守儿童政策的执行方面出现了非"不为"，而是"难为"的困境；依据各负其责的原则，留守儿童政策在相关职能部门的具体职责方面有所规定，但是职能部门在留守儿童问题解决上的职责与角色关系的厘定、部门间如何进行联动还缺乏更明确的说明与要求，这很可能造成留守儿童关爱保护工作中"各自为政、冲突撞车、相互观望、推诿扯皮"等现象，从而降低了留守儿童政策的执行力；人们对因留守而给儿童与社会所造成的风险与危险认识不足，在很大程度上阻滞了留守儿童政策的现实推进，容易出现口头上很重视但实际上不作为的现象。因此，政策执行力的不足，不只是政策的法律权威缺乏所造成的规约作用降低导致的，与人们的思想认识也有着直接的关系。

（四）政策的效果评估薄弱

对自身实施成效有着科学的评价规定是评定一项政策好坏的重要标准。就目前来看，尽管最近出台的《意见》加强了留守儿童关爱保护工作的机制建设、过程性要求，从而有助于确保留守儿童关爱工作的成效，但留守儿童政策在实施成效评估方面还明显不足，不能充分发挥其在评估留守儿童关爱保护工作中的导引性作用，突出表现在缺乏留守儿童关爱保护工作成效评定的具体明确、可操作性强的指标体系，有的只是笼统模糊的泛化描述；与成效评估相关联的过程评估、诊断性评估方面的要求也还不够充分、全面。虽然已有政策在留守儿童关爱保护工作的过程性管理方面提出了监测、调控方面的要求，但对留守儿童在关爱保护过程中的变化趋势、成长特点等问题未予以关注与审视。虽然要求对留守儿童进行彻底摸底排查并建立相应的资料档案，但是对留守儿童权益保护方面的具体需求、所面临的风险因素，以及留守儿童本身具有自我保护能力等方面的评估，并没有做出具体而明确的规定。总之，留守儿童政策评估方面的总体性薄弱，不利于留守儿童关爱保护工作实效性的取得，而且还容易降低精准性，会造成一定程度上工作资源的浪费、工作实施方面的不彻底。

四 深化留守儿童政策的相关建议

尽管《意见》的出台标志着我国留守儿童政策发展进入深化阶段，但这也仅仅只是一个开始，政策自身需要继续完善，同时仍有许多留守儿童问题、难题亟待做出政策方面的回应。目前来看，深化留守儿童政策需要认真考虑与关切政策执行主体、服务对象主体等主体间性问题的处理。

（一）增强政策的权威性与约束力

通过增强政策的权威性与约束力，赋予政策执行主体更多的权力与工作保障，明确执行主体的责任，从而更好地培植、提升执行主体的执行力。从理想化角度来看，留守儿童问题的最终解决关键在于城乡二元体制的彻底打破、社会经济与产业结构的重新调整，但这是一个漫长的发展过程。即使二元体制被彻底打破，原有体制固化所带来的一系列问题也不可能一下子被颠覆与改变，留守儿童问题在相当长的时间里依然会是一种现实的存在，需要我们从政策上进一步完善、从行动上进一步落实。目前，我国的留守儿童政策的权威性与约束力明显不足，其呈现的样态是一种带有导向性的"意见"倡导形式，只能是政府层面的一种行政性号召与要求。在加强社会主义法治建设的今天，我们更应该进一步探讨如何就留守儿童问题进行立法，将留守儿童问题解决的应然性要求转化为实然性的政策规定，将现实所形成的机制真正变成法律的条文、规定，乃至现行的制度，增强留守儿童保护工作的权威性，强化各执行主体的主体责任，推动留守儿童社会问题的进一步解决。同时，建议我国建立专门的儿童福利、权益保护机构，制定专门的儿童福利法，来统领、调控儿童的保护工作，以更好地明确政策执行主体身份确认，以及理顺福利多元主义下，福利供给间的利益、权能关系，以此来充分发挥政策的现实执行力与关爱行动的整体合力。

（二）增强政策的发展性导向

通过增强政策的发展性导向，以确认留守儿童在政策保护中的主体身份地位，从积极主动的视角认识与对待留守儿童，增强其抗逆力，做好留守儿童成长、发展的跟踪研究，为政策的制定提供前期调研与数据基础。

目前来看，留守儿童政策主要是保护性导向，基本上是基于留守儿童身处生活困境的认知前提而做出的判断，这种判断有着充分的现实依据。

的确，现实中许多农村留守儿童处于生活无人照料、基本生存成为主要问题的生活困境，但并不是所有留守儿童都面临着这样的困境，还有许多留守儿童面临着并非生活困难的基本生存问题而是正常发展与成长的问题，是成长的烦恼与发展的困惑无法获得真正支持与帮助的问题，是其正在形成的自主意识与能力无法得到正确引导的问题。强调留守儿童政策的保护导向，是遵循差别对等原则的必然要求，是对这样一个特殊的成长群体的关爱与保护，在一定程度上会进一步强化社会与成人的责任，有利于形成留守儿童关爱的现实保护与支持体系，对一些留守儿童贫困生活状况的改变与改善有所帮助，但同时也存在着对留守儿童主体性消解与发展潜能忽视的可能，会对其成长带来消极甚至不良的影响。留守儿童是弱势群体，但是他们也是正在成长与发展中的特殊群体，我们要关照这一群体的特殊性，要预防发生对留守儿童"标签化""污名化"所带来的现实伤害，需要在政策制定时考虑留守儿童的主体性、其承担相应责任的能力与基础，而不是将他们当成是完全被动接受关爱的对象，使之缺失自主意识与能力提高的机会，以致形成被动依赖性的惰性人格特征。同时，对出现偏差行为的留守儿童，要以发展性的理念，以积极处置的政策规定与处遇方式，使其行为矫治能够得到及时与到位的回应。

（三）增强政策的层次性

增强政策服务不同留守儿童群体的针对性，以满足不同特征、发展水平留守儿童主体的维权与发展需求。留守儿童问题有其一般的、普遍的现实问题，如缺乏亲情陪护与关照，容易受侵害与侵害他人，等等，对于这些共同存在的普遍性问题，需要政策给予普遍性的回应。目前，我国留守儿童政策在这些普遍性问题方面皆有一定的回应与规定，但是还没有关照到留守儿童群体之间的差异性与特殊性，诸如地域、年龄、学龄、性情等方面。不同地域留守儿童其生存现状是有差别的，所面对的发展问题也是不同的，不同年龄、学龄的留守儿童的特征与生存发展的需要也有明显的差别。显然，以一种普遍性的政策回应留守儿童群体多样性与复杂性的发展需求与现实，难以产生政策的精准效应，难以有效地实现对现实资源的整合与利用，势必会给当前的留守儿童政策的实施带来现实困境。增强政策结构的层次性，是留守儿童政策完善的必然取向。

（四）增强政策的评价规范功能

留守儿童政策实施的规约性条款的增加，会增强留守儿童政策的评价规范功能，对现实执行主体职责、权限、资质、服务水平等方面做出全方位的、标准化的确认与规范，是留守儿童政策较好执行的根本保障，是留守儿童关爱工作的现实导向，更是政策实效取得的规范要求。留守儿童政策的评价规范应该表现为对留守儿童的现状评估、关爱与服务过程性考核、阵地载体建设、队伍构建、主体责任、绩效评估等方面的指标设定与质性规定，要与现实的留守儿童关爱体系与机制形成一种呼应性的对应关系，对不同执行主体的责、权、利及行为进行界定与规范，等等。当然，有关政策中评价规范的完善不可能一蹴而就，而是需要在留守儿童关爱现实体系与机制不断完善的基础之上进一步调整与细化，从而充分发挥政策评价所应有的监测与调控功能。

（该文刊于《青年探索》2016 年第 5 期）

农村留守青少年权益保护主体性缺失问题研究

摘要：农村留守青少年权益保护体系明确了各主体的责任，但存在着农村留守青少年权益主体性缺失的现象，主要表现在政策层面、关爱行动中对农村留守青少年权益主体的忽视，以及对主体间性的忽略。究根求源在于思想观念，尤其是传统的青少年观所持有的观点与思维范式的影响，表现为群体的整体性与特殊性混淆、可能性问题推测与真实性问题理解的交织。以优势视角聚焦农村留守青少年群体主体性发展的能力基础，建构以农村留守青少年权益主体能力建设为核心的权益保护机制，是增强农村留守青少年权益主体性的根本路径。

近几年，伴随着农村留守青少年受侵害、自杀等恶性事件曝光，留守青少年的权益问题得到了社会各界的关注，保护留守青少年权益的呼声也在不断地提高。建构与完善农村留守青少年权益保护机制与体系，引起社会各界尤其是政府部门的高度重视。但是，笔者通过有关政策与关爱行动的研究发现：农村留守青少年权益保护的框架体系之中存在着主体缺失的现实——作为权益主体的农村留守青少年的缺席。这说明我们没有全面关照到这一群体的特殊性，以及作为主体的农村留守青少年所应该具有的责任意识与权益能力的自我建设问题，透视出我们社会中存在着思想观念深层的问题——传统青少年观与权益观念所存在的偏差，不能不引起我们的高度重视。

农村留守青少年权益保护主体性缺失问题研究

一 农村留守青少年权益保护主体性缺失的表现

本文所指的农村留守青少年是指已上小学（大约6岁）到18周岁以下的留守未成年人，实际上是涵盖了学界所界定的留守儿童的年龄。有的学者将留守儿童的研究限定为一定年龄阶段的青少年，如初中生、小学生等；有的学者直接将留守儿童的年龄界定为"6—16岁"[1]"14周岁以下"[2]"不满16岁"[3]"18周岁以下"[4]，等等。民政部门2016年对农村留守儿童摸底排查的年龄为16岁以下。从国际视野或者与国际接轨的角度，的确将18周岁以下的留守未成年人称为留守儿童更为准确，因为联合国际《国际儿童公约》将儿童的年龄界定为18岁以下。但是值得注意的是，在我国本土化的语境中，儿童往往是低龄的、缺失主体性、需要倍加呵护的群体，青少年却是具有一定主体性的群体。实际上，无论称谓是留守儿童，还是留守青少年，都无关紧要，重要的是我们要认定这样的事实：这是一个自主性正在长成的特殊性群体，对其主体性的关照或忽视都会对他们主体能力的提升与健康成长产生直接性的影响。

农村留守青少年权益保护主体性缺失不是简单的疏漏，更不是故意性的遗漏，而是社会权益意识发展过程中必然会出现的现象，也是我们现实青少年观的直接表现。

1. 政策层面有关农村留守青少年权益主体的缺席

农村留守青少年权益保护框架体系是在有关政策指导之下建构起来的，是在未成年人权益保护大框架之下而形成的针对农村留守青少年权益保护体系，其强调了各方主体的责任，强调关爱保护机制的建设。

---

[1] 吴霓：《农村留守儿童问题调研报告》，《教育研究》2004年第10期。
[2] 段成荣、周福林：《我国留守儿童状况研究》，《人口研究》2005年第1期。
[3] 邹先云：《农村留守子女教育问题研究》，《中国农村教育》2006年第10期。
[4] 段成荣、吕利丹等：《我国农村留守儿童生存与发展的基本状况》，《人口学刊》2013年第3期。

《中华人民共和国未成年人保护法》明确提出，未成年人的权利包括生存权、发展权、受保护权和参与权等权利，要求对未成年人实现家庭保护、学校保护、社会保护与司法保护，强调了要尊重未成年人的人格、适应其身心发展规律特点，以及保护与教育相结合的原则，确定了保护未成年人的责任是"国家机关、武装力量、政党、社会团体、企事业组织、城乡基层群众自治组织、未成年人的监护人和成年公民的共同责任"[①]。提出了要增强未成年人自我保护意识和能力，增强社会责任感。但如何加强未成年人自我保护意识的培养与能力建设，未做系统与具体的规定指导，只是较为具体地强调了各方面主体的责任与教育任务。

从农村留守青少年有关政策来看，仍然存在着农村留守青少年主体性的缺失问题。农村留守青少年开始纳入国家政策视野，始于2006年3月的《国务院关于解决农民工问题的若干意见》，有关农村留守青少年的教育问题作为解决农民工的后顾之忧而被关注。2010年开始强调农村留守儿童关爱服务体系与机制的建立，提出要保护留守儿童的权益。2016年2月《国务院关于加强农村儿童关爱保护工作的意见》出台，提出要完善农村留守儿童关爱服务体系，强化各责任主体的责任、建立相关机制，等等，为留守儿童权益保护进一步明晰了责任，指导的可操作性较为明显。责任主体表现为：家庭监护主体，县、乡人民政府和村（居）民委员社会力量主体，教育部门和学校主体，群团组织主体，但仍然缺少的是对留守儿童作为主体的认定。2017年民政部、团中央等五部门联合出台了《关于在农村留守儿童关爱保护中发挥社会工作专业人才作用的指导意见》，指出了社会工作专业人才在农村留守青少年关爱保护中的作用、任务要求，等等，社会工作专业人才也将成为农村留守青少年保护的责任主体。可见，农村留守青少年关爱保护体系的多元主体参与已经是政策、决策的规定与要求，为农村留守青少年提供专业化的社会支持成为未来关爱保护体系中的重要内容

---

① 《中华人民共和国未成年人保护法》，https://baike.baidu.com/item.

与发展方向，但是有关农村留守青少年权益主体性如何发挥，仍是尚待开发的土地。

2. 关爱行动中留守青少年权益主体的忽视

现实中人们对农村留守青少年的关爱意识已经得到激发，各种关爱力量在不断汇集。自 2006 年以来，从国家各部委对国务院有关农村留守儿童政策（意见或通知）的贯彻与实施，可以看到关爱与保护农村留守青少年已经成为共识。从各部门联合发文的关爱行动中，可以看到各部门对关爱活动的倡导和执行，以及农村留守青少年关爱体系的不断建构与趋向完善。从开始的关爱资源倾斜（主要是教育资源的倾斜），到后来的营造社会关爱氛围、强化公众与农村留守青少年的平等意识与观念——"共享蓝天"计划与行动的实施，再到建构学校、家庭与社区的联动机制和关爱体系，保障农村留守青少年权益的意识在不断增强。我们可以清晰地看到这样的发展轨迹：由教育部门的关注开始，到多个部门的共同参与和行动；由单一性的关爱行动，再到整合性力量的形成、系统化关爱体系的建构，可以说，政策在一定程度上有效地推进了农村留守青少年关爱行动的实施，也出现了一些具有影响性的项目与方式方法，如"希望社区"项目、寄宿制学校的建设、"安康计划""代理妈妈"等一些特别关爱行动的开展，确实为部分农村留守青少年解决了一些现实生存与发展的问题。中国青少年基金会的"希望社区"项目，有效地解决了部分流动与留守青少年校外学习与活动的场所，使得他们拥有了"四点半课堂"和较为安全适宜的活动阵地；寄宿制学校的建立，将所在区域的农村留守青少年聚集在学校之中，比较有效地避免了他们生活无人照顾的困难与相关风险，很大程度上实现了关爱、保护与成长的有机结合。但是由于资源的限制，"希望社区"、寄宿制学校的数量仍然无法满足庞大农村留守青少年群体的需求，只能够解决局部地区的问题，同时也无法彻底解决这些农村留守青少年生存与发展所面临的所有问题。除此之外，社会上还有很多属于自发式的关爱农村留守青少年的社会力量，有的给予农村留守青少年一定的资金、物质的支持，有的以短期的支教、慰问等志愿服务的方式。排除少数名为关爱实则伤害的"关爱行动",其他的关爱行动都在一定程度上实现了对目标农村留守青少年的关爱与保护。

不可否认的是,很多关爱活动的开展存在着表面化、简单化与重复性的问题,如有些关爱活动只是贴在墙上的活动,看不到任何过程性的材料,不知道是过程性的疏忽,还是缺失过程的宣传;有的具体关爱活动设计过于简单,如有的一对一结队帮扶,形成了单位个人不得不完成的任务,形成了一种形式主义的关爱或者只是雨过地皮湿的暂时效应;有的只要是关爱农村留守青少年活动就一定是捐助文具、衣物等,几年固守一种模式,所以经常会出现个别地方的农村留守青少年重复性地接受物资捐助的现象;有的要求自己的捐助要得到捐助对象的感恩与相应的回馈,等等。这些简单化的关爱行动基本上是一厢情愿的关爱,是从自我角度出发的关爱,而没有考虑到农村留守青少年的真正需求与内在感受,农村留守青少年只是处于一种"被"的非主体性地位,只是被动接受关爱的客体。不管这种关爱是不是农村留守青少年所需要的,但是只要是给予了也就可以了,给予者可以心安,甚至可以感受到自己的崇高与伟大。同时,这些简单化的关爱行动往往是对政策机械化执行的结果,只是按照政策规定的要求去做,有的执行者心中只是想着完成任务,只要是留守青少年不出事、不被问责就可以了,这种被动式的、不得不的关爱,不可能真正站在农村留守青少年的角度去考虑问题,不可能去真正地了解他们真切的需求、深入他们的内心世界,也不可能真正找到可以解决或帮助留守青少年问题的方式与方法,所以确实关爱了,但仍然无可避免地出现问题,毕节四兄妹的服毒自杀事件可以窥见一斑。这种行动中对留守青少年权益主体的忽视,不仅无助于留守青少年主体性的增强,相反会产生负向的效果。

3. 农村留守青少年权益保护主体间性的漠视

所谓主体间性,"是'主体—主体'关系中的内在性质"①,是主体间

---

① 郭湛:《论主体间性或交互主体性》,《中国人民大学学报》2001年第3期。

的统一性与相关性，要求从主体之间的交互关系与影响的角度来看待主体。留守青少年权益保护主体间性就是权益保护主体与主体之间的交互关系与作用，要求关注权益保护主体之间所形成的统一性与整体性，即多维主体的共同主体性。留守青少年政策对各个责任主体都有相应的规定，也有对各责任主体协同的要求，但是政策本身以及在具体的政策落实与关爱保护行动之中往往忽视主体间性的问题。对国务院有关农村留守青少年政策的落实往往表现为多部门、多部委的联合发文，这只能是相互之间共识的达成与合作意愿的表达，还没有真正形成政策执行主体之间在农村留守青少年权益保护方面的整体协同，各执行主体往往在自我系统之中进行相应的保护行动设计，联动协同的整体机制缺乏实质性的推进与形成。如教育部门与中小学校对农村留守青少年的教育资助、监管照护与心理健康教育，民政系统的评估帮扶、资助救护，公、检、法、司等的预防教育、应急处置、监护干预，等等，各执行主体的责任范围皆有一定的限定，缺乏相互之间的有效链接，容易形成"各打各的鼓""各吹各的号"的现象，无法形成真正的交互联动协同，更无法发挥好共同主体性的作用。同时，对农村留守青少年权益主体性的认识不足，只是将农村留守青少年看作被动的关爱保护对象，是缺失主体性的被动客体，更无法关注关爱保护过程之中农村留守青少年主体与其他主体间的互动、作用与影响，形成日常性关爱与保护缺乏、主体能力培养与提升被忽视的现象。

二 农村留守青少年权益保护主体性缺失的思想根源分析

留守青少年权益保护主体性缺失有着多方面的原因，但是最根本也是最深层的原因还是思想观念的问题，是青少年观的问题。杜威将思想看成是应付环境的工具，认为人们的一切有意识的行为皆有思想的作用。思想观念决定了人们看待问题的视角、态度，以及处理问题的策略与方式。留守青少年是不是权益保护的主体，从理论上回答自然是肯定的，但现实则是另一种形态，这体现出我们思想深层或者潜意识之中还有着较浓厚的传统青少年观的影响。具体表现为：

1. 群体的整体性与特殊性的混淆

在目前的农村留守青少年政策与关爱行动中，存在着较为明显的以群体的整体性代替特殊性、以部分的特殊性代替整体性的特点，即对农村留守青少年这一群体的整体性与特殊性缺乏正确而客观的认识与理解，缺乏对他们处在不同发展时期、不同发展问题的聚焦与回应。现实中之所以出现农村留守青少年权益保护与关爱行动的简单化、浅层化、活动化等特点，与从政策层面就没有强调留守青少年群体的分层或分阶段有关，没有考虑到他们不同年龄的不同特点，更没有考虑到他们主体性发展的程度与基础，这是对这一群体特殊性的忽视。农村留守青少年群体纳入政策的视野，开始并没有将之作为一个独特的群体来进行考量，而是对农民工群体考量的衍生性群体，自然不能将之作为政策主要对象来进行很好的研究与回应，只能是聚焦那些低龄的、贫穷的农村留守青少年群体，提出教育资源的倾斜与寄宿制学校的建设，这是对农村留守青少年整体中部分群体的关照，这种关照只是解决了部分留守青少年群体的教育与贫穷问题。后来相关政策聚焦农村留守青少年整个群体，提出"共享蓝天"的平等观念、多元关爱保护主体的责任等，这种理念的转向，标志着对农村留守青少年权利的尊重与保护，也体现了对未成年人"利益最大化"的基本原则，但是缺乏对农村留守青少年发展动态性的聚焦，缺乏对不同年龄层次农村留守青少年主体能力的考量、评估、培养与提升。

从社会层面来看，相对其他社会群体，无疑农村留守青少年具有作为一个群体的整体性特征，是弱势之中更弱势的群体。但这一个群体不只是一种广泛意义之上社会群体的分类，不只是作为一种社会群体的总称，而是一个处于不同时间向度上不断成长的、具体的青少年群体。但农村留守青少年在相关政策视域中则是一个笼统的、具有统一性的称谓或范畴。相关政策所关注的只是农村留守青少年的社会性与整体性而已，所强调的或所针对的是他们共同面对的现实问题，那就是父母的远离而自我留守农村这一事实，以及由这一事实可能引发的社会问题。但是农村留守青少年的年龄跨度为 12 年左右，其生理、心理与社会性发展具有较大的差异性，所存在的发展性问题也会呈现出不同的特点，而且他们之间还存在着横向的地域差别。如果政策只是从社会性的角度去考虑与关照农村留守青少年的整体性，而不能从具体现实的角度去考虑这一群体的特殊性，就必然会导致他们日常性关爱与保护的缺位，对他们所面临的发展性问题缺乏应有的回应，自然有关他们自主性的发展问题也无法真正得到真实的关照与支持。如果只是考虑到部分农村留守青少年的特殊性，如问题留守青少年、贫困留守青少年，并以此种特殊性来代替这一群体的整体性，则会使现实的关爱和保护行动出现方向上的根本性偏离，成为一种运动式的、自我合理化的关爱行动，而无法真切回应农村留守青少年自主性发展的真正需要。同时，以低龄农村留守青少年群体的特征来代替农村留守青少年群体的整体特征，必然带来对这一群体真正特殊性的片面理解。对于低龄的留守青少年群体要更多地给予必要的照料与关爱，而对于高龄的留守青少年群体则应相对加强他们面对问题与解决问题的自主能力的培养与提升，以此才能有针对性地回应农村留守青少年发展与成长的需要。显然从目前有关农村留守青少年政策来看，主要是针对低龄青少年群体，而对高龄青少年群体所存在的人生规划、职业指导、自主能力等方面缺失考虑。

这种整体性与特殊性的混淆，显然与传统的青少年观有着直接的关系。传统的青少年观将青少年视为依附性群体而不是独立的自主性群体，认为他们是缺失自主能力而无法自我做主的孩子，需要成人的关爱、保护，替代他们做主则是通常的做法，自然会将他们视为一个缺失自主性并具有共同性特征的群体，而忽视这一群体内在成长向度上的差别，忽视他们正在长成的主体能力的培养与提升，他们是接受关爱与保护的客体则成为顺理成章的事情。也正因如此，传统的青少年观形成了成人或社会看待青少年的单向度视角，无法真正站在青少年的角度真切地了解他们的内在需求与特征，来回应他们自主性成长的真实需求。同时，以特殊代替普遍，以部分代替整体往往是人们的惯常性的思维范式,也是传统青少年观容易陷入的现实误区。把个别或少数农村留守青少年问题简单地理解为农村留守青少年群体的整体问题,从而形成对这一群体的整体性判断,形成对这一群体的片面性、绝对化的理解,自然无法形成客观而全面的认识,其自主性更无法得到应有的关照与支持。

2. 可能性问题的推测与真实性问题理解的交织

农村留守青少年问题成为严重的社会问题,是社会变迁与社会结构性变化而带来的现实问题,是现代社会发展不得不出现的一种亲子分离的社会现象,也是一个世界性的问题,只不过在我国的农村更为凸显而已。留守的状态不是一成不变的人生经历,而是处于变动之中的现实生存与发展的状态,"从留守经历的角度看,也许可以说,没有一个留守儿童,而只有一些有过或正在或将要经历留守状态的儿童"[①]。这应该是有关留守现实状态的一种准确性的表达或描述。留守的时间、频度不同,所带来的现实影响不同。对于正处于成长关键期的农村留守青少年,留守的状态可能会引发一系列的问题,但是可能的问题不等于真实的问题。

"可能"总是有着一定因果的假设存在,有着按照一定逻辑理路进行推演的可能性基础或依据,无形"可能"总是有着一定因果的假设存在,有着按照一定逻辑理路进行推演的可能性基础或依据,无形之中可能加大主观猜测与臆想的成分,会形成一种不区分个体差异与各种因素而形成的笼统模糊印象,形成人们对农村留守青少年群体问题理解的思维定式,将现实中存在的问题自觉或不自觉地与留守相勾连,似乎留守是造成现实所有农村留守青少年问题的根源,留守自然就演化为一种标签化的范畴,建构着人们对农村留守青少年这一群体的认识、理解、看法与印象,尤其有的新闻媒体对农村留守青少年极端问题的披露与渲染,更加强化人们的这种印象与观念,形成一种问题视角、一种被动应对与管理的观念来控制相关

---

① 罗国芬:《农村留守儿童的规模问题评述》,《青年研究》2006年第3期。

风险的发生，形成关爱保护中的管控责任、意识与行为，可能会忽视农村留守青少年自我的成长因子和自主性发展的态势，缺失对农村留守青少年群体所应该持有的优势视角或积极性视角。

很多学者通过实证研究来探讨农村留守青少年与非留守青少年之间问题或发展的差别，来证明留守在农村所带来的直接影响。有的认为两者没有差别，有的则认为农村留守青少年比非留守青少年的问题要多，留守会带来他们心理、行为等方面一系列负向的影响与后果。后者占据了现有文献的绝大多数，在此不赘述。从研究立场的角度，任何研究者都应该保持客观中立的立场，这是研究者的责任与应该持守的原则，但是所有的研究者还是会受到已有观念与视角的影响，会受到一定前提假设的牵引，正如同戴上有色眼镜，一切也都与眼镜颜色相同。不同的视角会影响人们对同一问题的解读与理解，会形成人们不同的认识与结论，因为人们总是会有选择性地去收集自己认为重要的信息，验证观点，合理化自己的研究与视角。如果将留守看成是造成农村留守青少年问题的根源，那么在调研问题的设计、过程之中的访谈与交流、对现实问题的分析与最终的结论都会受到相应的影响，将可能性的问题误读为真实的问题。当然，更可能将青少年成长与发展的一般性的现实真问题，也认为是农村留守青少年群体因为留守而造成的问题，会出现一般性问题的夸大化现象，这无疑会强化对这一群体的问题性视角，形成以问题来验证问题视角与观点的误区。如果这种问题视角与留守的标签化意识成为社会多数成员的公共意识，会形成社会对农村留守青少年群体的偏见与误读，会引发农村留守青少年尤其是正处于青春期的农村留守青少年因标签化而带来的自卑与自我认同的障碍，形成对自己留守状态的不理解、不接受、回避和厌恶，可能形成自我保护过度而出现的攻击性行为和对他人的冷漠，甚至会形成自我标签化，缺失内生性自主成长的动力，强烈感受到自己的孤独无依，出现无法融入群体或自暴自弃的现象。

这种可能性问题的推测与真实问题理解的交织，也与传统青少年观有着直接的关系。传统的青少年观认为青少年是需要被管理与控制的群体，处于问题丛生的特殊时期，传统的"棍棒之下出孝子""不打不成器"的观念就是最好的写照。这种问题视角只会将人们的视线聚焦于农村留守青少年问题上，从他们身上去寻找原因，往往不从其所处的现实生活境遇的角度去透视问题，忽略一定情景之中的留守青少年的考量，缺失看待农村留守青少年的系统性与全息性的视角，忽略其真正的成长特性。同时，还存在着一种简单化的思维，认为青少年还是孩子，还没有自主的能力，是需要在关爱与快乐中成长，而忽视青少年的自我成长能力的培养与现实成长因子的发掘。既然留守的现实是造成农村留守青少年问题的根源，那么只要能够提供替代式的关爱，只要形成一种关爱的合力就可以解决问题。但农村留守青少年与父母之间的骨肉亲情具有不可替代性，血浓于水是无可否认的事实。在快乐之中成长也只是一种美好的期待与愿望，因为真正的成长从来都不是在快乐之中，而是在遇到问题、挫折与痛苦之中才不得不学会面对问题与解决问题。而留守可能会带来农村留守青少年的种种问题，同样也可能是他们自主性成长的契机，正所谓"穷人的孩子早当家"，对他们自立自强能力的提升有利。简单化的思维与问题视角的结合，必然会出现关爱保护的简单化与无视农村留守青少年主体性的现象。

三 结语

农村青少年的留守现象不会在短时期内消失，而会在相当长的时间内存在，因为一种社会问题的出现与解决，一定是伴随着社会结构矛盾的运动，需要综合治理才能奏效。如何更好地看待与解决农村留守青少年的现实问题，的确需要我们重新聚焦问题、反思过往的关爱保护行动，重新去审视这一特殊的青少年群体，了解他们成长的特点与需要，关切他们发展的苦恼与困惑，去建构以农村留守青少年主体性成长为核心的关爱保护体系。所有的关爱与保护都不是一种替代式的帮助，而是一种成长的协助与支持。这种协助与支持一定是在考量他们能力和特点基础之上的精准性生成，正如彼得·威特等所说的："青少年就像一座建造崛起中的建筑物，他们需要在'构建'中得到支撑。'脚手架'指的是青少年在发展新技能时，成年人提供的临时性支撑的框架结构。随着技能的不断增进发展，'脚手架'逐渐被拆除，直到不需要。"① "脚手架"是一种外在的支持，这种外在的支持必须与青少年主体能力相匹配，才能够起到很好的支撑作用，才能够使青少年的主体性得以更好地成长。而无视主体性建构的替代式权益保护，只能带来农村留守青少年主体性的消解与主体能力的退行。社会结构矛盾的解决不是一蹴而就的事情，人们的思想观念也有形成与发展的过程，但就农村留守青少年权益保护的主体性问题，我们确实需要以专业社会工作"助人自助"的价值理念，将农村留守青少年权益主体意识与能力建设放在重要位置加以重视，以优势视角来挖掘他们的内在潜能、留守的积极因素，提升他们对风险因素的预防意识与应对能力，加强他们自我成长能力建设与各方权益保护主体行动的良性互动，建构有利于农村留守青少年权益主体意识养成与能力提升的关爱保护机制。

（该文刊于《中国青年研究》2017年第12期）

---

① ［美］彼得·威特、琳达·凯德威尔：《娱乐与青少年发展》，刘慧梅、孙喆译，浙江大学出版社2009年版，第13页。

农村留守青少年校园欺凌问题的质性研究

摘要：校园欺凌问题是全球性共有的青少年问题，是青少年社会化过程中出现的人际矛盾与冲突问题。农村留守青少年校园欺凌问题需要引起高度重视。对留守青少年校园欺凌现象进行归类分为：呈现力量型、捍卫尊严型、维系友谊型、争风吃醋型等。从留守青少年本体的角度分析，校园欺凌事件的发生与父母缺位所造成的安全感降低有关、与青春期同伴依恋的归属感有关、与青少年彰显自主性的存在感有关。该问题的解决需要完善相关政策、建构留守青少年权益保护机制。

近两年，有关校园欺凌事件的网上传播与新闻媒介曝光不断增加，尤其有些暴力事件欺凌者手段之残忍、性质之恶劣达到了令人发指的地步，引起人们对曾经称为纯净的、象牙塔般的校园安全感到惴惴不安，校园欺凌问题成为人们高度关注的焦点与热点问题。近期，国务院教育督导委员会下发了《关于开展校园欺凌专项治理的通知》，要求对有关校园欺凌现象进行督查与专项治理，这是我国第一个对校园欺凌问题的国家级应对措施，也是国家层面开始高度关注与治理该问题的重要标志。但校园欺凌问题不只是近几年才出现的新问题，而是一个长期存在的现实问题，也是全球性共有的青少年问题，是青少年社会化过程中容易出现的人际矛盾与冲突问题。这一问题如无法及时地跟进解决与有效干预，将会严重影响青少年的健康成长，甚至会成为他们终生沉重的心灵包袱与永远无法抹去的心理阴影。而校园欺凌问题与留守因素的结合，则会使这样的社会问题更为严峻，产生的现实危害性更为严重，需要引起我们的高度重视。本文以质性研究的方式聚焦留守青少年的校园欺凌问题，探寻其本体方面的原因，以期能够对现实问题的解决提供一定的借鉴。

一 农村留守青少年校园欺凌的类型

农村留守青少年是指年龄 10 岁至 18 岁、父母外出打工而被留置于出生地农村的未成年人。他们基本上处于小学高年级与中学阶段，正处于身心发育发展迅速的青春期。笔者在两所留守青少年占比高的寄宿学校（一所小学、一所初级中学）开展专业社会工作服务近三年，笔者的研究团队与专业社工以质性研究的方式对这两所寄宿制学校及其他寄宿制与非寄宿制中学就有关留守青少年校园欺凌问题进行了深度访谈。结果发现，校园欺凌多发生在留守青少年群体，尤其是父母均在外打工的留守青少年，年龄集中为 11 岁至 15 岁；欺凌与参与欺凌者基本上是学业不太好的学生；寄宿学校的欺凌事件发生于学校宿舍的居多，其次为校外、操场、厕所、教室等；发生的时间晚上居多；严重时一周两至三天都有能够被发现的打架现象。有关该群体的校园欺凌问题并不是简单的欺凌者与被欺凌者之间的关系问题，而是原因复杂并呈现不同的样态，各自的心态与想法也不尽相同。

1. 呈现力量型

这种类型的欺凌往往会有四种情况：

一是欺凌者为了表现自己有能力，"拳大为哥"，而对那些弱小者所进行的欺凌活动，往往是高年级对低年级同学的欺凌，通常采用武力、恐吓、索要钱物、辱骂等方法，他们往往从被欺凌者的服从、躲避、眼泪与无助的状态中获得一种胜利者的快感，甚至将这些弱者强制变成自己的团伙成员加以指挥与命令，从中感受高高在上的"大哥大"的威严感。而成为团伙成员的弱者之所以跟从老大，就是为了避免受到伤害或者获得现实保护而进行的不得已的选择，这种妥协与让步是为了能够避免自己陷入被欺凌的不利局面的无奈之举，是一种不得不屈从但内心并不一定情愿的相对理性做法。小 A 则是愿意加入老大团伙的成员，他说："我听他的话，就是为了自己不受欺负，必须要听他的话，我心里也有些怕他，我觉得他对我算挺好的，从没有真打我，这样别人也不敢欺负我。"甚至还出现初中女生酒后欺凌低年级同学的现象。

二是对与自己力量相当的对手进行挑衅与较量，即为了争夺大哥大的地位而出现的团伙与团伙之间的争斗，这种争斗基本上是通过武力来进行的，这种武力或者是老大与老大之间的较量，或者是成员与成员之间的混战。这种结果可能会形成一方独霸天下的局面，可能会形成共霸天下、不打不相识的局面，可能会形成界限分明、互不干涉的局面，也可能会使较量持续相当长的时间，达到势力抗衡、互不相让的局面。他们可能会约定校外特定场所进行较量，主要是为了避免让老师们发现；也可能在校内特定的隐蔽场所进行多次性的短暂交锋。而这一切，所有的参与者绝对不会报告老师与家长，共守秘密是不需要特定规约的规矩，否则会失去他者的尊重与认可，失去了在圈里混的资格，成为大家共同蔑视与欺凌的对象。被欺凌者一般不会选择告诉老师，怕遭受更严重的报复；有的会选择告诉老师，但会处于害怕报复的担心之中，整天忐忑不安。

三是对那些在学业方面较好学生的言语与行为欺凌，尤其教师在平时对学业较好的学生厚爱有加，使得学业不好的学生羡慕嫉妒恨，有的就会故意在平时有意无意地找碴儿，如果学业好的学生向老师告状，有关报复性的欺凌就可能发生在校园之外。

四是对那些条件较好的学生索要钱物，如果不给，就会遭到欺凌；或者同伙中较弱的成员要给老大定期交贡，如果不交，则可能会受到老大与其他同伙成员的欺负。欺凌者团伙周末或假期往往都是听从老大指挥，有共同行动的自由时间与空间，因为父母不在家、祖父母又管不着，他们就一起去做一些"好玩"的事情，如大家一起去掏个鸟窝或者做个烧烤；从事一些具有一定破坏性的活动，如损坏别人家的庄稼、电动车、农具；一起欺负比自己小或年龄差不多看起来感到不顺眼的孩子；一起去池塘游泳比赛；或者步行几里去镇上的网吧打游戏，等等。如果有不愿意参加或不合群者，则会受到不同程度与方式的欺凌，轻则被孤立，重则被武力体罚。

2. 捍卫尊严型

这种类型的欺凌，是原来的被欺凌者不堪忍受欺凌而奋起反抗欺凌者，甚至改为欺凌原来的欺凌者与他人。一般来讲，原来的被欺凌者起初是身体发育缓慢或者年级低的弱小者，随着身体的发育他们感受到自我能力在提升，且内心因为受欺凌压抑已久，在充分评估了自我与欺凌者能力之后而进行的争斗，来捍卫自己的尊严；或者原来的被欺凌者只是不愿意惹是生非，故意躲避这种欺凌，但对方以为其胆小怕事而变本加厉，引起反击；或者开始时被欺凌者因为内心害怕而不敢反击，到了真正伤害自尊达到忍无可忍之时奋起反击。但这种捍卫尊严的反欺凌行为的结果则不尽相同，有的只是捍卫了尊严，自己不再受人欺凌与威胁，也不再欺凌他人；有的则是不仅通过反击捍卫了尊严，而且以其人之道还治其人之身，自己取而代之获得老大的地位，变成新的欺凌者；有的则是因为力量不敌而遭受更大的持续性报复。小B谈道："我不欺负别人，但是你不欺负别人，别人欺负你，没有办法，开始那个'歪把子'老是找我的麻烦，我都没和他一样，我是怕老师知道了会认为我不好，是个坏学生，再就是我也是怕他们人多我打不过。他就以为我怕了他了，有一天我在上厕所，这个'歪把子'故意尿我一身，还带着那种让人看了就生气的笑，找真的火了，也不知道自己是怎么把他打倒在地，可能他也没想到我会那么疯（狂），直到他求饶、别人拉开了我才放了他，我当时真恨不得弄死他，从此，他就不敢那么猖狂了，原来围着他转的那些人也不围着他转了，（反而）过来讨好我，原来那些受他欺负的人就都来找我玩，我成了他们眼中的英雄了，也就是老大了，这种感觉也很爽。"捍卫尊严型基本上都是在不得已的情况之下而采用相应的暴力性手段来自保自护，只是有的能够实现自保，有的还会持续处于被欺凌的境地。

3. 维系友谊型

这种类型往往是某人被他人"欺负"了的事情被其好友所知，好友中的某人或多个人一起来共同报复欺凌者而出现的反欺凌言语与行为。如果是男生往往会以武力、恐吓等方式来解决，并且让对方知道自己是为了好友而出气，表达如再有此情况的出现将会受到更严厉的报复。还有请不在校而在社会上游荡的闲散不良青少年翻墙进学校进行武力报复，出现较为严重的打架事件。小C谈到自己为朋友出头的事情说："豆子是个非常老实的人，我就是不能看见他受欺负，谁欺负他就等于欺负我，为了豆子我已经和两个人干过架，有一次还被老师发现了，受了批，咳，无所谓，反正不是我先欺负人。"而女生则是以谩骂、嘲弄甚至拧人、推搡等方式来解决。这些好友往往不会对事件进行全面的了解，而只要是知道朋友受了欺负就直接采用相应的手段与方法。小D自豪地说："我们几个人挺好的，所以现在没有人敢欺负我们，曾经有人欺负我们其中的一个，我们就一起去骂她、臭她，让周围的人都不和她玩。""我们只要遇到这个人一次就骂她一次，有一次在食堂我们故意将她的饭碰掉，我们还特地去她宿舍骂她，她开始还还嘴，我们就围着骂她，后来她就老实了，见了我们就躲着走，哈哈……"小D说着这些话并没有感觉自己做得不对，反而感到自己的几个姐妹特铁特有能力，有一种胜利者的骄傲与自豪。形成小帮派或团伙群起而攻之，往往是出于维持与强化友谊所采用的常用方式，也可能会形成团伙之间言语与武力欺凌的交互发生，使得不同团伙的人不敢单独行动，害怕来自对方团伙的报复。还有的学生在学校中受了欺凌，找在社会上混的哥们儿或亲戚在校园外寻找机会报复，让其他学生认识到自己也是有人罩着的人，不是好欺负的，这是自保的另一种方式。

4. 争风吃醋型

这种类型多见于男生女生之间的交往，如有的男生发现喜欢的女生与其他男生之间关系不错，该男生可能就会引起事端对其他男生产生欺凌言语与行为；或者有的女生发现自己喜欢的男生与其他女生有交往，该女生就会发起对其他女生挑衅式的欺凌言语；或者两个早恋的男生女生，发现其中一人与其他男生或女生之间关系不错，相恋者之间不仅会产生矛盾与摩擦，而且可能会引发与其他男生或女生之间的欺凌言语与行为，甚至会引发纠集团伙对其他男生或女生的欺凌行为。小 E 在谈到一个女生找她麻烦时非常气愤地说："我只是和大行说了几句话，那个女生就莫名其妙地找我麻烦，后来我听别人说，原来她喜欢大行，她喜欢她的呗，我又没喜欢大行，我真觉得她有病，再说了，人家大行也不喜欢她，她是人家什么人啊。不过我也不再和大行说话了，太没劲了。但大行愿意和我说话，我有什么办法？我最气愤的是，不仅是她还有两个和她很好的人也对我这样。"而在留守青少年中，早恋现象较为严重，可能是因为缺乏亲情依恋，早恋成为一种依恋情感的补偿，所以有关争风吃醋型的欺凌事件相对多一些。

以上四种类型也只是大致将留守青少年校园欺凌现象进行的一种类别划分，这四种类型基本上也是其他青少年群体中经常出现的欺凌类型，只不过在留守青少年之中可能因为缺失亲情的现实使之对同伴依恋更加明显，早恋现象也较为突出，与之相关的欺凌与被欺凌事件更为凸显。留守青少年既可能是主动的欺凌者与被迫形成的欺凌者，也可能是被其他群体欺凌的对象，或者是自发形成应对其他青少年群体欺凌的团伙。

二 农村留守青少年校园欺凌的本体聚焦

校园欺凌是一个全球性共有的青少年社会问题，其形成的因素具有复杂性，既是复杂社会问题在校园层面的投射，也与青少年处于特殊过渡时期有着密切的关系。聚焦留守青少年的这一问题不仅能够使我们更好地了解这一特殊群体校园欺凌的本体原因，而且也有利于我们认识与理解其他青少年群体相同问题的原因。

1. 父母缺位与安全感的需要

这是留守青少年与其他青少年群体在校园欺凌问题上的最大区别。因为父母外出打工，无法经常见到父母，加上平时与父母的电话沟通与联系不多，即使联系，父母基本上只是问问学习情况，而无法与父母进行深度的交流；有些事情父母也无法提出很好的建议，他们往往只是叮嘱要听老师与爷爷奶奶的话，不要惹是生非。这对于自主性逐渐增强、处于青春发育的留守青少年来说，本来特殊的年龄阶段已经是与父母关系疏离的时期，加上父母的日常缺位与沟通交流的缺乏，使他们与父母无法进行真正的沟通与交流，他们中相当多的人基本上选择不主动与父母交流，或者被动地回答父母提出的问题，或者简单地应付一下父母的询问。在家的祖父母也只是在生活上给予照顾，更不会对他们加以管束。有些父母感到亏欠子女，就会给孩子比较多的零用钱，而零用钱多，可能使其成为受欺凌的对象；也可能使其成为欺凌团伙的重要成员，通过摆阔来强化自己的地位。在他们当中，很多人已经习惯了父母不在家的生活，感觉没有太多管束反而还不错，平时很多人认为自己与其他人没有什么两样，父母离家很正常，因为周围大家都是这样的。

对于大多数留守青少年来说，他们既表现得独立，但是又在一定程度上缺失安全感。有的青少年认为父母不在家对自己没有什么影响，小C就认为："实际上爸妈在家与不在家都没有什么两样，他们无法真正帮助到我，文化课他们辅导不了，（他们）也不真正了解我。"当问他是否想父母时，他说："开始的时候特别想，现在习惯了，有时候会想，但想有什么用，也不能解决什么问题，一切还是（要靠）自己，再说了，爸妈不容易，需要出去挣钱，如果不挣钱我也交不起学费，爷爷也没有依靠。"从这个青少年身上可以看到一定的自主性，具有一定的安全感且能够从父母的角度看待问题。有的青少年认为父母不在家比在家要好，小B所谈到的"歪把子"是这样说的："我觉得（爸妈不在家）挺好，我变得更自由了，小时候我经常挨爸爸的揍，这样至少我不会挨揍，爷爷奶奶什么都随着我。"当问及他为什么会欺负其他同学时，他说："我必须要让他们害怕，我不欺负他们，他们就欺负我。"看起来是离开父母感到自由，实际上，在他成长的过程中，父母在家时就缺失安全感，父母不在仍然缺失安全感，其欺负他人正是因为缺失安全感才造成的,也是他父亲以拳头处理问题方式的再现。

小 E 说:"我就特别想爸爸妈妈,他们不能辅导功课不要紧,至少能够经常看到他们,感到心里踏实,所以有时我会想他们想得哭,尤其是弟弟不听话的时候,我特想他们,要他们在,我就好了(不用操心)。每个暑假我都会去爸妈那里,感到最快乐的就是暑假,尽管住得不好,但是一家人能够在一起,不过我和弟弟去后爸妈不让我们单独出去玩不太好,怕不安全。"这又是一种留守的状态,需要照看比自己小的弟弟,对父母有着很强的依恋,显然,存在父母不在身边所形成的责任感、焦虑感与不安感等交织在一起的复杂心理感受。一般而言,当留守青少年受到了欺负,都会非常思念父母,会羡慕那些父母在家的同学,尤其经常受到欺凌的留守青少年往往会表现为性格内向、内心充满了矛盾与纠结、缺失安全感;而那些欺凌他者的留守青少年则表现为脾气暴躁、易怒,也缺失安全感。女生以前者为主,男生则以后者为主。

总之,在青春期这样一个特殊时期,父母不在身边,一定程度上减少了亲子之间矛盾与冲突的发生,但也容易使青少年缺乏应有的监控与指导,在遇到欺凌问题时更加缺失安全感、增强无助感。父母在身边不一定了解这种欺凌与被欺凌的事实,至少无形之中父母成为青少年的心理支持与安全后盾,家庭支持会让他们有温暖感与安全感。对于受欺凌者,尤其是经常受欺凌的留守青少年来讲,远在外地的父母无从知道自己所遭遇的一切,而事件是否还会发生、结果到底会怎样,自己也无法评估,内心的无助、恐惧与担忧往往会转化为沉默、胆怯、封闭、自卑的内向性格,学习成绩下滑,也不会轻易打开心扉。专业社工需要经过相当长的时间、多次接触这样的留守青少年才能取得他们的信任,开始的谈话,他们只是点头与摇头,后来逐渐熟悉后才会有笑意,慢慢才会将自己受欺凌的事情告诉社工,但前提条件是要保守秘密,因为害怕遭到报复和被其他人笑话。所以,留守青少年的校园欺凌,欺凌者与被欺凌者皆会有不同程度的安全感缺失,这与留守等成长经历有着直接的关系。

2. 同伴依恋的迷失与归属感的需求

同伴群体对青少年个体的发展起到至关重要的作用，是青春期青少年归属感获取的重要来源。青少年进入青春期即出现明显的同伴依恋现象，而与父母的关系开始疏远，这是青春期发展必然出现的现象与特征，具有跨文化的普遍性。艾里克森认为：青少年期的心理社会危机为自我同一性混乱，个体必须形成积极的自我认同，才能为取得进一步发展奠定良好的基础。而积极的自我认同，不只是对自我的感知与认识、反思与理解，更重要的是从同伴群体中的他者身上发现自我、观照自身，从而将与自己有关的各个方面统合起来，形成较为稳定的人格。库利的"镜中我"理论更是将他人作为认知自我的镜子，青少年的自我认知更多来自于周围他者的观点与对待，尤其是同伴群体的直接影响。因为身体发育的迅速，使得他们不得不将原来对外的视线转向自身与同伴，去重新认识、理解自己与同伴正在经历的身心变化，在意他人对自己的评价，希望得到他人的认可与理解，注重同伴之间的友谊，希望与同伴达到高度的契合与一致，获得群体的归属感，所以青春期早期的青少年在观念与行为上表现出明显的趋同性特征。同伴群体成员的爱好、穿着甚至神情都可能表现出一致性，如果同伴群体中有人表现不同，则会受到同伴们的嘲弄与排斥；如果同伴群体共同为之的事情，尽管个体心中不是十分情愿也必须为之，至少在外在表现上要保持一致，否则就会不被同伴所接纳。

正是因为对友谊的这种高度契合性的理解与要求，使得校园欺凌问题变得较为复杂，欺凌可能发生在朋友之中，因为朋友间的不一致或"背叛"而反目；也可能发生在与其他群体或个人的交往之中，有的原因很简单，可能只是因为看着不顺眼等。有的欺凌者并不是真正的欺凌者，只是欺凌者群体的追随者。小F说："那次我们几个一起，看到了那个我们觉得不是很顺眼的学霸，大个儿趁他不注意踹了他一脚，没想到他就倒在地上了，其他人都给了他一脚，我没法也给他一脚，不过我没太用劲。"问他为什么这样做，他说："如果大家都这样做我不做的话，他们会嘲笑我是胆小鬼，或者会反问我是不是与学霸是一伙的，只要还想和他们一起混，就要和他们一样。"实际上，之所以趋同，就是为了减少因为自己与他人的不同而带来的心理压力，害怕失去同伴友谊，即同伴归属感驱使的结果。如果无法获得友谊，则意味着孤立甚至有被欺凌的危险。只要是朋友，就要与朋友肝胆相照，就要为朋友两肋插刀，这是青春期早期青少年对友谊的理解，也是经常发生群体性欺凌事件的直接原因。只为友谊、不问是非，成为典型的青春期情结。同伴友谊在这一时期就具有"双刃剑"的性质，既可能是其积极向上的推动因素，也可能是出现偏差观念与行为的直接根源，主要是看青少年加入同伴群体的性质。

同伴依恋对留守青少年的成长来讲更为重要，因为对父母依恋的缺失会使其对同伴依恋进一步加深。相比其他青少年，留守青少年的早恋现象较严重，由此引发的校园欺凌事件发生率高。这些留守青少年并不真正了解什么是爱情，但是他们需要温暖，归属感需求强烈。小 G 说："他关心我，经常给我买好吃的、照顾我，他们说我们谈恋爱，那就恋爱呗。"问她爸妈与老师是否知道此事，她说："爸妈不会管，也不用和他们说，他们隔得那么远，也不会知道。老师呢？知道就知道，反正又不只是我们自己，顶多批评批评，没什么。"从小 G 举重若轻的回答以及对其他早恋者的了解，不难发现，早恋不是个别现象，而似乎成为一种风气，争风吃醋型校园欺凌事件则随之而来。

同伴依恋、迷失自我是盲从跟随欺凌者的直接原因，也是欺凌他人、产生群体性欺凌事件的内在根源。

3. 彰显自主性的误区与存在感的需要

青春期是成人感增强、自主性发展的关键期，但在早期的自主性发展过程中容易陷入对自主性理解的认知与行为偏差。经过了同伴依恋阶段之后，青少年不再简单地趋同，而是愿意张扬自我，希望引起关注，认为自己是无所不能的人，往往会自我中心式地认识与理解问题。他们对自主性的理解只限于表层，更加在乎外在力量的彰显与群体中主导地位的获取，他们有着很强的现实存在感。尤其对于那些不太被老师关注的学业成绩不好的学生来讲，通过欺凌他人可能会获取较强的存在感，看到自己的力量与在群体中的地位。

随着青春发育、身体体能的增强，使青少年认识到自我力量的显著提高，有的青少年希望引起更多人的关注，想在现实中检验一下自己是不是孔武有力，或者想展示一下自己的力量与能力，他们会寻找可以显示自己力量的对象，瞄向那些他们认为自己能够战胜的弱小青少年。或者他们会故意去挑战那些与自己力量相当或者强者，因为自己认为有能力战胜他们，战胜的方式就是言语与武力的挑衅与对抗；同时，只要在同伴之中夸下海口的就一定要兑现自己的诺言，即使认为自己的行为是错误的也要坚持到底，尽管心里害怕也要硬撑。因为青少年自我价值的实现主要是在同伴群体之中，他们更愿意在同伴面前表现自己大无畏的英雄气概与超人形象，甚至极力模仿心目中的偶像与英雄，讲究朋友之间的义气，加上轻率冲动的情怀，往往情绪化处理现实的问题，遇事不考虑后果、不了解原因，而是速战速决，于是极容易出现恶性事件。

青春期青少年自主性的外在张扬与表现，因为父母的在位而受到一定的引导与监督，会形成生活中一种天然限制性的现实机制。留守青少年显然缺乏这种现实机制，其自主性在现实中往往因为缺乏指导与规约而肆意发展，容易被那些闲散青少年所收拢，成为欺凌团伙的一员；或者成为与欺凌团伙对抗的另一团伙成员。所以，周末与假期欺凌团伙的活动往往会是校园欺凌活动的校外延伸。而父母的缺位还使留守青少年缺乏现实的支持与保护，所以他们往往会成为被欺凌的目标与对象，也可能会参与到欺凌团伙的活动之中。如果说校园欺凌因为有学校的规章约束往往在隐蔽之中进行，那么校园外的欺凌则会在无限制的情况之下明目张胆地进行，如果被欺凌的青少年缺乏现实的支持或缺失自我保护的意识与能力，如果有关欺凌事件发生地是没有人注意与发现的地方，则可能会出现较为严重的伤人事件。

对正处于青春期发展关键阶段的留守青少年来讲，安全感、归属感与存在感往往有机地结合在一起，共同构成青春期所特有的内在体验与感受，是青春期自主性逐渐增强过程之中重要的内在需要与内生性发展的重要因素，其不同程度的缺失与获取方式的偏差，构成留守青少年校园欺凌事件发生的主要原因。

三　结语

校园欺凌尽管发生在青少年之中，但却是影响青少年健康成长的严重问题，无论是对欺凌者还是被欺凌者，都会产生不同程度的伤害与负向影响。校园欺凌问题的出现，与青春期青少年的本体特征有着直接的联系，与青少年身心发展的特殊阶段密切相关，是青少年社会化过程中人际关系处理能力低下的一种表现。而留守的现实，使得留守青少年缺失家庭的规约、支持与保护，无疑使得这一问题更为凸显。当然，留守青少年校园欺凌问题的解决，不会因为父母归位而消除，也不会因为提高了政策的法律效应就能完全解决，挪威、日本等国有关校园欺凌政策达到了立法水平，但仍没有从根本上完全杜绝这一现象。所以，对这一社会问题的解决，需要我们更好地完善相关政策与留守青少年权益保护机制，切实在现实中建构政府、社会、社区、家长与学校共同关注与联合发力的良好机制，形成校园和谐治理的重要措施。最为关键的要从教育领域开始，将权益意识与能力的培养贯穿教育的始终，提高青少年自我保护的意识与能力，倡导不当任人宰割的沉默羔羊、不做横行跋扈的欺凌霸者，强化校园人际交往与沟通正确方式的训练，尤其要加强对青春期早期青少年的针对性教育与引导。

（该文刊于《中国青年研究》2016年第12期）

抗逆力培育：农村留守青少年社会工作服务的实践选择

摘要：社会工作专业人才要在农村留守青少年关爱保护工作中发挥专业作用已成为社会共识。抗逆力培育是农村留守青少年社会工作服务的实践选择，它要求社会工作专业人才能够重构农村留守青少年成长环境的优势，关注他们自主性发展的特殊性，以社会工作专业理念与方法，通过培育留守青少年自身的内在保护因子和家庭、学校、社区等外在保护因子的方式，来建构以留守青少年自主性能力提升为核心的关爱支持体系，激发留守青少年的内在潜能，提升其应对困境的抗逆力。

关爱农村留守青少年已经成为社会共识，建构农村留守青少年关爱体系与机制成为有关政策及落实的重要内容。2017年团中央、民政部等五部门联合发布了《关于在农村留守儿童关爱保护中发挥社会工作专业人才作用的指导意见》，明确提出社会工作专业人才在农村留守儿童关爱保护中的任务、要求和作用。作为责任主体的社会工作专业人才如何在关爱保护体系中发挥专业性作用，使业已形成的有关政策和体系真正落到实处，从而有效助力我国乡村振兴战略及农村留守青少年的健康成长，这是专业社会工作学术界与实务界都在关注和思考的焦点问题。笔者认为，社会工作专业人才的优势就在于其以专业价值理念、方法关切与回应现实留守青少年成长与发展的需要，从抗逆力培育的角度来挖掘其生存环境之中的优势、

抗逆力培育：农村留守青少年社会工作服务的实践选择

激发他们内在的潜能、培育他们成长环境之中的保护因子，提升他们应对现实困境的能力，使之成为自主性成长的责任主体，以此形成农村留守青少年自主性成长与外在关爱政策、行动的有机结合，从而真正形成以留守青少年自主性发展或能力提升为核心的关爱保护体系，改变农村留守青少年关爱保护存在的主体性缺席的不良状态。

一 重构农村留守青少年成长环境的优势

抗逆力，既是人类天生存在的一种潜能，也是当人们遭遇挫折和困难等逆境时能够进行心理和行为调适的能力，或者在受到伤害等过程中形成的自我校正与复原的动力。这种动力可以形成留守青少年建构良好人际关系的能力，发展独立的自主性能力，拥有乐观向上的人生态度，以及应对现实困境的信心和能力。因此，抗逆力也有"复原力""心理弹性""抗挫力"等多种概念称谓，显然，不同的概念范畴符合不同的情境叙事需要，但都是人们处于困境而形成的正向发展潜质与能力的表达。无论是抗逆潜能的激发，还是抗逆能力的提高，都需要现实特定的困境作为培育的土壤。发展心理学视角下人们一般采用两种方式来进行青少年抗逆力的培育：一是通过设定特有的逆境方式进行有意识的训练，二是利用现实的困境顺势而为。农村留守青少年的抗逆力培育则属于后者。

通过分析现实的关爱政策与行动，我们不难发现这样的现象，那就是相对忽视留守青少年的自主性发展，更多地聚焦于他们所处环境的劣势及其产生的不良影响，不少人将留守青少年群体中所出现的问题直接归结为缺失父母监管的留守状态，甚至出现个别简单地将留守青少年群体视为问题青少年群体的武断做法。当然，对正处于成长期的留守青少年来讲，日常成长过程父母参与的缺乏，更容易带来一些风险性因素，带来有关安全与权益方面的问题，对低龄儿童来讲尤其显著，这是不可否认的事实。但是对于正处于青春期的青少年来讲，他们已经形成了一定的自主能力，过于强化留守状态的不利因素，甚至出现"留守"标签化的氛围，不利于农村留守青少年对自我成长责任的准确定位，相应会出现逆反心理，不接受应该接受的现实和关爱，无法正视与理解自己所处的现实状态，会将自己现实面临的困境出现不正确的归因，甚至造成自卑、自暴自弃等不良的心理状态，极容易形成对自我成长不负责任的现象，也会缺乏责任担当意识。

农村留守青少年处于无父母监管的状态，的确可能会引发风险因素，但是从社会工作优势视角理论的角度，这种看似不利成长的环境中往往蕴含着发展的优势，是一种无须特别设定的自然现实困境，这恰恰是激发与培育农村留守青少年抗逆力的适宜性环境。这种环境为他们提出了自我管理与关爱他人的必然要求，不能依靠父母的照顾，而要学会照顾弟弟妹妹、爷爷奶奶和自己，学会为他人和为自己负责，学会承担自我和家庭责任，学会与他人建构良好的人际关系，形成互助成长的态势。社会工作专业人才要合理地挖掘农村留守青少年生存环境所存在的培育优势，为之提供必要的外在与心理的支持，使这种留守的状态成为他们为自我负责、自主性成长的优势环境。

实际上，留守状态并不是一成不变的、具有统一性的现实生存状态，对不同的农村留守青少年来讲其表现形态各异，可能是一种持续的生存状态，也可能是一种间断性的状态，这都是农村留守青少年所无法改变的现实，是他们必须面对与接受的现实状态。但是，留守并不代表亲情与关爱的完全缺失，只是亲情关爱出现了空间上的距离或者因为距离而产生了一定的隔膜而已，而亲情与关爱恰恰也是抗逆力培育可以利用的现实资源，成为农村留守青少年可以依靠的人际和心理支持系统。这种资源的利用关键取决于社会工作专业人才如何去挖掘、整合和培育，如何为农村留守青少年重构留守的正向意义，修复形成较为紧密的亲子纽带，建构和睦友好的邻里关系，由对农村留守青少年自身抗逆力的培育延展为家庭、邻里、学校、社区抗逆力的整体培育，建构农村留守青少年为主体的抗逆力培育体系。

二 聚焦农村留守青少年自主发展的特殊性

我国有关农村留守儿童政策所针对的群体具有统一性、模糊性，政策所关照的只是具有社会性、整体性特征的留守儿童群体，实际上更多聚焦的是更需要外在关爱和照顾的低龄群体，表现为对留守儿童群体内在成长向度关注的缺乏。这种政策的特点往往会带来现实关爱行动的偏差，容易忽视这一群体自主性发展内在程度的差别，出现简单化、表面化、运动化的关爱活动，而无法有针对性地关照到他们的自主性发展和抗逆力的培育。

留守青少年作为高龄的留守儿童群体，他们具有发展的特殊性，具有与低龄群体内在成长向度上的根本性差别。他们正处于身心发展的关键时期，处于人生观、价值观和世界观形成的重要阶段，处于人生发展的多事之秋——青春期。身体发育所带来的内在压力，自我意识快速发展所带来的对自我的关注，往往会引发很多成长过程中的不安或不适。即留守的状态加上青春期身心发展的不平衡，极容易引发他们成长的烦恼、出现发展的问题，面临发展过程中的风险因素影响。对处于自主性发展的农村留守青少年来讲，留守的状态可能会减少亲子之间的直接矛盾和冲突，但也可能带来随心所欲的自我中心状态；既可能形成积极的自主性，也可能会处于自我放任的闲散状态。"留守+"的状态使得他们的抗逆力正处于多变或脆弱的发展阶段，抗逆力的保护因子和危险因子处于不稳定的影响状态，外在与内在的不可控因素皆存在。如青春期情绪的激荡使得他们的耐受力相对降低，容易因为冲动而引发偏差行为；他们正处于皮亚杰所言的形式运算阶段，抽象思维的高度发展，对自我和生活的理想主义建构，容易引发他们对现实困境的不满和不接受；因为与父母远离，他们对同辈群体往往表现出高度的遵从，容易受同伴群体文化的影响，甚至可能会出现群体性事件或过当性行为；他们希望自己在群体中得到应有的重视，不喜欢那种对待儿童般的关爱，希望受到应有的尊重……他们处于一种发展的不稳定阶段，处于自我同一性认同发展的关键时期。如果他们成长的过程之中得不到应有的支持，如果不能积极地增加他们成长环境之中的保护因素，可能会使危险因素增加，不仅对个人成长不利，而且可能会引发社会性问题。

农村留守青少年群体是需要我们高度关注的群体，因为他们发展的特殊性，处于人格发展与自我认同的关键时期，要求社会工作专业人才必须能够有针对性地实施抗逆力培育，形成他们面对困境的韧性，提升他们正向性看待问题与解决问题的意识与能力。

三 农村留守青少年抗逆力培育的路径选择

青少年青春期发展阶段面临着生理、心理和社会性发展多方面变化，自我意识凸显、自主性逐渐成熟。从社会化的角度来看，这一阶段青少年的社会化成功与否对其未来的人生发展极为重要。青少年群体阶段性成长发展的特殊性和重要性，要求我们必须重视青少年所面临的多方面变化，以及社会化成长的需要，尤其是作为特殊群体的留守青少年，他们可能经历更为复杂的成长环境和内心世界的变动，面临着需要解决的相应成长与发展的问题，为他们提供有效的社会工作服务路径就是抗逆力培育。

对农村留守青少年抗逆力的培育主要是通过增加保护因子减少危险因子来实现的。保护因子在青少年的成长发展中有着极为重要的积极作用，是抗逆力培育的关键和核心。保护因子是相对于危险因素而言的，要求社会工作专业人才积极挖掘农村留守青少年成长环境的优势及积极影响，尽可能减少危险因子对青少年的负面影响。诺曼·加梅奇提出了积极人格特质、家庭支持系统、社会支持和外在资源的建构三种保护因子。[1] 这些保护因子能够让那些处于不利处境的人们保持身心健康、人格发展正常而不至于陷入困境出现身心不健康的现象。保护因子被划分为内在保护因子和外

---

[1] Garmezy, N., Stress Resistant Children: the Search for Protective Factors, *Recent Research in Developmental Psychopathology*, J. Stevenson, ed., Pergaman Press, 1985.

抗逆力培育： 农村留守青少年社会工作服务的实践选择

在保护因子两种形式。① 内在保护因子是通过个体自身所展现出来的，包括能够有效地与他人交流沟通、表现对他人关切的社会胜任力，个体自我认同和自我效能感所表现的自尊和自主性，以及有生活目标与追求的目标感、有意义感等。外在保护因子包括关心的环境、积极的期望、有意义的参与，主要是通过家庭、学校和社区等积极参与和支持来建构的积极性因素。

社会工作专业人才对留守青少年抗逆力的培育主要表现为对留守青少年的内部资源和外部资源的开发和链接，从影响青少年成长极为重要的保护因子入手，将留守青少年及其家庭、学校和社区联结起来，共同参与到留守青少年的保护因子培育之中，通过培育留守青少年个体自身的内部保护因子和家庭、学校、社区为代表的外部保护因素的有效链接，达到抗逆力培育的良好效果。

1. 个体抗逆力的培育

马斯洛将人的需要划分为五个阶段，即生存需要、安全需要、情感需要、尊重需要和自我实现的需要，并认为需要是分层次的，只有在上一阶段的需要得到满足后，下一阶段的需要才会出现。在国家政策和社会活动的影响下，留守青少年很大程度上已经不存在生存需要和安全需要的满足问题，他们面临着更为迫切的情感需要、尊重需要和自我价值实现的需要，尤其是在自我意识逐渐形成、自主性不断发展的青春期，更要关注农村留守青少年的自主性成长和身心发展的健康。

培育留守青少年的内在保护因子，包括培养留守青少年的自尊、自主性、自我效能感、同理心、责任感以及人际交往能力等，社会工作专业人才可以通过建立档案的个案管理、小组活动等方式来培育留守青少年的内在保护因子。具体表现为：

（1）去"留守"标签化。社会工作专业人才在面对留守青少年时，要意识到"留守"标签可能给他们带来的各种负面影响，通过支持、鼓励和

---

① 沈之菲：《青少年抗逆力的解读和培养》，《思想理论教育》2008 年第 1 期。

帮助来促使他们正确看待和处理"留守"标签化负向观念，让他们了解"留守"只是一种现实生存状态的表述，而不是任何负向的观念，让他们能够理解父母的不容易，能够学会从父母的角度、从优势积极的角度考虑自己留守的状态，从而将"留守"的不利影响降到最小，以此来建立他们的自尊和正确的自我认知。

（2）建构交互支持关系。社会工作专业人才可以通过小组工作的方法建构留守青少年群体和其他群体之间的关系，形成良好的交互支持系统。一方面可以将留守青少年组织成为一个群体，采用专业的小组活动方式，建立起留守青少年群体内部的互动联系，相互理解、关爱和支持；另一方面也可以架构起留守青少年群体与其他青少年的联系，让留守青少年融入"正常"的青少年群体中，让其他青少年群体能够接纳而不是排斥他们，增强他们的自尊心、归属感和安全感。

（3）个案管理。可以通过建立档案进行个案管理，考虑到留守青少年可能面临的不同困境，采用个别化的方式进行培育，关注其成长变化，跟踪培养与支持。在培育留守青少年内在保护因子的过程中，必须要意识到他们的自主性成长的特点，他们在自我成长的历程中是有主动性的，而不是被动地接受和成长。留守青少年理应是社会工作实践活动的主动参与者，其所面临的问题也是他们与社会工作专业人才共同认定的，问题解决的方式应该是双方协商认定的方法。在个案管理活动中，社会工作专业人才不能以留守青少年问题"专家权威"自居，个案管理的过程更不是"一言堂"的单向服务活动，而是在尊重留守青少年意愿的前提下，通过协商、共同努力的过程。在小组活动中，留守青少年是具备自主性的参与者，活动的组织、安排等都可以协商沟通来进行，或者让留守青少年在活动中担任领导人、观察员等角色，这可以很好地锻炼他们的协调沟通能力、组织管理能力、责任感、胜任力等，这种在积极参与过程中得到的能力发挥和发展，会极大地提升留守青少年的自尊和自主性。这种自尊的满足、自主性的认同和发挥、责任感的锻炼、胜任能力的增强等，正是他们自身内部保护因

抗逆力培育： 农村留守青少年社会工作服务的实践选择

子的培育和功能发挥的体现，从而增强他们的自信，有助于他们积极看待和应对所面临的困境。

2. 家庭抗逆力的培育

家庭是留守青少年所处困境的重要原因和影响因素，正是家庭中责任、关爱、照顾等的缺失或不健全，造成了青少年留守的现实状态。家庭作为一个循环系统，需要功能的充分发挥才能够实现良性循环。父母关爱和照顾的缺失会影响到家庭系统功能的正常发挥和留守青少年身心的健康成长。因此，在培育留守青少年抗逆力的过程中，家庭系统整体抗逆力的培育尤为重要。社会工作专业人才不仅需要增强父母与留守青少年之间的联系、促使家庭功能的正常发挥，更需要将家庭作为一个完整的系统来进行社会工作介入，提升家庭中的保护因子，从而对留守青少年的健康成长起到保护与支持的作用。

在重建家庭支持系统、促进家庭功能正常发挥的过程中，社会工作专业人才需考虑到不同留守青少年可能面临着不同程度的困境，要兼顾普遍性和特殊性，形成多样化的专业服务。普遍性困境主要是指留守青少年与父母之间因空间距离而带来的联系和支持问题，即父母陪伴、关爱、沟通与支持等的缺失。社会工作专业人才需要设计、组织相应的活动增进留守青少年与父母的联系，重建家庭成员之间的互动交流，增进相互之间的了解和理解。需要强调的是，这种联系的重建需要家庭成员的共同参与，留守青少年如此，父母更应该这样。父母需要经常性地与留守青少年进行沟通和联系，了解他们所面临的困难、挫折和内心想法，尽可能地以更多的时间陪伴在他们身边，尤其是在留守青少年面临重要的关节点如生病、考试等，从而提升家庭系统的保护因子，为留守青少年健康成长营造积极、有效的家庭环境。当然，留守青少年所面临的困境不尽相同，社会工作专业人才应该坚持专业服务个别化的原则。对于家庭经济困难的留守青少年，需要优先解决的是依据相关政策来协助他们及其家庭链接尽可能多的社区资源或者社会资源，为他们的基本生活提供保障；针对性格孤僻、冷漠等

"问题"留守青少年,相应的心理咨询和辅导必不可少;不同的留守时间、留守程度和家庭情况,需要社会工作专业人才能够为不同状况的留守青少年及其家庭提供相应的社会工作服务。

优势视角理论告诉我们,家庭成员在逆境中不一定会成为"问题",任何家庭都拥有应对困难的能力,且能够通过克服逆境的过程寻求新发展的能力,这也是家庭抗逆力的基本假设与前提。[①] 家庭是青少年成长的重要环境,也是青少年抗逆力培育的重要场所。提升家庭中的保护因子,需要重新建构留守青少年与父母之间的沟通交流模式,促进彼此之间的相互沟通和理解,从而架构起更为有利的提升留守青少年抗逆力的家庭环境,使之更好地应对所面临的困境。

3. 学校抗逆力的培育

学校在留守青少年的健康成长中扮演着十分重要的角色,尤其是在家庭关爱与支持缺失的情况下,学校层面的关爱与支持就更为重要。就学校提升青少年抗逆力而言,中国香港的"成长的天空"计划已经形成较为结构性和标准化的活动程序[②],但是要让该计划发挥长期效果,必须要营造具有支持性的校园氛围和环境,建构校园抗逆力文化,增强学校保护因子,强化学校所独有的对留守青少年的保护与支持作用。

(1) 建立留守青少年的校内良好支持系统。课余活动是留守青少年与同学建立积极、有效关系的重要活动,社会工作专业人才可以与教师一起组织、引导、协助留守青少年建立起和同学之间的良好、有益的伙伴关系。此外,通过建立教师工作坊、师生联谊活动,促进教师与留守青少年之间的交流,增进情感,表达支持与关爱。促成教师主动建构与留守青少年父母的联系,增进彼此之间的交流,共同关注留守青少年的成长。社会工作专业人才还可以通过"社工信箱"、小组活动等多种方式提供专业性支持。

[①] 叶斌:《抗逆力:青少年抗逆力培育手册》,华东师范大学出版社2011年版,第75页。
[②] 《成长的天空计划使用者手册——理念及运作》,http://www.doc88.com/p-0109350898919.html.

（2）设立清晰的规范规则。校园文明规则一定程度上能够保护留守青少年，同时也能够起到约束青少年不良行为的作用，减少或者避免校园歧视、欺凌和暴力行为等事件的发生。社会工作专业人才可以在原有校园规则的基础之上，发动与倡导学校管理人员、教师、青少年共同参与校园文明规则的完善活动，开展防欺凌教育与辅导活动，倡导团结、友爱、互助的文明行为，以规则来约束和防止校园内可能存在的针对留守青少年的歧视、欺凌等行为。

（3）教授生活及社交技能。生活技能和人际交往能力是留守青少年抗逆力培养所需要的基本能力。通过教导留守青少年处理问题、与人合作、与他人建立良好的人际关系等，能够有效地帮助他们应对所面临的生存和发展的基本问题。社会工作专业人才可以在学校支持下通过提供理论学习、实践活动和辅导活动等方式，帮助留守青少年学习生活和社交技能，在实践活动中学会与他人如何合作、交流和建立关系，建立相应的服务工作站提供咨询、辅导等服务支持，帮助他们提升自身能力，挖掘自身潜能。

（4）营造关怀和支持的氛围。抗逆力形成的基础就是关怀的环境和支持。对于正处于自主性提升的留守青少年来讲，如果无法解读和理解所处环境中关怀与支持因素，则会因为无法感受到关怀和支持而缺失自尊、自信，从而增强内在的无助无力感，为此培养留守青少年正向解读留守环境非常重要。同时更要营造关怀和支持的校园氛围来有效地协助留守青少年应对困境、解决问题。社会工作专业人才可以组织不同年级、不同年龄段的留守青少年组成一对一结对学习或竞赛，也可以组织校园其他学生组成的不同形式的帮扶小组或竞赛，这种帮扶或竞赛尽管是有意识建构的，但是不能让留守青少年感受到另眼看待，从而伤害他们的自尊，而是要建构平等、关爱的交互支持；可以建立个人档案、专业咨询室等帮助留守青少年应对困难。社会工作专业人才要和教师一起在学习与生活中为留守青少年提供支持，以此共同营造关爱与支持的校园氛围。

（5）传达高而合理的期望。留守青少年抗逆力培育着重于他们自身能力的建设，高期望能够引导他们在能力上做出积极的改变，通过为留守青少年设定一个相对高又符合个体实际的期待，可以让他们通过努力达致目标且体验自我价值实现的感觉，增强自我效能感，从而促使他们做出改变。社会工作专业人才和教师可以将一定的校园活动给予留守青少年负责，提供展示才艺、技能的机会等。然而每个留守青少年的能力和资源各不相同，所以期望的设定也需要差异化，保证期望既高于现实又合乎实际，尊重每个留守青少年的独特性，使得他们都可以借助自身努力和周围环境的改变来提升自身的能力，达到抗逆力培育的良好效果。

(6) 提供有意义的参与机会。社会工作专业人才可以引导留守青少年积极参与校园活动，在活动中不断提升自身解决问题、处理困境、组织和管理能力等，以此挖掘自身潜能、增长才干。在校园管理、校园建设和校园活动中，为留守青少年提供一定的参与机会，让他们在其中担任职位，参与管理和建设。同时也可以开展课外活动，如志愿者活动，将留守青少年与社区联系起来，在培养他们的志愿奉献精神的同时，可以建立起更为紧密的联系，提升留守青少年的责任感和归属感。

学校是留守青少年在面临"留守"这一困境时，最为直接和有效的抗逆力培育场所，社会工作专业人才和学校教师理应积极承担起这份责任，营造校园抗逆力文化。通过在校园环境中增强抗逆力保护因子，降低可能的危险因素影响，从而提升留守青少年应对困境、解决问题的能力。

4. 社区抗逆力的培育

相比较于留守青少年自身、家庭和学校这三个保护因子的培育，社区层面留守青少年抗逆力培育则更为复杂。但社区是留守青少年重要的生活场所，也是保护因子提升的重要场域，社会工作专业人才要重视社区资源在抗逆力培育中的积极性作用，充分发挥社区保护因子的作用。

(1) 社区资源的整合。社区资源是社区抗逆力培育的重要资源，包括社区的人力资源、物力资源、财力资源、组织资源和文化资源等。社会工作专业人才在社区中的重要作用就是挖掘、组织和利用这些资源，根据政策规定为留守青少年及其家庭提供具体的福利支持和生活保障，提供专业服务，尽量避免他们成为闲散青少年，增强社区的保护因子。可以通过组织社区文化资源，针对留守青少年开展普及科普知识、法律规范以及传统文化等活动，丰富他们的生活，提升他们的精神文化品位，同时发挥这些活动的约束和教育功能；通过整合社区的组织资源，建立留守青少年社区服务中心或者社区服务工作站等机构，整合和组建各种志愿服务者或组织，为他们提供活动、交流、学习的重要场所和机会，提供学业辅导、心理支持、安全教育等多方面支持，形成社区支持的良好系统，使他们更好地融入社区，增强社区归属感。

（2）社区关怀与支持。这是留守青少年增强保护因子的重要手段。社会工作专业人才可以依托社区社会工作服务站，整合社区工作者、志愿者等相关人员在社区中建立起对留守青少年及其家庭的支持和关怀网络。可以对不同的留守青少年建立个人档案，时刻关注与跟踪留守青少年的成长发展。组织工作人员或专业人员开展上门服务、咨询辅导、帮扶救助等活动，协助留守青少年应对所遇到的困难和挫折等，形成及时应对与处理问题发生的预防机制，建构社区日常性关怀与支持系统。

（3）社区参与。留守青少年虽然面临着"留守"和青春期所带来的各种困扰，但这一时期也是他们自主性显现、自我意识发展和能力提升的过渡阶段。社区参与是促成他们自主性成熟、能力提升和建立自我认同的重要活动，成为留守青少年抗逆力培养的有效手段。社会工作专业人才可以将留守青少年融入社区建设、社区管理中，组织留守青少年参与社区志愿者活动、社区实践活动、社区建设建议、社区管理等多种活动，让其具有服务社区、建设社区、管理社区的积极性和主动性，增进社区居民对他们的关注和认同，并进一步增进社区的凝聚力。留守青少年通过在这些活动中的参与，能够更清楚认识自我价值，形成更为积极的自我认同，提升个人能力和自主性。

社区是留守青少年除家庭和学校以外重要的生活场所，尤其是在乡村振兴战略实施的背景下，社会工作专业人才要充分认识到社区在留守青少年抗逆力培育中的重要作用。要发挥整合社区资源优势，既通过组织社区资源、提供福利支持和生活保障，又可以设计相应的专业活动如开展社区参与等活动，增强社区保护因子，营造良好社区氛围，提升留守青少年应对和解决问题的能力，形成成熟的自主性。

四　总结

在留守青少年关爱保护体系之中，通过关照留守青少年生存与发展的特殊性，以抗逆力培育的方式提升他们的自助能力，这是社会工作专业人才开展专业服务的路径选择。通过链接留守青少年及其家庭、学校、社区等内外部资源，培养和增强留守青少年内在保护因子和外在保护因子，使之更好地应对所面临的挫折和困境。尤其要求社会工作专业人才，要以优势视角去解读与应用留守青少年的困境，秉承社会工作"助人自助"的价值理念，运用专业社会工作方法，建构留守青少年自主性成长的社会支持系统，促进他们自主能力的提升。

需要进一步强调的是，在留守青少年抗逆力培育过程中，社会工作专业人才要关注留守青少年的自主性，能够认识到他们处于自主性渐进提高的特殊性，能够以优势视角来看待他们的现实问题，协助他们建立积极的自我意识和自我认同；改变他们看待自己所处留守状态的消极视角，形成应对困境的积极意识和应有的自信；要将留守青少年及其家庭作为一个有机的整体来看待，关注留守青少年与父母、其他监护人之间良性互动关系的建构，重视家庭功能的发挥；整合学校与社区的资源优势，建构家、校、社有机联动机制，形成留守青少年抗逆力提升的内在保护因子和外在保护因子的有机结合，从而提升他们的抗逆力和自主性。

（该文刊于《中国青年研究》2018年第10期）

第七篇

青少年社会工作与思想政治教育研究

社会工作介入青少年思想政治教育的可行性分析

摘要：社会工作介入青少年思想政治教育具有可行性。专业社会工作的发展与社会主义社会管理体系的建构，为社会工作介入青少年思想政治教育提供了现实的基础与土壤。社会工作理论、社会工作的价值理念与方式方法介入青少年思想政治教育具有现实的可行性。引入社会工作是青少年思想政治教育创新的必然路径选择。

青少年思想政治教育的工具性价值不容忽视与否定，这是由思想政治教育从属上层建筑的客观现实所决定的。党的十八大将立德树人作为教育的根本任务，青少年思想政治教育是立德树人的主要手段与工具。但是青少年思想政治教育长期形成的传统与惯性，经济全球化带来的价值观念的多元，新媒体发展的迅猛，"80后"、"90后"出现的新特征，社会管理创新的现实需要，使青少年思想政治教育的张力不断加大，面临的挑战越来越严峻。以他学科的理论与范式来丰富与发展青少年思想政治教育，充分发挥其工具性价值，是新媒体时代青少年思想政治教育发展的必然路径选择。笔者认为，青少年思想政治教育必须打破已经形成的固化传统与范式，汲取与之相似却不完全相同的社会工作理论，实现自身的变革与超越，才能在复杂的现实情境中发挥好工具性价值。

一 介入的现实基础

自发展社会主义市场经济以来,青少年思想政治教育一直面临着工具性价值强化与实际效果不符的现实问题。青少年思想政治教育范式对现实的不适应性需要引起我们的高度重视。建构符合现实发展需要的教育范式,创新青少年思想政治教育,是时代赋予我们的历史使命。专业社会工作在我国的发展为社会工作介入青少年思想政治教育提供了一定的理论与实务前提;而中国特色社会主义社会管理体系的建构,为社会工作介入青少年思想政治教育提供了新的发展空间与赖以生长的现实土壤。

1. 专业社会工作发展所提供的前提条件

专业的社会工作产生于19世纪末20世纪初的西方社会,是以社会工作价值观为指导,运用专业的方法服务他人的一种利他性的服务工作。社会工作在我国是一种新兴的专业与职业。专业的社会工作教育产生于1988年,以北京大学等开设社会工作专业为标志;职业的社会工作产生于2004年,以劳动与社会保障部公布《社会工作者国家职业标准》为标志。目前,专业社会工作取得了长足的发展,成为社会管理与社会服务领域新兴的专业服务力量,其体系与机制尚处于初建之中。青少年群体是社会工作的重要服务领域。"青少年社会工作是在社会工作专业价值观的指导下,运用社会工作的专业理论、方法与技巧,协助与促进青少年健康成长的一种服务性的专业工作"[①]。我国实务领域的专业青少年社会工作产生于2004年,以"上海市阳光地区青少年事务中心"正式成立为标志;随着几年的发展,实务青少年社会工作出现了上海、深圳、广州、四川等多种模式。这些实务青少年社会工作,无论是针对特殊青少年群体,还是在校的中小学生,都表现出被服务群体与个体的正向发展与预期目标的实现,产生了传统思想政治教育无法达到的现实效果。实务青少年社会工作为我国青少年社会工

[①] 王玉香:《青少年社会工作》,山东人民出版社2012年版。

社会工作介入青少年思想政治教育的可行性分析

作理论研究提供了实践基础,为我国实务青少年社会工作的展开提供了实践经验,为青少年思想政治教育的创新带来了新的理论视角与实践范式;而社会工作理论研究尤其是本土化社会工作理论的研究,在为实务青少年社会工作的发展提供理论指导的同时,也为青少年思想政治教育吸纳社会工作理论提供了必要的理论基础与前提——专业社会工作理论与实务的发展,为社会工作介入青少年思想政治教育提供了一定的理论准备与实务基础。

2. 社会主义社会管理体系建构的现实基础

随着改革的深化,我国逐渐冲破了传统的由政府部门为主体的社会管理格局的束缚,开始建构由多元主体共同参与的新的社会管理格局。我们党在十六届四中全会上第一次明确提出了要建立健全"党委领导、政府负责、社会协同、公众参与"[①] 的社会管理格局,以此为标志,我国就进入了加强社会建设,推进社会体制改革的新的历史阶段。新的社会管理格局形成的过程表现如下特点:政府部门权力的逐渐下移,小政府与大社会的逐渐形成,社会服务领域去行政化的发展趋势,社会服务中的社会力量不断增强。专业社会工作在社会服务领域的作用不断被党与政府部门认可与重视,被认为是社会管理与社会服务中需要不断加强的专业服务力量。党的十六届六中全会《中共中央关于构建社会主义和谐社会若干重大问题的决定》中就明确提出:"要建设宏大的社会工作人才队伍。"2011 年 11 月,中央组织部、民政部、共青团中央等 18 部委联合发布的《关于加强社会工作专业人才队伍建设的意见》提出,要大力培养社会工作专业人才。2012 年 4 月,中央组织部等 19 部委联合发布的找国《社会工作专业人才队伍建设中长期规划》提出:到 2015 年,全国社会工作专业人才总量增加到 50 万人;到 2020 年,社会工作专业人才总量增加到 145 万人。"中长期规划"标志着我国政府对社会工作专业人才队伍建设的高度重视,且将这种重视转化

---

① 胡锦涛:《扎扎实实提高社会管理科学化水平》,《十八大报告辅导读本》,人民出版社 2012 年版。

为具体的现实目标,是专业社会工作在社会管理中专业地位获得的重要标志。党的十八大报告中再次明确提出了:"要围绕构建中国特色社会主义社会管理体系,加快形成党委领导、政府负责、社会协同、公众参与、法治保障的社会管理体制,加快形成政府主导、覆盖城乡、可持续的基本公共服务体系,加快形成政社分开、权责明确、依法自治的现代社会组织体制,加快形成源头治理、动态管理、应急处置相结合的社会管理机制。"① 新的社会管理体制与机制的形成,必将使社会结构产生根本的变化;多种主体的共同参与,也将使社会服务领域的社会力量大幅度增加。十八大后,政府部门对民间服务机构的成立已经实现了申报程序的简化,大量的社会服务组织如雨后春笋般地产生,成为社会服务的重要力量,也成为使用专业社会工作人才的重要载体。自2004年开始,由政府购买的社会工作岗位与委托社会工作项目逐年增长,专业社会工作在社会服务中的地位越来越显在。在社会主义社会管理体系的建构过程中,社会管理与服务的社会协同力量将不断增大,社会服务领域将是青少年思想政治教育需要拓展与延伸的重要领域。即由多种主体与力量共同参与的社会管理体系与机制形成的过程中,原有的青少年思想政治教育体系也存在着重构的现实问题,同时也为实务青少年社会工作成为青少年思想政治教育体系的有机组成部分提供了现实前提,为青少年社会工作理论与方法介入青少年思想政治教育带来现实的可能。

二 社会工作理论介入的可行性分析

青少年思想政治教育的工具性特征,决定了青少年思想政治教育的社会本位立场。尽管"以青少年为本"是我们一贯提倡的,但是"以青少年为本"是有前提设定的,那就是要根据社会主义核心价值观念来"塑造""培养""教育"青少年。这种社会本位的视角,则使青少年本体视角相对

---

① 张蔚萍:《新编思想政治工作概论》,中共中央党校出版社1998年版。

社会工作介入青少年思想政治教育的可行性分析

缺乏，青少年的内在需求容易被忽略。笔者对目前小学、中学与大学思想政治教育课程进行了内容、方法与效果的调查发现，目前小学的思想政治教育课程《品德与生活》《品德与社会》的内容设计与小学生的特点、接受程度基本吻合，说明近几年素质教育在小学阶段实施得较好，但是中学后的思想政治教育课程内容则雷同明显，且呈现应试的要求，政治课程的考试在高考与考研中占据了很重要的位置。大学阶段则以固定学时、课程来予以保证，这些外在的强化表现出我们对思想政治教育工具性的重视，但通过考试这样的外在手段进行强化也是需要我们深思的。中学与大学思想政治理论课程的衔接，以及课程内在的联系需要进一步研讨，如何将课程与学生实际生活有机地结合更是需要研究的重要内容。目前大中学校思想政治理论课程的弊端更多地表现在不是从学生的实际需要与思想实际出发，而是只从教科书出发，看起来是注重了思想政治教育的工具性，但是却在现实中跌入形式主义的误区，反复强化相同的内容所产生的逆反心理在青年学生中普遍性地存在，思想政治教育实效性大大降低。以应试手段来代替平时德性养成的不恰当性，需要引起我们高度重视。当思想政治教育不能切合青少年的实际，不能给他们的实际生活与学习带来一定的指导与帮助，只是作为一种理论或必要知识的掌握而不是生活的指南与必需，则无法实现其真实培养与教育的目的，只能使相关的思想政治教育理论成为外在于青少年的知识与理论。不可否认，道德认知能力与德性发展有关系，但不是等同的关系，道德认知只能是德性发展的基础而不是全部。教育的有效性要求不仅能够从社会本位视角出发，而且也要从教育对象的视角入手。即青少年思想政治教育的有效性需要社会本位视角与青少年本体视角的统一，外在强化与内在需求的有机结合。

社会工作理论的介入将会为青少年思想政治教育带来青少年本体的视角。青少年社会工作要求从评估服务对象青少年需求开始，针对青少年的实际情况而开展专业性的服务。无论是其出发点还是最终结果都是以服务对象青少年为中心的，是从青少年本体的视角考虑问题，回应青少年内在的需要；是以青少年问题的解决与真实的发展为最终的结果追求。它不仅重视青少年个体的认知发展，而且更重视青少年对实际问题处遇能力的提高。它对青少年个体认知的改变不是超越其接受程度，而是在此基础之上，在青少年自觉自愿的前提之下，在协助其面对与解决现实问题的过程中的影响与介入，表现出明显的个性化特征。将社会工作引入青少年思想政治教育，可以增强青少年思想政治教育的青少年本体视角，能够不仅从社会本位的立场出发，更能关照到青少年本体的特点与内在需要，可以将思想政治理论教育与青少年的实际生活有机地融合，将普遍性的理论教育与青少年实际的德性养成有机地统一，从而提高实际效应。

三 社会工作价值理念介入的可行性分析

现代的青少年思想政治教育被称为主体性思想政治教育，它反对传统青少年思想政治教育主客二分的教育模式，强调教育过程中的主体地位与主体作用的发挥，但这种主体地位与作用仍然是在主客对象化关系中实行的。当我们以一定的规范与要求去教育、培养青少年，当我们以一种理想化的意识形态与观点去对照青少年的现实表现时，青少年的主体性则受到了一定的限制，青少年就成为需要进一步规范、教育与培养的对象，主体与主体间的平等与尊重则得不到真实地体现，而教育与被教育、规范与被规范、培养与被培养的关系得以确立，思想政治教育者的权威性与主体性得以实现，青少年则成为被动性的客体与对象。当然青少年不是完全被动的客体与对象，在主体性思想政治教育中，青少年也是具有一定主体性的主体，但值得注意的是，青少年的主体地位与主体作用只能在特定的思想政治教育场域之中，在思想政治教育者许可的范围之内才能得以部分地实现，这谈不上是真正的主体地位与作用的发挥。近几年思想政治教育领域出现了有关主体间性思想政治教育的讨论与相关的论证，实际上主体间性思想政治教育就是为了解决这样的现实问题而提出来的一种平等的、交互主体的思想政治教育，希望能够真实地赋予教育对象主体性的地位，将思

社会工作介入青少年思想政治教育的可行性分析

想政治教育的过程变成思想政治教育者与教育对象等的交互关系、交互作用与影响的过程，但这种理想化的平等的交往关系，在已经形成惯性的实践中也只能是理论的设定，在现实中往往难以实施与展开，尤其是在普遍性的思想政治教育中难以实现，因为普遍性的思想政治教育不可能考虑到青少年的个体差异，只能采用适合绝大多数青少年的统一内容与固定的教育模式。而在个别化的思想政治教育中，可以考虑到青少年的个体差异、特点与需要，但这种对青少年主体的平等与尊重，对青少年主体性地位与作用的确立与发挥，主要取决于思想政治教育者的素质与能力，取决于思想政治教育者的青少年观。

社会工作是强调以专业价值观为指导的服务工作。社会工作的专业价值观在具体服务中表现为：尊重、接纳、保密、个别化与不批判。而尊重、接纳与不批判等是有机地结合在一起的。社会工作者在面对服务对象青少年时，不是首先发现青少年所存在的问题，不是从道德的角度去审视，也不是对青少年的思想与行为进行批评、指责与说理，让其认识到自己存在的问题、局限、不足甚至是缺陷，让青少年为自己的行为感到自责与悔恨，而是从人性的角度包容青少年，当然包容并不等于认同，而是表现出无条件接纳的态度。社会工作者能够站在人性的角度去理解青少年人性的弱点，能够真实地站在青少年的角度去理解其处境与现时状态，它反对强加青少年一定的观念，而是要和青少年一道面对问题，提供必要的支持与协助，一起讨论解决问题的方法，尊重青少年的自我决定。因此，在青少年社会工作中，青少年有自我决定与选择的权利，具有主体性地位。青少年的转变是以自我转变为前提的，而不是外在强加的结果。如果能够将社会工作的价值理念引入青少年思想政治教育，那么思想政治教育者在个别化的教育过程中，会表现出对青少年个体的尊重，不是简单地站在自己的角度去看待青少年个体，不是以一种理想化的标准去衡量青少年个体，不是首先看到青少年个体存在的差距，而是能够从青少年个体的角度去体会、感受与理解其内在的需求，平等的对话与交流才能得以出现。这种同理心的应用与恰当的共情，只能增强教育效果。在普遍性思想政治教育中，思想政治教育者会从青少年群体特点的角度去考虑方式方法的运用与内容的设定，考虑青少年群体主体性作用的发挥，以此主体间性思想政治教育才能得以展开。

四 社会工作方法介入的可行性分析

思想政治教育在长期的实践中形成了疏导方针与一般性的原则，体现了思想政治教育的规律。疏导方针是思想政治教育的总的指导方针，而一般性的原则是疏导方针在现实中的有力补充与具体体现。这些原则包括理论与实际相结合、实事求是的原则，言传身教的原则，批评与自我批评的原则，解决思想问题与实际问题相结合的原则，表扬与批评相结合、以表扬为主的原则，自我教育的原则，物质鼓励与精神鼓励相结合的原则，等等。在方针与原则的指导之下形成了一系列行之有效的方式方法，方式主要有"报告与演讲的方式、开会与讨论的方式、个别谈心的方式，评比与奖惩的方式、协调人际关系的方式"①；而方法主要有"思想疏导方法、典型教育方法、比较教育方法、自我教育方法等"，以及后来出现的咨询辅导法、隐性教育法、管理评估法，等等。这些方式方法往往是宏观方法与微观方法相结合，而没有对方法的适应范围进行更为具体的规定，更没有将方法按照不同层次进行分类，且对方法的具体运用缺乏深度性的理论探讨，有的只是笼统的规定，缺乏具体操作性的规定与要求，需要思想政治教育者在实践中自己去把握。但是思想政治教育是实践性很强的具体教育实践活动，当具体的方法缺乏相应的操作规定与要求，则会出现因为教育者经验的缺乏或者能力的不足而运用方法失当的现象。思想政治教育理论往往强调方法的艺术性，而没有专业方法。而针对青少年进行思想政治教育的方式方法，同样也需要思想政治教育者根据一般性思想政治教育的方式方

---

① 张耀灿等：《现代思想政治教育学》，人民出版社2006年版，第366页。

社会工作介入青少年思想政治教育的可行性分析

法结合青少年的特点而采用，更缺乏具体的操作性的规定与要求。社会工作作为一种专业的助人服务工作，表现出明显的专业性。其专业性表现为：一是在社会工作专业价值观的指导之下；二是运用社会工作的专业方法。社会工作的专业方法有着明确的层次类别，不同的方法都有其适用的对象。个案社会工作主要是针对服务对象个体及其家庭；小组社会工作主要是针对一定的服务对象群体；社区社会工作主要是以社区为载体为服务对象提供的服务，而只要是有资源整合、项目管理与相应的行政事务管理等，就要运用社会行政的方法。

从社会工作服务过程来看，个案社会工作、小组社会工作、社区社会工作有着共同通用的方法程序——接案、预估、计划、实施、评估、结案。社会工作者在服务之前要预先评估其处境与需求，然后与服务对象进行沟通交流，取得其认可；与服务对象一起商讨服务方案，尊重其意愿、选择与决定；与服务对象一道将服务方案落到实处，做好陪伴与协助工作；最后与服务对象一道对其成长等进行反思与评估；而服务结束还要做好与服务对象的分离工作。同时整个服务过程也是社会工作者接受督导的过程，担任督导工作的往往是富有服务经验或具有较高专业水平的资深社会工作者，他们的职责主要是监督与指导社会工作者的具体服务，使之不偏离专业价值要求，为社会工作者面对价值伦理困境提供专业上的支持与指导。因此社会工作专业价值观在服务过程中一直处于主导的地位。

从社会工作各大方法来看，不同的方法都有相应的原则、要求与规定，可以根据不同方法的要求对新入职的社会工作者与社会工作专业学生进行专业方法的培训与演练，使其了解这些方法的基本使用要求，明确与掌握方法，有利于保证社会工作服务的专业性。青少年社会工作的方法是在对青少年特点与需求把握的前提之下而采用的专业方法，方法的运用考虑到青少年群体与个体的特点与需要。如个案工作中专业关系的建立，要求社会工作者在多方面了解青少年基本情况的前提下，在交往中运用同理心，发挥共情能力，来与青少年建立相互接纳的专业关系。而在与青少年个体进行交流沟通时，对社会工作者的话语表达有一定的要求，对其目光、表情等体态语言也有明确的规定。小组工作中将小组活动划分为不同的类型，而不同类型的小组要达到的目标不同；小组方案制定、小组活动的程序、社会工作者在小组活动中作用，都有明确的规定与要求；如何发挥小组动力，如何带领小组，如何处理小组活动中可能出现的一些特殊情况等，都有较为具体的规定与要求。

如果将社会工作的专业方法引入青少年思想政治教育，可以使青少年思想政治教育从只讲艺术的方法转向具有一定专业性的方法，从模糊性的靠一定原则指导的方法而变成具有明确规范与要求的方法。而且这些专业方法的介入，会增强思想政治教育者与青少年间的沟通与交流，会增强思想政治教育的针对性与青少年的主体性，会使思想政治教育的实施在淡化教育色彩的同时增强教育的效果。

五 结语

王思斌教授曾提出了专业社会工作的"嵌入性发展"的概念，并指出："社会工作嵌入实际社会服务，与传统的行政性的社会工作合作与磨合，是中国专业社会工作的发展过程"①。的确，我国的专业社会工作是在政府主导的管理体制下而开展的专业社会服务，其在体制下的依附性地位不言而喻，与传统的行政性社会工作结合是必然的。这种结合，将随着社会服务领域中专业社会工作服务的不断深入，不仅在服务领域得以实现，也会向其他领域进一步拓展与延伸。"传统的行政性的社会工作"实际就包含思想政治工作，尽管王思斌教授是从社会工作的角度谈专业社会工作在中国的发展，但是他在指出了专业社会工作发展路径必然选择的同时，也提出了传统的"行政性的社会工作"发展的未来取向。那么在青少年思想教育领域中，嵌入性发展也将是青少年社会工作发展与青少年思想政治教育创新

---

① 王思斌：《中国社会工作的嵌入性发展》，《社会科学战线》2011年第2期。

的必然路径选择。

  当然社会工作介入青少年思想政治教育，并不是要改变青少年思想政治教育的职能与性质，而是将只注重意识形态的思想政治教育与青少年的现实生活有机地交融，将青少年思想政治教育的教育职能与服务职能有机地结合，尤其是新媒体发展的当代社会，青少年会根据个人的偏好选择性地接受自己愿意接受的信息，选择性地运用新媒体即时性地分享与传播信息。青少年接受信息的这种新特点，就决定了青少年思想政治教育作用的发挥，不应该简单地依靠强制性的外化与影响来完成，而应该采用青少年所喜欢与接受的方式，使之真正成为提供切实服务支持的力量，对青少年的人生起到定向导航的作用。同时将青少年社会工作纳入青少年思想政治教育体系，以增强思想政治教育服务于青少年成长的职能，也是青少年思想政治教育体系建构发展的必然趋势。

（该文刊于《中国青年研究》2013 年第 9 期）

社会工作视角下青少年思想政治教育的创新研究

摘要： 以符合新的社会管理格局发展要求的社会工作专业理论视角，来探讨青少年思想政治教育的创新，是充分发挥青少年思想政治教育工具性价值的必由之路。将社会工作理论引入青少年思想政治教育，会带来青少年思想政治教育价值理念的创新，理论视角的创新，服务功能的强化，以及具体方法的创新。

在社会主义社会管理体系建构的过程中，青少年思想政治教育必须充分发挥立德树人的工具性作用。但是传统的青少年思想政治教育理论与范式对现实的不适应性日益凸显，青少年思想政治教育面临突破发展瓶颈的严峻挑战，其创新迫在眉睫。以符合新的社会管理格局发展要求的社会工作专业理论视角，来探讨青少年思想政治教育的创新，将青少年思想政治教育体系建成教育与服务职能共存，社会工作与思想教育理论与范式有效融合相得益彰的良性运转体系，是充分发挥青少年思想政治教育工具性价值的必由之路。

一 青少年思想政治教育价值理念的创新

青少年思想政治教育具有公平正义的价值理念，具有教育与培养社会主义一代新人的使命与作为"生命线"的任务。社会工作理论的引入，对

社会工作视角下青少年思想政治教育的创新研究

青少年思想政治教育的价值理念具有补充的作用，它给青少年思想政治教育带来新的价值理念——"助人自助"。

"助人自助"在社会工作中的理解，从字面上可以表现为两种解释：一种是"助，人自助"，即协助那些有困难的人，让他们能够自我解决问题；一种是"助人，自助"，即协助那些有困难的人的同时，也是协助者与被协助者自我提高的过程。社会工作"助人自助"价值观念有一个重要的前提设定，就是认为服务对象有自我决定、自我选择与自我解决问题的能力，服务对象有自我发展的无限潜能，只不过因为外在的环境与自身的经历，使这些潜能没有得以发挥，使服务对象缺乏对自我正向能力的认识，社会工作者主要是挖掘服务对象的潜能，使服务对象能够发现自己的潜能，协助服务对象自己去面对与解决问题。社会工作要求社会工作者能够通过提高受助者的自信心与看待问题视角的转化等，来提高受助者自我解决问题的能力。这表现出对服务对象能力的尊重，对服务对象自决权与自决能力的尊重，同时也表现出社会工作者不断学习的开放性心态，不能认为自己是无所不能的人，是比服务对象高明的人，而是需要不断学习以提高专业能力。不仅需要学习专业理论与方法，而且也要在生活中学习，向服务对象学习，这样才不会不尽如人意，才不会将个人的价值观强加给服务对象，才不会有高估自己的优势心理，才能保持一定的专业醒觉与自我觉知。

将社会工作的价值理念"助人自助"纳入青少年思想政治教育中，让青少年思想政治教育者能够更加充分地认识到教育对象青少年的主体性地位与主体性作用。思想政治教育者不会简单地认为青少年是需要被教育、被规范的教育对象，尽管青少年处于人生发展的特殊时期，可能表现出幼稚与不切实际的想法与成人无法理解的行为，思想政治教育者能够充分地理解青少年的这些特有的思维与行为方式，不再是竭力地去教育、规范青少年，不再是居高临下地摆事实、讲道理，不再是不了解实际情况地批评与训斥，而是能够理解他们，与他们平等地交流与沟通，协助他们自己去认识与面对问题，让青少年学会分析问题、解决问题的方法，主动去改掉自己的一些弱点，主动提升自己的能力。同时思想政治教育者也会对自我角色的规定有一些新的理解，自己是教育者，但不是无所不能的教育者，不能认为自己的一言一行都是绝对正确的，更不能简单地理解"有理讲遍天下"，而要带着一种学习的开放性心态面对青少年。要充分地认识到，在教育与帮助青少年成长的同时，也是自我提高的过程，自己还存在着不如青少年的一些方面，从教育对象青少年的身上也能够学到很多，尤其是在新媒体时代，青少年对新媒体的运用更为熟练，对新生事物的接受速度更快，思想政治教育者不再有信息封闭时代所具有的信息优势，而是与青少年处于同样的信息平台。向青少年学习，对其长处加以运用，使之成为思想政治教育的主动参与者，同时，向青少年学习也会拉近与青少年的距离，与青少年共同成长。

二 青少年思想政治教育理论视角的创新

社会工作在实践中形成了指导社会工作实践的理论，将这些理论引入到青少年思想政治教育中，能够给青少年思想政治教育带来新的理论视角，从而有利于思想政治教育者开阔视野，更为充分地认识与理解思想政治教育的本质与职能，确立以青少年为本的青少年观。

（1）生态系统理论

生态系统的观点是认识青少年尤其是青少年问题的重要观点。生态系统理论的代表人物布朗芬布伦纳认为：人类生活的环境是由许多相互联系、相互作用的系统组成的，个体的发展是个体与系统相互作用的结果，提出了人所生活的微系统、中间系统、外层系统、宏系统、历史年代系统等。青少年社会工作要求了解青少年就要充分了解其生态系统，尤其是要了解其所处的微系统，青少年个体的问题往往不是简单的青少年个体的问题，而与其生活的具体环境有着密切的关系，与其家庭、学校、社区、同辈群体有着直接的关系；提出了青少年社会工作服务对象系统与目标系统，认为青少年社会工作的服务对象是以青少年为中心的服务对象系统，青少年社会工作要达成的目标一定是以青少年为中心的目标系统，而不仅仅是青少年个体。如果没有青少年个体与其相应微观系统成人的转变，则不可能产生好的服务效果。

生态系统理论为青少年思想政治教育带来新的理论视角，使思想政治教育者能够意识到青少年所处的生态系统对其成长的重要，注重以系统的视角与观点来对待教育对象青少年，而不是割裂青少年与周围环境的关系。因此，将生态系统理论应用到青少年思想政治教育中，思想政治教育者在了解青少年尤其是有一定问题的青少年时，要了解他的家庭、同伴群体等微环境，通过多方面的了解与工作，才能真正地了解问题的症结，才能从根本上解决问题，而不是简单地面对某个青少年个体，简单地进行说服与教育。对青少年社会问题的看法，思想政治教育者也能够以一种生态系统的观点，能够认识到青少年的社会问题是社会问题在青少年群体的投射，其真正的根源不在青少年群体自身，还有着深层的社会结构等原因。在个别的青少年思想政治教育中也能自觉运用生态系统的观点，多角度地了解青少年及其生态环境，多途径、多方法实施教育影响，依此，才能不仅治标，而且治本。

（2）优势视角理论

优势视角是20世纪90年代社会工作针对传统的问题视角的弊端而提出的社会工作理论。优势视角理论要求不能聚焦服务对象的问题、缺点与缺陷，而是要关注服务对象的优势。其认为任何个人、团体、家庭与社区都有优势，只是优势没被发现与认识。"创伤和虐待、疾病和抗争具有伤害性，但它们也可能是挑战和机遇"。[1] 这些不幸的遭遇关键取决于当事人看待问题的视角，一般而言，对于那些处于不幸的人往往会忽略生活中的积极因素，而沉浸于不幸的哀伤与痛苦之中。问题视角只是将服务对象的注意力关注于自身的劣势，只能增强其无力感与无权感。优势视角强调服务

---

[1] Dennis Saleebey：《优势视角——社会工作实践的新模式》，李亚文、杜立婕译，华东理工大学出版社2004年版。

对象处于劣势的现实，不是其自身的问题，而是社会结构的问题，要将个人的问题悬置与外置，倡导社会的公平与正义；而且相信所有的人都具有内在的学习、成长和改变的能力。优势视角理论对社会工作者的角色做了很好的界定："社工的角色是培育、鼓励、协助、支持、激发、释放人们内在的优势。"① 社会工作者会为服务对象赋权增能，赋权增能并不是简单地给予服务对象一定的权利，而是帮助服务对象自己赋权自己，即通过让服务对象了解自己的优势，树立自信心，或转换看待问题的视角而提升服务对象面对问题的勇气与解决问题的能力。"当优势成为讨论案主生活的起点时，生活便以新的面貌呈现出来。就像紫外线总是透过不可见的光束部分被优先看到一样，优势视角将在对人类苦难的一般理解中所不能被领悟的潜力和资源呈现在人们面前。"②

将优势视角理论用于青少年思想政治教育中，可以给思想政治教育者带来新的理论视角，会让思想政治教育者对青少年以及自身的角色定位有重新的理解与认识。思想政治教育者在看待青少年时的优势视角，会使青少年能够发现自身的优势与潜能，会使他们有被尊重、被认可、被理解的内在价值感与尊严感，这将有利于他们追求积极的自我认同，形成正向的人生观与价值观。同时，思想政治教育者在面对那些处于弱势的青少年，也不是简单地施以同情与帮助，而是能够让弱势青少年看到自己的优势，能够转换看待问题的视角去面对自己的现实，如面对留守青少年，除了能够给予支持与帮助外，还要让留守青少年能够正确面对自己的处境，理解父母的辛苦，认识到自己的责任，鼓励他们自立自强，这是思想政治教育者从优势视角理论中所应该体悟到的思想政治教育切入的内容，因为思想政治教育者不是无所不能的，不可能使所有的留守青少年都能跟随父母不

---

① Dennis Saleebey：《优势视角——社会工作实践的新模式》，李亚文、杜立婕译，华东理工大学出版社2004年版。

② Dennis Saleebey：《优势视角——社会工作实践的新模式》，李亚文、杜立婕译，华东理工大学出版社2004年版。

再留守。因此，鼓励留守青少年直面现实，激励其生活的信心与勇气，学会担当与做人，这是思想政治教育者的责任。同样针对贫困青少年也是如此。对待问题青少年，能够让他们看到自己身上的优势与闪光点，而对自己不自暴自弃，思想政治教育者能够利用他们的优势，发挥他们的特长，能够给他们自我价值得到认可与实现的机会与场合。因此社会工作的优势视角理论，不仅给青少年思想政治教育带来新的视角，而且也给青少年思想政治教育带来新的教育模式，不聚集青少年的问题与劣势，而是从优势出发，让青少年能够树立自信心，能够发挥潜能，正向发展。

（3）社会支持理论

社会支持理论是社会工作的重要理论，认为一个人所拥有的社会支持网络越强大，就越能很好地应对来自环境的挑战。社会支持系统包括正式支持系统与非正式支持系统。正式支持系统由正式组织及个人构成，如社会工作者、政府官员、律师、医生、教师，等等，这是社会资源。而非正式支持系统由服务对象个人的亲缘关系与地缘关系等中的个体构成，是个人资源。社会支持理论认为社会支持网络不仅能够为服务对象提供情感上的归属与慰藉等表意性的支持，而且也能够提供引导、协助与解决问题的行动等工具性的支持。对服务对象社会支持网络的修复与重建，有利于融合服务对象成长与发展的必要资源，有利于形成有利于服务对象的良好的支持系统。

社会支持理论能够为青少年思想政治教育带来新的理论视角，使思想政治教育者能够认识到个人成长与社会上他人的关系，能够认识到青少年的成长与其所处的社会支持系统的关系，使思想政治教育者能够在面对教育对象青少年时，会从了解其社会支持系统的现状入手，了解青少年发展问题的根源，同时也能够充分利用青少年的社会支持系统对青少年产生积极的影响，也能够协助青少年修复与完善其社会支持系统。因此，青少年思想政治教育引入社会支持理论，可以使思想政治教育者注重青少年社会支持系统的构建，有利于整合青少年的个人资源与社会资源，有助于青少年良好生存环境与教育合力的形成，能够增进与稳固教育效果。

三 青少年思想政治教育服务功能的强化

社会工作是一种服务性的职业与专业，将社会工作引入青少年思想政治教育中，将会使青少年思想政治教育中的服务功能得以强化，使教育职能与服务职能有机地交融，以达到更好的教育效果。

青少年思想政治教育的教育功能是显而易见的，青少年思想政治教育要旗帜鲜明地要求青少年具有社会主义的核心价值观念，要求青少年要有理想、有道德、有文化、有纪律，这是思想政治教育的工具性要求。但是思想政治教育并不是我们通常所理解的静听式的、我说你听的、灌输式的、正式的说教与宣讲，其呈现的形式应该是多种多样的。只要能够对教育对象青少年产生影响的，都是教育的有机组成部分，只不过表现得不是显在的教育，而是一种隐性教育。隐性教育可以是一种有意识的隐性教育，也可以是无意识的隐性教育。有意识的隐性教育是思想政治教育者精心设计的让教育对象意识不到教育环节存在的教育；无意识的隐性教育是思想政治教育者无意识间对教育对象产生的教育影响。当代青少年的自我意识普遍增强，利用现代传媒接受与处理信息已成为他们的生活方式。面对这样一群占有信息优势的教育对象，外在强化式的教育影响与隐性教育影响相比，可能隐性教育更能产生好的效果。

青少年社会工作是以青少年的现实需求为基础而提供的专业性服务。在服务的过程中，社会工作者能够真实地影响青少年，促进青少年的成长与转变，整个服务过程体现的是服务，但是服务的过程也是隐性思想教育的过程。在这个过程中，青少年的思想与行为发生了根本性的或实质性的改变。社会工作者在服务过程中运用社会工作的价值理念进行指导，而社会工作价值理念体现对社会公平正义的追求与对人的尊重，这与思想政治教育的价值追求具有一致性。社会工作者与青少年一起面对问题时，其扮演的显在角色是陪伴者、协助者、服务者，而隐性角色则是教育者、引导者。社会工作者所进行的"教育"是有意识的隐性教育。社会工作者在服务中的一言一行都会对青少年产生影响，但这一言一行往往是社会工作者根据社会工作价值观的要求、根据青少年的特征与内在需求精心设计的，看起来像是无意识的行为实际上却是精心策划的结果。社会工作者与青少年共同面对问题时，相互之间的交流与沟通也是思想交流与相互影响的过程，这个过程是平等的合作的过程，实质上，从思想政治教育的角度来看，两者是主体与主体间的交互关系，社会工作者与服务对象之间的平等互动就是主体间性思想政治教育应该呈现的现实状态。思想政治教育将社会工作引入青少年思想政治教育中，就是发挥社会工作的隐性思想政治教育的功能，也是主体间性思想政治教育的一种现实应用。将社会工作引入青少年思想政治教育中，会使青少年思想政治教育更多地关照到青少年的真实需要，能够切实考虑到青少年的实际情况，能够真正做到以青少年为本，将思想政治教育有机地融入服务于青少年的实际工作中，发挥最佳的教育效果。

四 青少年思想政治教育具体方法的创新

社会工作的方法之所以被称为是专业方法，一是在方法运用的过程中要以社会工作专业价值观为指导；二是各种方法都有自己的规律、规定与要求，有着明确的层次类别与适用的对象。个案工作主要是针对服务对象个体及其家庭而开展的服务，小组工作主要是针对一定的服务对象群体而开展的服务，社区工作主要是以社区为载体为服务对象提供的服务，而只要是有资源整合、项目管理与相应的行政事务管理等就要运用社会行政的方法。从各大专业方法来看，不同的方法都有各自不同方法的原则、要求与程序规定。从社会工作服务过程来看，个案、小组、社区工作三大具体方法有着共同通用的方法程序与步骤——接案、预估、计划、实施、评估、结案。整个服务过程也是社会工作者接受督导的过程，担任督导工作的往往是富有社会工作服务经验或具有较高社会工作专业水平的资深社会工者,他们的职责主要是监督与指导实务社会工作者的具体服务,使之不偏离社会工作专业价值要求,同时也为社会工作者在处于价值伦理冲突难以抉择的情况之下提供专业上的支持与指导。将社会工作专业方法引入青少年思想政治教育,会带来思想政治教育方法的创新,形成更符合青少年内在需求的激发青少年潜能的有效方法,以产生良好的教育效果。

(1) 青少年思想政治教育方法原则的创新

青少年思想政治教育方法的原则,是对青少年思想政治教育经验的总结,体现青少年思想政治教育的规律,也是思想政治教育者在青少年思想政治教育实践中的方法指南。将社会工作具体的价值伦理引入青少年思想政治教育中,能够带来方法原则的创新,使长期以来形成的抽象的原则更为具象化,对思想政治教育者的要求更为具体。

尊重。青少年思想政治教育也强调要对青少年尊重,要尊重青少年的人格。但是其尊重的前提是教育。以教育为前提的尊重,很难站在平等的基础之上,往往是一种居高临下的形式上的尊重,有时会表现出不尽如人意、一厢情愿。青少年社会工作中的尊重是指社会工作者能够理解服务对象青少年生命存在的价值、重视个人发展及改善生活水平的权利和机会,为他们提供专业服务,满足其生存与发展的需求。能够认识到青少年的特征与需要,能够尊重青少年的成人感,能够将青少年视为平等的个体,真诚地进行沟通与交流。将青少年社会工作的尊重纳入青少年思想政治教育中会增强思想政治教育者与青少年之间良好互动关系的构建,有利于充分发挥青少年的主体作用,主体间性思想政治教育模式得以形成与应用。

接纳。社会工作要求社会工作者能够包容青少年的价值观和个体特征。包括他的价值观与人生观,个体的长处和弱点,个体的感受、态度与行为,肤色、身份与职业。当然接纳并不是对不正确价值观念的认同,更不是鼓励错误的行为,而是为了更好地建立专业关系,为了取得更好的服务效果。社会工作的接纳原则引入青少年思想政治教育中,会有利于思想政治教育者与青少年建立平等、融洽、合作的关系,有利于思想政治教育者发展性眼光的形成，使思想政治教育者能够体会、了解不同青少年的不同特点、思想基础与内心需求。思想政治教育者将不会对青少年求全责备，能够不带批判性地看待青少年存在的不足甚至是缺点与错误，不会简单地以道德的眼光去审视青少年，不会对不同价值观的青少年简单地以批评与说教，而是能够从基本的人性、人道的角度去理解青少年，表现出一定的包容性。

个别化。社会工作要求社会工作者将每一个服务对象青少年都看成是与众不同的特殊的个体，社会工作者要尊重这种独特性，要对不同的青少年提供有针对性的服务。社会工作的个别化原则同样可以应用到青少年思想政治教育中，在针对不同群体青少年的普遍性教育时，要考虑到不同群体的特点；在针对不同个体青少年的个别性教育时，要考虑到个体青少年的个性与特征，而不能以不变应万变，不能对所有的青少年采用同样的内容，运用同样的教育方式，这样才能产生好的教育效果。

自决。社会工作认为服务对象有自由选择与决定的需要和权利，社会工作者要尊重服务对象的自我权利和自我选择。社会工作认为青少年尽管处于成长的特殊期，但是青少年也具有自我决定与自我选择的权利与能力，社会工作者要尊重青少年的自决权。将自决的社会工作价值观引入青少年思想政治教育中，有利于思想政治教育者对青少年自我转变、自我提高能力的认识，有利于改变思想政治教育者居高临下的权威者的习惯，有利于让思想政治教育者由教育、规范青少年到协助青少年自我成长的共在状态的形成，更有利于养成青少年自我负责、自我决定的权利意识、观念与能力。

保密。社会工作要求社会工作者要保护服务对象的隐私，对与服务对象有关的信息与资料要保密，对打破保密原则也提出了相关的具体规定。将保密的原则引入青少年思想政治教育中，并不是让思想政治教育者对青少年不正确的甚至是极度偏差的想法与行为置之不理或包庇纵容，而是让思想政治教育者在坚守道德与法律底线的基础之上，能够根据现实情形多方面考虑问题做出最佳的选择。为正处于青春期的青少年保守秘密会增强他们对思想政治教育者的信赖，会满足他们被尊重的内在需求，会有利于达成良好的互动关系，有利于思想政治教育者深入了解青少年的内心世界与真实想法，更有利于思想政治教育者进行有针对性的教育与引导。

总之，将社会工作操作层面的价值观引入青少年思想政治教育中，能够树立思想政治教育者可亲可依赖的形象，能够使思想政治教育者更加明确在面对青少年时自己的处遇要求。

（2）思想政治教育具体方法的创新

将个案社会工作的方法引入到个别化思想政治教育中，将会增强个别化思想政治教育的效果，会让思想政治教育的个别谈话方法更为行之有效。个别谈话或谈心，是日常思想政治教育的常用方法，也是个别化思想政治教育的形式表现。但如何谈话与谈心？如何通情晓理？思想政治教育方法论中的规定是较为模糊的。个案社会工作的方法可以运用到个别谈话当中，会使谈话与谈心不是教育的训导与告诫，不是漫无目的的闲谈与聊天，更不是对问题的简单绕转与回避。如同心理技巧的运用，会使思想政治教育者站在青少年的角度去考虑问题，去体会与感受青少年的内心冲突与矛盾，去耐心倾听青少年不愿与人分享的无奈与痛苦，去理解青少年的自我防御与言行不一的现象，不会将青少年寻找错误的理由简单地看成是不知悔改的错误行为，不会将青少年的言行不一简单地看成是不知天高地厚、不脚踏实地的无知与狂妄，更不会对青少年进行有损尊严的批评与训斥。同时，思想政治教育者能够保持应有的敏感，不是简单地根据青少年的叙事及问题的表象而轻易地下结论，而是善于捕捉青少年语言与非语言所传达的信息与内容，从而能够更好地更充分地了解青少年，能够与青少年进行平等的互动与沟通，这将有利于思想政治教育对青少年的引导，有利于提高个别化思想政治教育的效果。个案社会工作中有很多技巧都可以为思想政治教育者所借鉴，如在与青少年进行交谈时，要运用"支持性技巧"，包括如何"专注""倾听"，如何运用"同理心"与"鼓励"。"引领性技巧"中如何针对青少年在陈述问题时模糊不清的地方进行"澄清"，引导青少年能够更详细地叙事，使之能够以更为具体而清晰的语言表达，一般要求运用疑问的形式表达，如"你指的是……""你是说……"等；如何"对焦"，就是应该怎样使偏离主题的谈话引入到需要了解的问题上；如何"摘要"，等等；要运用"影响性技巧"中，应该如何"提供信息"，应该在什么时候"自我披露"，自我披露的程度，如何提出进行"建议""忠告""对质"，等等。这些个案工作中社会工作者应该运用的具体的方法，都可以让思想政治教育者所借鉴，会使个别化思想政治教育的过程，真正成为交互性主体性思想政治教育的过程。

将小组社会工作的方法引入日常思想政治教育中，可以通过相应小组活动的组织形成丰富多彩的思想政治教育实践模式，会使普遍性的思想政治教育变得更具有吸引力，让学生在参与活动的过程中自然而然地提高了思想素质与能力。小组活动的方式是青少年最喜爱的一种活动方式，因为小组活动本身就为青少年提供了可以向他人学习、与他人竞争的机会，青少年可以在小组活动中获得人际交往的技巧，提高语言表达能力，提高对事物的判断能力，提高与人合作的能力，提高角色意识，等等，因此小组活动就是青少年自我成长的最好途径与手段，也是进行普遍性思想政治教育的有效路径。与传统的普遍性思想政治教育相比，小组活动之所以有效，在于小组活动是一种实践活动，在实践活动中青少年能够亲身感受与体验小组间的合作与竞争，不得不齐心协力去共同努力，当然小组活动中的冲突与矛盾需要青少年成员去面对与解决，而面对与解决的过程，就是小组成员学会协调、妥协与让步的过程；小组目标的实现需要小组成员每个人的努力与共同合作，就会让青少年成员学会如何与人合作，如何做到群策群力共同实现目标，则是每一个人的任务。而在小组活动中，每个青少年所扮演的角色是不同的，不同的角色有不同的要求与规定，如何做到适合角色的恰当表现，是青少年成员都要面对的共同问题，这种角色的演练是社会化的最好的方式。将小组活动方式引入思想政治教育中，会使思想政治教育隐性化，青少年在小组活动中会在不知不觉中践履自己的人生观与价值观，在无形中学会与人相处与沟通的能力，那么相应的德性养成则是不言而喻的。同样，在思想政治教育中也可以运用教育目的明确的小组活动，如对某一个专题的研讨小组活动的组织，可以锻炼学生的道德判断力与理性思维方式，也可以提升学生主动性学习有关政治理论的积极性，促使学生将理论与实践相结合，将所学的理论知识经过探讨与争论的环节内化，在思考与运用中得以提升。因此将小组工作的方式引入思想政治教育中，会使思想政治教育的方法得到创新，会使小组活动成为常规性的思想政治教育的方式，改变人们所形成的所谓的思想政治教育就是面对面的灌输与说教，就是板起脸的缺乏人情的政治训导。小组社会工作中有很多对社会工作者如何组织与运用小组活动的具体要求与规定，如讨论的技巧，小组活动设计的技巧，解决小组活动矛盾与冲突的技巧，等等，思想政治教育者如掌握这些技巧将有利于在思想政治教育过程中小组活动的组织，以取得良好的效果。

将社区社会工作引入青少年思想政治教育中，将是对学校思想政治教育的有机补充，使青少年思想政治教育得以在社区领域展开。社区青少年思想政治教育可以依托社区内一定的正式组织或民间社工机构来进行，可以将普遍性的思想政治教育与个别性思想政治教育有机结合，可以利用社区正式组织进行有关思想政治教育方面的宣传，营造相应的氛围；更可以利用社区中的民间社工机构或正式组织开展个别性思想政治教育，其方法可以分为个案社会工作方法、小组社会工作方法与社会工作行政的方法。个案社会工作方法主要是针对个别青少年及家庭而进行服务的方式，在服务影响其转变的同时也达成了个别性思想政治教育任务；社区居委会或相关的民间机构可以通过举办亲子平行小组的方式，来营造良好的家庭教育氛围，提升父母及青少年对亲子关系处理的方式与技巧；当然也可以举办不同的青少年小组活动，以活动为载体引导青少年的社会参与，提升青少年的社会公益意识、社会责任感与使命感；更可以通过组织相应的帮扶小组活动的方式，在提供服务的同时也施加了思想政治教育的影响，如社区组织可以通过资源链接，为社区青少年提供相应的帮扶服务，在帮扶服务促进其自助能力提高的同时，也使其积极面对现实问题与解决问题能力的提高。将社区社会工作中的社区动员技巧应用于思想政治教育中，会提升思想政治教育者在社区中的影响力与吸引力，会极大地提升社区青少年思想政治教育的效果。

社会工作的具体方法可以为青少年思想政治教育带来具体可行的操作性方法，使原来那种模糊抽象的方式方法变得更为具体与详细，这种范式的转变，会使思想政治教育由凌驾于生活之上的抽象的灌输，变成与青少年实际生活密切结合的实际行动，思想政治教育的视域得以扩大，方法得以灵活，内容得以丰富，其实效性则会极大地提高。

以社会工作专业理论视角探讨青少年思想政治教育，并不是要改变青少年思想政治教育的职能与性质，而是将只注重意识形态的思想政治教育能够与青少年的现实生活有机地结合，能够将青少年思想政治教育的教育职能与服务职能有机地结合，尤其是在新媒体发展的当代，青少年处于信息开放的社会环境之中，青少年思想政治教育作用的发挥，不应该简单地依靠强制性的强化与影响来完成，而应该使之成为青少年成长过程中能够切实提供服务支持的力量，能够对青少年的人生真正起到定向导航的作用。

（该文刊于《山东青年政治学院学报》2013年第6期）

论社会工作视角下高校学生思想政治教育评价的创新

摘要：在自媒体技术迅猛发展、创新社会治理、大众创业与万众创新的形势下，高校学生思想政治教育亟待变革，评价创新需居首位以充分发挥其导向功能。基于社会工作与思想政治教育的契合性，从社会工作视角着力进行高校学生思想政治教育评价变革，有助于转变评价理念、丰富评价理论、扩展评价方法、完善评价指标体系，从而全面促进高校学生思想政治教育评价创新。

思想政治教育评价，是依据一定的评价标准用定性与定量相结合的科学方法，对思想政治教育过程及其结果进行价值判断。[①] 评价在思想政治教育中起着导向作用，既是变革的风向标，也是行动的指南。

在创新社会治理、大众创业、万众创新的形势下，深化高等教育改革以更好地培养社会主义创新型人才成为必然。随着社会变迁的加剧尤其是自媒体技术迅猛发展，社会环境变得丰富多元，大学生自主性不断增强，亟待高校学生思想政治教育应对与创新。跨学科理论与实践的研究是思想政治教育创新的重要路径，尤其随着社会工作事业的发展，将社会工作理

---

① 王茂胜、邵莉莉：《思想政治教育评价的科学内涵及其特征》，《学校党建与思想教育》2002年第21期。

论社会工作视角下高校学生思想政治教育评价的创新

念方法引入思想政治教育成为当前研究的热点,认为社会工作作为一种"助人自助"的专业服务活动,在价值理念、目标任务、方式方法等方面与思想政治教育在很大程度上存在契合性,社会工作理论、价值理念与方式方法介入青少年思想政治教育具有现实的可行性,引入社会工作是青少年思想政治教育创新的必然路径选择。[①] 从社会工作视角来解读与实践高校学生思想政治教育评价变革,有助于推进高校学生思想政治教育与社会工作的深度融合,全面完善思想政治教育评价体系,强化评价功能,从而切实增强思想政治教育的实效性。

一 高校学生思想政治教育评价存在问题及原因分析

近年来,随着理论研究的深入与实践的推进,高校学生思想政治教育评价与过去相比已经有了很大进步,如注重发展性功能的开发、实行综合考评、制定量化指标体系,等等。虽然评价整体水平提高很大,但在评价对象、方式、内容等方面还存在一定的具体问题。

1. 评价存在的主要问题

(1) 重视受教育者评价而教育者评价方面有所欠缺 教育的目的在于促进受教育者的发展,高校学生思想政治教育评价自然要把评价重心放在学生的表现与发展上面,与此同时还要加强作为主导者的教育者的评价。但是目前教育者评价还存在薄弱之处,具体表现为:素质方面,重视教育者政治理论的学习,忽视了他们个体实践知识的形成、内省反思能力的提升;角色方面,较多地考量教育者教化灌输者的身份,忽视了应有的服务者、合作者的要求;绩效方面,较多地注重教育结果上的盘点,忽视了教育过程的投入。以上问题一定程度上割裂了教育者与受教育者间的主导与主体的辩证关系,导致辅导员、班主任等的全面育人、服务育人功能得不到应有强化,教育能力得不到有效提升。思想政治教育的现实评价更多地表现

---

① 王玉香:《社会工作介入青少年思想政治教育的可行性分析》,《中国青年研究》2013 年第 9 期。

为：考量学生的服从而不是主体性的发挥，教育者更多地作为评价主体而非评价对象游离于评价框架之外。

(2) 重视教育结果的评价而教育过程评价方面还较薄弱

结果性评价是评定教育活动最终是否取得成效的重要手段。近年来，随着对思想政治教育实效性问题的积极关注及相应评价指标体系建设的不断加强，结果性评价水平不断提高，但过程性评价在高校学生思想政治教育评价体系中并没能得到有效开发运用。评价基本上还是以结果性评价为主，教育过程中受教育者具体、真切、即时的思想表现不能得到全程性、连续性考查，不能及时、有效地对学生思想出现的问题进行调控引导，学生参与思想政治教育过程的积极性得不到有效激发。即便教育者重视过程性评价，但由于缺少成熟完善的操作方式手段，一定程度上导致过程性评价成为结果性评价的翻版与叠加，在评价性质、功能上并没有发生实质性改变。

(3) 重视量化评价而质性评价方面还缺乏足够的手段与方法

目前对高校学生思想表现评定的主要形式是量化特征浓厚的综合测评。综合测评的基本运作方式是建立一套指标体系并赋予指标以相应权重及分值，并据此对学生的思想表现进行赋分后加总，以此来评定学生的表现。这样的评价方式尽管相对客观、便于操作，易于发挥评价的甄别、选拔功能，在一定程度上也能大略反映学生的思想素质样貌。但是，单靠统一化的标准及抽象化的分数往往不能对思想状况进行细致的现象描述与深刻的本质揭示，很难从中去探寻思想表现及问题存在的深层次原因，更难以考量学生思想状况的个性化特征并有针对性地进行思想品质塑造，甚至造成对分数的盲目崇拜及恶性竞争，出现为评价而评价的不良局面，导致思想政治教育育人功能异化。

(4) 重视教育的意识形态层面成效而全面发展层面成效有所忽视

马克思主义意识形态、社会主义核心价值观是思想政治教育的核心内容，把意识形态的遵从作为高校学生思想政治教育成效的评价尺度毋庸置

论社会工作视角下高校学生思想政治教育评价的创新

疑,但学生意识形态的内化并非通过简单、直接的灌输,而是通过具体的生活、学习实践形成的,意识形态教育的成效也一定是建立在学生全面发展基础之上。目前高校学生思想政治教育成效评价,较多地把意识形态理论知识的掌握作为考量的重要方面,而忽视对学生全面发展状况的评判。意识形态教育很大程度上存在生硬灌输的状况,学生学习、生活方面的现实需要不易得到充分重视与满足,学生的积极参与、自主体验不够充分,甚至一定程度上出现对意识形态教育的消极逆反或不主动接受、虚假接受等不良情况,导致意识形态培育与学生身心全面发展的内在联系在一定程度上出现割裂。

2. 评价存在问题的原因分析

以上高校学生思想政治教育评价存在的问题,与传统思想政治教育色彩浓厚的管理主义倾向有关,也与思想政治教育评价尚不十分成熟、思想政治教育自身复杂性有一定的联系。

(1) 传统思想政治教育中管理本位的影响

尽管思想政治教育中"以人为本"理念已经得到倡导,但由于传统思想政治教育中存在的强化社会本位立场的影响,导致思想政治教育在一定程度上存在管理本位的倾向。管理本位意味着把教育者而非受教育者、服从而非服务、社会而非个人放在优先位置。管理本位下高校学生思想政治教育评价权掌握在教育者手中,评价呈现为自上而下的单向评判鉴定而非主体间的双向平等交流,评价主要作为一种衡量学生表现、显示教育者权威的工具而非指向学生主体地位确立、教育者自身水平提高;评价严格遵循刚性要求、统一标准,造成了评价过程中出现个性漠视与简单草率的现象。这种管理本位倾向的存在,不同程度地影响了"以人为本"教育理念的落实,制约了思想政治教育评价的实际成效与发展创新。

(2) 思想政治教育评价理论与实践尚不十分成熟完善

近年来,尽管高校学生思想政治教育评价也进行了积极的变革,在评价的理论与实践方面取得了很大的成绩,如倡导"以人为本"思想,逐步构建与丰富了思想政治教育评价指标体系,发展与创新了评价的方法、手段,等等。但与此同时存在的问题也比较明显,典型地表现为:思想政治教育评价或停留于宏观理念与理论层面的抽象论述,不能及时有效地将之转化为针对性、可操作化的评价方式、手段;或固着于微观操作化方法、手段的简单模仿,难以将评价方式提升为指导性的评价理论。如此等等,均反映了思想政治教育评价自身理论与实践尚不成熟完善,难以较好实现理念与技术、理论与方法的有机融合,故不能有效引导思想政治教育的变革创新。

(3) 思想政治教育的复杂性与特殊性增强了评价的难度

思想政治教育是塑造人的思想、观念的活动,而思想、观念具有一元性与多元性、内隐性与外显性、共性与个性等相并存的特征,在测量评价方面的确存在一定的困难,这就决定了高校学生思想政治教育评价的复杂性,也对评价理念的先进性、评价方式的多样性、评价方法的技术性提出了特定的要求。而思想政治教育评价问题的出现,有着传统思想政治教育观念滞后的原因,也有着思想政治教育评价自身技术、手段上简单机械的原因,所以,思想政治教育评价存在的问题,既是认识问题,也是技术问题;既是人的问题,也是工具的问题,需要采取综合手段予以解决。

二 社会工作介入高校学生思想政治教育评价的功效

将社会工作的助人自助、平等尊重、优势视角等价值理念与理论,需求评估、多方评估、自我反思等方法手段,有机融入高校学生思想政治教育评价,有助于评价的面貌改观与功效完善,从而推进高校学生思想政治教育评价的理论突破与实践创新。

表1 社会工作融入前后高校学生思想政治教育评价比较表

评价维度	社会工作融入前的评价	社会工作融入后的评价
评价对象	强化对学生的评价,忽视对教育者的评价;关注教育者的管理者角色评价,忽略服务者角色评价	强化学生评价与教育者评价有机统一;强化教育者管理者、服务者角色的评价,及自我评价的具体化

论社会工作视角下高校学生思想政治教育评价的创新

续表

评价维度	社会工作融入前的评价	社会工作融入后的评价
评价功能	偏重结果的评价，注重鉴定、区分、总结功能的发挥	强化需求特点评估、过程性评估，评价的过程调控性、服务性、发展性功能显现
评价方式	学生评价：以综合考评量化评价占主导、班级同学与教育者评价相结合；教育者评价：自我评价、学生评价、教育者互评、绩效考评	学生评价：学生自我评价、学生需求特征评价、参与活动过程与质量评价、活动效果评价、活动小组互评、班级评价、教育者评价、成长对比性评价、综合性考评；教育者评价：自我评价、过程性考核评价、绩效考评、学生评价、教育者互评
评价内容	学生评价：偏重考量意识形态的灌输、学生参与活动、获奖的数量与层次等；教育者评价：学生数量、学生获奖人数与质量、有无违纪处分学生情况等	学生评价：自我认知与接纳、思想基础与需求、活动参与度与成效、活动策划与评估能力、社会主义意识形态认同程度、自我发展预期与目标、人际关系建构现状、团队意识与能力等；教育者评价：自我反思文书、指导实践活动情况、团队建设意识与能力、平时档案建设等

1. 有助于实现教育者评价与受教育者评价的有机统一

社会工作强调对服务对象的尊重、包容与接纳，认为服务过程是社会工作者和服务对象相互促进、共同成长的过程。要求社会工作者注重自身的价值反思，通过写日志、周志等形式，以专业价值反思服务过程中相关各方面的成效与不足并进行改进；不以权威者自居，而是与服务对象一起面对问题，共同成长。

将社会工作的价值理念与反思方法引入高校学生思想政治教育评价之中，有助于真正形成双主体的评价理念与要求，增强对思想政治教育者自我评价的要求，强化相应质性评价的标准，建构更加全面、精细化的评价指标体系，从而实现评价与自我评价相互促进、教育者评价与受教育者评价的有机统一。

2. 有助于把过程性评价、发展性评价落到实处

社会工作强调优势视角，以发展性的角度促进服务对象的发展，将了解与评估服务对象的需求、特点与变化贯穿服务的全过程。通过专业化方式与手段的应用，精心设计具体系列化的服务方案，注重活动过程中对服

务对象进行即时性、连续性、动态性评估；运用游戏模拟、生活体验等专业方法为评估营造具体丰富的氛围场景，并运用暗示、移情等专业技术支持服务对象积极参与到评估活动中，甚至引导其主动自我评估。所以社会工作评估既是一个操作性强的技术性过程，也是具有发展导向的服务性过程。

将社会工作评估方式运用到高校学生思想政治教育评价中，从理念层面看，有助于克服片面追求教育效果、忽略教育过程的倾向，增强学生的主体参与意识与能力的培养，学生个性培养与潜能开发将成为评价功能的强化方向。从操作层面看，可以丰富思想政治教育过程性评价的手段方法，进而促进思想政治教育活动的多元化、丰富化，从而充分发挥过程性评价的效用与功能。

3. 有助于实现量化评价与质性评价的有机协同

社会工作具有鲜明的质性化特征。社会工作基于"助人自助"理念、"案主自决"等伦理开展服务工作，将服务对象主体自觉性的激发、自我选择与决定能力的提升作为评估工作成效的重要标准，需要质性评价来完成；社会工作者协助服务对象链接资源、建立多样支持关系，这些支持系统的成效发挥程度是质性评价的内容，而支持体系的健全与否则需要量性与质性评价的结合。社会工作者主要采取实地研究、行动研究来搜集整理资料、评估服务对象与资源，这是量化与质性评价相结合的方式，可以保障评价的具体、真实、翔实，尤其行动研究强调边反思评估边行动，增加针对性与实效性；社会工作强调包括服务者、专家、社会以及自我等多元评估，也是量化评价与质性评价有机结合。

将社会工作的评价方法运用到高校学生思想政治教育评价中，有助于促进评价指标的丰富与多样，进一步提升量化评价的科学性与指标内容的具体化；提升质性评价的丰富性与个性化，赋予评价以人文关怀与发展的视角，尤其强化有关质性评价的应用与效果，激发学生的个体价值、潜能优势，从而更好地实现两种评价的有机协同。

4. 有助于进一步强化思想政治教育全面发展的育人功能

社会工作服务是一种立足现实、基于生态系统视域的生活化服务，强调"人在情境中"，认为人存在于复杂多样的环境系统，并从中获取相应的发展条件与资源，人的发展是人自身与周围环境互动的结果。个人拥有的社会支持网络越强大，就越能很好地应对来自环境的挑战。

将社会工作服务的生活化观念引入高校学生思想政治教育评价之中，有助于将促进学生日常生活的诸种表现、人际关系同自我成长的相关要求变为评价的指标内容；将关乎学生全面成长与个性发展的教育内容纳入思想政治教育评价指标体系，从而有助于促进思想政治教育的生活化与本体化，促进学生全面发展的社会支持系统的建立与所需资源链接渠道的开辟。

三 社会工作视角下高校学生思想政治教育评价指标体系的创新

从操作层面看，社会工作之于高校学生思想政治教育评价创新的功效，必须通过评价指标体系的建立与运行得以显现与落实，现仅选取以下指标做简要说明。

1. 教育者指标方面

重点强化教育者的服务意识与自我反思能力的评价。思想政治教育者除了要扮演好传统的组织者、管理者、示范者、教育者的角色外，更要积极扮演好服务者、激励者、反思者、合作者、陪伴者等角色；不仅其育人职责的落实情况要得到检视，其自我反思与批判的能力、自我教育与成长的表现也要得到考查；不仅思想观念等自身素养要得到考查，其引导、激发大学生思想提升的育人能力更应被重视；对教育者意识形态教育情况的考查，要与服务学生、促进他们全面发展情况的考查紧密结合。从技术层面要考查教育者自我反思日记、工作日志的书写与叙事情况。

2. 受教育者指标方面

将大学生主体地位的确立、个体积极主动性的发挥作为高校学生思想政治教育活动是否取得成效评价的关键点。将学生参与者与体验者等角色表现的情况、参与权与自决权等权能的享有情况作为评价的重要内容；重视学生优势发挥、潜能挖掘，将意识形态方面的统一要求与个体思想基础与内在需要的特殊性结合考量；不仅要将学生思想与政治素质的提高作为教育者的培养结果来考核，更要将之作为学生成长的个体建构过程来考量。从技术层面要考查学生个性成长、思想表现方面档案的建设及使用情况。

3. 教育内容指标方面

强化高校学生思想政治教育内容的生活化与服务化特征。重点考查是否将马克思主义意识形态教育与大学生日常学习、生活的实际需要结合起来，做到理论与实践相结合，知行合一。教育内容选择不仅要考虑思想性、政治性、阶级性方面的标准与定位，还要加强学生生活化、日常性方面需求的考量，考查是否将心理关怀、学业辅导、职业规划等切实反映学生现实利益需要的内容，有机吸纳于思想政治教育评价内容体系之中。从技术层面要考查基于学生全面成长的课程体系的开发、建设情况，相应学生活动开展的情况。

4. 教育方式指标方面

倡导与实现多样化思想政治教育方式。从教育关系层面看，要加强"主体间性"特征的教育方式，考查教育过程中师生互动交往是否和谐积极；从教育功能层面看，要加强隐性柔化特征的教育方式，考查是否把思想政治教育潜移默化于现实生活之中；从教育目标层面看，要加强启发引导为特征的教育方式，考查是否能积极对学生进行思想、道德方面的思维激发与能力培养；从教育环境层面看，要加强开放多元为特征的社会化、生活化教育方式，考查是否能够充分调动与链接教育资源，以促进思想政治教育活动向社区、社会的敞开，强化学生社会实践的指标构建。从技术层面要考查教育者灵活运用多样教育方式所需能力方面的指标体系开发与运行情况。

5. 教育过程指标方面

要强化过程性评价，将评价具体细致地落实到每一项微观的教育活动之中，加强思想政治教育过程的动态性、衔接性、丰富性的考查。考查教育过程各个环节的完整性及环节间的联系情况；考查教育过程中活动的具体开展情况及相应的评价、反思、调控、总结情况；考查教育过程中教育者、受教育者及其他相关人员的参与、互动、协调状况；考查教育过程中支持网络的建立与运行、资源的链接与调配等情况。从技术层面要考查过程性评价运行的档案建设情况。

四 结语

社会工作视角下探讨高校学生思想政治教育评价创新，是将社会工作专业服务理念、方法的优势引入高校学生思想政治教育评价之中的理论性探索，期望能够给予正在进行的高校思想政治教育评价变革以理论与实践上的支持。随着社会工作与思想政治教育融合度的不断加强，思想政治教育评价指标体系构建与运行的不断具体与完善，高校思想政治教育评价创新更能发挥其在思想政治教育变革中的强有力导引作用，从而有力保证"立德树人"教育根本任务的落实。

（该文刊于《中国青年研究》2016年第7期）

主体间性思想政治教育辨析

摘要： 主体间性思想政治教育是现代哲学的主体间性理论应用于思想政治教育的产物。主体间性思想政治教育对传统的主体性思想政治教育既有超越，又具有不可超越性。其超越表现在主体认识视角的超越、教育过程认知的转变等；不可超越性主要表现在工具理性的不可超越性和教育规律的不可超越性。主体间性思想政治教育并不是对传统主体性思想政治教育的全然否定，而是对思想政治教育者提出了更高的要求，充分发挥思想政治教育主体间的整体主体性作用，将有助于产生良好的思想政治教育效果。

主体间性思想政治教育是目前理论界具有争议的一个热点话题和焦点问题。主体间性思想政治教育在理论上是否完善，在现实中是否可行，如何认识和理解主体间性思想政治教育等，搞清楚这些问题，对于澄清我们有关主体间性思想政治教育上的模糊认识、全面理解和把握思想政治教育的本质，具有重要的理论与现实意义。

一 主体间性思想政治教育的超越

主体间性思想政治教育是现代哲学的主体间性理论应用于思想政治教育的产物。如同哲学上主体间性理论是对主体性理论的超越一样，主体间性思想政治教育同样也是对主体性思想政治教育的超越。主体间性思想政治教育反对思想政治教育者与受教育者之间简单的对象化关系的构建，旨在构建一种平等交互的主动性关系，以形成思想政治教育的良好效果。这无疑是对传统思想政治教育主客二分或主体性思想政治教育的超越与发展。

（一）主体认识视角的超越

主体性思想政治教育对主体的认识超越了传统的主客二分的思想政治教育，确立了客体教育对象的主体性地位。但是，这种主体性地位的确立是基于人本主义理论的认识前提，即从个体人的角度，认为人是具有自主性、能动性、创造性的主体，人都有自我意识和基本的自律意识，人都有自我完善的愿望和追求自我价值实现的需要，具有自我成长发展的内在能量。这是发挥教育对象主体性的前提和基础。主体性思想政治教育正是在这样的认识前提之下，利用教育对象的主体性基础，通过激发教育对象主体性作用的发挥，将社会的要求与教育对象主体性的发挥有机地结合，从而追求良好的思想政治教育效果。事实上，这种主体认识的视角仍然是在"主体—客体"背景下的一种认识视角，认为思想政治教育的良好效果取决于主体的思想政治教育者对客体的教育对象主体性的理解与认识，取决于对教育对象主体性的运用与挖掘的程度。因而这是一种在对象性活动中充分运用对象主体性的主体认识，是站在主体思想政治教育者的本位对教育对象主体性的考察，是一种以思想政治教育者为中心的主体认识视角，即一种单向度的认识视角。

而主体间性，也叫交互主体性，"是'主体—主体'关系中的内在性质"[①]，是主体与主体之间的相关性与统一性。主体间性是从主体之间的关系、交往、互动的视角看待与认识主体，它除了关注个体人的自主性、能动性与创造性，还要关注作为主体的个体与个体之间、个体与群体之间的关系及其相互影响。个体主体具有主体性、具有独特性，但是个体主体是

---

① 郭湛：《论主体间性或交互主体性》，《中国人民大学学报》2001 年第 3 期。

群体主体的有机组成部分,与群体主体具有不可分离性,其个体主体作用的发挥不是简单的个体内在能量的激发,也不是简单的个体主体作用的相加,而是构成主体群体的不同个体主体间及个体与群体间的相互作用与影响的结果。这使多维视角认识自我与他人的主体性成为可能,使思想政治教育者对主体性的理解与认识更为立体、充分和丰富。因此,主体间性思想政治教育是从主体间的关系与主体交互影响中看待主体作用的,它更关注主体间形成的整体性,认为主体的整体性作用远远大于主体个体的个性,个体主体只是置身于主体交往互动网络中的一个节点,尽管有其独特性和主体性,但是互动的结果却是个体主体性与群体主体性的有机统一,主体间的和谐与整体性正是主体间性主体作用发挥的关键所在。这种主体性的认识不再是简单地对个体主体性的认识,也不再是简单地调动与把握教育对象主体性的问题,而是主体与主体交互影响所形成的多维主体共同的主体性问题,是共主体性与互主体性的整合问题。这种对主体认识的多维视角和整体视角,超越了单向视角和线性思维方式,已关注到主体与主体间动态的交互主体性的形成,是对思想政治教育实际效果的最大化追求。

(二) 教育过程的认知转变

传统的主体性思想政治教育过程,是主体的思想政治教育者主动去影响客体或主体的教育对象的过程。在这个过程中,思想政治教育者起着主导的作用,思想政治教育的场域往往只是局限于某种正式的思想政治教育实施的场域。其实,这种主体性思想政治教育并不是严格意义上的主体性思想政治教育,而仍然是以思想政治教育者为中心的思想政治教育,是一种思想政治教育者完全掌控的、认为有利于达到思想政治教育预期效果的场域。在这种特定的场域内,思想政治教育者充分调动与激发教育对象的主体性,可以通过一定的情景设置、精心策划、准备完备的教育内容等来制造氛围、创建环境以强化效果。这种明确地以效果与目标为导向、以思想政治教育者为中心的思想政治教育过程,往往会陷入思想政治教育者一

主体间性思想政治教育辨析

厢情愿的本位误区。思想政治教育者往往会从自我对教育对象的认识和理解的角度出发，出现对教育对象个性差异和思想政治基础差异的忽视，出现对教育对象的不准确的把握，并容易以普遍性的内容和方式对具有差异性与不同内在诉求的教育对象进行普遍性的教育和影响，所采用的教育内容与手段可能无法引起教育对象的认同和兴趣，其效果可想而知。即使是产生了较好的效果，也极容易被思想政治教育外在的非正式场域的影响所弱化，因为教育对象不只是生活在正式的思想政治教育场域，不只是接受思想政治教育者所施加的单向性的教育和影响，尤其在一个新媒体发达的信息社会，教育对象所面对的网络信息的影响是广泛与即时的，这种非正式场域的不可控性、教育对象受影响的复杂性等都是我们必须正视的现实问题。教育对象在正式场域是被激发的主体性的客体，而在非正式场域则往往是主动获取信息的主体，这种主体性的现实反差更是我们不可回避的客观现实。

而主体间性思想政治教育过程，是主体与主体交互影响的过程。它强调主体与主体间的平行与对等关系，强调主体与主体间的交互影响，主体与主体间信息的交流与沟通，主体与主体间地位的平等与共建。这一过程更真实地再现了交互影响的复杂性与动态性，而这里的主体不应该只是思想政治教育者是教育对象那么简单，而是由思想政治教育者主体系统、教育对象主体系统、他者主体系统、虚拟空间主体系统等共同构成的思想政治教育过程的主体系统。这一过程是各种系统内主体间与各系统之间主体间动态运行、相互影响作用的过程。各系统内主体个体与主体群体存在着交互影响，各系统主体间动态运行、相互影响作用的过程。各系统内主体个体与主体群体存在着交互影响，各系统主体间也存在着交互影响，因此，这一过程更多是主体间交往的过程，是取得相互理解和认同的过程。

哈贝马斯这样讲道："认同归于相互理解、共享知识、彼此信任、两相符合的主观际相互依存。认同以对可领会性、真实性、真诚性、正确性这些相应的有效性要求的认可为基础。……理解……最狭窄的意义是表示两个主体以同样方式理解一个语言学表达;而最宽泛的意义则是表示在与彼此认可的规范性背景相关的话语的正确性上,两个主体之间存在着某种协调。"① 也就是说,主体间的协调取决于主体间的交往,取决于主体交往过程中双方对语言的理解与沟通。现象学的代表胡塞尔认为:"事物显现的过程在两个主体中具有协调,这种协调使得相互同感成为可能。"② 自我通过移情而知道有着事实存在的他者,"他"与"我"都是具有自我意识的主体,主体具有由己及人的意识与推理能力,因此胡塞尔认为,主体间主要运用的是同感与移情来达到协调,而同感与移情主要是通过主体间的交往而产生的,而主体间的协调要取决于双方是否能够同理,是否能够产生共鸣,是否能够让他者主体引起共同的体验与感受,将他者的经验纳入自己的主体认知的体验环节,从而能够积极地进行有意义的建构。主体间性思想政治教育的过程,也是强调主体间或主体间通过交往与沟通来发挥思想政治教育的整体主体性,而不是简单的教育手段的运用。交往与沟通的前提在于主体与主体间的平衡关系,这使得尊重成为主体间交往的必须与前提,包括尊重他者主体的人格与尊严,尊重他者主体的思想认识基础与个性特点,考虑他者主体的感受与内在需求,能够换位思考,接纳与包容他者的不完善之处,能够寻求双方的共同点与谐振点,即善于运用同理心、具有较强的共情能力,使思想政治教育过程充分体现人文关怀与人性基础的特点。因此,在主体间性思想政治教育理论中,思想政治教育目标的达成主要是通过主体间的交往沟通这一手段与方式来实现的,这使得当代思想政治教育展开的场域得以拓展与延伸,就不仅仅是传统的思想政治教育正式场域,而且也包含非正式场域——生活场域与虚拟场域。这种相融共在的主体间场域,让思想政治教育整体主体性的充分发挥成为可能。

---

① [德]哈贝马斯:《交往与社会进化》,张树博译,重庆出版社1989年版。
② 王炜:《中国现象学与哲学评论第1辑》,上海译文出版社1995年版。

二　主体间性思想政治教育的不可超越性

主体间性理论为思想政治教育提供了新的哲学范式和方法论。应当说，主体间性思想政治教育理论带来了思想政治教育视角思维方式的转变，包括注重多维主体间的交往注重整体主体性的发挥等。但是，主体间性思想政治教育不可能脱离思想政治教育职能与规律而存在，更不应该只是从理论上进行构建而不面对具体的社会现实。如果认识不到这一点，就无从把握思想政治教育的本质，也就容易出现空泛谈论主体间性思想政治教育的误区和实践上的偏差。

（一）工具理性的不可超越性

马克思、恩格斯指出："统治阶级的思想在每一时代都是占统治地位的思想。"[①] 思想政治教育历来都是社会上层建筑的有机组成部分，是国家意识形态的统一工具，它要为国家的核心利益服务。在当代中国，思想政治教育不仅要倡导社会主义的核心价值观，而且肩负着用社会主义核心价值观教育、培养和造就四有新人的历史使命与重任，是立德树人的重要手段和工具。思想政治教育的这种工具理性是不可超越的，而且在价值观多元、经济全球化信息爆炸的今天，意识形态领域的斗争更加复杂化，思想政治教育的工具性功能只能加强、不能削弱，就是要旗帜鲜明地发出最强音，倡导和践行社会主义的价值观、人生观。因此，主体间性思想政治教育的强调主体间的共在、平等、交往与对话，绝不是对思想政治教育对象化活动的全然否定，而是科学建立在思想政治教育者与教育对象这种对象化关系的基础上，是对教育对象主体地位的充分肯定，是对象化活动范式的变革。一方面，"主体—客体"模式仍然是思想政治教育的一种基础模式；另一方面，只是这个"客体"已经完全不同于过去传统意义上被动的客体，

[①]《马克思恩格斯选集：第 1 卷》，人民出版社 1995 年版。林伯海、周至涯：《思想政治教育主体及其主体性的要素构成新探》，《思想教育研究》2011 年第 2 期。

"客体"的主体性也不仅仅是主体性思想政治教育中所理解的"主体",还应该包含主体间性思想政治教育所理解的"主体间性"。这样,从严格的意义上讲,主体间性思想政治教育是主体性思想政治教育的有机组成部分,它不同于外在强势的介入式思想政治教育,而是使思想政治教育的对象化活动建立在平等交互的平台之上。

思想政治教育理论之所以有"双主体""多主体""主体际""主体间性"的说法,实际上就是为了更好地与传统主客二分的思想政治教育模式进行区分,就是为了更加突出与强调教育对象的主体性。尽管思想政治教育理论界一直都在强调和论证思想政治教育的主体与主体性,但是,不同的主体在思想政治教育过程中的地位与作用是不同的。林伯海教授曾明确提出了思想政治教育主体性的要素:"导向性主体""主动性主体"和"受动性主体"。导向性主体是"思想政治教育活动的组织者、调控者、管理者";主动性主体是"思想政治教育的直接参与者和具体实施者";受动性主体是"思想政治教育的受教育者"。这应该是对思想政治教育主体的正确理解和准确划分。在现实中,人们也绝不可能将思想政治教育者与教育对象视为完全相同的主体,而应该是有区分的主体,那种模糊不清的主体间性思想政治教育理论在现实中也必然面临种种困境,无法回答和解决思想政治教育现实中的一些问题。实际上,主体间性思想政治教育只不过更加充分体现了对教育对象主体性的尊重,而思想政治教育的本质是不会改变的。发挥好思想政治教育工具理性的前提,就是思想政治教育者对教育对象的准确把握与所运用的方式方法恰切得当,即要根据教育对象的特点和基础,通过建构与教育对象交互影响和合作的过程来实现思想政治教育的良好效果。

(二)教育规律的不可超越性

主体间性思想政治教育虽然强调主体间的交流与沟通,强调思想政治教育者与教育对象两类主体之间的平等互动,但这种平等互动不是简单的交往过程,更不是完全对等的对话过程,而是教育的过程。是教育的过程

主体间性思想政治教育辨析

就要求思想政治教育者在整个过程中能够充分发挥主导作用,要求思想政治教育者必须遵循教育规律与人的思想行为形成的基本规律,否则,就会导致思想政治教育实效的降低。

首先,教育的过程总是指向一定的教育目标,这种目标的指向性要求思想政治教育者要通过发挥教育对象的主体性作用来实现。带着一定要求、有着明确目标的思想政治教育者在教育过程中不可能不考虑自己的任务与责任,不可能不进行整体的筹划与设计。

其次,思想政治教育者要想达到的目标必须要考虑教育对象的思想认识基础、认知与理解能力、内在心理需求等,要遵从人的思想发展变化的规律,要考虑如何激发教育对象的主体性问题。同样,教育对象在参与思想政治教育的过程中,也会有一定的期待,包括对思想政治教育者的期待、对教育活动的期待,甚至是对同伴或自己的期待等,教育对象会在一定的期待下根据现实的实际情况来决定自己的参与:是主动参与,还是部分参与,或者是不参与。正是因为思想政治教育者与教育对象都是具有主体性的主体,才使得双方在思想政治教育过程中从自我角度出发成为一种必然,也使得双方的交流与沟通成为可能的现实。但是,这种双向的互动交流是否会顺畅地形成与进行?双向互动交流中的平等对话是否会出现?这些都是值得关注的现实问题。故而思想政治教育过程是一个动态的、需要思想政治教育者较好把握与驾驭的过程,主体间平等交往的出现取决于思想政治教育者良好的素质,取决于思想政治教育者对教育规律的把握,取决于思想政治教育者能否使自己从思想政治教育活动的指挥者、领导者权威者、控制者,变成为教育对象提供帮助与服务的支持者、合作者、陪伴者与导引者;能否以一种开放包容的心态,鼓励不同观点的碰撞与交流,承认自己的不足与局限,创造轻松民主的氛围;能否注重言行一致,以身作则,具有独特的人格魅力,对教育对象产生积极的影响,等等。

最后,主体间性思想政治教育的过程同样需要思想政治教育者通过启发、鼓励、引导、激励等方式来激发教育对象的主体性,需要思想政治教育者主动搭建交流平台来扩大主体间的交往与交流,需要思想政治教育者主动与教育对象进行平等的交流沟通,更需要思想政治教育者在教育对象主体与主体间进行协调。主体间性思想政治教育并不是一种完全自发性的主体间交往,更不是想当然的、"应该"的主体间的交往,"应该"所表现的状态只是主体间性思想政治教育的理想状态,而远不是现实的实际情况。实际可能出现的情况,往往是不少思想政治教育者有着与教育对象主体平等交往的初衷,也努力去搭建教育对象主体间平等交往的平台,但是由于自身能力素质的局限往往达不到平等交往沟通的效果。因此,主体间性思想政治教育所要求的主体间平等交往沟通的实现、主体间最大的整体主体性的发挥,取决于思想政治教育者是不是能够掌握与遵循教育的规律,是不是能够甚至是善于建构主体间平等交往的平台和环境,是不是能够通过主体性教育实践不断协调与优化主体间的关系。

三 结语

毫无疑问,主体间性思想政治教育理论拓展了人们对思想政治教育主体及主体性理解的视野,提供了思想政治教育主体性充分发挥的新范式,使人们对教育对象的主体地位及主体性的理解更为充分,使思想政治教育的工具性功能内包含了人性的基础与人文关怀。这样,思想政治教育者不仅从社会本位的角度、从思想政治教育目标的角度、从自我角色定位的角度认识与看待教育对象主体及其主体性,而且能够立体地观照到教育对象主体的需求与发展基础,能够从教育对象主体的角度重新审视自我的主体地位与教育对象主体的主体地位,能够从教育对象主体间性的主体作用和整体发挥的角度来理解和把握教育对象的主体性,使得思想政治教育这一对象化活动具有了平等、尊重、交互影响的新特征。应当说,这种新的范式更加切合教育对象思想提高和转变的现实,增强了思想政治教育的实际功效。主体间性思想政治教育在强调主体间平等交互影响的同时,并没有也绝不能够背离思想政治教育的工具性本质,更不能违反思想政治教育的规律,而是对思想政治教育者提出了更高的要求。它要求思想政治教育者具备有效促使思想政治教育过程中主体间整体主体性作用充分发挥的能力,从而收到良好的思想政治教育效果。

(该文刊于《理论学刊》2013年第10期)

大中小学青少年劳动状况调研报告

——基于全国 30 省份 29229 份问卷的实证调查

摘要： 本文对大中小学青少年劳动状况进行问卷调查，运用问卷星和 Stata16 软件进行重点分析，以教师与家长问卷辅助分析。通过调查发现：中小学生劳动时间不足、缺乏多样性，家庭劳动教育缺乏严格要求，学校劳动教育的激励与条件设施不足。大学生的劳动参与意愿与实际劳动时长不匹配，更偏好脑力劳动的职业，体力劳动技能掌握不均衡。在对相关影响因素进行分析的基础上建议：重视学校、家庭、社区劳动教育的联动，倡导劳动光荣的良好社会风尚，积极发挥评价机制作用，加强学校劳动教育的针对性，加强家庭劳动教育的指导，强化社区劳动教育，加大体力劳动与创新劳动教育力度，积极开展劳动教育的研究，加大支持社会组织参与劳动教育的力度，推进劳动教育专业化与社会化。

马克思认为，劳动是人之为人的本质，是人得以存在与发展的根本，是人的创造性得以呈现、自我价值得以实现的根本性途径。近年来，青少年中出现了"不珍惜劳动成果、不想劳动、不会劳动"的现象，导致"勤俭、奋斗、创新、奉献的劳动精神式微"[①]。社会上有部分人存在鄙视劳动、

---

① 李骏：《生活美学推动"五育融合"之学理基础与实践路径》，《中国电化教育》2021 年第 3 期。

崇尚暴富甚至厌恶劳动的错误观念，对青少年正确价值观的树立和身心健康发展产生了不利影响。① 习近平总书记强调："要把劳动教育纳入人才培养全过程，贯通大中小学各学段和家庭、学校、社会各方面，教育引导青少年树立以辛勤劳动为荣、以好逸恶劳为耻的劳动观。"② 这是新时代对青少年劳动教育提出的要求。青少年的劳动观是在日常性劳动教育中逐渐养成的意识与观念，青少年的劳动状况，不仅反映他们的劳动意识、观念、品质、能力等情况，而且能够反映出家庭、学校、社会对青少年劳动教育的重视与开展的程度。

为了更好地了解大中小学青少年的劳动状况，为相关劳动政策的制定与实施建言献策，积极推动劳动教育的普及与升级发展，中国青少年研究中心"青少年学生劳动状况调研"课题组于2021年1—3月通过问卷星平台，对全国13991名中小学生、4783名大学生、2196名教师、9076名家长开展了专项调研。在线完成问卷30046份，有效问卷29229份，涉及全国30个省市区。鉴于中小学生和大学生的认知差异，本次调研针对青少年学生的调研问卷分别设计，运用问卷星和Stata16软件对数据进行重点分析，并使用访谈资料和教师、家长问卷辅助进行分析。

一 青少年劳动状况调查问卷样本特征

本次调研受访的男生占41.6%，女生占58.4%。中小学受访群体涵盖小学、初中、高中三个学段，以小学和初中学生样本为主。大学生受访群体集中于本科、专科阶段，也有少部分硕士与博士研究生参与。

1. 父母的受教育程度

中小学生样本，其父母的受教育水平主要集中于初中及以下，约为54.62%，往后的比例依次递减（见图1）。

---

① 李建国、杨婷婷：《中国共产党领导学校劳动教育的历史演进、基本经验及启示》，《学习与实践》2021年第2期。

② 《习近平在全国劳动模范和先进工作者表彰大会上的讲话》，人民网.

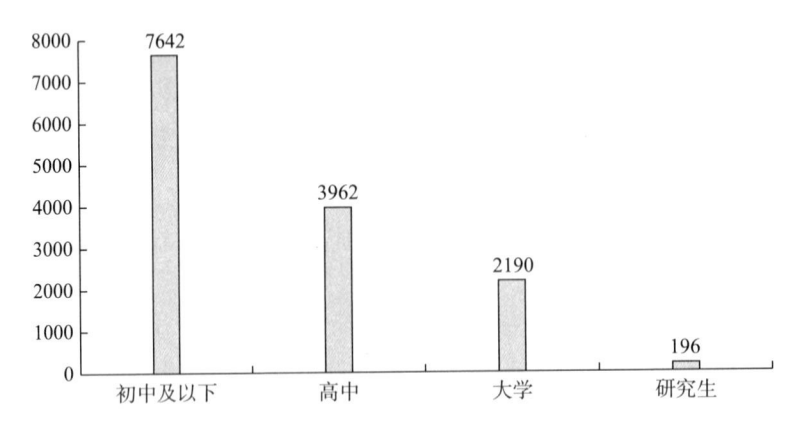

图1 中小学生样本父母最高教育水平分布

大学生样本的父母受教育程度（见图2）大部分集中于初中水平（母亲40.37%，父亲39.66%），并向两侧减少。从样本分布图可以发现，在中专及以前，母亲的占比都高于父亲；而在高中及以后，父亲的占比高于母亲，这说明受访样本中父亲的平均学历水平略高于母亲。

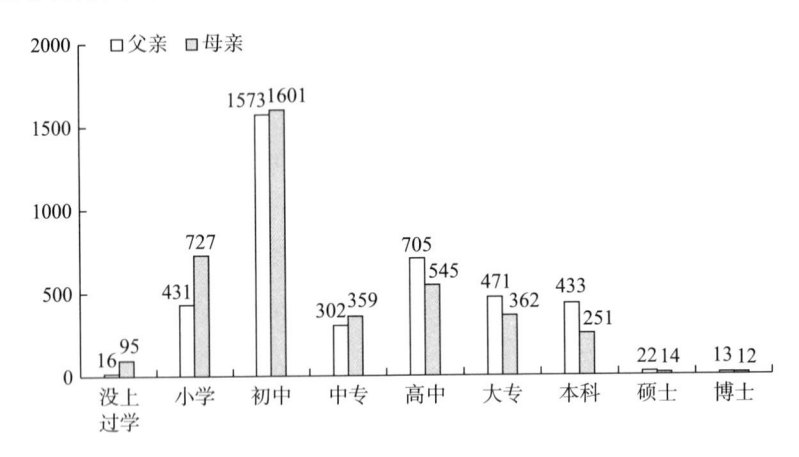

图2 大学生样本父母受教育水平分布

2. 家庭收入水平

在家庭收入水平上，中小学生样本和大学生样本两者均以中等水平为主。具体而言，中小学生样本中家庭收入水平在当地处于较低水平的为11.17%，比较高水平的家庭比例要高出4.57%；大学生样本家庭收入水平在当地处于较高水平的为 19.11%，比处于较低水平的高出 13.11%；但两类样本中，中等收入水平的样本分别为 69.54% 和 79.07%，占据多数（见图 3）。

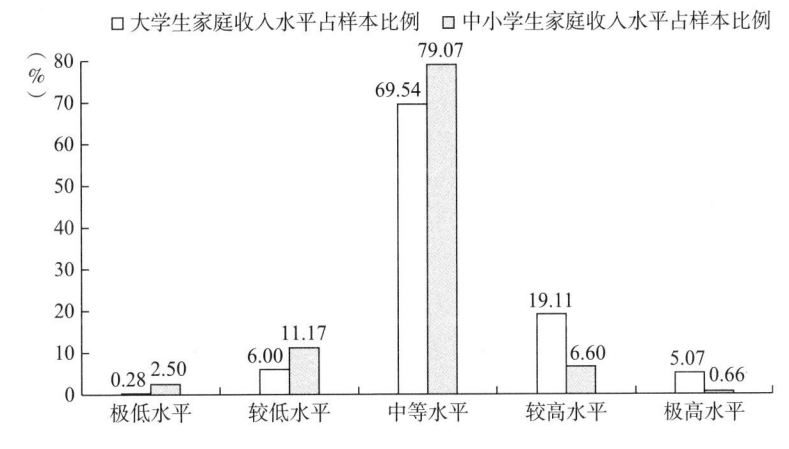

图 3　青少年学生家庭收入在当地水平分布

3. 家庭子女数量

兄弟姐妹的数量也是一个值得关注的家庭特征。从图 4 中可以看到，受访群体中，中小学生样本家庭二孩为 65.74%，三孩及以上为 13.6%；大学生样本分为 55.4%、9.2%。

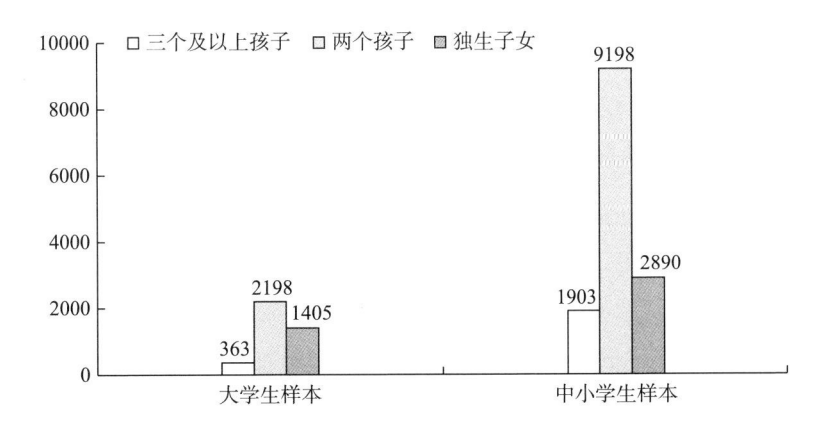

图 4　青少年学生家庭子女数量分布

二 中小学生劳动状况及影响因素分析

对于中小学生而言，可以接触的劳动类型主要有家务劳动、校内劳动、社会服务（公益）劳动。因此，调查主要聚焦他们参与这几种劳动的情况。

1. 中小学生的劳动状况不容乐观

（1）家庭劳动时间不足，劳动类型受限

教育部印发《大中小学劳动教育指导纲要（试行）》明确指出，中小学每周课外活动和家庭生活中的劳动时间，小学1—2年级不少于2小时，其他年级不少于3小时。统计发现，超过85.30%的中小学生每周平均家务劳动时长在2小时及以下，其中67.52%为1小时及以下，34.92%不超过半小时（见图5）。这说明，大部分受访中小学生平均每周家务劳动时间不足。

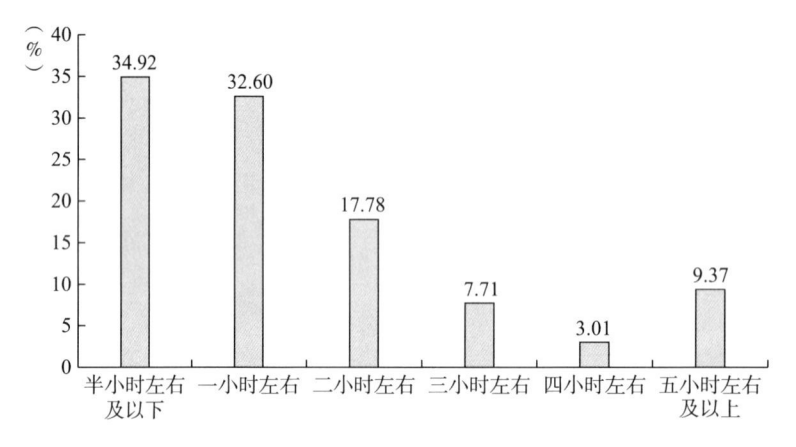

图5 中小学生周平均家务劳动时长分布情况

在具体的劳动方式上，受访的中小学生穿衣穿鞋、洗澡、洗脚、整理书包文具、整理床铺、整理衣物、盛饭菜等个人事务劳动参与比例都超过60%，而洗衣服不足50%，其他类型仅在25.60%（见图6）。总体来看，中小学生的个人事务做得比较好，但是在洗衣服这类可能被家长包办的事务上表现得不理想。

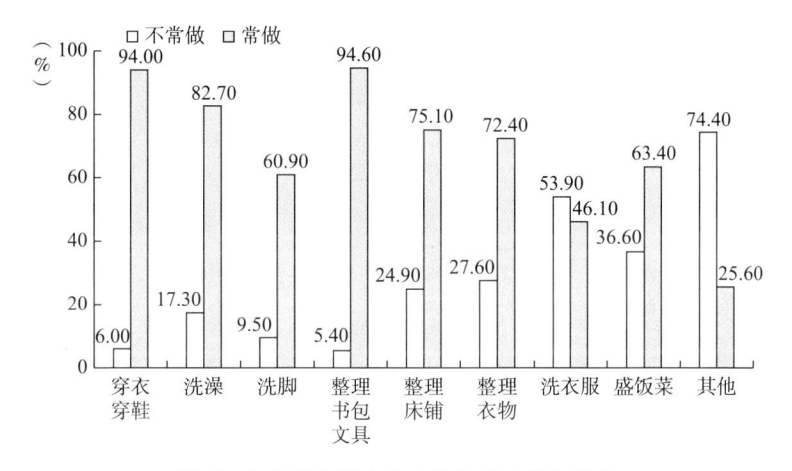

图 6　中小学生样本个人事务劳动参与情况

数据显示，会打扫卫生与清洗餐具分别为 96.10% 与 84.40%；会垃圾分类、照顾长辈弟妹分别为 66.80% 与 57.70%；至于购买家庭用品、做饭、家庭种植饲养、家庭物品的简单维修、缝补衣服则依次递减，分别为 43.90%、40.90%、27.00%、19.40%、18.30%；会做其他家务劳动的仅有 5.03%（见图 7）。总体来看，中小学生样本所会的家务劳动类型较为局限，不能掌握稍微复杂或者精细化的劳动类型。

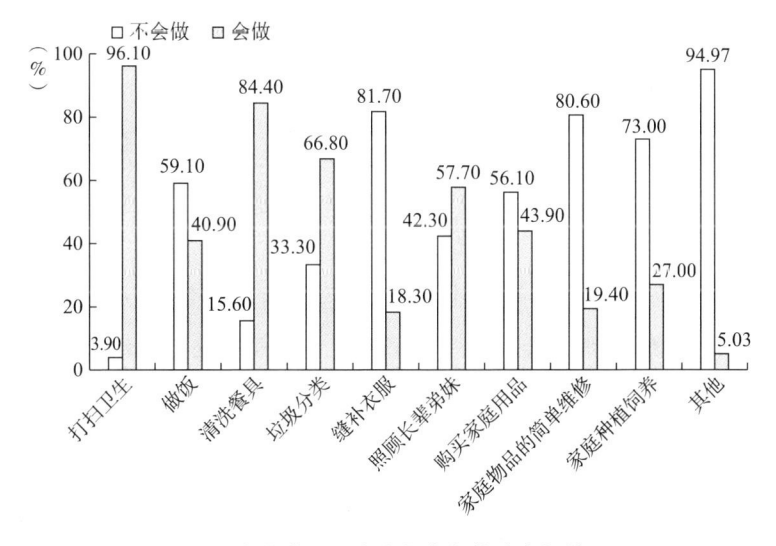

图 7　中小学生样本家务事务劳动参与情况

(2) 学校劳动时间不足，复杂精细劳动参与不够

中小学生在校劳动的时长也呈现了与家务劳动类似的分布：周平均在校劳动时长不超过 2 小时的为 85.77%，其中有 69.87% 不超过 1 小时，37.36% 不超过半小时（见图 8）。这说明，中小学生在校劳动的时间严重不足。

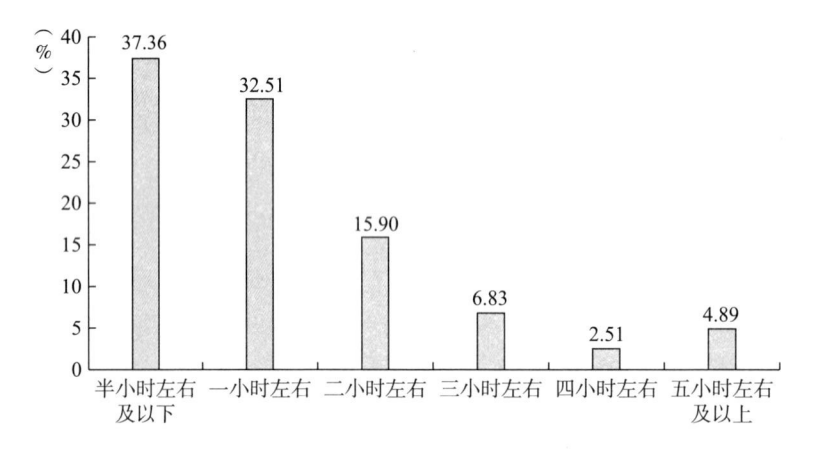

图 8　中小学生周平均在校劳动时长分布情况

校内劳动参与的诸多类别中，只有打扫卫生和手工活动的参与比例超过了半数，分别为 97.70% 与 63.50%，其他类别的参与比例远不足一半。比如，种植活动 35.00%，养殖活动 7.88%，机械制作 7.49%，学习烹饪等家政活动 10.10%，科技制作等创客活动 21.50%，说明参与种类较为局限，复杂和精细化的劳动参与不够（见图 9）。

(3) 社会服务劳动单一，缺乏多样性

76.00% 的中小学生参与的社会服务劳动只有打扫公共卫生、环保活动，植树造林的占 45.70%，维护交通秩序、敬老助残、农业劳动体验、工业劳动体验、除农业工业以外的其他职业体验、社会调查等参与率均未超过 30%（见图 10）。参与种类相对单一，可能与学校的统一组织有关。

本次调研考察了中小学生社会服务劳动的参与次数，通过 Stata 16 软件对这一变量的分布进行了统计分析。结果显示，他们最近一学期参加社会

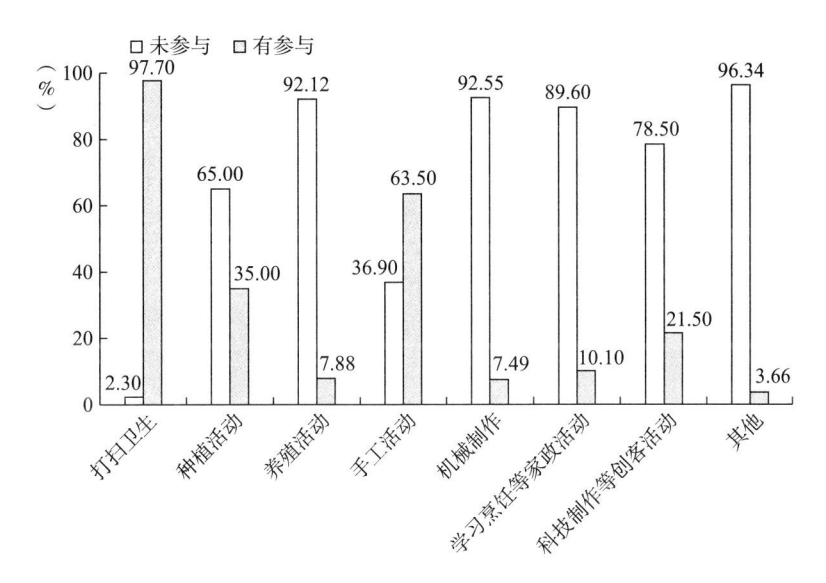

图 9　中小学生校内劳动活动参与情况

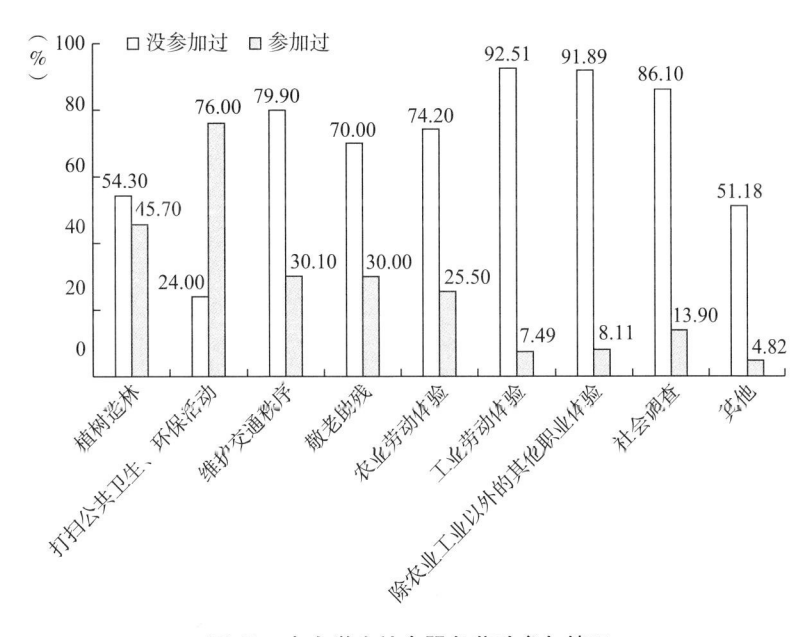

图 10　中小学生社会服务劳动参与情况

服务活动的次数平均为 2.381 次，且偏度系数为 1.072。值得注意的是，这一变量的最小值为1，说明受访的中小学生至少参加过1次社会服务活动。

2. 中小学的劳动教育需要进一步加强

(1) 家庭劳动教育缺乏严格要求

调研发现，大部分受访中小学生的父母在家务劳动技能教育方面有良好表现：81.80%的父母能够教给子女做家务的方法，且做家务很勤快（66.80%），能给子女树立榜样。但他们对子女的家务劳动缺乏严格要求，能够严格要求的父母只占12.40%，有奖惩的占22.20%。父母包办的为3.95%（见图11）。

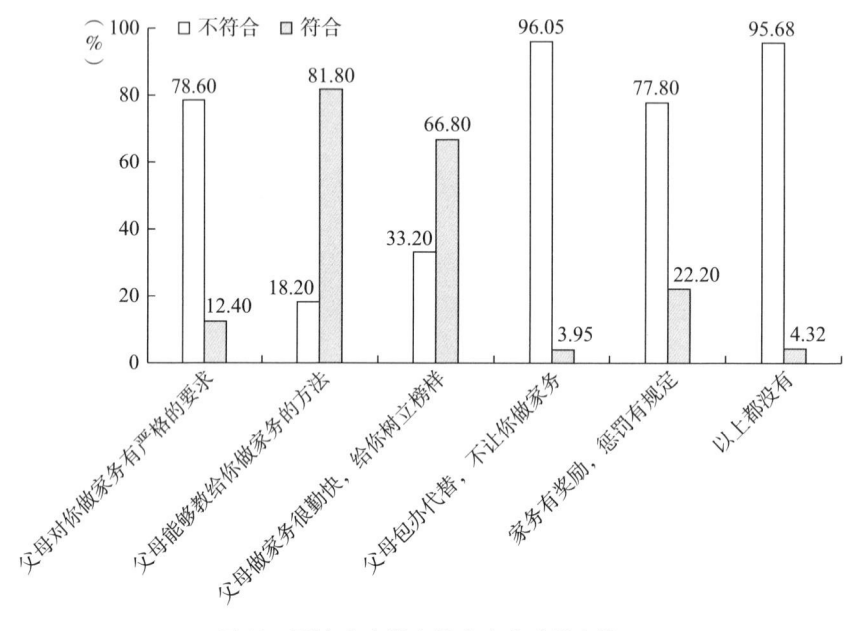

图11 受访中小学生的家庭劳动教育情况

(2) 学校劳动教育的激励与条件不足，师资匮乏

有关校内劳动教育情况，询问受访的中小学生相关激励选项（见图12），统计结果显示，仅有19.10%的受访者选择了"以上都没有"，这表明本文设置的选项涵盖了大部分学校所采用的劳动教育类型。

在正向激励的选项中，表示开设劳动课程的学生为50.70%，其余的所有正面选项都未超过半数，有专门的劳动课教室占35.30%，有专门的室外

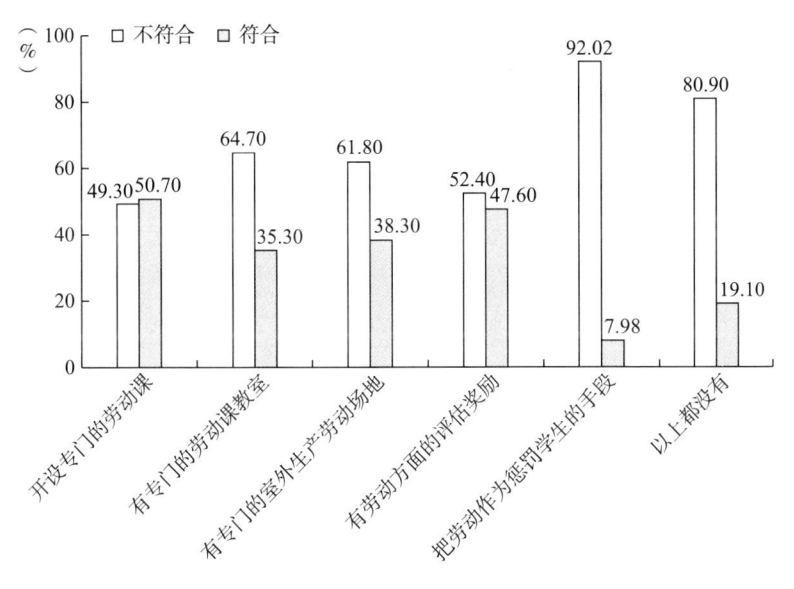

图 12 受访中小学生的校内劳动教育情况

的生产劳动场地为38.30%。这说明，学校劳动教育存在正向激励不足、设施条件没有很好保障的情况。同时，学校采用负向激励的为7.98%。另外，33.67%的受访老师表示担任过劳动课教师，反映出当前中小学劳动课教师多以兼任为主，专业师资匮乏。

3. 中小学生劳动类型多样性影响因素分析

为了探究中小学生劳动参与多样性的影响因素，课题组构建了衡量多样性的指标。具体而言，将家务劳动、校内劳动、社会服务劳动的多选题每个选项赋1分，对应每一类的得分越高，多样性就越充足。在此基础上，构建了多元线性回归模型对劳动参与的多样性进行分析。通过Stata16软件对模型的回归结果进行计算分析，得到如下结论：

（1）中小学生劳动类型多样性与个体特征、性别差异、是否寄宿有关

首先，学生年级、健康水平、学业成绩水平、劳动认知水平的增加，都对劳动参与的多样性有正向的促进作用，由于这些变量体现了劳动能力的增加，因此可以推断，劳动能力的增加会使得劳动参与的多样性增加。

其次，回归结果显示出男生在不同类型劳动的参与多样性上表现不同：他们参与家务劳动的多样性相对较少；参与社会公益劳动的多样性相对较多。参与学校劳动没有显著的性别差异，男生对公益劳动有着更高的参与热情，而女生更热衷于家庭劳动。最后，是否寄宿呈现了两种截然相反的影响：寄宿的学生劳动多样性显著较低，而与父母一起居住的学生劳动多样性显著提高，表明来自父母的劳动教育对劳动多样性有重要影响。

（2）中小学生劳动类型多样性与家庭收入、父母受教育水平、子女数量有关

家庭的收入、父母的受教育水平对子女各类劳动参与的多样性有显著促进作用。这与个体特征的结果相呼应：收入水平高、父母受教育程度良好的家庭一般会有更好的劳动教育，使得子女劳动参与多样性得以提升。值得注意的是，子女数量多的家庭子女家务劳动多样性显著较多，但在学校与社区公益劳动方面，子女数量对结论没有显著的影响。

（3）中小学生劳动类型多样性与学校的类型和重视程度有关

相比于农村学校，城市学校学生的家务劳动多样性显著较少，但学校与社区公益劳动的参与多样性明显较多，城乡学生在不同劳动类别的多样性上各有所长。学校拥有劳动课教室、室外生产劳动的场地与在正向激励的选项中，表示开设劳动课程的学生为50.70%，其余的所有正面选项都未超过半数，有专门的劳动课教室占35.30%，有专门的室外的生产劳动场地为38.30%。这说明，学校劳动教育存在正向激励不足、设施条件没有很好保障的情况。同时，学校采用负向激励的为7.98%。另外，33.67%的受访老师表示担任过劳动课教师，反映出当前中小学劳动课教师多以兼任为主，专业师资匮乏。

4. 中小学生劳动类型多样性影响因素分析

为了探究中小学生劳动参与多样性的影响因素，课题组构建了衡量多样性的指标。具体而言，将家务劳动、校内劳动、社会服务劳动的多选题每个选项赋1分，对应每一类的得分越高，多样性就越充足。在此基础上，

构建了多元线性回归模型对劳动参与的多样性进行分析。通过 Stata16 软件对模型的回归结果进行计算分析，得到如下结论：

（1）中小学生劳动类型多样性与个体特征、性别差异、是否寄宿有关

首先，学生年级、健康水平、学业成绩水平、劳动认知水平的增加，都对劳动参与的多样性有正向的促进作用，由于这些变量体现了劳动能力的增加，因此可以推断，劳动能力的增加会使得劳动参与的多样性增加。其次，回归结果显示出男生在不同类型劳动的参与多样性上表现不同：他们参与家务劳动的多样性相对较少；参与社会公益劳动的多样性相对较多。参与学校劳动没有显著的性别差异，男生对公益劳动有着更高的参与热情，而女生更热衷于家庭劳动。最后，是否寄宿呈现了两种截然相反的影响：寄宿的学生劳动多样性显著较低，而与父母一起居住的学生劳动多样性显著提高，表明来自父母的劳动教育对劳动多样性有重要影响。

（2）中小学生劳动类型多样性与家庭收入、父母受教育水平、子女数量有关

家庭的收入、父母的受教育水平对子女各类劳动参与的多样性有显著促进作用。这与个体特征的结果相呼应：收入水平高、父母受教育程度良好的家庭一般会有更好的劳动教育，使得子女劳动参与多样性得以提升。值得注意的是，子女数量多的家庭子女家务劳动多样性显著较多，但在学校与社区公益劳动方面，子女数量对结论没有显著的影响。

（3）中小学生劳动类型多样性与学校的类型和重视程度有关

相比于农村学校，城市学校学生的家务劳动多样性显著较少，但学校与社区公益劳动的参与多样性明显较多，城乡学生在不同劳动类别的多样性上各有所长。学校拥有劳动课教室、室外生产劳动的场地与劳动评优奖励等对所有类型的劳动参与多样性都有显著的提升作用，这说明，规范的学校劳动教育对学生劳动多样性有积极影响。同时，本文在问卷分析中发现了两个反差现象：一是开设有专门劳动课程的学校，虽然学生的学校与社区公益劳动的多样性增加了，但家务劳动的多样性却减少了。这说明学

校的劳动教育对家务劳动有一定的"挤出效应",其背后的机制或许是由于家长考虑到学校劳动课教育的增多,在家庭内放松了对学生家务劳动的要求;或者是因为学习过于紧张、作业较多,家长过于重视学生学习的结果。二是将劳动作为惩罚手段相较于什么都不做而言,对各类劳动多样性也有显著的促进作用。这说明,即使是负向激励手段,比起什么都不做,也能够在一定程度上对劳动教育起到推动作用。但需要注意的是,负向激励的效率低下,虽然在量上能有显著的提高,但在质上却不能产生同样的作用,甚至适得其反。

三 大学生劳动状况及影响因素分析

1. 大学生劳动状况

(1) 劳动参与意愿与实际劳动时长不匹配

一般情况下,劳动参与意愿是劳动行为良好的预测指标。因此,本研究调查了受访大学生群体对多项劳动类型的参与意愿。考虑到大学生的"主业"还是学习,在设计问题时只加入了几种大部分大学生都能参与的劳动。具体而言,在满分10分的前提下,分别调查他们参与家庭劳动、学校与社区公益劳动的意愿得分。

通过 Stata 16 软件整理了三类劳动参与意愿的分布情况(见表1),数据显示,大学生群体三类劳动参与意愿分别为7.359、6.775、6.477,但偏度系数均为负,分别为 -0.813, -0.499, -0.427。这说明,与劳动认知水平所呈现的现象相对应,大学生三类劳动的参与意愿平均处在中等偏上水平。

需要注意的是,意愿具有主观性,其与劳动实际情况存在多种因素的影响,仅仅考察参与意愿是不够的,为此本研究进一步考察了受访大学生参与劳动的时间。通过 Stata 16 软件统计(见表2)可以看到,大学生群体实际的劳动情况与其劳动参与意愿呈现了截然不同的景象:家庭劳动、学校公益劳动、社区公益劳动的偏度系数均为正数且较大。有两种可能造成这样的结果：一是尽管一些受访者意愿很强，但实际的劳动量却并不多；二是小部分意愿高的群体实际劳动时间显著高于其他人，才使得劳动时间呈现与劳动参与意愿不同的分布。

表1 大学生劳动参与意愿情况（N=3966）

劳动参与意愿类别	平均值	标准差	偏度	峰度	最小值	最大值
家庭劳动	7.359	2.121	-0.813	3.563	0	10
学校公益劳动	6.775	2.331	-0.499	-2.811	0	10
社区公益劳动	6.477	2.470	-0.427	2.647	0	10

注：各统计量均保留三位小数，下同。

表2 大学生劳动参与周平均时长情况（N=3966）

劳动参与类别	平均值	标准差	偏度	峰度	最小值	最大值
家庭劳动	7.016	7.434	3.088	17.807	0	72
学校公益劳动	5.802	6.147	3.421	23.412	0	72
社区公益劳动	3.413	4.630	3.921	30.315	0	69

为了进一步验证，课题组对劳动时间与劳动参与意愿进行了OLS回归：如果劳动参与意愿与劳动时间的相关性无法通过显著性检验，则存在意愿与劳动实际情况不匹配的现象；如果通过了显著性检验且系数为正，则表明"愿者多劳"现象的存在，是一部分大学生劳动量显著高于平均水平导致的分布形态不一致。结果显示，每一种劳动参与意愿与劳动时间的相关性都通过了统计显著性检验，且系数均为正。这说明，确实存在部分大学生劳动量明显较多的情况。

通过横向对比可以发现，受访大学生参加家庭劳动的意愿越高，实际劳动时长越长，系数为0.763；而对另两类的公益劳动，参与意愿与劳动时间的相关性不高，系数分别为0.476与0.408。这说明，相比于公益劳动，大学生为自己的家庭劳动"意行一致"的可能性更高，即他们对私人劳动与公益劳动存在异质性的偏好。

(2) 大学生对于脑力劳动表现出极大的偏爱

大学生对脑力劳动与体力劳动也存有异质性的偏好,通过 Stata16 软件统计(见表 3)可以看到,受访大学生对体力劳动的平均参与意愿为 4.633,且偏度系数为 0.155;对脑力劳动的平均参与意愿为 7.519,偏度系数为 -0.873。说明大多数的大学生都极不愿意参加体力劳动的职业,而对脑力劳动职业极为青睐。

表 3　大学生劳动类型偏好情况(N = 3966)

劳动参与意愿类别	平均值	标准差	偏度	峰度	最小值	最大值
体力劳动	4.633	2.654	0.155	2.340	0	10
脑力劳动	7.519	2.057	-0.873	3.614	0	10

(3) 体力劳动技能掌握不均衡

在劳动技能方面,设置了体力劳动技能的多选题,要求受访大学生选出他们熟练掌握的技能(见图 13)。在所列的技能当中,超过 50% 的大学生能熟练掌握的技能只有烹饪与家政,手工不到 45%,而耕种与饲养均未超过 20%。这说明大学生群体的技能分布存在不均衡现象,他们体力劳动技能的获取存在一定的偏向性:与农业畜牧业有关的技能缺乏,与城市生活相关的技能较为熟练。

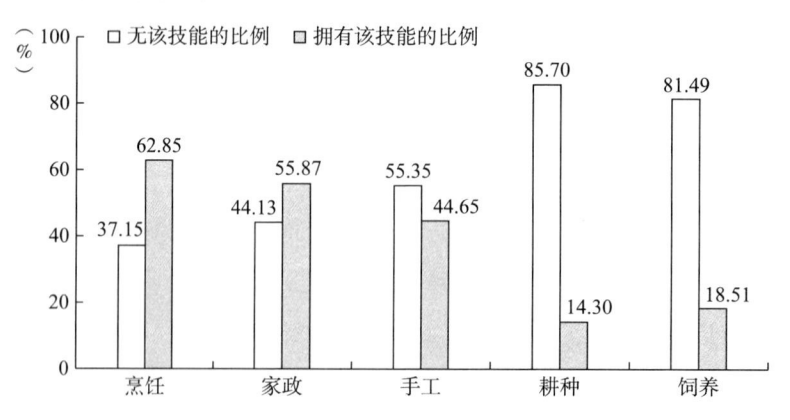

图 13　大学生样本各项体力劳动技能掌握情况

2. 大学生对劳动教育的需求较大

统计显示，约有57.56%的受访者表示接受过劳动教育，46.16%的受访者表示其学校开设过劳动教育课程。调研进一步测量了大学生参加劳动教育的意愿，通过Stata16软件得出：平均的参与意愿得分为6.222，偏度系数为-0.369，说明受访大学生对劳动教育课程需求较大，有较高的参与意愿。

3. 大学生的劳动参与意愿影响因素分析

如前所述，大学生的劳动参与意愿平均处在中等偏上的水平，劳动参与意愿与劳动时间呈显著正相关。为深入了解这一现象，本研究采用多元线性回归模型对三类劳动参与意愿的影响因素进行分析，以探究在其他条件不变的情况下，各个变量对大学生劳动参与意愿的影响。结论如下：

（1）个体特征显著影响了大学生的劳动参与意愿

学业水平、劳动认知水平对三类劳动都产生了显著的正向影响。在校学业水平与劳动认知得分的系数均为正数，且均在1%的水平下通过了显著性检验。值得注意的是，年龄越大的受访大学生越愿意做家务劳动，但对公益劳动的热情却随着年龄增加递减，当然，减少与增加的幅度都不大。以前接受过劳动教育的大学生，参与学校与社区公益劳动的意愿较高，但对家庭劳动却没有显著影响。与父母一起居住的大学生仅对家庭劳动产生正向影响，对公益劳动没有显著作用。这种现象或许来源于家庭与学校劳动教育的差别：与父母一起居住更能获得家庭劳动的机会，而学校劳动教育往往面向的是公益劳动，且二者都对大学生的劳动参与意愿起到了正向促进的作用。另外，家庭劳动参与意愿没有显著的性别差异，男大学生的公益劳动参与意愿较女大学生高。令人担忧的是，受教育程度越高的学生对家庭劳动和社区公益劳动的意愿越低，这可能与他们成长过程中过分关注学习而忽视劳动教育有直接关系。总而言之，个体特征中负面影响居少，且系数较小；正面影响居多，且系数较大，尤其是劳动认知水平的系数远超其他系数。这说明，拥有良好的劳动认知对大学生良好劳动参与意愿具有较大的作用。

（2）家庭特征中父亲对大学生劳动参与意愿影响较为显著

在考察家庭特征对劳动参与意愿的影响时，为了避免与常数项完全共线性，课题组加入父母职业虚拟变量组时采用了体力劳动职业作为基底，因此其他类型职业的系数及其显著性地刻画了在其他变量不变的情况下，父母从事该类型职业与从事体力劳动职业之间子女劳动参与意愿的差别。可以看到，在所有的家庭因素之中，只有父亲的特征对子女的劳动参与意愿产生了显著的影响，并且均为负向。具体而言，父亲受教育水平越高，子女参加学校公益劳动的意愿就越低；而父亲的职业若是脑力劳动职业，则子女家务劳动的意愿就会比父亲从事体力劳动职业的低。这说明，来自父亲的劳动教育对子女有显著的影响，而且很可能受教育水平高、从事脑力劳动的父亲对劳动有负的偏好的影响。

（3）学校类别和劳动教育课程对大学生劳动参与意愿有一定的影响

在考察学校相关因素对大学生劳动参与意愿的影响时，引入了学校类型与学校所在地的固定效应。为了避免共线性，对这两组虚拟变量分别采用普通省属高校和省会城市作为基底，其他虚拟变量的系数衡量了在其他变量不变的情况下，所属类别与基底之间大学生劳动参与意愿的差别。结果显示，在学校类别之中，只有职业院校的学生参与学校和社区公益劳动的意愿显著低于其他学校，其他类别的学校无显著差别；而学校开设了劳动教育课程对学生的各类劳动参与意愿都有显著的正向促进作用。

四 青少年劳动状况的结论及相关建议

1. 主要结论

通过对中小学生和大学生的调查，本文有以下发现：

（1）中小学生的劳动参与类型缺乏多样性，劳动时间不足、劳动激励与条件不足

中小学生的家务劳动、校内劳动、社会服务劳动的类型缺乏多样性。

他们普遍积极参与个人事务的劳动，唯有洗衣服这类可能会被家长包办的事务的参与程度不高；在劳动参与量上，中小学生的家务劳动、校内劳动平均每周的参与时长大多集中于两个小时以下，最近一个学期的社会公益劳动的参与次数平均约在两次，参与量略显不足；大部分中小学生的父母在家务劳动技能教育上有良好表现，且很少"大包大揽"，美中不足的是他们对子女的家务劳动缺乏严格要求；学校有关劳动教育的设施条件明显不足，正向激励不足，采用负向激励的比例也不高。

（2）大学生群体的劳动参与意愿多数处于中等偏上水平，更多愿意从事家庭劳动，偏好脑力劳动职业

大部分大学生的家庭劳动、学校与社区公益劳动的参与意愿平均都处在中等偏上水平；劳动参与意愿高的大学生实际劳动参与时间也长，甚至存在一部分显著高于平均水平的"愿者多劳"群体；在劳动类别上，相比于公益劳动，为自己家庭进行劳动时，大学生们"意行一致"的可能性更高一些，且平均劳动时长也长；相比于体力劳动职业，大学生对脑力劳动的职业偏好更高；大多数大学生曾接受过劳动教育，且对劳动教育课程参与意愿普遍较高，但只有不到半数的大学生其所在高校开设了劳动教育课程。

（3）基于以上现象的背后机制分析

对于中小学生而言，寄宿对学生的劳动多样性起到了负面的抑制作用，因为寄宿制学校为学生提供的劳动机会不多；来自父母的劳动教育、学校规范的劳动教育课程对学生的劳动多样性皆有积极影响；相比什么都不做而言，将劳动作为惩罚手段能够促进学生劳动多样性的数量增加，但需要审慎考虑这种负向激励的效率。对于大学生而言，拥有良好的劳动认知、学业水平、来自家庭与学校的劳动教育都对他们良好的劳动参与意愿起到积极作用。

2. 关于劳动教育的建议

基于本文的发现，依据有关劳动教育的政策要求，结合现实情况与其

他研究成果，本文提出以下建议：

（1）实现学校、家庭、社区劳动教育合作，建构联动机制

总体来看，大中小学生在劳动时长、参与意愿、形式的丰富性等方面还存在很大不足，学校劳动、家庭劳动、社会公益劳动之间还存在不均衡、缺乏有效配合的情况，与劳动教育的政策要求、规定还有一定距离，这不同程度地反映出家庭、学校、社会三种劳动教育的薄弱之处，以及大中小学青少年素养发展的不全面、不丰厚。建议通过相关政策与制度的制定，进一步强化学校劳动教育的主体地位，开齐开全相关劳动教育课程；发挥家庭劳动教育的基础作用，使劳动成为青少年家庭生活的重要组成部分；发挥社区在劳动教育中的协同作用，使青少年劳动教育有机融合到社区建设之中；构建学校、家庭、社区劳动教育的系统联动体系与机制，避免相互间"挤出效应"的出现，以更好地发挥劳动教育的合力，全面而深入地推进劳动教育的开展。

（2）加强劳动教育宣传，倡导劳动光荣的良好社会风尚

从调研中可以发现，劳动教育存在着必须面对的一些现实问题，如劳动时长不足，劳动多样性缺乏，开设劳动课程的学校没过半数，劳动设施条件不足，大学生对脑力劳动职业的明显偏爱等，这说明劳动教育还没有真正被重视与完全普及，不仅青少年劳动意识有待强化、劳动观念有待引导、良好的劳动习惯有待养成，而且全社会都要树立崇尚劳动、劳动光荣的社会风尚与文化氛围。建议利用各种媒体加大劳动教育及重要性的宣传力度，倡导新时代劳动观，以引领青少年树立劳动光荣的主体意识、养成良好的劳动习惯、形成较强的劳动技能；使全社会形成重视劳动教育的责任意识，建构劳动教育联动合作机制，以切实深入推进劳动教育的开展，提高劳动教育质量，从而提升青少年的劳动素质与能力。

（3）积极发挥评价机制作用，全面推进学校劳动教育的开展

本次调研发现的学校劳动教育存在的内容不丰富、形式不多样、设施不完备等问题，其原因既有对劳动教育主观认识模糊、落后，又有客观条

件的缺失或不足，需要大中小学校从理念到制度、从内容到形式、从课程到师资、从硬件到软件等予以全面加强。对于劳动教育主管部门而言，加强劳动教育评价机制建设，是指导与督促学校劳动教育有效持续开展的重要保障，是落实学校劳动教育主体性地位、发挥其主体作用的关键。建议加强大中小学青少年劳动素养评价体系与劳动教育工作评价体系建设，建立操作性强的劳动教育实施、检查督促与奖惩指标体系与机制。强化多元评价体系，实现平时与学段、结果与动态追踪、教育与自我评价等多种评价方式的有机结合。

（4）加强学校劳动教育，突出劳动教育开展的针对性

大中小学青少年在性别、年龄、年级等方面的差异，必然带来他们劳动意识、能力、偏好的不同，要充分认识他们生理、心理、社会性发展与劳动之间的关联，思想政治教育、职业规划教育与劳动教育之间的联系。建议遵循因材施教原则，依据青少年身心发展特点、不同学段的学业水平与教育要求，有针对性地设计劳动教育内容：要考虑学生身体发育特点与程度等差异，安排好劳动教育内容与强度；要考虑学生的兴趣爱好、职业旨趣的差异，规划相关选修课程；要考虑学生知识与能力的差异，德、智、体、美与劳动教育要求的匹配性，设置不同学段的劳动教育任务与要求。

建议遵循因地制宜原则，发挥学校所处区域、地域优势，主动开展符合现实条件、彰显自身特点的针对性劳动教育活动。农村学校要把劳动教育的开展置于乡村教育振兴舞台，从而实现传统农村劳动文化与现代农村劳动新样态的有机结合，生发劳动教育的内容与形式。城市学校要把劳动教育的开展与新旧动能转化、现代化城市发展有机结合起来，加强与信息化、低碳化等为特征的高精尖产业的联系，从中探寻劳动教育的生长点。在坚持地域化特色与优势发展的同时，要充分利用城乡一体化建设的大好形势，加强城乡学校劳动教育的合作联动，开展"手拉手工程"，实现资源共享、互通有无，形成协同融合发展机制。

（5）加强家庭劳动教育的指导，提升家长劳动教育水平

建议进一步加强家庭劳动教育的指导，增强父母对劳动教育意义的深度认识，使他们树立正确的劳动认知；提升父母家庭劳动教育能力，使他们在劳动机会创设、内容设定、形式创新等方面积极作为。学校要利用好家委会、家访等组织与形式，了解学生的家庭及劳动教育情况，为家长劳动教育提供智力支持。社区要发挥好业主委员会、志愿组织、社区讲堂等组织与形式，开展劳动教育的家长培训、亲子活动、志愿服务等。

（6）加强社会劳动教育，将劳动教育下沉到基层社区

社区层面开展劳动教育不仅有利于培养学生参与社会劳动的意识，而且可以培养学生的社区参与意识与能力，强化他们的社区责任感，从而更好地了解社会、知行合一。建议进一步出台关于劳动教育社会责任的政策制度，推动地方相关部门、单位或组织加强青少年劳动教育所需要的场所、设施与人才队伍建设。发挥社区在资源供给、配置等方面的链接与枢纽作用，为青少年劳动教育搭建平台、提供建设阵地，使劳动教育真正扎根于现实生产、社会生活的土壤；要把青少年劳动教育开展与落实情况作为社区工作业绩考核、评价社区建设与文化营造的一项必备指标。

（7）加大体力劳动与创新劳动教育力度，强化相关素养培育

中共中央、国务院《关于全面加强新时代大中小学劳动教育的意见》中提出了"引导学生树立正确的劳动观""以体力劳动为主"的教育原则。从调研中发现，这些原则并没能得到很好的贯彻与落实，不同程度地存在对体力劳动教育的重视不足、对劳动教育内涵理解泛化、劳动教育创新性不足等倾向。青少年正处于身心与社会性发展的关键期，一定的体力劳动有利于他们强壮体魄、锻炼意志、增强体验、舒缓压力、强化品质、知行合一等。同时，他们正处于认知能力与抽象思维能力高度发展的重要时期，他们的联想力、想象力丰富，创新性劳动会激发他们创造的热情与内在潜能。因此，建议在全面开展与推进劳动教育的过程中，强化体力劳动与创新劳动的重要地位，加大评价考核力度，提高要求，创设条件，为青少年

提供更多方面与形式的体力劳动与创新劳动的机会,增强劳动的光荣感、义务感与自我价值实现感,提升他们的创新意识与能力。

(8) 积极开展劳动教育的研究,提升劳动教育科学化水平

过去有关劳动教育的研究一定程度上丰富了人们对劳动与劳动教育的认识,但是有关研究存在"'号召'富于'行动','守旧'多于'创新','分散'胜于'集中'等问题"[①],即聚焦新发现、新问题、新样态的劳动教育研究相对较少,这更加凸显了加强劳动及劳动教育研究的必要性与重要性。建议壮大与优化劳动教育研究力量,建构由高等学校专业研究人员、相关专业机构与中小学劳动教育教研员组成的研究队伍,形成协同合作机制,建构符合青少年成长规律的劳动教育梯级体系和不同学段劳动教育的标准、任务与要求。把握经济社会发展对青少年劳动素质与能力的要求,了解他们的劳动状况,总结劳动教育经验,揭示劳动教育规律,科学构建劳动教育评价指标体系,开发劳动教育课程资源,促进劳动教育范式创新,有效地发挥研究对劳动教育的指导作用。

(9) 加大支持社会组织参与劳动教育的力度,推进劳动教育专业化、社会化

调研中显示劳动教育中存在的诸多问题,尤其是教育缺失、开展不到位等情况,一定程度上与学校、家庭、社区劳动教育资源不足、人手不够、专业程度不高有很大关系。此方面制约因素的解决,发动社会组织尤其是专业社会工作机构主动参与劳动教育是有效的路径选择。建议加强社会组织参与青少年劳动教育的支持与鼓励政策的制定,如设置政府购买劳动教育内容的项目,构建社会组织在劳动教育体系中的社会责任和奖励机制。加强社会工作机构建设,充分发挥社会工作者引导青少年参与劳动的专业优势,如优化活动设计、链接教育资源、培育青少年主体性等;运用社区

---

① 王坦:《劳动教育研究的进展、热点与趋势——基于国内外核心数据库文献的可视化知识图谱分析》,《当代教育论坛》2021年第2期。

阵地，注重思想引领，切实强化青少年勤俭、奋斗、创新、奉献的劳动精神培育；壮大社区志愿者力量，为青少年劳动教育的开展提供机会、人力、物力等条件支持与资源保障。

（该文刊于《中国青年研究》2021年第8期）

第八篇

社会工作教学研究

社会工作专业价值观教育存在的问题与应对

摘要： 社会工作专业价值观的重要性已成为共识，但是专业价值观教育中存在缺乏统一的专业价值观教育系统课程体系与内容的设计；注重认知性的教育，缺乏日常性内化的培养；缺乏专业价值观转化的专业实践与支持等问题。这些问题的产生是社会工作专业教育发展的必然过程的反映，受多元价值观并存的现实、社会工作专业边缘化地位、教师素质等多方面因素的影响。专业价值观教育的路径选择表现为：形成专业惯习、创设实践场域与平台、建构反思式与参与式相结合的学习范式、保持专业伦理规范的现实性与专业价值观超然性的统一。

专业价值观是社会工作的灵魂与核心，它不仅与社会工作服务相伴随，而且影响着社会工作的方方面面。王思斌教授认为："它界定社会工作本身——它的目标和意义，而且在于它同时界定社会工作的技巧和方法，机构的项目、目标和社会工作者的行为和态度。"① 专业价值观是社会工作是否具有专业性的标志，因为它为我们提供了从事社会工作服务的内在价值尺度与实践的根本性指引。缺失专业价值观为统领的所谓的专业技巧与方法的应用不过是缺失灵魂的形式、缺失内核的外壳而已。专业价值观的

---

① 王思斌：《社会工作概论》，高等教育出版社1999年版，第39页。

重要性在社会工作教育界已经成为共识，但是我们的专业价值观教育及其效果却不是那么令人乐观。这种反差现象是需要我们进行教育反思的重要问题，也是需要做进一步探讨的重要内容。

一　社会工作专业价值观教育存在的问题

几乎所有的社会工作专业教师都认为社会工作专业价值观的重要，在专业教学中都会着重强调这种重要性，在课程体系与课程教授过程中也有不同的设计与内容体现，只不过存在程度与深浅的差别而已。目前社会工作专业价值观教育，主要存在着如下问题：

（一）缺乏统一的专业价值观教育系统课程体系与内容的设计

对于社会工作专业来说，价值观教育应该是重中之重。但是现实的社会工作专业价值观教育呈现出不同的状态，有的学校社会工作专业有专门的专业价值伦理课程的设置，而且有对专业价值观教育的要求。还有很多学校没有将专业价值观教育作为课程体系的重要组成部分，也缺乏不同课程之中有关专业价值观教育的总体设计，形成了课程之间有关专业价值观教育的重复现象或弱化现象。当然，不是说有课程、有总体的设计，专业价值观教育就能够完全得到保证、效果一定会好，但至少在专业价值观教育的规范性要求与设计上要将专业价值观教育作为培养的重点内容。

（二）注重认知性的教育，缺乏日常性内化的培养

很多教师在进行社会工作专业价值观教育时，更多注重了有关知识与理论层面的灌输，当然不少教师会通过一定的案例与情景来增强学生对专业价值观的认知与理解，对所存在的可能性价值冲突与伦理困境进行相对生动的讲授，但往往缺乏对学生内化专业价值观实践层面上的要求与有意识的训练。结果，我们在现实中只要一提社会工作的价值观，所有的学生都能回答"助人自助"，都知道专业价值观的相应要求及重要作用，价值观教育只是内化成能够记牢的知识与理论，但是确实存在知行不一、理论与实践脱节的现象。很多教师缺乏践行社会工作价值观的日常性倡导，认为

价值冲突与伦理困惑只是在社会工作服务场域中需要注意的问题，不是日常生活与学习之中自己就要践行、就要内化的价值观，无法在日常生活、学习与服务之中形成有意识地以社会工作专业价值观要求自己的习惯与必要的训练，专业价值观教育自然成为游离于日常价值观念养成与训练的内容或部分。

（三）缺乏专业价值观转化的专业实践与支持

专业实习与实践是社会工作专业价值观得以内化与应用的重要途径，是学生能够通过参与式体验与践行专业价值观的重要方式。中国社会工作教育协会规定，社会工作专业教学必须保证每名学生800学时的专业实习，但是现实中的实施及效果却不尽如人意。近几年，随着专业社会工作机构的增多，这种状况有所好转，但问题依然较为严重，使得学生缺失参与式体验的机会。一是很多学生无法在专业的机构实习，往往无法得到专业督导跟进，缺失专业价值观得以践行的专业场域。而实习就成为一种完成任务的形式，教师的跟进程度也不一样。学生之所以无法在专业机构中实习，有着多种原因：有的学校没有建构专业的实践基地，学生的实习处于一种自发式的状态；有的学生忙于寻找就业岗位，进行非社会工作岗位实习以便就业。二是有些学生有机会在一些社会工作机构实习，但是不一定能够得到高水平的专业督导。有的专业机构本身就缺乏高水平的社会工作者，不能保证能够给予更好的指导。有的专业机构具有一定的规模，也具有实习学生可以实践的专业场域，但不一定有机会去应对专业问题的处理，或者得到较好的督导。一般而言，在专业机构实习，可以形成资深社工与教师的双督导制度，对学生在践行社会工作专业价值观方面提供专业上的支持。但是资深社工在协助实习学生处理现实问题的时候，是不是能够从专业价值观层面进行澄清与督导，而教师是否有意识地要求学生进行专业价值观层面的反思与及时的跟进，这些都不可能完全是一种应然的状态。因此，督导的专业价值观与对学生所提供的支持，对强化学生的专业价值观非常重要。

二 专业价值观教育问题的原因分析

专业价值观教育存在的种种问题，是社会工作专业教育发展到一定阶段出现的必然的现象。西方社会工作专业教育是在职业化发展基础之上而进行的，有着上百年的历史。而我国大陆社会工作的发展路径是先专业教育再到职业发展的运行轨迹。从 20 世纪 80 年代末，北京大学等高校开始设置社会工作专业，点燃了高校发展社会工作专业的星星之火，而专业教育一开始就缺失现实的实践场域与平台的支撑，社会工作的实践教学只能局限于实验室的模拟，社会工作专业价值观的教育也只能是注重理论层面上的灌输，教育内容基本上是以西方社会工作理论为主。同时，师资队伍只是在近几年开始有社会工作科班出身的教师，主力还是由社会学、心理学、教育学、思想政治教育、历史学、哲学等多种专业学科背景转过来的教师，他们往往缺乏系统的社会工作专业训练与教育，基本上是通过短期的培训与自学等方式得以成长，专业基础较为薄弱。现在科班出身的教师，也有不少人在实务之中接受的训练相对不足，对于专业价值伦理冲突的现实体验不足，所以社会工作专业价值观的教育必然会受到不同程度的影响。

随着改革深水期的到来，我国政府对社会工作服务在社会治理创新中的作用高度重视，政府购买专业社会工作服务正在逐渐推开，社会工作服务得以推进，在不同的地区，有不少高校社会工作专业教师以自办社会工作专业机构的办法来解决专业实践教学的需要。但是由于不同地区政府部门对社会工作重视程度不一、专业教师自身能力与素质等多方面的原因，这些自办机构面临着发展的可持续问题，专业服务存在诸多的挑战，但至少已经开始建构了专业的实践教学基地，主动进行了实践教学的现实尝试，积累了社会工作服务机构运营与管理、项目规划与服务的经验与教训。近几年，随着社会工作职业化的发展，社会工作专业教育已经开始了应用型人才培养的转向，注重社会工作实践教学，社会工作专业价值观教育的实践强化明显增强，但本土化的社会工作理论与实践正处于探讨与建构的过程中，本土化的社会工作价值伦理标准有待进一步建构，本土化专业价值观教育仍然是一块有待进一步开发的土地。

（一）多元价值观并存现实的影响

自媒体时代，改变了师生之间传统的互动关系，教师不再占有信息的优势，而是与学生站在了同样的信息平台之上。在这样高度开放的社会环境之中，多元价值观念并存，不同程度地影响着社会工作专业学生对专业价值观的接受、理解与认同。所以，仅靠社会工作专业教师的培养是远远不够的，因为学校不再是与世隔绝的象牙之塔，而是经济社会发展的一隅，专业社会工作价值观往往面临着其他价值观消解的可能。最明显地表现为学生对社会工作这一职业的选择上，有的学生是这样解释自己不从事社会工作专业的：我很认同社会工作的价值观，也认为社会工作这一职业的崇高，但是鉴于社会工作职业的现状，它不能满足我较高标准的生活要求，所以尽管我热爱，但我还要生活，我不得不选择其他能够更好地养家糊口的生活。有的学生说：我之所以选社会工作专业，就是因为社会工作专业可以让我有很好的训练与素养，或者我只是为了拿到一个本科或硕士的文凭，我学习它并不会从事这一职业。当然，不是说学生认同专业社会工作价值观与选择这一职业一定是必然的关系，但是，我们可以通过对社会工作专业的工具性理解看到不同价值观念的影响作用。

（二）社会工作专业教育边缘化使然

在很多学校，社会工作专业处于学科专业发展的边缘地位，缺乏应有的资源投入与支持。这种边缘化的地位，直接制约了社会工作教师自主性发展。因为社会工作专业较强的实务取向，使得专业教师往往在实践教学方面投入很多的精力与时间，这与高校对教师的考核要求有一定的差距，必然会影响教师投入专业的积极性，专业价值观教育自然会受到一定的影响。值得注意的是，社会工作专业教育的现实地位，与其专业教育的质量有着直接的关系，而评价专业质量的硬性指标就是招生与就业。因为过去社会工作专业的社会知名度较低，一般学校的社会工作专业往往不是学生的第一志愿，是通过调剂过来的，因为是"被"、是不得不学这个专业，很多学生对专业缺乏直接的兴趣与认同，甚至有排斥的心理，这直接会影响他们对社会工作专业价值观的认同。有的实现大类招生的学校，真正选择社会工作专业的学生很少，学生少的专业自然会成为不受重视的专业。由于现实专业机构与实习平台的缺乏，参与式学习与体验专业价值观的机会必然不多。这种专业发展的边缘地位，使有的学校社会工作专业处于面临预警、停招的现实处境，专业建设资源的缺乏，专业教师自我发展与专业能力建设会受到客观因素的影响，专业价值观的教育自然会相应受到影响。

（三）专业教师素质的参差不齐

专业社会工作价值观教育存在的问题固然有着客观的外在原因，也存在着教师素质问题。现实中，社会工作专业教师素质参差不齐，专业价值观教育自然会与教师的素质有着直接的关系，其教育效果与教师对专业价值观的认同与理解有关，与教师对自我的定位有着直接的关系。具体如下：

1. 缺失践行专业价值观的意识

有的社会工作专业教师缺乏践行专业价值观的意识，只是将教授社会工作专业价值观作为一种专业的要求，而不是身体力行地去体验、践行价值观，对学生是否掌握专业价值观仅限于理论与知识的掌握，仅限于授课任务的完成。正是教师缺乏身体力行，无法在课上课下真正去感染、影响、引导学生。具体表现为：

一是缺乏自我专业反思的意识。表现为不是从学生的角度，而是从自我的角度进行教学的设计与内容的设定，讲课中容易出现自我随意性设定内容的现象，避重就轻地增强自己感觉好讲的内容、容易引起学生兴趣的内容，因为价值观的抽象性、价值冲突与具体的伦理困境的复杂性，有的教师就会刻意回避自己无法澄清的内容，不去讲专业价值观的要求，不去反思自己课堂中的表现与学生的接受与认同的程度。在对教学效果的反思中，只会强调学生方面的原因，而不能从自我的角度去寻找问题。

二是有的教师不去参与社会工作服务实践，不身体力行地践行专业价值观，不与学生一起共同探讨与成长。由于缺乏应有的实践参与和体验，不能很好地将理论与实践有机地结合，课程的效果自然会大打折扣，而所谓创新性地开展专业价值观教育与培养则更是不可能。

2. 缺失正确的专业自信

在现实中，有的教师出现了以强调操作技巧方面的专业性代替身体力行的专业价值考量，表现出对自己所受到的专业训练的自信。当然，具有一定的专业自信没有错，但是如果这种自信是以对他人未受到或者缺乏专业训练贬低的基础上，就是一种缺乏自我省察与专业价值尺度衡量的盲目自信；强调专业出身，而忽视自我的专业检视与持续性的专业成长，会形成一种封闭式的自我中心主义的误区，缺乏所应有的开放性与交互学习的可能。同时，也会出现只注重操作规范与技巧而忽视专业价值观教育的本末倒置现象，必然会忽视学生专业价值观的培养与引导。

3. 存在专业价值观教育的无力感

社会工作的价值观有着明显的西方文化特点与伦理色彩，在本土社会工作价值观构建的过程中，如何在社会工作价值观教育中体现出本土化的特色，如何厘清专业价值观与传统价值观、社会主义核心价值观、西方价值观的关系，如何将专业价值观的要求转化为学生的内在认同、外在的行动实践，是对教师专业能力与水平的考量。现实中，个别教师容易受外在环境的影响，专业的边缘地位使之缺乏自我能力提升的动力，自然也就缺乏对专业所应有的投入与学习，缺失解读与建构本土化专业价值观的能力，形成了一种专业价值观教育的无力感。这种无力感表现为：逃避有关专业价值观教育的内容，缺失探究的信心与能力，缺乏自我对专业价值观教育的认知、理解与创新。不去参与专业社会工作服务的实践，与学生、与实践、与专业保持着一定的距离，自然在现实的教育实践之中不会在专业价值观教育方面着力。因为其缺失从理论到实践、实践到理论的信心、勇气和能力。这种无力感往往在现实的获得感缺失的情况之下会更为严重。

三 专业价值观教育的路径

专业价值观念的确立与养成,是社会工作专业价值观教育的目标,也是应对与解决现实社会工作服务中价值冲突与伦理困境的前提与基础。专业价值观的转化需要经过现实的实践环节,才能够有效地内化,形成个体内在的认知、理解与行动的遵循,才能与个人价值观有机地融合,成为个人价值观的有机组成部分,形成以专业价值观为指导的专业惯习,形成能够积极应对现实价值冲突与伦理困境的基础能力。

(一) 建构专业价值观教育为统领的社会工作专业课程体系

有关专业价值伦理课程不能只是社会工作专业硕士的必修课,还应该是不同层次的所有社会工作专业都设有的必修课,但课程应该体现理论与实践的有机结合。要进行有关社会工作专业价值观教育的总体课程体系设计,从新生入学的导学开始,到基本理论课程、专业方法课程、实践教学环节等都要有专业价值观教育内容的设定与要求,使专业价值观教育一直贯穿于学生培养的整个过程之中。

(二) 形成专业惯习

社会工作专业价值观的教育,需要进行专门的课程教授这种显性的教育方式,让学生了解专业价值观的重要性、价值冲突的必然性,掌握现实操作过程中应该遵循的最基本的伦理规范与原则。但更需要在平时的生活与学习过程中的隐性教育方式,即专业价值观教育与日常生活实践密切结合,通过日常性养成的方式,形成以专业价值观去进行思考、反思的专业惯习。布迪厄曾经强调:"惯习是行动者所形成的性情倾向系统,是后天在特定的社会环境或现实场域之中生成的自觉性倾向,甚至会形成一种无意识,无需要人们刻意去表现,而是那么得自然而然。"[1] 这种无意识的想法、

---

[1] [法] 皮埃尔·布迪厄、[美] 华康德:《实践与反思:反思社会学导引》,李猛、李康译,中央编译出版社2004年版,第152—154页。

观念与行为具有高度的自觉性，因为外在强化的价值观念已经内化于心、外化于行。社会工作专业价值观教育必须通过日常性养成的方式来潜移默化地形成学生以社会工作专业价值观看待问题与处理问题的习惯，但学生专业惯习的养成取决于教师的真实引导与示范引领。

教师要身体力行地形成以专业价值观为指导进行审视、反思与处理问题的惯习。而这种实践的场域不只是社会工作专业实践场域，更是广阔的现实社会生活场域。专业的惯习就是在日常性的场域中由有意识强化而达到无意识自觉的程度。它要求教师：一是要增强专业价值观的认同，这种认同不只是在对学生讲授过程之中对专业价值观的强调、深入浅出的讲解，更应该是自我对专业价值观的内在体验与认同。二是在生活中有意识地培养自己的专业价值敏感性，形成专业反思的习惯，不断进行自我省察与反思，能够一直保持社会工作的专业醒觉，以专业价值观来形成对现实问题的认识与理解。三是要在日常生活中明晰自己的角色定位，能够把握好不同的角色要求，有效地厘清与他人之间的关系，能够按照不同的角色要求履行角色的要求，避免角色混淆与泛化现象。四是能够多角度地看待问题，经常真实地换位思考，而不是简单只是从我出发。教师只有率先垂范，在现实中不断进行专业的自我省察与反思，不断换位思考与多角度考虑问题，不断强化专业意识，才能形成专业惯习，才能够较好地践行专业价值观，才能够更好地面对与应对现实的价值冲突与伦理困境，才能够真实地影响学生的专业惯习的形成。当然教师也要警惕在成长过程中积淀而成的惯习，这种惯习可能与专业价值观的要求相悖，可能使之在无意识的情况之下已经违反了社会工作专业价值要求。

（三）创设实践场域与平台

创设社会工作专业实践场域与平台，将学生置于真实的社会工作服务场景之中，让其在真实的社会工作服务过程之中去学会处理各方关系：如何以专业价值观来进行问题的处理，增强价值冲突体验，在冲突矛盾与困境之中学会如何去面对、如何做出选择。进行专业价值观教育，并不是要回避价值冲突，而是要学会如何去面对与处置价值冲突与伦理困境问题。实际上，价值冲突不只是发生在社会工作专业的场域，在日常生活之中，个体也总是处于思想内在的冲突、博弈之中，处于不断进行选择的过程之中，往往会围绕着应然要求与实然存在、本能愿望与社会期望之间来进行多方面的考量。这种博弈与选择是人们生活的常态，人们可能会承受着因博弈与选择所带来的内在痛苦与现实后果。专业价值冲突不可避免地带来价值观博弈与进行选择的痛苦，但痛苦的过程正是成长蜕变的过程。专业价值观的教育不能只是纸上谈兵，专业社会工作者的培养绝对不能简单地进行实验室的模拟，而是要走出教室、实验室，通过创建与进入社会工作服务机构的实践平台，通过承接与从事正式的社会工作服务，在专业服务的实践场域与平台上，去践行专业价值观，去将所学到的普遍性理论要求应用于现实之中，从而促成专业价值观的真正内化与外化。而现实服务的实践也是教师进一步反思专业价值观教育、提升自我专业性的最好场域。

（四）建构反思式与参与式相结合的学习范式

建构专业价值观教育的创新模式，就是要实现专业价值观与个人价值观的融合与内化。它要突出两个方面：一是参与式，因为参与式会给个体带来具体的实践体验，体验环节则会使知识转化为内在的需要与观念成为可能。二是反思性，因为只有反思可以进行价值观的澄清，才能进一步审视过往的一切，这既可以是过去经验的积累，也可以是过去教训的获取，能够以专业价值观为视角与尺度做出较为理性与客观的判断。具体表现为，为学生提供反思式与参与式相结合的学习范式。要求学生从自我成长体验当中思考，运用专业价值观进行反思。这不仅会有效地改进认知，而且会逐渐促成态度、信念与行为由外化而转为认同，由认同而内化为自己价值观念的有机组织部分。同时，要求参与现实的社会工作服务行动，就是在行动中、在实践中学习与反思，在行动中以专业价值观审视与思考，进行行动的反思，才能逐渐形成专业意识与行动。

（五）保持专业伦理规范的现实性与专业价值观超然性的统一

社会工作价值观具有抽象性与指引性，而专业伦理规范具有现实性与操作性。专业伦理规范是在现实社会工作服务之中各种关系处理的基本性规范，是社会工作者职业道德的基本性要求。如何面对与解决社会工作伦理困境，是专业价值观教育的重要内容。而专业价值观所要求的对社会公平正义与民众福祉的追求、对服务对象的尊重与关怀，更是专业价值观教育的重要内容，甚至是更为重要的方面。如果只进行有关伦理守则的教育与各种伦理困境的应对教育，而无视社会工作价值观中所要求的情怀培养与理想引导，那么，就会陷入技术理性所带来的误区，缺失价值观所应有的超然性、批判性与理想性。当然，如果只是注重价值观抽象性与理想性的教育，而不与现实的价值冲突与伦理困境应对的有机结合，专业价值观教育就会陷入空洞、无力的现实误区。马尔库塞认为：发达工业社会的人们出现了单向度的发展，理想与现实之间缺乏应有的张力，而是处于完全的同化状态，理想不再是存乎于人们心灵、精神与内心世界的高尚领域，而是转化为现实可操作性的术语或问题。[①] 理想与现实的同化，使得人们不再具有思想的崇高与抽象的特性，在转化为操作性术语与问题时，已经消解了理想所应该具有的超越性、思想所应该具有的批判性与创造性，人则没有能力超越现实而只能被现实同化。同样在专业价值观的教育中，也应该注意不要只是注重操作性的技术与技巧，而是专业价值观指导之下的技术与技巧，不要只是聚焦于具体价值冲突与伦理困境的应对，更要注重学生的社会工作理想与情怀的培养。

当然，本土化社会工作专业价值观教育是社会工作专业教育中重要且具有难度的教育内容，因为不能只是将其作为一门单独的课程或者简单的单项训练，而是贯穿于所有专业课程体系之中和整个人才培养始终的重要

---

① ［美］赫伯特·马尔库塞：《单向度的人》，刘继译，上海译文出版社2006年版，第53—54页。

内容。在社会治理创新的社会背景下,专业社会工作价值观教育如何回应现实服务发展的要求,成为专业社会工作人才培养的核心,是我们面临的艰巨任务。

(该文刊于《山东青年政治学院学报》2017年第5期)

社会工作专业实验课程分组教学的研究与评估

摘要：社会工作专业实验课程为《个案工作》《小组工作》《社区工作》《青少年社会工作》《社会学概论》《心理咨询与测量》。针对不同课程的自身特点，通过分组教学的方式进行实验研究，分组教学与不分组教学的适用范围不同，分组教学对学生专业知识的掌握与能力的提高明显优于不分组教学。

目前，社会工作在我国是一种新兴的专业与职业。无论是职业的社会工作，还是专业的社会工作，都正经历着本土化的过程。社会工作这一职业对专业社会工作者的专业理念与实践能力要求很高，要求社会工作者能够秉承社会工作的专业价值观与伦理准则，能够针对服务对象的实际处遇情况而采用相应的专业方式方法，以取得较好的效果。社会工作的专业教育要想培养出符合社会工作职业需求的专业人才，必须强化学生社会工作的专业能力、提升学生的专业素质与水平，突出实践性则成为社会工作专业教育发展的必然要求。

过去社会工作专业教学只运用理论教学模式，注重知识的传授与讲解，学生只能在认知上认同专业，但在实践中往往是低能儿，很难形成知行合一、学以致用的良好效果。本次社会工作专业实验课程分组教学的研究就是要通过分组教学的方式，以改变传统的纯粹理论教学的模式，形成符合专业特点要求的全新的教学方式，增强课堂中的实践内化环节，调动学生的主动性与积极性，使学生在课程学习过程中就能够主动运用所学的知识理论、方式方法，从而使学生不仅做到学以致用，且使专业能力与水平的提高成为自觉。

一 分组教学的方法及实验对象

本次分组教学是从社会工作专业不同性质的课程中抽取相应的课程作为实验改革的重点。其中理论课程《社会学概论》、以理论为主实践为辅的《青少年社会工作》课程、实践课程占较大比例的实务课程——《个案工作》《小组工作》《社区工作》《心理咨询与测量》。分组教学将以学生为主体，充分发挥学生在社会工作专业课程教学中的主体性与教师的主导性，培养学生的团队合作意识与精神，增强授课过程的互动，让学生主动掌握与提高课程所要求的知识与能力，达到最佳的教学效果。

本次分组教学的实验，根据课程性质的不同而采用不同的分组方式，即情景模拟的方法、SSR 模式（Study Independently, Seminar, Research）等，通过分组教学与不分组教学的实验进行比较，效果则通过观摩评价、调查评估等方式来进行测定。

实验对象：2007 级、2008 级社会工作专业学生。

二 分组教学的指导原则

尽管课程性质不同，其所要达到的教学目标不同，但是本次分组教学有各门实验课程必须遵循的指导原则。这些指导原则是对各实验课程教师所提出的基本要求，要求教师一定要在指导原则的框架中得以展开教学。

（一）注意合理分组

分组教学是手段不是目的，是想通过分组教学来探讨达到最佳教学效果的方式。但是分组要合理才能保证分组教学的效果。这种分组方式要结合不同专业课程的不同特点与要求来进行，即分组要根据课程内容的需要，通过一定的方式或随机进行划分，在划分的过程中要考虑到组与组之间的协调，要考虑到组内的协调问题。

分组教学不是简单的盲目的随机进行的课堂行为，它要求任课教师要在课程前做好总体计划，每次课堂前都要做好筹划，事先确定好分组教学的内容、方式，设定好分组教学的过程。这种计划性有利于教师更好地对教学过程进行掌控，有利于教师主导作用的发挥。

（二）注重课堂驾驭与互动

传统教学一切都按照教师的设定来进行，这种"我说你听"的方式，只要课前有充分的准备，就能较好地驾驭课堂。分组教学是以学生为主体的授课方式，这种方式也需要教师事先的设定，但是无论教师事先考虑得多么周密，在课堂上可能会出现教师事先考虑不到的新情况与新问题，这需要教师的应变能力，教师不仅对专业知识要精通，而且还要有一定的组织能力与应变能力，这样才能控制局面，才能出现生动活泼但不混乱的课堂气氛，否则会出现控制不了局面的混乱现象。

分组教学过程的互动性，是检验分组教学是否充分发挥教师主导性作用与学生主体性作用的一个关键点。如果互动性不强，可能会出现教师没能发挥主导性作用的混乱课堂局面，也可能出现学生没有积极参与的沉闷氛围，这样的结果是分组教学的失败。

（三）"主导—主体"课堂模式

"主导—主体"课堂模式充分认定了教师与学生在教学过程中的地位与作用，使整个教学过程能够得到有效的控制，同时也发挥了学生的主动性、能动性，容易使教学目标与要求内化为学生的需要，从而转化为学生的行为与能力。本次分组教学实验要求教师在教学过程中起到主导作用，要善于调动学生的积极性，要对分组的形式、分组过程、分组结果进行掌握与导向；要求教师要充分尊重学生的主体性，提高学生的参与意识，让学生在分组中能够表现自己、表达自己的观点与感受，使学生在分组的体验中体会角色、了解要求、自我展示。

三 社会工作专业实验课程分组教学的研究与评估

通过对 3 个学期的实验课程的实验与追踪，我们发现：通过分组教学，实验课程都不同程度地产生了良好的教学效果，而且不同的分组方式也基本上达到了较好的效果。

（一）分组教学与不分组教学各表现其独到的优势

分组教学与不分组教学作为两种不同的教学方式，对于提高学生的能力各有侧重，互相补充。在 3 个学期的实践中，6 门专业课都采取了两种方式相结合的授课方式，发现：

1. 两种教学方式适应的内容范围不同

不分组教学有利于形成学生的专业基础理论；分组教学有利于学生专业实务能力的提高。不分组教学更适合于专业基本理论与知识的讲授，它有利于形成学生的专业理论基础，对于学生专业能力的提高提供基本的理论与知识的支持。如 6 门课程的基本理论与知识，教师可以通过不分组讲授的方式，既节约时间，也有利于学生的理解。

分组教学更适合于专业实务能力的培养，它使学生能够在专业实务的演练中，在角色分配的过程中去体会、感悟专业的要求，去主动进行专业的思考、主动运用专业知识，从而使知识通过一定的行为内化。如在社会工作的过程中，能否真切地体会服务对象的感受、与服务对象共情以形成良好的工作关系，对社会工作能否取得成效具有重大的影响。但是不分组的教学方式只是教师与学生单向的交流，学生之间缺少更多的交流与沟通，对如何与人建立共情、如何表达自己的同理心等社会工作的专业技能难以实践，因而也很难去体会服务对象的感受与想法。而实行分组教学后，教师与学生之间双向互动，小组成员间有了充分的沟通与交流的机会，同时为了完成任务而进行的讨论、争执与冲突使学生真切地体会到了在小组活动中成员在相似状态下的心理体验，这些体验，在将来的实际带领小组中，会使他们懂得自己该在什么时间、什么状态下去介入成员间的冲突，从而更好地去解决问题。

2. 两种教学方式的课堂特点不同

不分组教学有利于教师对课堂的掌控；分组教学互动性的增加有利于形成活跃的课堂气氛。不分组教学存在的课内互动，是教师与学生之间的互动，而互动的主体是教师，客体是学生，主体的教师要通过一定的教学手段吸引学生的注意力，很好地进行课堂的管理，教师可以通过观察、提问等方式了解学生对讲授内容的掌握情况，这种互动，是学生相对被动、教师容易控制的互动。

分组教学的课内互动，是学生与学生、学生与教师之间的多方面互动，学生与教师都是互动的主体。当然教师在学生互动中应该起到主导的作用。这种互动，学生是主动的互动，学生与学生之间有思想的交流与碰撞，有相互间的沟通与协调。这种互动一直处于一种动态，需要教师相应的控制能力。如果教师能够很好地控制，那么这种互动会更为生动、气氛更为热烈而融洽。

（二）分组教学对学生专业能力提高的具体表现

通过实验，我们发现分组教学对学生专业能力的提高表现在如下几个方面：

1. 提高了学生的课堂参与能力

分组教学要求学生个体的积极参与，它对每一个体都提出了相应的要求与任务。学生的课堂参与过程表现为：开始在任务重压下的不得不参与，到后来的主动参与；开始只是少数学生干部的主动参与，到后来平时内向不好表现的学生的积极参与。参与能力的提高是其他能力提高的基础，在参与的过程中，学生会主动思考问题，会想方设法运用其专业知识，从而使他们的专业知识得以内化，应对问题能力得到提高。

2. 提高了学生的语言表达能力

分组教学要求学生必须将自己的感受与体验与大家分享，如何去表达自己的感受与体验，如何能让大家对自己的感受与体验产生认同和理解，取决于学生的语言表达;分组教学要求学生要完成一定的任务,如何去完成任务,如何把自己的想法和意图表达清楚,如何去赢得别人的理解、支持与合作,需要学生的语言表达;分组教学要求对其他同学的想法、做法进行评价和提建议,仍然需要学生的表达。整个分组教学过程不少同学实现了从不敢在众人面前讲话,到主动表达自己;从不能清楚地表达自己的想法到能够清晰地表达自己见解的转变。

3. 提高了学生的人际沟通能力

分组教学加强了学生与学生之间、学生与教师之间的互动。在互动的过程中,会出现人际间的磨合,会因为个性特点不同、观点不一致等产生相互之间不理解、不支持甚至不合作的现象,而如何与别人合作、寻求组内的共识、达成组内和谐,从而出色地以团队的力量完成任务,这是每一个学生都要考虑的。小组成员之间的互动让他们学会了一定的人际沟通技巧。

4. 提高了学生客观认识自我和他人的能力

分组教学要求有较强的团队合作意识与精神,要求每人都能在团队中寻找到自己的位置、担当一定的任务。每次团队任务都有时间限制。在较短的时间内形成较为合理的分工要求,学生对小组中的他人与自己有客观认识与了解,无形中强化了学生的团队合作意识,提高了学生认识他人和自我的能力。

5. 提高了学生的活动策划能力

分组教学尤其是《个案工作》《小组工作》《社区工作》《青少年社会工作》课程,要求学生能够很好地进行活动的筹划及方案的制定,这些方案要具有现实的可行性。《个案工作》课程要求学生能够针对服务对象的特点与具体处遇情况设计个别化的服务方案;《小组工作》课程要求学生利用所学的理论与知识去完成某一主题小组活动的策划方案;而《社区工作》课程要求方案比小组活动要宏观,突出社会资源的整合与利用;《青少年社会工作》课程则要求针对不同情况不同群体青少年的特殊性采用综融型的活动方案。这些课程都是从不同的视角对学生的专业活动策划能力提出了要求，使学生的活动策划能力得到了提高。

6. 提高了学生的专业适应能力与专业实践能力

为了进一步检验不同教学模式的教学效果，我们特别挑选与安排了暑假和平时周末的实习。其中，暑假期间，在2007级实验班级与非实验班级分别抽取了6位能力相当的同学到山东省儿童发展教育中心参加了为期21天的"少儿注意力训练营"，他们的主要任务是观察和记录孩子在各种活动中的表现，分析孩子存在的主要问题，同时对这些问题提出改进方案，然后通过个别辅导和小组活动的方式帮助孩子解决问题。训练营结束后，被山东省儿童发展教育中心评为优秀指导员的同学中，实验班级的学生占了5位，非实验班级的学生只有1位。该中心的曹主任和专职老师一致认为，实验班级的学生普遍具有更好的适应能力、沟通能力、组织能力和实践能力，他们给人的感觉是很有经验。

（三）分组教学对学生专业知识与技能掌握的考核变化

分组教学对学生的专业技能的强化提出了较高的要求，也促使对学生考核方式的变化。

1. 改变了传统的考核方式

分组教学对课程的改革，不仅表现在教学方式的改变，而且还表现在对学生能力要求、考核标准的不同要求。本次分组教学实验的一个重要的成果，就是考核学生方式的改变。如根据《小组工作》课程的性质与特点，突出考核学生的小组工作的实际技能，对学生考试方式进行了相应的改革，即以设计小组活动方案的实际技能为主。《青少年社会工作》课程考试方式通过给出的案例，让学生对案例中的服务对象进行分析与相应服务方案的设计，改变过去那种纯粹知识性的考试方式。《个案工作》采取了理论与实务各50%的考核方式。

2. 同样的考核方式，分组教学更具优势

以《心理咨询与测量实务》课程为例，其分组教学占据整个课程的二分之一。两类学生采用的试卷虽然不同，但难易程度完全一致，知识考点的分布也大致相当，具有可比性。实行分组教学的班级取得了比对照班更优异的成绩。可见，分组教学更有利于发挥学生的主观能动性，学生对教学内容更容易理解、掌握和应用（见下表）。

	2007 级社工专业 3 班（对照班）		2007 级社工专业 1、2 班（实验班）	
	期中	期末	期中	期末
及格人数	24	29	51	56
不及格人数	9	4	7	2
及格率（%）	72.7%	87.9%	87.9%	96.5%
优秀率（85 分以上）（%）	33.3%	27.3%	46.5%	43.1%
最高分	91	96	100	98
最低分	37	41	43	52
平均分	75	68	83	81

（四）学生对分组教学的反映

通过学生座谈会与问卷调查两种方式了解学生对这次分组教学实验的体验与看法。学生对分组教学的方式表示欢迎，认为分组教学能够提高自己的综合素质。

1. 学生座谈会情况

学生座谈会包括实验班级的 15 名同学和非实验班级的 15 名同学，这些同学中学习成绩好的占 20%，差的占 20%，一般的占 60%。学生普遍认为这种分组教学的方式是以前很少经过的，在开始的分组教学中只是感到好奇，逐渐感到分组教学给自己带来的压力，课程结束反思后发现自己确实有着明显的提高。

07 级的于涛同学这样谈道："以前从来没有觉得上课是这么需要动脑子的事情，以前只是老师讲自己做好笔记就可以了，只要考试前认真复习拿个好成绩是不成问题的。但是分组教学让我感到了从来都没有的压力，尤其是《小组工作》这门课，我课下跑了好多次图书馆、资料室，还有电子阅览室，我自己觉得准备得没法再充分了，可是到实际操作时就发现有很多情况是自己事先根本没有考虑到的，往往是手忙脚乱的，而且一个小小的细节处理得不好，可能就产生不了好的效果……分组教学的方式让我们得到了锻炼，这种锻炼是以前所没有的，让我们学会了思考，学会了如何应付突发的情况，让我们学会了如何与别人合作。"

08级的孙炳超同学说："我以前不愿和生人讲话，一讲话就脸红，分组教学提高了我与人沟通的能力，我知道如何与别人接触与沟通，如何抓住双方的共同点，如何去表达自己的想法，如何站在对方的角度考虑问题……"

……

2. 问卷调查结果统计的情况 本次问卷调查在2007级实验班级的33人，2008级实验班级的58人，共计91人。发放问卷91份，回收问卷91份。调查结果如下：

喜欢的教学模式		2007级（33人）	2008级（58人）
	不分组教学	9（27.3%）	7（12.1%）
	分组教学	24（72.7%）	51（87.9%）

具体表现为：

平均80.3%的学生喜欢分组教学，19.7%的同学喜欢不分组教学。平均94.5%的学生认为分组教学有利于培养学生的自学能力，有利于培养学生的合作精神，有利于学生主观能动性的发挥，对所学的知识更容易消化、理解和吸收，有利于激发学生的学习兴趣，有利于提高学生的表达能力，能够增进学生之间的交往和友谊，有利于提高学生的学习成绩和学习效率。在这次分组教学的实验中，实验班的学生，有91%的同学认为通过分组教学，自己在自信心、人际交往能力、合作能力、学习兴趣、分析问题和解决问题的能力等方面都得到了很大的提升和发展。

总之，无论是座谈会还是学生问卷调查，我们都可以发现学生对分组教学的认可度高，认为分组教学确实有利于专业知识的掌握与运用，能够提高自己的能力。

（五）教师对分组教学的看法

参加分组教学实验的教师普遍感到分组教学的压力明显加大，但是分组教学有利于自身业务能力的提高。不分组教学可以按照事先的准备"照本宣科"，一切都按照教师自定的思路，而分组教学尽管事先也有准备，但是在实施的过程中，往往会出现一些意想不到的情况，这需要教师自己的应变，而且教师是否能够解答好群体问题，会影响到学生对教师的评价。教师普遍感到分组教学面对的考验与挑战比不分组教学的要明显增多，在分组教学的组织中教师除了要有较强的专业能力，还必须具有很强的应变能力与组织能力。任课教师普遍反映学生对分组教学感兴趣，学习的主动性与积极性明显提高，向教师请教的次数明显增多，分组教学不仅加强了学生之间的互动，而且也加强了教师与学生之间的互动，他们普遍反映在分组教学的过程中常常会出现很多的意外收获，如出现教师可能没有想到的但是非常到位的视角与观点，让教师也从中获益。因此，分组教学不仅有利于学生的成长，教师也在同时成长。

（该文刊于《山东青年政治学院学报》2011年第5期）

分组教学模式的理论构建与实践策略

——以社会工作专业为例

王玉香 吴立忠

摘要： 与一般的分组教学模式只是注重通过分组来变化教学组织形式，展开激励、竞争，更好地因材施教不同，社会工作分组教学模式更呈现出社会工作专业教学的独有特色。分组教学模式的基本程序分为三个阶段：准备阶段、实施阶段和评估阶段。在分组教学的具体实施过程中，要注意具体程序设计、合理分组、激励评价等关键问题。

社会工作在我国大陆是一种新兴的职业，该职业要求具有较强的社会工作实务能力。分组教学是我们在近几年来在社会工作专业课程教学中不断尝试、探索的一种教学模式。作为社会工作专业课程教学方法的新尝试，分组教学的实施，有助于提升学生对社会工作价值理念的认同，强化共情、接纳等专业能力，深化对个案、小组、社区等专业理论知识的理解，形成社会工作专业所特有的专业素养。

一 社会工作专业分组教学模式的概念和特点

社会工作专业分组教学模式，是指针对社会工作专业教学要求，通过分组形式，围绕团体任务、项目进行有效的分工合作，采用设计、创作、体验、共情、价值澄清等方式来最大限度发挥个体主体性和团体动力作用，促进学生社会工作素养的全面提升而制定的一整套教学结构程序。

与一般的分组教学模式只是注重通过分组来变化教学组织形式展开激励、竞争，更好地因材施教不同，社会工作分组教学模式更呈现出社会工作专业教学的独有特色。它不仅仅是实现教学组织形式上的变化，更是借助、依托分组的形式，来拓展教学目标，精选教学内容，强化教学设计，丰富教学评价，以全面展现社会工作专业教学的实践性、训练性、情境性、体验性、交往性、合作性等特点。

我们认为，分组教学模式具有以下几个突出的特点：

（一）立足团体

分组教学模式的基本功能在于通过小组的参与组织来促进组员发展。小组这一团体的任务设定、组织构建，小组活动的开展、小组功效的检验是分组教学的主要构成部分，小组成员通过在小组中的任务承担、角色扮演等活动来促进团体任务的完成、个人素质的拓展。离开了小组这一团体，分组教学就失去了存在的意义，把小组仅仅视为组织的形式而不看成是目的，社会工作分组教学就没有了特色。小组这一团体的构建发展是分组教学的生命线。立足团体、依靠团体、发展团体，并不意味着忽视小组成员的自主能动性，而正是通过参与小组团体的发展，小组成员的自主能动性得到更充分的激发和体现。

（二）突出互动

围绕团体任务设计、项目管理等活动，小组成员间的交往互动成为必然要求，也相应有了一个互动的空间。团体任务的圆满完成，需要成员间的分工协作、商谈讨论、互帮互助等多样的言行、思想、情感等方面的交流、碰撞、协作与融合，没有了这一切，分组教学则名存实亡，失去了活力与根本的发展动力。在互动合作中，个体才有了表达表现自我的机会，团体最大合力才可能强有力地产生。交往互动本身，也是社工必备的核心技能之一，必须通过分组教学着力培养。

（三）重视体验

社会工作者必须要有高尚、丰富的情感，必须具备体察、感受、理解、同情受助者情感的能力。这方面素养的培养反映在分组教学中，就是要创设贴近现实生活的情景，使学生通过角色扮演形式，切身体验、感受，从而让学生充分体验社会工作专业所要求的同感能力与共情能力，能够充分体会到获得他人支持理解的重要，充分认识到与人交往沟通的重要，能够真切地体会到社会工作价值理念与个人价值观念的冲突，能够体会到接纳的艰难，体验反思对自我成长的重要，等等，从而提高社会工作实务能力。

（四）强化探究

分组教学把任务项目的设计、运作，问题探究、解决等方面的能力作为教学目标的重要内容，这是由社会工作专业特点所决定的。社会工作者被称为"社会医生"，要去解决各种纷繁复杂的社会矛盾与社会问题，面临着社会和个体两个层面上的价值矛盾冲突，这要求社会工作者必须具备足够的组织协调、构建管理、运作调控能力，分析问题、判断问题、解决问题的能力，观念辨析、价值澄清、思想引领能力。分组教学模式为这些综合能力的培养提供了条件和空间。

（五）旨在能力

旨在能力，是指相对于传统教学过于重视知识传递、在能力培养方面缺乏实效的状况而言，社会工作专业分组教学将社会工作专业技巧、能力的训练、培养作为核心的教学目标并通过分组这种有效的教学组织方式来确保这一目标的圆满完成。这一点体现了社会工作专业教学区别于其他专业教学、其他类别分组教学鲜明的实务性、实训性特色。而这一特色的实现要坚持理论联系实际，实现课堂与课外、书本与生活、教室与社会的充分结合。

二 社会工作专业分组教学模式的实施程序

教学模式要具备一整套系统连贯的操作程序。这里，就社会工作专业分组教学模式的一般实施程序予以介绍。

分组教学模式的基本程序分为三个阶段：准备阶段、实施阶段和评估阶段，简称"三定、三步、三评"模式，如下简图。

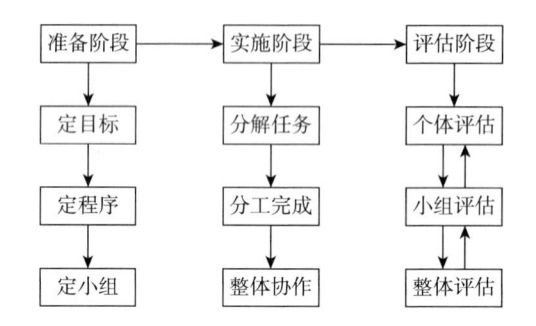

```
准备阶段 → 实施阶段 → 评估阶段
   ↓          ↓          ↓
 定目标     分解任务    个体评估
   ↓          ↓          ↕
 定程序     分工完成    小组评估
   ↓          ↓          ↕
 定小组     整体协作    整体评估
```

（一）准备阶段

这一阶段的主要工作是明确学习目标，确定教学程序，合理分组。学习目标具有定向、激励和评价作用，它直接影响到学生学习的效果，所以这一阶段，一定要使学生充分地去认识、理解目标。要从课程内容的角度、学生个体发展的角度、小组任务的角度去充分认知、分解、整合、协调学习目标。根据学习目标与任务，再进行教学程序上的设计与安排，其中尤其要注意小组集体活动和小组成员个体活动的衔接配合。然后，根据任务进行合理分组，确保小组成员在数量、人员搭配上的合理性。为更好地进入实施阶段，准备性阶段可以有针对性地做些前期工作，比如，教学所需材料的准备，相关资料的搜集、整理，前期调查、访谈的进行，角色扮演的前期排练，等等。

（二）实施阶段

实施阶段是分组教学的核心。社工专业分组教学的主要类型是实务性任务型分组，以此为据，实施这一阶段包括分解任务、分工完成、整体协作三部分。围绕任务的完成，这一阶段的主要工作有，具体分工协同的操作、制作、展示等，具体情境下的训练、扮演、表演、竞赛，围绕问题展开的协商、探究、争论等。

实务性任务小组的教学中，教师将任务分给不同的任务小组后，小组成员要通过相互协商的方式分解任务。分解任务的过程，实际上就是小组成员接受一定角色任务的过程，也是组内相互合作与分工的过程，分解任务也存在着组内协调的问题；每个小组成员根据自己的任务去做充分的准备、完成任务，这是个人充分展示、运用所学知识理论的过程，也是主动学习的过程；然后小组成员一起共同探讨共同完成任务，这是组内进行交流合作的过程。

这其中独立学习、小组学习、集体学习相互配合，运用比例根据实际任务灵活变化，但总体上以小组研讨、行动为主。

（三）评估阶段

评价的对象包括班级整体，各个小组，学生个人。以小组评估为主，通过小组评估渗透、体现整体评估和个人评估。主要是围绕核心任务完成情况，全面评判各个小组在学习态度、学习方法、学习能力、学习效果等方面的表现，同时结合分工情况，全员评价小组成员的表现，评价的过程贯穿完成任务的整个过程。概括而言，这是一种"一心三全"的评价模式（任务核心，全面、全员、全程评价）。

三　分组教学实施中的几个关键问题

（一）分组教学模式的具体程序设计

适应不同课程、不同学生的需要，分组教学这种模式在实际运作中要进行微观层面具体程序、步骤上的设计。这是保证分组教学模式由理论转化为实践、可操作化的关键环节。这方面的操作分两步：第一步，模式主题设计，即依据不同课程的具体教学任务，分组教学分化出不同的主题类型，主要包括理论深化模式、技能训练模式、观察诊断模式、情感体验模式、价值澄清模式，等等。这种多元主题类型的划分，目的在于有针对性地去落实教学任务、完成教学目标，充分体现分组教学"一体多用"的特点，展现教学上的灵活多样。第二步，具体程序步骤的设计。根据社工专业教学的特点、任务，依据模式划定的主题，构建灵活多样的程序步骤。以观察诊断模式为例，其步骤为"课前准备—现场观察—小组分析—集体分享—形成报告"。总之，分组教学程序步骤的设计，要体现统一性与灵活性相结合的原则。

（二）合理构建小组

小组是分组教学模式的细胞，合理组建学习小组是保证分组教学得以顺利进行的前提。从教师方面而言，其任务是要营造一个互相尊重、心理相容、关系和谐的学习环境，以便能使每个学生根据自己的实际情况、需要有机地参与到学习活动中，从而提高学生的学习兴趣和主动性，敢于承担任务，乐于讨论问题，勤于探究问题，勇于展示、锻炼自己。社会工作专业分组基本不采用互补型学习小组，而是进行随机性分组。这种分组方式，会给每一个小组成员带来新的挑战，会使个体面临去了解其他小组成员，去建立新的合作关系的问题，这样能够提高社工学生的人际沟通能力，学会在新的小组中进行自己的角色定位。小组长可以采取自主承担，轮流负责的形式，使更多的同学参与进来，获得学习、指挥、管理的机会。因此，社会工作专业分组教学往往遵循"任务导向，服务训练"的分组原则，即分组要根据具体的任务来确定小组人员的数量、角色分工等问题，保证社工技能、技巧训练的有效完成。

（三）培养小组组织、管理技能

小组组织、管理技能不但是分组教学顺利实施的保证，更是社工专业学生必备的专业素养。在分组教学过程中，教师要向学生明确他们必须承担的个体角色、责任，个体与同伴、团体之间的荣辱与共的关系。这样，通过角色分工使小组全体成员都履行相应的职责，保证学生全员参与、各负其责、各司其职。在这个过程中，学习相应的组织、管理小组，建设、发展小组的技能技巧。还可以通过具体的小组形象设计增进凝聚力，增强归属感，如通过小组组名、组训、组标和小组奋斗目标等小组形象设计手段来提升小组建设技巧，提升团体凝聚力。总之，是要把小组组织、管理技能既作为专门的教学任务来看待，同时也要使之成为强有力的服务专门教学任务的手段。

（四）精心提炼、加工小组学习内容

要使分组教学取得教学上的高效、特效，教师必须科学设计分组教学的内容。内容是要为教学目标服务的，这就意味着分组教学的过程绝不是照本宣科，更不是理论上的灌输。从社工专业教学的目的来看，教学内容的选取、提炼、加工要服务于社工综合素养的形成。着眼于这一目的，依托分组这一形式，在教学内容的选择、加工上要着重加强三个方面：第一，加强内容加工的问题导向。即以问题为依托，组织小组进行充分地探究、讨论，以深化、拓展对问题的认识；第二，加强内容加工的任务导向。以任务为目标，组织小组成员协调分工，发挥集体合力，在任务完成过程中锻炼社工的综合分析问题、解决问题以及项目设计、管理等方面的能力；第三，加强内容加工的训练导向。以训练为抓手，组织小组成员相互扮演、展示、观摩，以保证扎实牢固地掌握社工技能、技巧。

（五）多元评价，激发动力

社工专业分组教学，以过程性评价为主，充分重视对每次分组活动的考查、评价。每次分组教学评价，即可以单独构成一个评价单元，以评价学生及其所在小组在某一专项方面的表现，同时，也构成了整个学期、学年综合考查的一个有机组成部分，这充分体现了评价过程与结果的有机互补，整体与部分的有机统一，集中与分散的有机结合。

在评价手段、方式上，分组教学打破传统单一的纸笔测验的方式，通过任务书、案例分析、策划方案、角色扮演、问题解决等不同角度层次任务、项目的完成来考查学生多方面的素养。并且以此为基础，建立起小组及其成员的表现、成长档案。在评价主体上，成员间互评为主，充分重视每位组员的智慧和力量。这既可以培养评价者的反思、批判能力，也使被评价者获得了多样的可以参照、比较的评价信息。所有这些策略，都旨在把评价作为教学过程本身，通过多样方式，充分发挥评价在教育、督促、发展方面的力量，促进以实际能力为导向的学习模式的养成。

总之，通过分组教学模式的理论与实践研究，可以更好地探索分组教学的规律，以促进该教学模式在社会工作教育教学中的应用与推广，培养大量的符合社会工作职业要求的高质量的专业社会工作人才，为社会管理与服务提供优质的专业社工人力资源。

（该文刊于《当代教育科学》2012年第21期）

社会工作应用型人才培养的逻辑和特征研究

摘要：社会工作应用型人才培养需遵循其内在的逻辑，表现出相应特征。社会工作专业教育在不同程度上存在着培养目标行业导向性不强、课程体系定位忽视专业能力、实践教学体系不够完备、师资队伍实务能力不足等问题，表现出与社会工作应用型人才培养逻辑不相符的现实状态。社会工作应用型人才培养的逻辑是以社会工作行业要求以及职业胜任力为原点来定位人才培养的目标，并据此进行课程体系设计、教育教学的组织实施与评估，形成反向设计、正向实施的闭环培养系统。基于此逻辑，社会工作应用型人才培养活动呈现：培养宗旨的双重服务性、培养主体的多元共生性、培养场域的惯习养成性、培养方式的真操实练性、培养过程的自我反思性等特征。只有把握社会工作应用型人才培养的逻辑和特征，才能真正培养符合社会治理创新与经济社会高质量发展需要的社会工作人才。

近年来，为适应社会治理变革、服务经济社会发展的需要，高等教育正在发生着强化应用型人才培养的战略改革。教育部出台了系列文件推进应用型人才培养，如相应高校向应用型转型，深化产教融合，鼓励大学生创新创业等，以保证应用型人才培养的规模与质量。加强应用型人才培养规律、特点、模式、路径等问题的探索，成为高等教育研究的热点问题。作为实践性很强的社会工作专业理应涵盖在应用型人才培养的范畴之内，应用型人才培养成为社会工作专业教育教学改革必须面对的现实问题，是社会工作专业教育"从规模化转型至内涵式发展"[①] 的必然选择。笔者认为，提升社会工作应用型人才培养的质量，需要进一步厘清人才培养的逻辑问题，把握其表现特征，从而进一步明确人才培养目标、改革人才培养方案、构建人才培养体系、创新人才培养模式，才能真正培养符合社会治理创新与经济社会高质量发展需要的社会工作人才。把握应用型人才培养的逻辑是社会工作专业应用型人才培养及其教学改革的基础与前提。本文主要针对社会工作专业本科来探讨社会工作应用型人才培养问题。

一 社会工作应用型人才培养的现实问题

2004年劳动与社会保障部公布的《社会工作者国家职业标准》标志着职业化的社会工作从制度上予以确立。从2008年开始实施全国社会工作师职业资格证书考试，到2019年开始实施高级社会工作师考试，标志着我国社会工作人才队伍建设由职业化向专业化发展推进。2006年中共十六届六中全会首次提出要建立宏大的社会工作人才队伍的目标。2011年国家18部委《关于加强社会工作专业人才队伍建设的意见》、2012年19部委《社会工作专业人才队伍建设中长期规划（2011—2020年）》等系列政策文件的出台，不仅有效地促进了社会工作行业市场的进一步构建，而且更加明确了培养造就一支数量充足、结构合理、素质优良的社会工作专业人才队伍的目标，其任务更加明晰。新时代社会主要矛盾的转变，以及加强与深化社会治理体系与治理能力现代化的现实需要，社会工作成为社会治理体系中的重要主体与专业力量。打造共建、共治、共享的社会治理格局尤其需要培养大批能够扎根基层服务民生、解决现实复杂矛盾、处理突发事件与问题的社会工作专业人才。然而相较于如火如荼的社会工作实践，社会工作

[①] 陈文华、钟耀林、郑广怀：《社会工作教育在社会工作专业化发展中的作用——基于一个整合的概念框架》，《社会工作》2020年第4期，第61—76页、第111页。

社会工作应用型人才培养的逻辑和特征研究

教育却面临着发展滞后、边缘和异化的困境,① 自 2010 年以来,社会工作教育与实践基本脱节,② 在当前政府大力推动专业社会工作发展的背景下,社会工作人才需求和供给之间的矛盾无疑将成为制约我国社会工作发展的瓶颈之一。③ 目前社会工作专业人才培养与社会发展的现实需求之间存在着明显的张力,社会工作专业教育教学面临需要进一步调整与改革的现实问题。

(一) 社会工作专业培养目标的行业导向性问题

应用型本科人才,除了高等教育的基本定位之外,更应该有亲近行业的"应用"特征,更应突出强调为产业发展服务的专业能力与实践动手能力,更应该具有将创新思维转化为创新成果、推动社会发展的能力。④ 就社会工作专业教育回应现实需求而言,存在先天不足的情况。我国社会工作发展具有"教育先行"的特点,专业化社会工作起步之初,行业市场发育不充分,专门的社会工作机构较少,民众服务需求意识不强,受这些因素的共同影响,社会工作人才培养目标定位难以有充分的行业岗位作参照、呼应,导致培养目标行业导向性不强。随着社会工作岗位的不断开发、社会工作事业的不断发展,高等教育回应现实需求的能力逐渐增强,尤其是相关社会工作服务国家标准的出台,社会工作行业的规范化不断增强,但还是存在明显的社会工作发展不平衡与不充分的现实问题,有关本土社会工作行业标准仍然需要进一步开发。尽管人才培养的行业导向性逐渐增强,但还是不同程度存在着没有很好地聚焦行业发展的现实问题,社会工作专业人才培养目标缺乏行业精准性导向,甚至还存在着一定空泛倾向。

---

① 闵兢、梁祖彬、陈丽云等:《我国社会工作教育的历史轨迹与范式转向》,《社会建设》2019年第5期。
② 郑广怀:《联结"社会工作教育与实践"专题讨论》,《社会工作》2020年第3期。
③ 栗志强:《错位:社会工作专业人才的"机构需求"与"高校培养"——基于郑州市的研究》,《社会工作与管理》2015年第6期。
④ 钱国英、杨亚萍、崔彦群:《强化行业能力的应用型人才培养体系设计与实践——以浙江万里学院专业综合改造为例》,《中国大学教学》2015年第3期。

(二) 社会工作专业课程体系构建的定位问题

由于培养目标的行业导向性不足，社会工作专业课程体系往往缺乏对社会工作行业要求、现实服务的有效回应，加之中国高校社会工作教育体系的设立，更多的是采用"拿来即用"的方式，即在基本价值体系、理论依据及工作技巧等方面采用西方社会工作的基本模式，[①] 导致课程体系偏重于按照西方社会工作理论体系设计，重视理论的系统性、完备性，教学之中缺乏对中国社会工作实践发展的正确认识。[②] 由于缺乏足够的本土化改造，导致课程体系与现实社会工作发展的实际结合不足，缺少需求导向与学生专业能力发展关照的设计；课程目标的实践导向较为模糊，对培养社会所需要的社会工作专业应用型人才聚焦不足，缺乏学生专业能力与课程设置间的逻辑对应，往往忽略了学生专业能力成长规律的遵循。

(三) 社会工作专业实践教学体系及其落实的问题

社会工作是一门注重实践的学科，开展"实务导向"的社会工作教学具有理论与现实的必要性，[③] 但是在中国社会工作教育的实践中，最大的问题就是缺乏实践。[④] 在社会工作专业教育初始阶段，缺乏现实的社会工作专业服务场域，专业实践平台与资源明显不足，导致社会实践、专业实习安排受限，实习实训呈现零散、不系统的状态；实务训练主要依赖课堂案例分析与实验室模拟演练，简单模拟化特征明显，与现实社会工作服务的真实情景性相差较大，学生的现实专业应变能力培养受到一定的限制。尽管多年来不少社会工作专业教师领办社会工作服务机构，以解决学生专业实习的现实问题，使得相关问题得到了很大的改善，但是社会工作专业实践

---

① 李迎生、韩文瑞、黄建忠：《中国社会工作教育的发展》，《社会科学》2011 年第 5 期。
② 何雪松、刘仕清：《社会工作教育高质量创新发展的挑战与应对》，《西北师大学报》（社会科学版）2020 年第 3 期。
③ 王梦怡、范慧、彭华民：《体系建构与专业反思：中国社会工作教育协会 2016 年会综述》，《社会工作》2017 年第 2 期。
④ 朱健刚：《服务学习：社会工作教育的通识化》，《学海》2020 年第 1 期。

教学体系的建构仍然不同程度地受到过去惯性的影响，存在是否能够真正落到实处的问题，甚至"机构实习失灵"成为一种较为普遍的现象。① 这些情况均说明我国社会工作教育模式依然滞后，实践教育制度建设依然薄弱。②

(四) 师资队伍专业实务及研究能力的问题

缺乏师资、缺乏合格的师资是社会工作专业教育面临的第一位困难。③ 从专业发展角度而言，社会工作教育主要由受过社会工作系统严格训练（拥有认可社工学位等或豁免资格）的师资承担，④ 然而，自社会工作专业开设以来，在相当长时间内，专业师资大都是从其他专业转来的，他们缺乏专业教育与训练背景，导致社会工作专业教师的专业能力尤其是实务能力比较缺乏，双师双能型师资比例不足，这直接造成了社会工作课程教学中重理论、轻实务的问题。尽管随着社会工作专业硕士（MSW）培养力度的加大，以及社会学博士点社会工作专业方向的增加，科班出身的青年教师不断进入师资队伍中来，加上高校对双师双能型教师比例的要求，不少教师都考取了社会工作职业资格证书，但是仍然有相当多的教师参与社会工作服务实践与督导不足，对实务问题开展研究的能力不足，直接影响了社会工作专业的人才培养质量。教师的社会工作研究水平还不高，社会工作知识生产远落后于专业发展和实践的要求。⑤

这些现实问题是在我国社会工作教育发展现实情境中必然会出现的现象，有着多方面的原因，通过反思，我们可以发现一个值得格外关注的原因，就是对社会工作专业实务本性的理解不足，以及人才培养逻辑的忽视。

---

① 刘艳霞、张瑞凯：《社会工作实习教育成效的组织因素分析——基于6所高校的抽样调查》，《浙江学刊》2019年第3期。

② 向荣：《创新、共融、整合：突破当下社会工作教育困境的路径探索》，《中国农业大学学报》（社会科学版）2017年第3期。

③ 王思斌、阮曾媛琪、史柏年：《中国社会工作教育的发展》，北京大学出版社2014年版，第128页。

④ 陈社英：《中国社会工作的使命：国际与历史的视野》，《社会与公益》2018年第8期。

⑤ 王思斌：《走向我国社会工作的高质量进阶式发展》，《社会工作与管理》2019年第5期。

二 社会工作应用型人才培养的逻辑

人才培养逻辑是关于培养什么人才、如何培养人才的培养理念与基本的培养理路,其要符合人才培养的目标定位,要遵循人才成长的规律与人才培养的规律。如何确定人才培养的目标定位,如何根据目标定位进行课程体系的设计,如何聚焦应用型人才能力提升的需求进行课程设计与实施,从而有效地提升应用人才的能力,这些问题体现了应用型人才培养的基本逻辑进路,也是社会工作应用型人才培养的必然要求。

(一) 社会工作应用型人才培养的逻辑原点

应用型人才是基于社会行业发展的人才需求侧的要求而培养的专业人才,其要具有较强的理论应用实际的能力,尤其是解决现实问题的实务能力。行业要求与岗位胜任力是建构应用型人才培养体系、开展培养活动的原点,其在社会工作应用型人才能力的要求方面,主要表现在四个方面。

1. 复合型的实务能力

社会工作实务能力是社会工作专业性的本然要求,是社会工作应用型人才的基本功。社会工作实务能力是专业理论、实务技能、价值观念相互作用、融合的结果,其通过个案工作、小组工作、社区工作、社会行政与政策等方面的专业技能技巧而外化展现出来,并且相互间可以有机融合生成综融性服务方法,但这并不意味着其是可以简单复制、随意模仿的刻板套路,其背后是有着生理学、心理学、社会学、哲学等方面的理论知识来作基本支撑并进行策动创生的,因而蕴含理论与思想的厚度;社会工作实务技能技巧也并非冷冰冰的工具与技术、呈现技术为王的霸权,其背后有着伦理价值观念作根本性的导引,透着人性关怀的温暖。社会工作是一个涵盖哲学基础、专业伦理、理论基础、专业方法、实务模式和技巧的科学体系,[①] 社会工作

---

① 卫小将:《社会工作创新社会治理路径研究》,《中国特色社会主义研究》2018 年第 6 期。

应用型人才应具有包含技术、理论、价值观在内的三位一体、深度复合的高品质实务能力,才会在专业服务中发挥不可替代的作用。

2. 跨岗位的综合服务能力

跨岗位的综合服务能力是社会工作行业发展、就业岗位多元化的现实需要。随着社会工作服务的发展,不同领域都出现了社会工作岗位与服务项目的需求,对人才培养提出了很大挑战。它要求社会工作专业所培养的人才不仅能够针对不同领域不同群体进行一线具体服务,而且能够从事社会事业管理、社会组织运营、慈善基金运作等工作。即社会工作应用型人才要具备进行跨岗位工作的"实务+"的能力,包括政策能力、管理能力、运营能力、组织能力、服务能力等多种能力,要具备一专多能的素质、综合服务能力,以适应社会工作岗位流动、岗位合作、项目运行的需要。

3. 服务基层治理的能力

服务基层治理是新时代加强和创新社会治理赋予社会工作的责任与使命。社会工作是以服务的方式参与社会问题解决和良好社会秩序建构,从而实践着服务型治理。[①] 社会工作应用型人才应能积极主动参与到社会治理体系与治理能力现代化建设之中,具有服务基层社会治理的能力。能够依据共建共治共享要求,培育和发展各种社会组织,增强社会民众的社会治理参与能力;能够进行政策倡导,畅通政策上传下达渠道,积极开展政策服务;能够协调政府、社会、居民等多元治理主体的关系,促进相互间沟通协商、良性互动机制的形成;能够扎根基层、服务民生,助力人们解决现实困难、摆脱个体困境、恢复自身社会功能、协调个人与社会关系;能够践行尊重、接纳、个别化等专业价值观念,保障社会民众权益,维护与促进社会公平正义。

4. 积极创新的意识与能力

积极创新的意识与能力是社会工作应用型人才不断完善自我专业素养、

---

① 王思斌:《做好服务就是参与社会治理》,《人民日报》2015年2月27日。

促进社会工作专业服务品质持续提升的要求。社会需求对应用型人才的定位不是机械刻板、墨守成规的,而是能够不断发现问题、解决问题,具有积极开拓创新的个性品质。对社会工作应用型人才的创新性要求主要表现为三方面。第一,人的问题的复杂性、社会问题的复杂性决定了社会工作者不能简单套用理论、方法模板去解决,而是要能够依靠自身的实践智慧、针对问题的境遇性而机智灵活地予以应对处理;第二,西方社会工作理论在中国传统文化境遇中、当前社会治理国情下需加以本土化改造,社会工作者要能够不断推进本土社会工作理论及服务经验的创新;第三,当前社会治理形势下,需要社会工作者有足够的胆识、担当、智慧去扩大社会工作行业规模、拓宽社会工作服务市场、促进社会工作事业繁荣。

(二) 社会工作应用型人才培养的逻辑进路

基于社会工作应用型人才培养的定位,如何构建与实践培养目标行业导向性明晰、培养过程实践性突出、培养成效验证性严密为主要特征的培养体系,以便能培养出具有真才实学、能够切实从事一线服务与管理的社会工作应用型人才,"产出导向的教育"(OBE)可给我们提供很好的借鉴。OBE 是一种专业教育体系化理念和行动框架的综合体,包含了高等教育专业教育的核心思想、运行机制和结果要求,① 其核心思想及策略是产出导向、学生中心和持续改进,目前已在我国高等教育人才培养活动中广泛运用。基于 OBE 理念并结合社会工作专业特征、使得社会工作应用型人才培养的逻辑进路总体表现为三个方面。以产出导向为核心,对应社会工作人才的社会需求与岗位胜任力要求,构建行业能力导向的培养构建与实施充分满足学生成长需要并促进其主动成长的课程教学系统,实现培养资源平台的坚实搭建;以持续改进为抓手,全面、全程、全员评价与反馈,实现培养过程与成效的不断改造与优化,最终达成人才培养目标。从系统性角

---

① 张男星、张炼、王新凤等:《理解 OBE:起源、核心与实践边界——兼议专业教育的范式转变》,《高等工程教育研究》2020 年第 3 期。

社会工作应用型人才培养的逻辑和特征研究

度来看,这一进程的实现主要是要开发、设计、构建人才培养的目标系统、课程系统、教学系统和评价反馈系统。

1. 培养目标系统的构建生成

应用型人才培养改革必然要求重构人才培养体系,人才培养体系重构的逻辑起点是人才培养的目标定位。[①] 培养目标在整个应用型人才培养过程中起着导向、调控、评估等作用,需要科学地确证应用型人才培养质量规格并加以具体化地厘定培养指标。依据 OBE 产出导向理念,应以社会工作行业岗位需求来作为衡量社会工作专业学生学业结果是否合格的根本标准,这就决定了社会工作专业人才培养目标制定一定是要坚持岗位需求导向、与岗位胜任力相一致。所以,培养目标的制定根本上要进行充分的行业调研,把握社会和市场的人才需求情况。在目前的社会治理形势下,参与基层社区治理是社会工作服务的主要职责与任务,基层社区及其事务是社会工作服务的主要场域、内容,与之相应的职业岗位是社会工作毕业生就业的主要去向。应当充分了解国家关于基层社区治理的体系、机制、格局等战略要求下基层社会工作职业岗位的分布、职能、人员素质要求等情况,以此作为人才培养目标、人才产出规格定位的主要依据。同时,还要积极向社会工作学术专家、民政干部、街道社区工作人员、一线社会工作、社会工作机构负责人、社会工作督导等业界人士咨询应用型人才培养的意见与建议,为人才目标定位提供多渠道、专业性的依据。也要充分了解毕业生对人才培养的相关建议,对现有的社会工作人才培养方案、课程体系与教育教学活动进行反思性分析,从而增强应用型人才培养目标的理性、现实性。在此基础上,确定培养规格与素质要求相结合的社会工作应用型人才培养的总体目标,进而结合社会工作专业特性建立知识、能力、素质三个向度上的具体化、层级化的目标系统,并以此为据,为进一步进行课程设置并对应形成培养目标矩阵打下基础。

---

① 鹿林:《应用型人才培养的逻辑》,《中国高等教育》2015 年第 15/16 期。

2. 课程系统的开发设计

课程资源是人才培养的重要依托与保障，课程的开发与设计是依据人才培养目标而组织构建教育教学内容体系的过程。要培养社会工作应用型人才必须变革传统的以系统理论知识学习为中心的学科课程体系，依据OBE理念，遵循反向设计的原则，以对应行业岗位胜任力的学业最终产出结果为依据来选择、确定课程及内容。体现当前社会工作服务、社区治理现实需求和岗位胜任力标准，开发设计实践导向与问题导向突出，综合性、应用性、前沿性特征明显，以学生为中心的课程体系应成为课程开发设计的重点，具体表现为六个方面。

第一，要对现有课程进行整合，形成综合化样态的课程。例如，目前社会工作课程体系中个案工作、小组工作、社区工作等方法课程分别设置，这有利于学生把握不同方法的本质，但是对学生的整合性运用方法能力的锻炼不足，有必要围绕某一服务领域、某一服务问题来整合方法类课程。第二，要依据社会工作实务能力的渐进性、阶段性形成规律，加强课程间的承继性、衔接性，实现课程内容的逻辑顺序与学生能力发展的心理顺序的有机匹配。例如，可对课程进行模块化设计，如基础理论模块、能力训练模块、专业方向模块等。第三，要加强与当前社会工作服务、社会治理密切相关的前沿性课程，例如"基层党团组织与社会工作""基层社区治理理论与实践""社会服务机构管理与运营""志愿服务与管理""历奇训练"等。第四，要压缩理论课程与课时，尤其要删减、合并一些在多门课程中重复出现的知识点；增大实践课程、实践课时在课程体系中的比例，切实保证学生有充分的实务能力训练的机会与时间。第五，要根据行业岗位集群样态下厚基础、宽口径的人才需求，开设跨专业课程。例如，根据基层社会治理的要求，学生学习政治学、管理学等跨专业课程，增强综合理论素养、多元化问题视角以及岗位就业的竞争力和适应力。第六，要依据社会工作职业岗位、服务领域的不同以及学生兴趣、志向的差异，以选修课的形式设置相应的专业方向课程模块，以满足人才培养的差异性需求。同时，要在构建行业需求导向的课程体系过程中，充分链接、凝聚行业师资、实训平台、实践教学基地等多方面的课程资源，为应用型人才培养提供充分的、多样化的保障条件。

3. 教学活动系统的组织实施

教学活动系统的组织实施是课程体系在实践层面的具体落实。OBE 的学生中心理念在教学活动中突出地表现为学生能够有充分的时间、机会以积极的心向、态度、实践性行动投入教学过程。所以要摆脱传统的一味课堂授受模式，形成学生中心、能力训练导向的教学活动体系，使教学过程融入现实的社会工作服务元素与方式，拉近教学活动与社会工作一线服务活动的距离，实现二者的有机契合。具体来说有五个方面：第一，构建学生主体的教学体系。通过分组教学、翻转课堂、混合教学等方式，更好地发挥教师主导下学生在学习活动中的主体作用。在提高学习成效的同时，使学生切身领悟到社会工作服务中充分对服务对象进行赋权增能的重要性。第二，强化实践教学体系。建立以课堂实务模拟训练、校园生活服务、基层社区服务为依托的联动式、延展性、广域化实践教学体系，指导学生于自身所处遇的校园生活、现实社会中对专业理论加之运用，解决身边问题，使学生在不断习得专业惯习的过程中切实感受到自己专业能力的提升及专业方法的日常性应用。第三，构建项目化学习体系。依托综合化课程以及教学实践、实习，以项目为抓手来统合相关专业知识的学习、能力的训练，强化团队合作意识的培养。在提高项目设计、实施、评估能力的同时，使学生熟识目前以项目化来推进社会工作服务、开展社区治理的行业发展态势。第四，推行学用结合的教学方式。如借鉴个案工作的方法来做好学生的个别辅导、小组工作的方法来加强分组教学、社区工作的方法来创设良好的班级教学环境、营造浓厚的课堂学习氛围，在提升教学效果的同时让学生潜移默化地感受到社会工作服务方法的现实价值作用。第五，推行信息化教学方式。借助现代化教学手段与方法制作实务训练教学软件，创设虚拟仿真教学场景、情境，实现教学过程中对一线服务情况的还原、再现，更好地把学生带入教学情境当中，增强学生实务训练的投入感。

4. 评价反馈系统的建立运行

OBE持续改进理念下社会工作应用型人才培养质量的判定及持续提升、人才培养闭环系统的完成要依靠全面、全程、全员化评价反馈系统的建立运行。在此可发挥社会工作服务在评估方面的优势，将社会工作评估的技术方法创造性地移植到人才培养过程中来。在社会工作服务过程中，对服务对象的需求评估、服务过程的阶段评估、服务结果的成效评估、服务对象的回访评估等方面环环相扣，同时整个服务过程贯穿着对社会工作者的专业督导及其自我反思，从而有力地保障了社会工作服务的质量和社会工作者的专业成长。借鉴这些评估举措，可建立多元、全程的社会工作应用型人才培养评估反馈系统。其中，从评价主体看，教师、一线社会工作者、社会工作机构、基层社区以及学生自身均要成为人才培养质量评估主体，各方面评价主体对学生行为、培养情况表现进行把脉评价，其中既会有共性评价，也会有出于不同视角、不同立场的差异性、特色性评价，这有助于全面提供人才培养的反馈意见；从评价过程看，要形成包括学生入学之初的专业需求评估、学习过程中的专业认同评估、学业结束时的专业素质合格评估、毕业之后的就业情况追踪评估在内的持续、连贯性评估模式，以利于及时发现问题、寻求改进、螺旋式发展；从评价内容看，要增大学生的项目化学习、服务学习、志愿服务、创新创业等实践实训特点鲜明的学习活动在评估指标体系中的比重。总之，此种样态评估系统不仅可以全程化地保障社会工作应用型人才的培养质量，也为学生掌握与运用社会工作服务评估方式技术提供了切身实践、体验的机会。

总之，社会工作应用型人才培养的逻辑是以社会工作专业学生毕业时的职业胜任力与社会需求为原点来定位人才培养的目标，根据应用型人才的能力要求进行人才培养的课程体系设计、教育教学的组织实施与评估，形成反向设计、正向实施的闭环培养系统。

三 社会工作应用型人才培养的特征

社会工作应用型人才培养的逻辑应该贯穿社会工作专业人才培养的始终，表现出应该具有的实务性的特点与表征，体现培养活动的实践本质，呈现社会工作应用型人才培养的体系与风貌。

（一）培养宗旨的双重服务性

双重服务性是指社会工作应用型人才培养既具有教育的服务性，又具有职业的服务性。应用型人才培养改革旨在更好地实现人才的对口就业，使所培养的人才更具有适应行业发展的胜任力以及服务地方经济社会发展的责任感，这体现了应用型人才培养的社会服务宗旨，即教育的服务性。从教育服务性角度而言，社会工作专业教育要着力培养学生的社会责任感、使命感和综合应用能力。从行业角度来考量，社会工作具有职业服务性特征，即社会工作自身就是一种直接以具体的专业方法来帮助他人走出困境、恢复社会功能、调整社会关系的服务活动。从价值意义角度来看，任何正当职业均对社会有贡献，都会具有职业服务性，但社会工作的职业服务性具有独特性，其是把对人的服务直接作为自身的工作。正是这种天然的职业服务性催生了社会工作助人自助、追求公平正义为核心的专业价值观，使得社会工作职业于平凡中显现出崇高。

在社会工作应用型人才培养过程中，如果能够加强社会工作职业服务性的教育，使其与专业的教育服务性有机结合起来，则培养活动使具有了双重服务性特征。这两种服务性的塑造，分别从普遍性与特殊性角度来强化学生服务社会的意愿、情感和能力，从而有效地保证应用型人才培养的服务性旨归，使社会工作应用型人才更有效地服务社会和个人的发展。它要求社会工作专业应用型人才培养做到两个方面：一方面，需要一以贯之地加强社会工作专业教育教学，不断强化学生的专业认知、专业认同、专业情感；另一方面，需要把社会工作职业服务过程有机地融入专业教学过程，使亲自体验参与、运作社会工作服务成为学生常态化的学习活动。

（二）培养主体的多元共生性

社会工作专业应用型人才培养与行业、职业的密切相关性，使其在人才培养的实践中形成了多元主体共同参与的特点。应用型人才培养要求学生要深入相应的行业与岗位接受实地教育，这种教育教学的开放性决定了培养的过程不只是教师与学生双主体，而是多主体共同影响的过程。即社会工作应用型人才培养的职业教育特性决定了职业场域中多个培养主体的共同参与，构建起应用型人才培养共同体，通过建立相关体制、体系来联动相关部门、组织、人员，实现资源的有机调配、流动、创生，不仅建立互利互惠的合作关系，也为实现多主体的育人合作提供基础与条件。社会工作应用型人才培养尤其需要强化多元主体在实践教学中作用的发挥，因为在现实的社会工作服务场域与岗位中，学生的学习与受教育的互动关系远比校内课堂复杂，实习场域的行政人员、专业社会工作者、社区领袖等都会对他们产生直接影响，都应该是直接的育人者。一般而言，专业社会工作实习及其评价要求必须实现双督导制，即专业教师与专业社会工作者的同时督导与评价，以保证专业实习的专业性与实效性。同时在专业实习过程中，整合其他主体及相关资源介入学生社会工作专业实务能力提高的教育活动中，也应该是专业教师与学生共同关注的重要方面。于其中，形成学生实务能力锻炼与提高的主体性，注重培养主体间性的作用亦非常重要。

（三）培养场域的惯习养成性

应用型人才培养必须在一定培养资源、条件所构成的实践平台、阵地等培养空间及场域之中进行，使学生能够身处其中展开日常的学习与训练，从而通过日常的、持续的、充分的及潜移默化的浸入式活动，养成同应用型人才相契合的观念、心向和素质，形成自觉的专业惯习。社会工作应用型人才培养活动具有依托一定的场域进行惯习养成的特征。

场域和惯习是法国社会学家布迪厄在阐述其实践社会学理论时提出的两个重要概念。场域可以被定义为"在各种位置之间存在的客观关系的一个网络，或一个构型"，惯习是行动者所形成的"性情倾向系统"。就二者关系而言,"场域形塑着惯习,惯习成了某个场域","惯习有助于把场域建构成一个充满意义的世界,一个被赋予了感觉和价值,值得你去投入、去尽力的世界"。① 场域和惯习所表征的是人所处遇的客观世界与其主观世界在时间维度上的互动互构过程。在这一过程中,不但作为行动结果的外部场域不断发生改变,而且作为行动的主体的人的性情、观念、思维等主观精神世界也发生着自觉、不自觉的变化与提升。这种互动互构的特点反映在社会工作应用型人才培养方面,就是通过培养资源的不断凝聚、培养条件的不断完善、培养活动的不断丰富,培养场域不断得以建构,学生于其中自然而然去习得相应素质并使之成为一种思想与行为上的习惯,专业惯习不断得以强化、熏染与养成。这要求从社会工作人才培养与社会工作服务相结合的角度对学生日常学习生活的环境进行有意识的场域化构建,指导学生从专业服务的角度来理解、运作日常生活中与周围人的交往活动,自觉将专业理论与方法应用于日常生活之中,以解决自己身边的问题,从而产生潜移默化、自然而然地内化与外化的实践学习结果,形成一种自觉践行、展现专业素养的性情及行为系统,即形成专业惯习。换言之,专业素养在学生身上的存在是一种内化的、稳固的、持久的状态,无须特别强调也会高度自觉地持守与实践的无意识状态。

(四) 培养方式的真操实练性

强化实务能力培养是贯穿社会工作应用型人才培养活动的主线,因为实务能力是社会工作应用型人才能力的核心部分,实务能力的实践训练是应用型人才培养活动鲜明的外显形式。只有强化真操实练为根本特征的实务能力训练,才能切实内化与外化学生的实务能力,使学生将来毕业时能与一线服务尽可能实现零距离对接。所谓真操实练的真,是切真、合乎原貌之意,重在追求训练内容方式与现实社会工作一线服务之间的吻合性,

---

① [法] 皮埃尔·布迪厄:《实践与反思:反思社会学导引》,李猛、李康译,中央编译出版社1998年版,第133—172页。

使实务能力训练更加贴近真实的社会工作服务的生活场景和服务状况；真操实练的实，是扎实有效之意，重在保证实务训练的时间投入、应有强度以及行之有效的训练方式，使实务能力训练切实成为教学活动的核心。真操实练即要求在社会工作服务一线以真实服务的方式让学生进行专业实践，应用所学到的理论与方法去真实地体验、行动与反思，做到学以致用、知行合一。真操实练的培养方式会最大限度地拉近人才培养活动和社会服务活动间的距离，增强实践实训的专业服务品质，使学生能真实地将所学到的理论与方法转化为内在的知识结构与外在的专业行为，从而具备满足一线社会工作服务需求的胜任力。为此，需要把真操实练的教学方式贯穿并落实到人才培养的全过程，包括加强社会工作专业课程体系构建中的实务取向，实施能力训练为本的教学过程，加大实训实习力度，提供满足实现真操实练的资源条件，构建重视实务能力培养成效导向的学业质量评价体系。

（五）培养过程的自我反思性

社会工作职业胜任力要求应用型人才培养过程中必须注重职业基本素养及实务能力的提高，体现出职业发展的可持续力量。而促使社会工作专业学生形成职业胜任力的一项重要手段就是自我反思，形成自我反思的意识与能力。而且，自我反思也是社会工作固有的专业服务特性与服务过程的组成部分，自然成为社会工作应用型人才培养的必然内容。在培养过程中，创设条件使学生积极参与到或仿真模拟，或深入现实的社会工作服务过程中，指导学生对服务过程的规范科学性、服务目标达成度、服务对象与自身专业关系的适切性等方面进行分析考量，透过专业服务过程来对自身专业成长、专业素质方面进行剖析审视，不断进行自我接纳、自我批评、自我激励与自我调整，从而在这样的专业自我反思精神与行动的作用下，使学生能够循社会专业价值观、专业能力的发展道路而不断成长。同时，社会工作服务参与过程中的自我反思特性，可以被迁移到对社会工作应用型人才培养活动本身的思考与行动当中，指导学生对置身其中关乎应用型人才培养的时代变革、教育变局进行自我反思，积极认识、深刻理解应用型人才培养的价值意义，检视学习活动中的行为尺度与应用型人才培养要求之间的匹配情况怎样，剖析学习活动成效、自身素质水平与应用型人才培养质量评估指标的吻合度如何，自觉对照应用型人才标准对自身学习行为作出检视并持续改进。在以上两种自我反思行为的相互作用下，不仅学生运用社会工作专业知识深度地去处理服务问题的能力会有效得到提升，而且应用型人才所需求的自主、超越的精神品质也会自然而然地得到培植。

四　结束语

随着国家社会治理的不断深化，社会工作在社会治理体系中的作用越发明显。中共十九届五中全会提出"畅通和规范市场主体、新社会阶层、社会工作者和志愿者等参与社会治理的途径"[①]，进一步强调了社会工作在全面建设社会主义现代化国家新征程上应有的角色与担当。如何在短时间内培养国家中、高级社会工作人才，构建中国特色社会工作实务模式迫在眉睫。[②] 只有深入探究社会工作应用型人才培养的本质与内涵，紧密围绕社会工作应用型人才能力尤其是职业胜任力的提升，遵循社会工作应用型人才培养的规律与逻辑，加大社会工作应用型人才培养的改革创新力度，激发社会工作专业在高等教育应用型人才培养变革浪潮中展现的应有生机与活力，才能保证为中华民族伟大复兴中国梦的实现造就更多具有职业胜任力的优秀社会工作人才，以真正担负起助力深化社会治理、服务地方经济社会发展与解决新时代社会主要矛盾的责任与使命。

（该文刊于《社会工作与管理》2021年第4期）

---

① 《中共中央关于制定国民经济和社会发展第十四个五年规划和二〇三五年远景目标的建议》。
② 左芙蓉、刘继同：《改革开放以来中国社会工作教育发展进程研究述评》，《南京社会科学》2012年第3期。

后 记

青少年是实现中华民族伟大复兴和建设中国特色社会主义现代化强国的生力军,党与政府高度重视青少年群体的健康成长。2017年中共中央、国务院印发实施《中长期青年发展规划(2016—2025)》,强调"促进青年更好成长、更快发展,是国家的基础性、战略性工程",规划提出了10个青少年发展的重点领域、10个重点工程,青少年事务社会工作人才队伍建设工程即是第十个工程。加强青少年与青少年社会工作的研究成为促进青少年健康成长的重要方面。

自2007年以来,我一直从事"青少年社会工作"课程的讲授,围绕着课程建设积极开展相关研究。本书即是自2009年以来我围绕青少年文化现象与社会工作研究的论文成果荟萃。主要包括:对青少年主体性及青少年观的认识与理解,青少年群体文化热点问题的研究,社会工作价值伦理与不同问题社会工作介入策略的研究,青少年社会工作与思想政治教育的交叉性研究,青少年事务社会工作研究、留守儿童政策与社会工作研究,校园欺凌及社会工作干预研究,社会工作人才培养的相关研究。正是以研究促进教学,使得我所讲授的"青少年社会工作"课程获得了一系列的荣誉,获得省级精品课程、省级在线开放课程、省级一流线下课程、省级课程思政示范课程等。主编教材《青少年社会工作》(山东人民出版社,2012)、《青少年社会工作实务》(北京大学出版社,2021)等。

本书所汇集的论文主要发表在《中国青年研究》《东岳论丛》《理论学刊》《人民论坛》《青年探索》《当代青年研究》等期刊,其中25篇为CSS-

后　记

CI 来源期刊论文，被《新华文摘》（网络版）全文转载 1 篇，被中国人民大学书报资料中心《青少年导刊》《思想政治教育》《社会工作》全文转载 6 篇、《中国青少年问题研究专辑》《青少年问题研究》全文收录 11 篇。获山东省高校人文社科优秀科研成果一等奖，济南市社科优秀成果一等奖等奖项 13 项。在此，感谢各期刊编辑的批评指正与大力支持。感谢我的同事于晓光老师对入选论文注释与体例的修订。本论集获得山东省高等学校优秀青年创新团队发展计划基金的出版资助，在此对负责人杨克教授表示感谢。

  青少年群体是非常重要而特殊的发展性群体，对这一群体的研究需要秉持以青少年为本的青少年观，也需要具备心理学、社会学、教育学、哲学等多学科基础；既要关照该群体的发展性，又要了解与跟踪他们不断创生的亚文化。如何进行相关研究以更好地分析、把握与追踪这一群体的发展与变化，从而为青少年社会工作、青少年教育与管理等提供指导与借鉴，是具有相当挑战性的事情。同时，社会工作也是新兴的学科与专业，社会工作理论主要是引入的西方理论，青少年社会工作面临着本土化的现实问题，而相关研究如何对青少年社会工作实务提供可操作化的指导，也是非常具有挑战性的事情。本论集只是聚焦了我所关注的部分青少年文化现象与社会工作相关议题的探讨与阶段性成果，还无法充分体现有关青少年与社会工作研究的丰富性与深刻性，希望能够给青少年教育与管理、正在蓬勃兴起的青少年社会工作等领域的从业人员提供一定的指导与帮助，更希望能够得到广大读者的批评指正，使我在这一方向的研究能够不断精进，取得更好的成果。

王玉香
2022 年 2 月 8 日